本书荣获中国大学出版社图书奖

优秀教材奖一等奖

普通高等教育"十三五"规划教材
大学生诚信教育推广教材

大学生诚信教育概论

（第二版）

朱坚强 张颖香 主编

立信会计出版社
LIXIN ACCOUNTING PUBLISHING HOUSE

图书在版编目(CIP)数据

大学生诚信教育概论 / 朱坚强,张颖香主编. —2版. —上海:立信会计出版社,2016.6(2022.7重印)

普通高等教育"十三五"规划教材　大学生诚信教育推广教材

ISBN 978-7-5429-5057-4

Ⅰ.①大…　Ⅱ.①朱…　②张…　Ⅲ.①大学生—社会公德教育—高等学校—教材　Ⅳ.①G641.7

中国版本图书馆CIP数据核字(2016)第163102号

责任编辑　王斯龙

封面设计　南房间

大学生诚信教育概论(第二版)

DAXUESHENG CHENGXIN JIAOYU GAILUN

出版发行	立信会计出版社		
地　　址	上海市中山西路2230号	邮政编码	200235
电　　话	(021)64411389	传　　真	(021)64411325
网　　址	www.lixinaph.com	电子邮箱	lixinaph2019@126.com
网上书店	http://lixin.jd.com		http://lxkjcbs.tmall.com
经　　销	各地新华书店		
印　　刷	上海天地海设计印刷有限公司		
开　　本	787毫米×960毫米	1/16	
印　　张	21.25	插　　页	1
字　　数	355千字		
版　　次	2016年6月第2版		
印　　次	2022年7月第9次		
书　　号	ISBN 978-7-5429-5057-4/G		
定　　价	41.00元		

如有印订差错,请与本社联系调换

修订说明

《大学生诚信教育概论》自2012年12月出版使用以来，历经3年，经过教学实践，同时听取专家学者的意见建议，进行修订。本次修订基于以下原则：

（1）贯彻落实中共十八大精神。十八大以来，对于诚信相关论述有了很多新的提法，国家也颁布了有关诚信的法律、法规。这些新的内容都将充实到修订后的教材中。

（2）充实了各章的案例。本教材突出体现理论性与实践性相结合的特点，为进一步增强诚信教育的效果及体验，本次修订相应地增加了案例，以达到加强案例教学、增强学生学习的互动性之目的。

（3）及时更新资讯，保持教材的鲜活度。为了进一步贯彻“三贴近”原则，修订后的教材尽可能使用最新的材料，以保持教材与实际、与生活的紧密联系，做到与时俱进。

以上是对这次教材修订的基本情况说明。由于受制于各种因素修订后的教材仍难免存在一些不足的地方，欢迎有关专家、读者对教材提出宝贵意见，以便使之趋于完善。

《大学生诚信教育概论》编写组

2016年4月

序

薛明扬
（中共上海市教育卫生工作委员会书记、上海市教育委员会主任）

无论古今中外，诚信都是人们赞誉有加的一种美德。在中国古代儒家的经典中，先贤们对于这一美德的强调和推崇比比皆是，诸如“民无信不立”“言必信，行必果”之类的格言警句都是长久以来妇孺皆知的显证。在现实生活中，“信”与“仁”“义”“礼”“智”一并被奉为“五常”，成为中国人长期遵循的人伦准则。在西方国家，许多在人类文明发展历程中作出杰出贡献的人士也都高度肯定诚信的价值，古罗马的著名思想家西塞罗就有“没有诚实，何来尊严”的名言。英国哲学家培根认为，最有能力的人都有坦白直爽的行为、信实不欺的名誉。法国文豪左拉也曾直截了当地指出，失信就是失败。种种阐发不一而足。尽管东西方文化存在着许多差异，但是，在鼓励、倡导和赞美诚信这一点上，双方则是完全一致的。虚伪矫饰，背信弃义，在东西方的历史、文化和现实生活中，都是为人所不齿和唾弃的。在人类共同的价值观中，我想，诚信应当是十分突出和重要的一个方面。

现代社会科学的研究成果进一步表明，诚信不仅是个人安身立命、为人处世的基本准则，作为一种十分宝贵的社会资源，它也是社会和谐有序、经济健康繁荣、国家安定团结的重要基础。德国著名社会学家卢曼认为：“信任是为了简化人与人之间的合作关系。”经济社会的发展，人类文明的进步，归根结底都离不开人、机构、组织等社会组成部分之间的相互合作，而这种合作得以顺利进行的基本前提则是基于各方诚信基础上的信任感。在一个诚信匮乏、尔虞我诈、充满不确定的社会中，人们甚至不可能对未来形成并持有可靠的合理预期，经济发展、政治安定、文明进步等等更是无从谈起。这正如美国著名学者福山所指出的那样，现代社会中，无论是民主政治制度，还是企业，都必须仰赖信任感才能够有效运作。与信任问题的这种重要性相适应，近几十年来，政治系统理论、公民文化理论、社会交换理论以及社会资本理论等诸多重要学术领域纷纷将信任问题作为重要研究对象,使这一问题得到空前的关注,而这些研究又反过来揭示和印证了信任以及作为其基础的诚信的重要性。

尽管诚信的价值已经非常普遍地深入人心,但是当前我们也不无遗憾地看到,无论是在中国这样的发展中国家,还是在西方发达国家,诚信正在不断地受到各种现实利益算计的侵蚀,人与人之间、各种社会单元之间的信任感变得越来越岌岌可危。安然事件、麦道夫事件、毒奶粉、毒大米、地沟油以及助人为乐反受其害等等违背诚信的事端,不仅直接对人们的生命财产安全、经济社会发展造成现实的威胁和侵害,而且冷酷地摧残了人们心灵深处对真善美的期盼和信仰,极大地扰乱和危害了社会秩序、社会风气与社会和谐。因此,重新唤起人们对诚信的信念,修复人与人之间、社会各单元之间的信任关系,已经成为人类社会和世界各国共同面临的挑战和任务。

青年代表着未来和希望,而大学生是青年中的佼佼者。坚守诚信,固然需要人人力行、从我做起,但是,在其中发挥模范和表率的作用无疑是当代大学生责无旁贷的一项责任。因此,加强对大学生的诚信教育,将大学生培养成为诚信美德的躬行者、引领者和弘扬者,不仅势在必行,而且刻不容缓。80 余年来,立信师生始终恪守、享有"中国现代会计之父"美誉的会计学宗师和教育家潘序伦先生"信以立志,信以守身,信以处事,信以待人,毋忘'立信',当必有成"的敦勉,在发扬光大诚信教育方面卓有建树。当前正值上海实施高等教育内涵建设工程(085 工程)之际,一批经验丰富的教师编撰出版了《大学生诚信教育概论》一书,必将有力地促进大学生诚信教育的进一步发展,进而为整个社会的诚信建设作出积极的贡献。

当前,我们国家正在把诚信建设摆在突出位置,大力推进政务诚信、商务诚信、社会诚信和司法诚信建设,上海也将诚信作为经济社会发展的一个价值取向。面对时代和经济社会发展的要求,我由衷希望包括立信在内的各级各类学校和广大青少年学生都能够更加积极地行动起来,为在全社会广泛形成守信光荣、失信可耻的氛围,为重建人与人之间诚实以待、相互信任的美好纯净关系,为推动经济社会发展与和谐社会建设,为守护和净化人类的精神家园,努力作出新的更大贡献!

2012 年 10 月

前　言

诚信是中华民族的传统美德之一，自古以来，无论是公民道德修养还是社会规范，它一直是人们修身立命的根本要义之一。诚信作为中国传统道德中的一个重要内容，最终成为影响深远的为人处世、维护社会秩序的道德观，经历了产生、发展、逐步确立时期。其萌芽于春秋，先秦时逐渐确立为一种修身立命的实用价值观。

进入 21 世纪，诚信在和谐社会建设、市场经济的健康发展、国际形象的塑造等方面依然具有重要的意义。近年来，随着我国社会主义市场经济的深入发展，诚信问题已经成为制约我国市场经济深入发展的重要"瓶颈"。在我国社会转型时期和社会主义市场经济体系不断完善的过程中，诚信建设尤其重要。据中国产品质量协会公布的白皮书披露，社会上诸多的不诚信现象使得我国每年的经济损失高达6 000亿元人民币，严重影响了社会主义市场经济的健康发展。这其中不乏高智商犯罪，一些受过高等教育的大学生知法犯法的不诚信行为，给国家带来了巨大的损失，也影响了我国国际交流和在国际上的声誉。大学生是十分宝贵的人才资源，担负着建设中国特色社会主义伟大事业的历史使命，诚信是其成长成才过程中的必备素质。然而，现实生活中部分大学生不同程度上存在着诚信意识淡薄现象，失信行为时有发生，如考试作弊、论文抄袭、交往不诚信、恶意欠款、随意毁约等。加强大学生的诚信教育已成为现实而又严峻的课题。因此，当前加强大学生诚信教育势在必行。

诚实守信是大学生品德素质的核心要素。我国对于大学生诚信教育非常重视，近年来的相关文件也作了明确的规定。《中共中央国务院关于进一步加强和改进大学生思想政治教育的意见》提出，“要加强大学生诚信教育”；《高等学校学生行为准则》提出，大学生要“诚实守信，严于律己”；《公民道德建设实施纲要》规定，公民要“明礼诚信”。《国家中长期教育改革和发展规划纲要(2010—2020年)》要求广大学生应“培养团结互助、诚实守信、遵纪守法、艰苦奋斗的良好品质”。十八大把“诚信”列入社会主义核心价值体系，指出，要“倡导富强、民主、文明、和谐，倡导自由、平等、公正、法治，倡导爱国、敬业、诚信、友善，积极培育社会主义核心价值观”。要“深入开展道德领域突出问题专项教育和治理，加强政务诚信、商务诚信、社会诚信和司法公信建设”。2016年3月4日，习近平在参加全国政协十二届四次会议民建、工商联联组会团讨论时指出，各类企业都要把守法诚信作为安身立命之本，法律底线不能破。可见，对大学生进行诚信教育不仅是大学生健康成长的需求，也是时代的需求。大学生受过高等教育，将来是社会的中坚力量，因此，他们的诚信状况如何，对于社会管理、社会发展等影响深远。

“大学之道，在明明德，在亲民，在止于至善。”现代大学的功能是教学、科研、服务社会、文化传承与创新。为社会培养诚信品质人才是高校的社会责任之一。高校要服务于社会发展，为社会发展提供人才支持和智力支撑，培养具有诚信品质的合格人才。因此，大学生诚信教育既是对我国传统诚信文化的传承，也契合了当前社会发展对于诚信文化的需求，具有传承与创新的双重意义。

《大学生诚信教育概论》是一部对大学生进行系统诚信教育的教材。本书以马克思主义、中国特色社会主义理论体系为指导，传承中国优秀传统文化，借鉴国外大学生诚信教育先进经验，弘扬社会主义先进文化，坚持立德树人，科学发展，培养符合社会主义市场经济需要的具有诚信操守的合格人才。本书从思想政治教育学、哲学、伦理学、社会学、心理学、法学等视角系统阐述大学生诚信教育理论和实践。本书立足于研究培养诚信人才，阐述诚信的传统内涵与现代价值。大学生诚信教育的内容、目标、方法、手段，是大学服务社会、传承文化的具体实践。本书适应社会发展的需要和对人才培养目标要求，提出整体构建大学生诚信教育体系，对人才素质的全面提升具有重要价值，对构建和谐社会、建设创新型国家、培养国际化人才都将发挥积极的作用。

立信是一所以培养诚信人才为教育特色的历史悠久的财经类院校。1928年，立信创始人潘序伦先生认为会计人才最重要的素质是守信重诺，故借《论语》中“民无信不立”之意，取“立信”校名，提出“信以立志，信以守身，信以处事，信以待人，毋忘‘立信’，当必有成”的24字校训，奠定了立信文化的基础。80多年来，诚信始终是立信文化的灵魂和精髓。学校按照上海市教育规划纲要提出的“为了每一个学生的终身发展”的核心理念，进一步凝练“诚信、实用、开放”的办学理念，营造“守诚信、重规范、负责任、讲包容、顾大局、促和谐”的校园文化氛围，努力培养知识丰富、情趣高尚和有能力作出道德选择的高素质财经人才。立信人一直致力于大学生诚信教育课程体系的探索实践，把诚信贯穿于人才培养的始终。大学生诚信教育的探索实践得到了教育部、上海市领导的充分肯定，中国教育电视台、上海教育电视台、《光明日报》、《文汇报》、《青年报》等都给予了宣传报道，在社会上产生了良好反响。

本书提出的大学生诚信教育的基本原则和方法、体系，是编者多年来对大学生进行诚信教育理论与实践的深度总结，希望对高校大学生诚信教育实践提供参考。书中不足之处，敬请各位同仁批评指正，以便在日后再版修订时进一步完善。

编　者

2016年4月修改

目　录

第一章　诚信概述

诚信是中华民族的传统美德之一。中国传统诚信观萌芽于春秋时期，自秦至汉，随着“独尊儒术”思想的确立，“信”被统治阶级定为“五常”之一。“仁”“义”“礼”“智”“信”成为社会基本道德规范。经宋、元、明、清各朝代的巩固发展，诚信思想成为“经世致用”之学。在悠久的中华文明史上，诚信不仅成为人们立身处世的道德支撑，还对稳定社会秩序起到了重要的促进作用。

第一节　诚　　信

诚信源于人类的生存需要，服务于人类社会发展，是人类思想、智慧不断发展的产物和人类从野蛮走向文明的重要标志之一。

一、中国传统诚信观的形成与发展

诚信观是人们对于诚信的认识、情感、意志、行为等综合因素的认知总和，属于思想意识范畴。中国传统诚信经过古代先贤们的思维辨析，逐渐从一种社会行为上升为一种思想，从而具有了润泽后世的理论光芒。

（一）诚信起源

人类任何一种思想的产生都来源于社会实践，是社会发展的产物。马克思主义者认为，劳动创造了人，人作为一种社会存在，他的生产和生活都离不开社会实践。一切道德的产生都是在生产实践中形成的，道德作为调整人们社会关系的行为准则而存在。马克思主义者的观点为我们理解诚信思想的产生提供了科学的理论依据。

据史料记载，最早的诚信观念形成在原始氏族社会。在原始氏族社会中，人们猎取食物的能力很低，经常受到自然界和野兽的威胁。他们只有依靠集体的力量，才能够生存下去。我们可以设想这样一幅画面：

在远古时代，人们生产力水平极其低下，为了生存，不得不进行集体狩猎。也许最初是杂乱无序的狩猎，收获甚少。于是人们逐渐形成一个共识：分工合作。有的人负责寻找野兽踪迹，有的人负责追赶野兽，有的人负责把野兽往悬崖边、陷阱边引，有的人负责刺杀等。这样分工合作后，效果很好。然而，有时有的人没有坚守岗位，致使狩猎计划失败。于是，人们达成共识，不守约定的人将被谴责并不能分享狩猎成果，甚至会被驱逐出族群。遵守承诺的人会得到尊敬和分享劳动果实。由此，人们逐渐形成一个遵守约定的观念，即信守诺言。同时对于如何分享猎物，也要有大家共同遵守的约定，大小多少都按要求去取，这也是一种诚信约定。依此类推，关于诚信意识与行为的萌芽就这样在人们的生产活动中逐渐产生，并成为人们的共识。

在物物交换的时代，也是现实的需要和劳动实践产生了诚信交易。我们也可以设想一幅画面：

在一个公共交易区，路边摆满了人们需要交换的物品，如食物、工具、装饰品和动物毛皮等。一个人从远处走来，走到他需要的物品前。如果物品主人不在，他会估算好大致价值，取走他需要的物品，留下他用于交换的物品，于是一个诚信交易完成了。尽管我们无从考量他是如何估量物品价值的，但这种诚信交易是人类生存发展过程中一种巨大的进步。在公认的等价交换物出现以后，这种物物交换方式在社会中得以迅速传播，也促进了社会的发展与进步。

关于原始社会的诚信道德风貌，我们可以从《礼记·礼运》的描述中窥见一斑：

“大道之行也，天下为公，选贤与能，讲信修睦。故人不独亲其亲，不独子其子，使老有所终，壮有所用，幼有所长，鳏、寡、孤、独、废疾者皆有所养，男有分，女有归。货恶其弃于地也，不必藏于己。力恶其不出于身也，不必为己。是故谋闭而不兴，盗窃乱贼而不作，故外户而不闭，是谓大同。”以上文字可以看出，原始社会已有了“讲信修睦”的诚信观念，由于人们对于“公”“讲信修睦”等道德的遵循，使得社会呈现出一派文明有序、安宁祥和的景象，即类似于原始共产主义的“大同”社会。原始社会人们约定俗成的“信”观念，是传统诚信道德观念的萌芽，对以后诚信观的不断完善产生了深刻的影响。

人类的足迹总是不断向前发展的。随着社会生产力水平的不断提高，阶级产生，国家出现，社会伦理道德观逐渐确立。于是，经过时代的打磨，中国传统诚信观逐渐形成，成为调节人际关系的一种社会准则。

（二）中国传统诚信观的形成与发展

春秋末期，诸侯群起，礼坏乐崩，巧诈风行，出现了“春秋无义战”的局面。面对这种社会思想无序的状态，道家学派代表人老子率先提出“信德”。他提出：“信言不美，美言不信。”（《老子》）他认为“信”是一种朴实无华的美德，应该为人们所尊崇。他提出：“上善若水。水善利万物而不争……居善地，心善渊，与善仁，言善信，正善治，事善能，动善时。”（《道德经》）他认为天下诚信的前提是统治者首先要诚信，要以信治国。孔子更是把诚信作为儒家思想的重要内容，主张在人际交往、社会治理、个人修身等方面都要注重“信”的培养。他提出“人而无信，不知其可也”（《论语·为政》），把诚信看作是人立世修身的重要内容。他认为治理国家的基本出发点也是“主忠信”（《论语·颜渊》），“自古皆有死，民无信不立”（《论语·颜渊》）。墨子认为：“言不信者，行不果。”（《墨子·修身》）庄子认为：“不精不诚，不能动人。”（《庄子·渔父》）韩非子认为：“巧诈不如拙诚。”（《韩非子·说林》）管子认为：“诚信者，天下之结也。”（《墨子》）由此可见，尽管先秦诸子百家在政治主张、国家治理方略上不尽相同，但在对于“信”的认识方面却是趋同的，认为“信”无论对于个人修身还是国家治理都是非常重要的道德规范。

先秦时期，诚信的社会功能地位逐步被确立。孟子提出：“诚者，天之道也；思诚者，人之道也。”（《孟子·离娄上》）荀子提出“诚信生神”“诚信如神”（《荀子》），认为“诚”是做人的根本，把“诚”当作天道和人道。

汉代实行“罢黜百家，独尊儒术”的纲领，儒家思想逐渐成为封建社会的统治思想，“信”成为维护封建统治的“五常”之一。“仁”“义”“礼”“智”“信”成为封建社会基本道德规范。自汉代以后，各朝都沿袭了先贤们的诚信思想并在实践中加以运用。

魏晋南北朝时期，人们思想活跃，诚信思想内涵也得以不断充实。诸葛亮把诚信作为衡量人的标准，提出“期之以事而观其信”（《将苑》）。思想家颜之推在《颜氏家训》中阐述家庭道德教育，说“信者，不妄之禁也”。文学家刘勰从哲学、史学的角度说信，“信者行之基，行者人之本。人非行无以成，行非信无以立。故信之行于人，譬济之须舟也”(《魏书·卷第四十七·列传第三十五卢玄》)。他阐述了无论是个人还是群体都要以诚信为基本点。

隋唐时期，社会稳定，经济繁荣，文化领域也异常活跃。隋唐诚信观中的帝王诚信颇有代表性。李世民非常注重帝王诚信，“以大信行于天下”。据《资治通鉴》卷一百九十二记载，“上曰：君，源也，臣，流也；浊其源而求其流之清，不可得矣”，说的是君主诚信的重要性。君主是水的源头，官员则是水流。如果水的源头污染了，却希望水流是干净清澈的，这是不现实的。

唐代政治家魏徵提出：“夫妇恩矣，不诚则离；交接有分矣，不诚则绝。”(《贞观政要·诚信》)他从家庭伦理道德方面谈诚信，认为夫妻之间要以诚相待。唐代史学家吴兢在多部著作中论及诚信。如他在《贞观政要·诚信》中说：“上不信，则无以使下；下不信，则无以事上，信之为道大矣。”吴兢的诚信观对唐朝的政治诚信具有很大的影响。唐太宗时期，不仅主张政治、文化等方面要讲诚信，而且主张修史要诚信，不虚善不掩恶，而且身体力行，率先垂范实践诚信。因此，在他统治时期，政治清明，社会安康，百姓安居乐业，出现了封建社会发展的顶峰——贞观之治。

宋元明清时期，诚信思想继续得以发展。宋朝是我国古代思想较活跃的时期，出现了“程朱理学”“心学”“新学”“永康学派”“永嘉学派”等多家学派，百家争鸣，学术思想异常活跃。尽管各家学派对许多事物理解有分歧，但在诚信观上是一致的，并在原有理论基础上赋予新的含义。北宋哲学家程颢、程颐在其著作《二程集》及其他著作中多次论述诚信，认为诚信是做人的必备品德，信就是诚，与人相处要忠信，否则便是不善。“是故君子有大道，必忠信以得之，骄泰以失之。”(《二程集·经学》卷五)程颐对于学术诚信的提出颇有新意，他认为学者一定要讲诚信。“学者不可以不诚，不诚无以为美，不诚无以为君子。修学不以诚，则学杂；为事不以诚，则事败；自谋不以诚，则是欺其心而自弃其忠；与人不以诚，则是丧其德而增人之怨。今小道异端，亦必诚而后得，而况欲为君子者乎？故曰：学者不可以不诚。”(《河南程氏遗书》)可见，程颐把诚信看作是非常重要的道德来加以论述。他把学者是否讲诚信看作是否是君子的标志，并且从为学、为人、为事等方面都阐述了诚信的重要性。南宋哲学家朱熹是理学的集大成者，他的伦理思想对后世产生很大的影响。朱熹善于用平实的语言来论述诚信，更加形象生动。他认为：“诚意，是真实好善；恶恶，无夹杂。”(《朱子语类》卷十六)“诚意只是表里如一。若外面白，里面黑，便非诚意。”(《朱子语类》卷十六)北宋政治家王安石、范仲淹,史学家司马光都认为治理国家君主诚信非常重要,要做到诚信用人,法制诚信,“经世致用”,才能治国平天下。

明清时期的诚信伦理道德观继承了前人的思想,在诚信实践上也有新的突破。哲学家王守仁提出“知行合一”的学说,认为“知是行之始,行是知之成”(《传习录上》)。他认为君子要名副其实,“古之君子,耻有其名而无其实”(《王文成公全书》卷二十一)。他的诚信思想不仅是理论的阐述,也是对如何实践诚信作了理论与实践的结合,认为君子是知行合一的。明清启蒙思想家王夫之把“诚”作为一项哲学命题论述,认为诚是宇宙的基本规律,“诚者,天之道也,阴阳有实之谓诚”(《张子正蒙注·太和篇》)。同时,王夫之关于“诚”的论述也具有伦理学的色彩。他说“性者,诚之所丽也”(《读四书大全说》),认为因为有了“诚”,人性则充满(包括仁、义、礼、智、信)美好。他不仅把“诚”作为天道,也将其作为人道加以论述,具有哲学和伦理学的双重思辨。

值得一提的是,中国传统诚信观不仅仅表现在伦理道德领域,明末清初,中国出现了资本主义的萌芽,诚信在经济领域也得到重视,体现了“经世致用”。明清最大的晋商、徽商都很重视诚信,诚信经商,以期取得良好声誉。徽州商人吴南坡宣示:“人宁贸诈,吾宁贸信,终不以五尺童子饰价为欺。”(《徽商与诚信》引)所以,他出售的“南坡布”货真价实,深受顾客信任。久而久之,四方顾客都十分相信他。只要去买布,看见是吴南坡的铺面,不管价钱,买了就走。诚信从伦理道德领域扩展至商业领域,一定程度上促进了经济的发展、贸易的繁荣。

历史车轮滚滚向前,诚信这一自古至今永恒的命题随着历史的发展在内容、功能等方面得到不断充实与完善。特别在中国近现代,中国社会发生了翻天覆地的变化,中国正以恢宏之势走向现代化。依托中国社会发展的大背景,诚信无论是作为道德命题,还是“经世致用”之实践利器,人们从不同的学科视角对其加以诠释,不断深化其内涵。诚信,正从传统走向现代化。

二、诚信内涵

(一)“诚”的传统释义

“诚信”最初的含义是分开论述的。古人关于“诚”的道德命题和理论修养论述较晚于“信”。“诚”最早见于《尚书》,有“神无常享,享于克诚”记载,有虔诚的意思。

此时的“诚”主要是指笃信鬼神的虔诚。春秋以前的历史文献记载中，“信”较多，“诚”相对较少。战国时期，人们关于人的内心道德修养“诚”的论述开始形成理论体系。如《礼记·中庸》里通篇论述了“诚”，提出了“诚者，天之道也”的命题。在《周易》中，“诚”已摆脱了宗教色彩，具有了伦理道德之义。如“修辞立诚，所以居业也”(《周易》)，意思是说君子说话、办事要立“诚”，诚实无欺，这样才能建功立业。与“信”的论述相比，孔子对“诚”的论述相对较少，但他所讲的“仁”，其本身也有“诚”之意。孟子对于“诚”这种道德概念的完善作出了重要贡献。他多次论述“诚”，认为“诚”是道德本体，并把“诚”提升到“天道”的高度，“诚”逐渐成为一个重要的道德概念。孟子推崇“至诚”，认为在道德教育上，提高个人修养的有效方式是真诚。他说：“诚者，天之道也；思诚者，人之道也。至诚而不动者，未之有也；不诚，未有能动者也。”(《孟子·离娄上》)他认为，“诚”是宇宙运行的基本规律，也是人接受道德教育的基础。一个人修养的关键是要努力追求“诚”这种理想人格，一个人如果做不到“诚，”是无法使他接受道德教育的。荀子发挥了孟子“诚”的思想，并开始把“诚”从做人之道扩展为治世之道。他认为：“夫诚者，君子之所守也，而政事之本也。”(《荀子·不苟》)朱熹对“诚”的解释是：“诚，实也。”(《朱子语类》)“诚者，真实无妄谓，天理之本然也。”(《四书章句集注·中庸章句》)可见，所谓“诚”，即真实、诚实、实在、忠诚。《礼记·大学》中说：“物格而后知至，知至而后意诚，意诚而后心正，心正而后身修，身修而后家齐，家齐而后国治，国治而后天下平。”该书的观点是：“诚”在君子个人修养和社会实践中起到了承上启下的作用，在个人修养中，在格物致知的基础上达到“意诚”，“意诚”才能“心正”，进而修身齐家治国平天下，因而“诚”是一种非常重要的道德品格。这段关于“诚”的论述，体现了儒家关于“诚”的认知，很有代表性。

综观古代思想家关于“诚”的论述，其含义主要有四种。

1. 宇宙万物之“理”，即“天道”

世间万物都有其运行的规律，生老病死、自然万物都是客观存在的，不以人的意志为转移，我们应该以虔诚的态度信奉这种“天道”。“诚者，天道也。”(《孟子·尽心上》)“诚者，天之道也。”(《礼记·中庸》)“诚者，真实无妄谓，天理之本然也。”(《四书章句集注·中庸章句》)“惟天下至诚，为能尽其性；能尽其性，则能尽人之性；能尽人之性，则能尽物之性；能尽物之性，则可以赞天地之化育；可以赞天地之化育，则可以与天地参矣。”(《中庸》)

2. 对己真实，不自欺

“诚”是对己的一种真实态度。一个人立身处世的根本出发点是要对己真实，坦坦荡荡，不自欺方能对人真诚。“所谓诚其意者，毋自欺也。”(《礼记·大学》)“诚者何？不自欺不妄之谓也。”(《朱子语类》)古人认为，君子陶冶思想性情，提高自己的道德修养，没有什么比诚心诚意更重要的了。“君子养心莫善于诚。至诚则无它事矣，唯仁之为守，唯义之为行。”(《荀子·不苟》)

3. 对人真诚，实事求是

对人要真诚，诚实做人，实事求是。这是区分一个人是否是君子的标志之一。为人处世都要真诚，方能赢得大家的信赖。“诚，实也。”(《孟子字义疏证·诚》)“诚于中，形于外，故君子必慎其独也。”(《礼记·大学》)“开心见诚，无所隐伏。”(《后汉书·马援传》)“真者，精诚之至也。不精不诚，不能动人。”(《庄子·渔父》)

4. 人生修养的最高道德境界

孟子主张“至诚”，认为人要修身养性，培养浩然之气，达到“至诚”境界。孟子说：“诚者，天之道也。思诚者，人之道也。至诚而不动者，未之有也；不诚，未有能动者也。”(《孟子·离娄上》)其他典籍也有诸多记载。“诚者自诚也，而道自道也。诚者物之始终，不诚无物。是故君子诚之为贵。”(《礼记·中庸》)“诚者，人之道也。诚者，不免而中，不思而得，从容中道，圣人也。”(《礼记·中庸》)“诚者，圣人之本。”(《通书·诚上》)

(二)“信”的传统释义

信的基本含义是诚实，不欺不诈。“信”也最早出现在《尚书》中，如“尔无不信，朕不食言。”(《尚书·汤誓》)“信”字最初是指祭祀上天和先祖时诚实不欺，不敢妄言，后来逐渐摆脱其宗教色彩，也具有经世致用之意。孔子对于“信”道德概念的完善作出了重要贡献。孔子伦理思想的核心是“仁”，认为“仁者，爱人”，但如何实践“仁”？需要有一系列的道德理念来支撑。他认为“信”是实践“仁”的关键，也是实现“仁”的途径。子张曾问孔子，什么是“仁”？孔子认为，能做到“恭、宽、信、敏、惠”五德就是做到“仁”了(《论语·阳货》)。他把“信”作为“士”最基本的道德要求。《论语·子路》记载，子贡请教何为“士”。“子贡问曰：‘何如斯可谓之士矣？’子曰：‘行己有耻，使于四方，不辱使命，可谓士矣。’曰：‘敢问其次？’曰：‘宗族称孝焉，乡党称弟焉。’曰：‘敢问其次？’曰：‘言必信，行必果，硁硁然小人哉！抑亦可以为次矣。”这是孔子对于“士”的基本要求，认为“言必信，行必果”是最次一等的“士”要做到的。此后，“言必信，行必果”也成为后人立身处世基本的道德规范。春秋时期其他各家学派也对“信”德进行充分阐述，儒家学派成为集大成者。汉代确立儒家思想为封建社会的统治思想，董仲舒提出了“三纲”“五常”的封建道德体系，“信”成为“五常”之一，用于指导人们处理社会关系，从而进一步确立了“信”的社会伦理道德的地位。

综上所述，“信”的基本内涵有三种。

1. 道德修养的重要准则

孔子重视“信”的道德修养，把它作为道德修养的“四教”之一加以论述。孔子认为：“子以四教，文行忠信。”(《论语·述而》)他认为对学生的教育内容要有四个方面：知识、实践、忠诚、诚信。只有这样，才能成为一个有用之才；孔子认为，“信”是人与人交往的基本前提。“人而无信，不知其可也。大车无□，小车无□，其何以行之哉？”(《论语·为政》)孔子用这样一个比喻说明，一个人如果不讲诚信，生活中就将寸步难行。子张曾问孔子做人的道理，孔子说“主忠信”(《论语·颜渊》)，把“信”放在道德修养的首位，可见其重要性。孔子自身也很重视“信”的修养。在子路问起孔子个人志向时，子曰：“老者安之，朋友信之，少者怀之。”(《论语·公冶长》)他把对朋友的“信”当作人生的志向之一，足见其对于“信”的重视。

2. 信任

信任指的是体现在日常生活中人与人交往的信任及国家治理和国君对于贤良的信任。“不信仁贤，则国空虚。”(《孟子·尽心下》)“晏子说，治国有三患，忠臣不信，一患也；信臣不忠，二患也；君臣异心，三患也。”(《晏子春秋·内篇问上》)唐朝宰相魏徵认为，君臣若不信任，国家太平则不保。“上不信，则无以使下；下不信，则无以事上，信之为道大矣。”(《贞观政要·诚信》)

3. 言行一致，不欺不诈

孔子认为，“信”是为人处世的基本规范，要“言必信，行必果”(《论语·子路》)。孟子说：“善人也，信人也。”先贤认为，人要是没有“信”，就和禽兽差不多了。“人而不忠信，何以异于禽兽乎！”(《陆九渊集》)先贤们认为，人与人交往基础之一是以“信”待人，“吾日三省吾身：为人谋而不忠乎？与朋友交而不信乎？传不习乎？”(《论语·学而》)

从以上“诚”“信”的内涵可见，两者有相近之处，但也有不同。“诚”有道德本体的意味，“内诚于心”侧重主体的道德修养，更多的是对于道德个体的单向要求；“信”侧重于外在的伦理关系，“外信于人”指道德的外化，更多体现为人际交往间的多向要求，是一种规范社会秩序的道德实践。

(三) 诚信释义

诚信作为中国传统道德中的一个重要内容,最终成为影响深远的为人处世、维护社会秩序的道德观,经历了产生、发展、逐步确立时期。其萌芽于春秋,先秦时逐渐确立为一种修身立命的实用价值观。

在中国传统文化中,"诚""信"是互训的。《说文解字》记载:"诚,信也,从言成声。""信,诚也,从人言。"诚是信的基础,信是诚的体现。同时,两者互为依托,相辅相成。

"诚信"一词,最早出现在战国时期的书籍《管子·枢言》里,如"先王贵诚信。诚信者,天下之结也",认为诚信是治理天下的关键。此后,"诚""信"开始逐渐被人们合二为一地加以论述。如西汉时期的《盐铁论·世务》一书中提出"诚信著乎天下"。唐代吴兢在《贞观政要·卷五诚信第十七》中说"君之所保,惟在于诚信。诚信立则下无二心",指出了君主诚信的重要性。隋唐时期的思想家们将"诚信"作为一个统一的道德规范加以论述,促进了传统"诚信"观的进一步完善。诚信逐渐成为社会的主流价值观而备受重视,成为人们所遵循的共同价值标准和行为准则。长期以来,诚信的思想也一直影响着人们的价值取向和人生追求,成为中国传统道德之一,并延续至今。

诚信是人生修养重要的道德规范。自先秦以来,历代思想家们都对诚信进行了积极的评价和肯定,并从不同角度、层面加以论述,把诚信作为道德的本源加以论述。近代思想家谭嗣同曾说"万善之首必曰信"(《遗墨三篇》)。古代思想家认为,诚信是一种根本性的道德,是其他一切美德的基础。《左传》记载:"信,德之固也。"因此,诚信被列入诸多的道德条目中。

"诚信"历经时代的打磨,其含义已超越了道德本体论层面,现实中人们更多地从道德实践层面对其加以运用和诠释。

概括地讲,诚信有两层含义。

1. 诚信是做人的基本准则

首先是诚实。诚实做人,诚信做事,忠诚老实,不欺不诈。中国古代先哲认为,诚信是人的立身之本,是人之所以为人的一个道德标准。没有诚信,一个人在社会上就无法立足。孔子曰:"言忠行,行笃敬,虽蛮貂之邦行矣;言不忠信,行不笃敬,虽州里行乎哉。"(《论语》)孔子对出尔反尔、弄虚作假的操行举止,甚为鄙视和痛恨,怒斥之为"不仁"。"子曰:巧言令色,鲜矣仁。"(《论语·学而》)孔子对弟子谆谆告诫要“主忠信”。孟子把修养、诚信看作是人应走的正道，“思诚者，人之道也。”（《孟子·离娄上》）王安石认为“人无信不立”（《辞同修起居注状·第四状》）。朱熹把忠诚、讲信义首先看作是人安身立命的根本，无此就谈不上做人之道；其次是守信。言而有信，信守诺言。诚信是人与人交往的基本准则。对此古代思想家尤为重视，如对于以诚待人，孔子一再予以强调，做人要诚信，与朋友交往要言而有信等。孟子在其所宣扬的“五伦”中，也有意突出了“朋友有信”，说明诚信是人际交往的前提与基础，而缺少诚信的交往是无法进行的。因此，诚信对于加强社会稳定团结也有着重要的意义。

2. 诚信是国家治理的基础

古时朝代兴衰有赖于君主的贤明。古人认为，君主诚信是国家治理的关键。荀子认为：“古者禹汤本义务信而天下大治，桀纣弃义倍信而天下大乱。故为人上着，必将慎礼义、务忠信，然后可。此君人者之大本也。”（《荀子·强国》）商鞅认为，国家治理有三个关键：一是法；二是信；三是权。孔子认为，“信”是国家社稷的重中之重。《论语·颜渊》记载，子贡询问政治的方法。孔子回答：“足食、足兵、民信之矣。”子贡进而问之：“必不得已而去，于斯三者何先?”孔子答道：“去兵。”子贡又问：“必不得已而去，于斯二者何先?”孔子答道：“去食。自古皆有死，民无信不立。”可见，诚信对于国家有着深远的社会意义。国家要稳定强盛，国君首先要讲诚信，君臣之间、国家与老百姓之间才能建立信任，国家以诚信示人，也能得到别的国家的尊重，国家才能强大。因此，诚信是国家治理的基础，是“霸王之器”（《礼记经解》）。只要国家、人民守信，国家一定会富强。

古时君王在治理国家时，为了取得人们的信任，都会首先树立诚信的形象。如商鞅立木树信。商鞅是战国时期著名的变法家。为了树立威信，商鞅在变法前下令在秦国都城南门外立一根 3 丈长的木头，并当众许下诺言：谁把木头搬到北门，赏 10 金。人们不相信，无人搬动木头。商鞅把赏金涨到 50 金。一男子把木头扛到了北门，商鞅立即赏他 50 金。商鞅这一举动，使人们感到他是个说话算数的人。于是商鞅的新法也获得了人们的信任，很快就在秦国推广了。于是人们都信任政府，新法取得成功，秦国一举成为强国。

唐太宗是中国历史上的一代明君，其政绩一直为后世所传颂。贞观王朝是中国历史上唯一没有贪污的王朝，在李世民统治下的中国，皇帝率先垂范，官员一心为公，百姓各安本分，滥用职权和贪污渎职的现象降到了历史上的最低点。尤为可贵的是，李世民并没有用残酷的刑罚来防止贪污，主要是以身示范和制定一套尽可能科学的政治体制来预防贪污。唐太宗的贞观之治时期是中国历史上繁荣鼎盛时期,这也与唐太宗治国崇尚诚信、老百姓尊崇诚信分不开的。李世民在任时,对臣僚敞开胸怀,不行欺诈之术,臣僚也尽忠职守,不搞欺瞒哄骗的传统官场伎俩。在即位之初,李世民曾花大力气整顿吏治,下决心要在官场根治贪污受贿的不治之症。为了侦查那些暗中受贿和将来有可能受贿的贪官污吏,李世民命令亲信暗中向各部官员行贿,结果还真查处了几个贪官。李世民在得意之余把他的谋略告诉一位隋朝遗臣,没想到这位大臣当场泼了他一瓢冷水。他说:陛下平时总告诫臣民要诚信待人,可陛下自己却先行欺诈之术,上梁不正下梁歪,臣民会像你一样用欺诈的手段报答你。李世民不但没发怒,反而认为大臣的话有很深的智慧,便欣然接受了这句逆耳的忠言。还有一次,李世民下令年龄虽不满 18 岁但体格健壮的男子也要应征入伍,大臣魏徵拒绝在诏书上签字(这是李世民自定的规矩,为了防止自己滥用私权,他规定凡是自己颁布的命令必须同时有分管大臣的签字才有法律效力)。李世民解释说:这是奸民逃避兵役,故意少报年龄。魏徵回答说:陛下常说我以诚信待天下,要人民不可诈欺;可你却先失去诚信。陛下不以诚信待人,所以先疑心人民诈欺。李世民深以为然,并立即收回成命。

《资治通鉴》中有一段记载:"辛未,帝亲录系囚,见应死者,闵之,纵之归家,期以来秋来就死。仍敕天下死囚,皆纵遣,使至期来诣京师。""去岁所纵天下死囚凡三百九十人,无人督帅,皆如期自诣朝堂,无一人亡匿者,上皆赦之。"这段文字说的是有一次唐太宗视察死囚犯们,和他们交流,觉得他们都很思念家乡亲人,便生怜悯之心,命令把他们放回家,好好在家享受亲情,待来年再自行归来问斩。第二年,这些死囚犯如期回来,无人逃匿,唐太宗见他们信守诺言,仍有善念,便全部赦免了他们。百姓知晓无不称道,颂扬明君,人民更加安居乐业,崇尚诚信,社会一片和谐,国家昌盛。由此可见,诚信对于国家治理非常重要。

古时国家之间进行交往也遵循诚信原则。荀子认为,国家之间要"与国信之"(《荀子·王霸》),推崇睦邻友好原则。因此,中国从古代起就是一个崇尚和平的民族,与周边各国保持着友好的睦邻关系。因此,诚信是国家治理的基础。

由此可见,"诚信"这种道德规范从产生起,就打上了"实用"的烙印,无论是人生修养还是社会治理,都有着无可替代的重要意义。诚信是我国传统道德中的重要内容,也是中华民族的文化瑰宝,具有鲜明的中国特色,诚信在促进社会发展、稳定社会秩序方面发挥了重要的作用。

三、中国传统诚信观的特点

中国传统诚信产生于自给自足的农业社会，是在道德自律和血缘关系基础上建立起来的，依靠血缘、地缘、亲缘维系与支撑，具有情感性、自律性、道义性、个体性等特点。

（一）以情感性为基础

传统诚信是在熟人基础之上发展起来的，具有鲜明的血缘、地域特征。人们出于相互熟悉而信任，主要靠道德主体的情感来支配，因而相对来说也较封闭。一般来说，人们的诚信具有选择性，更倾向于对于自己熟悉的、喜欢的人诚信。费孝通先生认为：乡土社会里从熟悉得到信任……乡土社会的信用并不是对契约的重视，而是发生于对一种行为的规矩熟悉到不假思索的可靠性。可见，因熟悉而产生的信任带有很大的亲情和人情等情感因素。这种以血缘和姻缘等亲属关系为纽带而形成的社会关系注重贵贱、亲疏、远近的差别次序，熟人社会中的讲诚信是根据和自己关系的远近亲疏来决定的。一般来说，人们对于亲人、熟人更信赖，如借贷行为，在传统社会中，亲人、熟人间的借贷往往靠情感维系，慷慨解囊，毫无凭证，而一旦发生经济纠纷，往往难以解决。

（二）以自律性为保证

中国自古有重视道德教化的传统，认为道德教化可以化解社会矛盾，安定民生，起到法律所不能达到的效果。孔子提出“为政以德”《论语·为政》；管子提出“礼义廉耻，国之四维；四维不张，国乃灭亡”《管子·牧民》。他们的思想为后世政治家、思想家所继承，形成了重视道德教化的传统。古人重视人格的修养，要进行自身的道德修养、道德自律。曾子说“吾日三省吾身”（《论语·学而》）；孟子提出“养浩然之气”（《孟子·公孙丑上》）。因此，传统诚信在本质上以道德为支撑，出于人们自身的德性常识和自觉。诚信作为一种道德规范自古强调自觉，即所谓“慎独”。也就是在无人监督的情况下也能做到诚信，如拾金不昧。“所谓诚其意者，毋自欺也。如恶恶臭，如好好色，此之谓自谦。”（《大学》）古人认为，君子诚信靠自律，而非他律所致。古人认为，一个人只有在自律修身的基础上，才能担当起“齐家治国平天下”的重任。这也是我国传统诚信与西方诚信的区别之一，西方诚信的产生打着法律、契约的烙印，我国诚信以道德自律为主，缺乏有效的制度和机制保证。

（三）以道义性为根本

传统诚信是伦理意义上的诚信，往往与“义”“忠”等道德规范相联系。“重义轻利”成为传统诚信观的价值目标追求，道德至上成为传统诚信观的根本价值取向。古人认为诚信是非功利性的，道德在古代思想家们的观念中具有至高无上的地位。儒家的理想人格是圣人君子，要达到君子境界，必须通过道德修养。孔子说：“君子义以为质。礼以行之，孙以出之，信以成之。君子哉！”（《论语・卫灵公十五》）他认为人必须具备诚信的道德品质，然后才能成为君子。孟子说：“诚身有道，不明乎善，不诚其身矣。诚者，天之道也；思诚者，人之道也。至诚而不动者，未之有也；不诚，未有能动者也。”（《孟子・离娄上》）在孔孟看来，诚信是君子的为人之道。“君子坦荡荡，小人常戚戚。”（《论语・述而》）作为君子，应当讲诚信，言行一致，信守承诺，从不隐瞒自己的观点。如果不讲诚信，弄虚作假，就是名副其实的小人。古人认为人与禽兽的区别是人有道德，人有“礼义廉耻”，没有道德的人类类似于“衣冠禽兽”。荀子认为：“故学数有终，若其义则不可须臾舍也。为之，人也；舍之，禽兽也。”《荀子・劝学》因此，古人重视道德教育，追求圣人君子品格，诚信作为“礼义廉耻”道德的具体实践，更为人们所重视，以道义修身为根本。这种重义轻利的传统诚信观，对后世有很大的影响，有利于人们形成崇尚民族大义的整体主义性格，但因为具有明显的人伦教化的特征，“君子不言利”等传统观念对现代市场经济的发展也有不利影响。

（四）以个体诚信为重点

传统诚信产生于熟人社会，以个体为中心，对与自己有交集的人产生诚信行为，如父母、夫妇、子女、君臣等。孔子说：“事父母，能竭其力；事君，能致其身；与朋友交，言而有信。”（《论语》）孟子也说：“父子有亲，君臣有义，夫妇有别，长幼有序，朋友有信。”（《孟子・滕公文上》）个体诚信在社会发展中有着积极的作用，使人们之间的行为规范有序，促进了社会和谐。中国传统农业社会生产方式主要以各家各户为单位，缺少更多的公共生活和社会交往。因此，传统诚信主要针对个体提出要求，强调个体诚信，对于社会生活领域的诚信和社会组织、机构的诚信缺少论述，使得人们更注重熟人间诚信而忽视社会生活中的诚信。我国公共生活诚信体系的培育较晚，当前社会中存在着公德缺失、公共秩序混乱等不诚信现象，有的企业缺乏社会责任感和诚信意识。因此,现代诚信体系有待于进一步完善。

任何一种道德的产生都打着时代的烙印。传统诚信在封建自然经济和宗法集权制基础上产生,虽然具有一定的历史局限性,但其在稳定社会秩序、培养中华民族诚信的品格,崇尚为民族、国家承担责任与义务的民族精神等方面发挥了积极的作用。

四、中国现代诚信观的确立及特点

(一) 现代诚信观的确立

任何一种道德的产生都要服从服务社会发展这一基本理念。诚信作为经世致用之学,长期以来,它在维护社会关系、建立安定和谐的社会中发挥了重要的作用。中共十一届三中全会以后,我国社会开始迅速转型。我国经济从自给半自给的产品经济社会向社会主义市场经济社会转型,从农业社会向工业社会转型,从乡村社会向城市化社会转型,从人情社会向法制化社会转型,从价值观单一化向价值观多元化转型。尤其是社会主义市场经济的建立和发展,我国社会经济领域发生了根本的变化:一是社会经济成分多样化,如有国有经济、集体经济、私营经济、个体经济、外资经济等形态;二是经济组织形式发生了变化,如有独资企业、合伙企业、股份公司、有限责任公司等形式。

市场经济最大的特征是追求利益最大化。在我国社会转型期法制还不健全、新的诚信道德体系尚不完备的情况下,一些人为利益所驱动,社会上造假泛滥,在社会各个领域都出现了失信现象,如食品造假、商品假冒伪劣、媒体信息失真、地方政府失信、"豆腐渣"工程、考试"枪手"泛滥、考试试题泄密、网络诈骗等,人与人之间出现了信任危机,甚至出现了路见老人跌倒不敢扶的事件。这些现象不但严重阻碍了社会主义市场经济的健康发展,而且成为和谐社会建设的"毒瘤"。诚信缺失对于社会的危害表现在多方面,说明仅仅依靠传统诚信的力量已不能有效地解决社会失信现象的发生。随着我国市场经济的发展和综合国力的进一步提升,社会需要构建新的价值观,特别是新的诚信观,以适应社会发展的需求。改革开放后,我国颁布了一系列诚信法律和规章制度,社会信用制度也在不断完善。随着我国一系列的诚信制度、法规相继出台,我国传统诚信开始向现代诚信转型。在适应现代市场经济发展的基础上,现代诚信逐渐脱离传统的人伦关系,转向现代市场经济关系,体现了现代理念和时代特色。

(二) 现代诚信观的特点

中国现代诚信产生于当代中国社会发展的实践,在中国传统诚信观的基础上,吸收借鉴了国外诚信观理念,依托改革开放的大背景,在建设社会主义市场经济中不断得到发展和完善。

1. 开放性

传统诚信观是建立在以血缘、亲缘、地缘为基础之上的诚信观,以自给半自给经济为基础,带有很大的局限性。人们流动性较小,倾向于和自己有一定关系的熟人诚信,交往的范围有限,人们习惯于办事找熟人、找关系,对于陌生人则信奉“见人只说三分话,不可全抛一片心”的传统交往模式。而现代社会市场经济的发展打破了这种传统模式,人们交往对象不再局限于熟人,人们往往由于某种业缘关系而打交道。传统诚信观必须适应现代社会的发展,体现其开放的一面。诚信不能因人而异,人们必须奉行一种公认的诚信规则才能从事一定的社会经济活动。人们受传统习惯的影响,不重视契约规则,结果每年出现相当数量的坏账、死账、“三角债”,带来了许多社会问题。因此,面对社会经济结构的变化和交往对象的不同,诚信开始转型,即由传统熟人社会向现代陌生人社会转型,体现了诚信的现代市场经济理念。

2. 多元性

传统社会人们多以个体交往为主,缺少大规模的群体间交往。随着现代社会的发展,商品经济日趋发达,交通、通讯日益便捷,人与人之间的关系越来越密切,现代社会个体单打独斗模式已不复存在。随着个人、企业、国家间的交往,地区间的交往日益增多,传统诚信开始走出个体封闭模式,日益向多元开放模式发展,其社会属性愈加凸显。现代社会诚信不仅仅指个体间的诚信,也包括国家、法人、企业间的诚信,是建立在自由平等开放基础上的诚信。在现代社会,一个人只有恪守诚信,才能得到社会的认同,否则,无论是正常的经济活动还是社会交往都将难以开展。

3. 义利相兼

中国传统诚信是一种道德规范,“信”与“义”有相通之意。在现实生活中,主张以义为贵,认为“君子不言利”“君子喻于义,小人喻于利”,在一定程度上抑制了人们对于经济活动的追求。我国古代是个农业大国,商品经济不发达,社会阶层划分为士、农、工、商。在人们的思想意识中,商的趋利是与人的道德修养相悖的。因此，中国古代重农抑商，在某种程度上抑制了人们对于“利”的追求，这与现代社会是不相适应的。随着市场经济的发展，刺激了人们追求“利”的积极性，这也是人的本性所在。亚当·斯密提出了“经济人”的理论，认为人们生活中总是倾向于选择自己的利益最大化，人的行为动机源于经济和权力。因此，现代社会的特征之一是市场经济的发展和对于人的理性趋利属性的认同。现代诚信随着商品经济的发展而日趋体现义利相兼的特质，鼓励人们在崇尚诚信的基础上追求个人利益，现代社会进行经济活动也离不开诚信保障。因此，义利相兼是市场经济活动中诚信的特征之一。

4. 情理并重

中国传统诚信带有很强的情感性，熟人间、地域间的诚信观占主导。陌生人间缺少信任基础。正是单纯基于熟人间的信任，不注重理性分析，现实生活中也会出现熟人间的诈骗事件，包括熟人、亲属间的经济纠纷。现代诚信是基于市场经济规律基础上的诚信，人与人之间的信任具有理性选择的特点。人们不会盲目地排斥陌生人，也不会一味地相信熟人，而是既注重情感基础又重视理性判断。人们经济贸易间的往来，是在理性分析一系列客观情况的基础上确定的。理性的诚信观以社会信用制度相对完善为基础，人们能够根据一定的渠道收集信息，作出相应的理性判断，进行一定的社会交往和经济活动。以理性诚信为特征的社会活动和经济行为是现代社会的基本道德特征，它能降低社会交易成本，促进社会的和谐稳定。

5. 德法并存

传统诚信注重德性修养，诚信作为个人修身立命之本，一直为人们所传承。但对于失信行为缺少一定的考核手段，仅停留在道德层面，缺少相应的法律、制度约束。如果人们缺少诚信，只会受到别人的疏远和社会的谴责。现代社会，人们经济间的往来越来越密切，往往“你中有我，我中有你”，陌生人的社会交往带有很大的不确定性，交易往往涉及上百亿资金，如果没有相应的社会信用制度和法律作为保障，将无法保障市场经济的正常运转。因此，现代诚信不仅体现在道德层面，而且也是一种法律规范，体现了契约诚信的特点。恩格斯认为：“现代政治经济学的规律之一就是：资本主义生产愈发展，它就愈不能采用作为它早期阶段的特征的那些琐细的哄骗和欺诈手段……的确，这些狡猾手腕在大市场上已经不合算了，那里时间就是金钱，那里商业道德必然发展到一定的水平，其所以如此，并不是出于伦理的狂热，而纯粹是为了不白费时间和劳动。”[①]我国1986年颁布的《民法通则》和1999年颁布的《合同法》，都将诚实信用规定为法律的基本原则。2005年修订《公司法》《证券法》和《破产法》等多部法律，也十分重视诚信原则的贯彻落实。因此，现代诚信社会要将诚信原则的德与法结合起来，既要重视诚信道德教育，也要重视诚信法规建设，为现代社会发展提供道德基础和法律保障。

由上可见，现代诚信体现了时代特点和社会发展的要求，具有历史传承性和时代创新性的特点，它是社会主义和谐社会建设的重要基石，加强诚信文化的传承与创新也是时代发展的现实要求。

第二节 诚信教育

中华文化源远流长，我国古代不仅有丰富的诚信思想，而且也非常重视诚信教育，无论是各家学派、朝廷社稷还是百姓庶人，都有重视诚信教育的传统。我国古代有完备的学校教育体系和系统的诚信教育内容，是我国传统文化中的宝贵财富。

一、我国诚信教育的历史发展

诚信教育是指教育者按照一定的社会要求，有目的、有计划、有组织地用诚信道德规范来教育受教育者，使其形成诚信认知、诚信情感、诚信意志、诚信实践的教育过程。诚信教育有广义和狭义之分。狭义的诚信教育是指教育者根据社会的需要和受教育者自身发展的需求，按照道德教育规律通过一定的教育手段培养受教育者诚实守信的道德品质的过程。它是一种个人的道德教育活动，一般指学校诚信道德教育。学校诚信道德教育属于狭义的诚信教育范畴。随着社会历史的发展，诚信教育的范畴已不仅仅局限在道德教育范畴，更体现出它的社会属性和法理特性，即广义的诚信教育。广义的诚信教育是一种社会诚信教育，是指社会一切关于诚信教育的教育活动。广义的诚信教育从内容上说包括社会政治诚信、经济诚信、文化诚信等领域的诚信教育活动；从学理上说，它不仅仅是一种道德教育，还是一种法制规范，具有法制教育内容和特征。因此，广义的诚信教育包含了三方面的

① 马克思、恩格斯：《马克思恩格斯选集》第4卷，人民出版社1995年版。

内容：诚信道德教育、社会诚信教育、诚信法制教育。

（一）我国自古重视诚信教育

我国有五千年的文明史，在漫长的历史发展中，诚信教育一直为各朝代所重视。古代诚信教育体系完备，涵盖了学校教育、家庭教育、社会教育等内容，促进了社会的文明与进步，也是我国传统文化的一大特色。

1. 完备的教育体制

我国古代的教育形式种类颇多，有官办学校、民办私塾和书院，还有社会化的教育，如官府教化、乡规、族规、家规等形式。这些都不同程度地起到了道德教育的作用。

据史书记载，我国的教育从皇帝时期就初具规模。当时虞氏开办“大学”和“小学”，分别叫做“上庠”和“下庠”。设立主管教育的官员叫“司徒”，后改为“乐正”。教育内容也有明确记载：“顺先王诗书礼乐以造士。春秋教以礼乐，冬夏教以诗书。”（《礼记·王制》）夏朝时学校叫“校”，殷朝时学校叫“序”，周朝时学校叫“庠”。夏朝以后，学校体系渐趋完备，有地方学校，也有京城主办的学校。在学校教育中，从乡村“私塾”“书院”“小学”到京城的“大学”，都很重视诚信教育。古代学校教育有明确的目标，体现了循序渐进的德育目标。“一年视离经辨志，三年视敬业乐群；五年视博习亲师，七年视论学取友，谓之小成；九年知类通达，强力而不反，谓之大成。”（《礼记·学记》）

2. 诚信教育内容

古代学校教育重视“成人”与“成德”教育。“成人”即通过教育使人身心得到全面发展。明代思想家罗钦顺认为：“夫学所以学为人也，人之所以为人，仁而已矣。四端五典，万事万物无一不统于仁，故孔门教人，以求仁为第一义。”（《整庵存稿》卷一）“成德”即重视人的道德品质教育。明代哲学家王阳明认为：“学校之中，惟以成德为事，而才能之异，或有长于礼乐，长于政教，长于水土播植者，则就成其德，而因使益精其能于学校之中。”（《传习录·中》）可见，“成德”是学校教育的大目标。学校教育内容主要是“五常”（仁、义、礼、智、信）。“人情有五性，怀五常，不能自成，是以圣人象天五常之道，而明之以教人成其德也。”（《白虎通义》）“成德”教育中重要的一项内容是诚信教育。古人认为，诚信是治理天下的基础和前提，即：“古之欲明明德于天下者，先治其国；欲治其国者，先齐其家；欲齐其家者，先修其身；欲修其身者，先正其心；欲正其心者，先诚其意；欲诚其意者，先致其知；致知在格物。物格而后知至，知至而后意诚，意诚而后心正，心正而后身修，身修而后家齐，家齐而后国治，国治而后天下平。”（《礼记·大学》）这里指出了诚信的重要性，也说明了诚信是学校教育的重要内容之一。在古代书院教育中，也很重视诚信教育，被称为“蓄德”，“夫书院之设，所以育才，尤以蓄德为先”（《好德堂记》）。著名的白鹿洞书院曾有院规，要求学生必须铭记诚信，“父子有亲，君臣有义，夫妇有别，长幼有序，朋友有信”，“言忠信，行笃敬，惩忿室欲，迁善改过”（《白鹿洞书院揭示》）。这些都是强调学生要诚信。

我国古代文化繁荣，涌现出诸多学派大家，他们具有共同的特点，同重诚信。孔子对于诚信教育作出了突出的贡献。孔子早在两千多年前，就提出了诚信教育的思想。诚信教育是孔子教育思想的重要内容，这一思想对我国历史上的教育发展起过重要的指导作用，对于今天的诚信教育仍然具有重要的借鉴作用。孔子十分重视品德教育，并把诚信教育作为品德教育的一项重要内容。孔子把教育分为四个部分：文、行、忠、信。其中“忠”和“信”就是诚信教育。“弟子，入则孝，出则弟，谨而信，泛爱众，而亲仁，行有余力，则以学文。”（《论语·学而》）孔子所讲的“信”，就是忠诚、信用、信任、诚实的意思。他对学生从来没有忽视诚信教育，总是强调要“主忠信”。所谓“主忠信”，就是要以诚信教育为主。孔子把诚信看作是做人的最起码的道德要求，并把诚信作为通往最高道德境界即“仁”的基本途径之一。孔子说：“能行五者于天下为仁矣……曰：恭、宽、信、敏、惠。”（《论语·阳货》）要达到“仁”这一最高道德境界，不讲诚信是一定行不通的。诚信是做人的基本道德标准之一。

除了学校进行诚信教育，古代官方吏治、乡里教育、族约家规等都有诚信教育内容。如宋代思想家程颢担任山西晋城县令时期，官方办事规定：“民以事至县者，必告之以孝悌忠信。”古时乡里有专门的机构掌管民风民俗教育，先秦时期叫“三老”。诚信是乡里教育内容之一。如王守仁主持制定的《南赣乡约》规定，老百姓要“讲信修睦，成为良善之民”。古代人们聚族而居，大部分都有族约家规。这些家规既是古代家庭教育的内容之一，也是社会道德教育的基础，一般都包含诚信教育内容。宋朝真德秀制定的《家塾常仪》规定有“古今孝悌、忠信、长厚、退让”等道德条目。明朝王孟箕制定的《宗约会规》规定，所有宗族成员每月至少在宗祠内聚集两次，学习讲解诚信等伦理。可见，古代上至国君、官府、学者大家，下至乡里、族家、百姓，都很重视诚信教育，为我国诚信教育提供了丰厚的土壤，诚信文化绵延至今，依然熠熠生辉。

3. 重视儿童诚信教育

古代非常重视幼儿时期的道德教育，认为人之初，性本善，要充分抓住孩子知识、道德的空白期进行正面教育，甚至进行胎教。“古者圣王有胎教之法，怀子三月，出居别宫，目不斜视，耳不妄听，音声滋味，以礼节之，书之玉版，藏诸金匮”（《颜氏家训》），说的就是胎教中注重德性培养。在儿童教育中，古人认为诚信教育要从蒙童抓起，打下坚实的基础。儿童时期，“如金之在镕，惟人所范；如泥之在钧，惟人所模。故视之以诚信，则诚信笃于其心矣；视之以诈伪，则诈伪笃于其心矣。模范之初，贵得其正”（《大学衍义补》）。在古代许多的蒙童教材中，诚信教育内容随处可见。南朝周光嗣著的《千字文》中记载：“信可使覆，器欲难量”“笃初诚美，慎终宜令。”《弟子规》中记载：“凡出言，信为先。诈与妄，奚可焉……见未真，勿轻言，知未的，勿轻传，事非宜，勿轻诺。”这些说的都是蒙童时期的诚信教育，做人要诚信，实事求是，不能奸诈妄言。

古代先贤认为，父母是孩子的第一个老师，教育孩子诚信，父母首先要作出榜样，因而要重视父母的言传身教。在古人很多的家训中可以看见诚信教育内容，颜之推在《颜氏家书·名实篇》中告诫子孙，“巧伪不如拙诚”“不可窃人之美”。南宋经学家胡安国在《与子寅书》中告诫子孙，“立志以忠信，不欺为主本”。据《韩非子·外储说左上》记载，曾子之妻要去集市，孩子哭哭啼啼要跟着，妻子让孩子老老实实待在家里，承诺回来杀猪给他吃肉。妻子回来看到曾子正在抓猪，忙制止，说只是哄哄孩子高兴，并不想真杀猪。曾子认真地说，父母是孩子的第一个老师，孩子会跟父母学，如果父母不诚信，孩子怎么能做到诚信呢？答应孩子的事一定要做，于是把家中的猪杀了。这就是著名的“曾子杀猪”的故事。这些家庭诚信教育的典籍一直流传至今，对我们今天的儿童诚信教育依然有积极的借鉴意义。

（二）新时期的诚信教育发展

新中国成立后，诚信建设大致分为两个时期，以中共十一届三中全会为标志：中共十一届三中全会前，诚信建设的重点表现在社会政治、经济建设等方面；中共十一届三中全会后，随着改革开放和社会主义市场经济的发展，我国社会诸多领域的诚信建设也不断得以发展。本节重点讲述改革开放以来大学生诚信教育制度的完善和发展。

1. 社会主义建设初期的诚信建设

新中国成立后，百废待兴，面临着严峻的考验，既有国内的经济困难和战争创伤，也有来自国外施加的压力，中国共产党领导中国人民开始了艰苦的国民经济恢复、社会主义改造和建设。从1949年新中国成立到“文化大革命”结束，我国经历了诚信取得进步和失信带来惨痛教训的双重考验。从1949年新中国成立到1966年“文化大革命”开始前，国家把主要精力放在国民经济恢复和社会主义建设上，诚信建设主要体现在国家经济、政治、思想等重大社会主义建设中，没有专门的研究机构，但对于诚信问题还是很重视的，如重视党员干部的政治诚信。1950年5月1日，中共中央发出《关于在全党全军开展整风运动的指示》，要求各级党组织结合总结工作，开展批评与自我批评，克服党内首先是领导干部的居功自傲情绪、命令作风，以及少数人贪污腐化，政治上颓废堕落、违法乱纪等问题。经济方面也反对弄虚作假，1953年进行三大改造，打击投机取巧、唯利是图，到1956年完成了对农业、手工业、资本主义工商业的社会主义改造，体现了中国共产党实事求是的工作作风。1957—1966年，我国进入了全面的社会主义建设时期。这一时期，由于社会主义制度基本建立，党把主要精力投入到国家的建设上。由于经验不足，在社会主义建设中也出现了一些不诚信现象，如“反右派斗争扩大化”“大跃进”“人民公社化运动”，“使得以高指标、瞎指挥、浮夸风、共产风为主要标志的‘左’倾错误严重地泛滥开来”①。

1966年5月至1976年10月，“十年文革”使社会政治诚信等方面蒙上了阴影。从某种意义上说，“文化大革命”脱离了马克思主义实事求是的思想路线，这种政治、思想上的不诚信，“使党、国家和人民遭到建国以来最严重的挫折和损失”②。新中国成立后到“文化大革命”结束这一时期，在社会主义建设的探索时期，社会诚信建设也得到了一定的发展，毛泽东、周恩来、刘少奇等一些党和国家领导人多次论及诚信。毛泽东一直反对说假话。1958年11月，毛泽东在武昌会议讲话中指出，党和政府、党的干部要不做假、不信假、不逼假、要防假。1959年4月29日，毛泽东写了《党内通信》，再一次明确表达了自己对于说假话的态度。“老实人，敢讲真话的人，归根到底，于人民事业有利，于自己也不吃亏。爱讲假话的人，一害人民，二害自己，总是吃亏”，“干劲一定要有，假话一定不可讲”③。毛泽东提倡实事求是，大兴调查之风，确定1961年为实事求是年。

粉碎“四人帮”以后，中国共产党重新恢复了“解放思想、实事求是”的作风。1978年3月开始的“实践是检验真理的唯一标准”的讨论，具有非常重要的意义，

---

①② 中共中央文献研究室：《十一届三中全会以来重要文献选读》(上)，人民出版社1987年版。
③ 中共中央文献研究室：《毛泽东选集》第8卷，人民出版社1999年版。

使党的工作重心转移到以经济建设为中心上来，党和国家建设开始步入正确发展的轨道。中共十一届三中全会后，改革开放大潮推动了我国社会政治、经济、文化、教育等领域的发展，诚信教育在传承我国传统诚信教育内涵的基础上有了长足的发展，特别是大学生诚信教育制度建设初具规模。

2. 改革开放以来大学生诚信教育制度的发展

1）大学生诚信教育制度初建时期（中共十一届三中全会至中共十二大前）

改革开放后，我国逐渐恢复了尊师重教、科教兴国战略，人才培养、大学生德育建设也不断深入。其中，关于大学生诚信教育的教育内容和措施及制度建设也提上议事日程。1978 年 12 月 22 日，通过了《中国共产党第十一届中央委员会第三次全体会议公报》，确立了解放思想、实事求是、一切从实际出发、理论联系实际的原则，体现的是共产党人关于如何实践马克思主义的诚信品格和作风。“会议一致认为，只有全党同志和全国人民在马列主义、毛泽东思想的指导下，解放思想，努力研究新情况新事物新问题，坚持实事求是、一切从实际出发、理论联系实际的原则，我们党才能顺利地实现工作中心的转变。”①因此，中共十一届三中全会，标志着我党关于思想、理论问题的研究态度重回实事求是、诚信务实的优良作风，这对以后大学生思想教育、各种规章制度的建立奠定了思想基础。1980 年 4 月 29 日，教育部、共青团中央印发了《关于加强高等学校学生思想政治工作的意见》的联合通知，确立了大学生思想教育的内容和重点，为大学生诚信教育的实施奠定了理论基础。该通知指出：“必须坚持进行共产主义道德品质教育。培养学生热爱祖国，勤奋学习，热爱劳动，关心集体，助人为乐，诚实谦虚，文明礼貌，遵守法纪，艰苦奋斗，英勇对敌等革命风尚。”②可见，这期间大学生的诚信教育目标主要是理想信念教育，以及忠诚于祖国和人民教育。

这期间也出台了一系列文件，对大学生诚信教育干部队伍进行了明确规定。高校的思想政治教育工作重新由教育部政治理论教育司负责指导，确立了高校学生工作的领导体制、干部体制、队伍建设等。对于思想政治教育队伍的培养、待遇等问题都作了明确的规定，大学生诚信教育的体制基本确立。

2）大学生诚信教育制度逐渐确立（中共十二大至中共十四大）

中共十二大确立了建设有中国特色的社会主义的伟大目标，开始了全面开创

---

① 《中国共产党第十一届中央委员会第三次全体会议公报》(1978 年 12 月 22 日)。

② 教育部、共青团中央印发《关于加强高等学校学生思想政治工作的意见》的联合通知，1980 年 4 月 29 日。

社会主义现代化建设的新局面。社会生产力的发展催生了社会文化的需求，特别是对于诚信机制的需求。首先，诚信课程建设不断健全。随着高校课程体系的不断健全，大学生诚信教育课程体系建设提上日程。1982 年，教育部明确了对大学生进行思想品德课和形势与政策教育，并确定为必修课。该课程成为对大学生进行诚信教育的重要渠道。其次，大学生诚信评价制度逐渐规范。在 1983 年国家教育委员会下发的《全日制普通高等学校学生学籍管理办法》文件中，规定了对学生进行品德评价的办法，并就学生考试作弊的处理进行了明确规定，作弊科目成绩以零分计，并不准补考，视其严重程度给予处分。在 1989 年国家教育委员会下发的《高等学校学生行为准则（试行）》文件中，提出了对个人品德修养评价要“实事求是”[①]。此后下发的相关文件也再次提出了对学生品德鉴定的方法和程序都要坚持诚信，使大学生诚信评价制度逐渐规范。

3）诚信教育体制逐渐完善（中共十四大至今）

首先，大学生诚信教育内容的逐渐完善。中共十四大后，国家教育委员会对大学生诚信教育的内容和体系都有更明确的规定。1995 年，国家教育委员会颁布的《中国普通高等学校德育大纲》，把“诚实守信”[②]作为德育目标的具体内容。2001 年，中共中央印发的《公民道德建设实施纲要》中，把“明礼诚信”[③]作为公民道德的基本规范之一，同时确定了“诚实守信”的职业道德。这是新中国成立以来首次把诚信教育列入社会公民教育体系之中，是对我国传统诚信教育的传承和发展，具有重要的时代意义。2004 年，中共中央、国务院颁布了《关于进一步加强和改进大学生思想政治教育的意见》，提出了要教育大学生“以诚实守信为重点”[④]，开展道德教育，引导大学生自觉遵守“明礼诚信”的道德规范，积极开展道德实践活动，把道德实践活动融入大学生学习生活之中。该文件对大学生德育教育的内容体制等方面都作了具体的规定，是新时期高校德育工作的纲领性文件。教育部于 2005 年下发的《关于整体规划大中小学德育体系的意见》，规定了“加强法制和诚信教育”[⑤]的大学德育内容，这是第一次明确把“诚信教育”列为大学的德育内容。2005 年教育部下发了《高校学生行为准则》，其中第五条提出“诚实守信，严于律己”[⑥]，把诚

---

① 国家教育委员会：《高等学校学生行为准则（试行）》，1989 年 11 月 17 日。

② 国家教育委员会：《中国普通高等学校德育大纲》，1995 年 11 月 23 日。

③ 中共中央：《公民道德建设实施纲要》，2001 年 10 月 24 日。

④ 中共中央、国务院：《关于进一步加强和改进大学生思想政治教育的意见》，中发〔2004〕16 号。

⑤ 教育部：《关于整体规划大中小学德育体系的意见》，2005 年 4 月 20 日。

⑥ 教育部：《高校学生行为准则》，2005 年 3 月 25 日。

信教育也列为高校学生管理的重要内容，并对大学生如何做到诚实守信进行了解释，即“诚实守信，履约践诺，知行统一，不作弊、不剽窃”①。2006年，在胡锦涛总书记提出的“关于社会主义荣辱观”中，“以诚实守信为荣”成为其中的一项内容，党中央要求青少年自觉践行社会主义荣辱观，这是大学生诚信教育内容的进一步深化。

其次，大学生诚信教育制度的逐渐确立。在大学生诚信教育内容不断完善的同时，与诚信相关的制度要求也渐趋完善。教育部于2002年下发了《关于加强学术道德建设的若干意见》，对大学生的学术诚信也作了具体规定，要求高校要“引导学生树立良好的学术道德，帮助学生养成恪守学术规范的习惯”②。2004年颁布的《诚信教育大纲（试行）》，把诚信教育作为一门课程进行设置，提出了开设该课程的目的是帮助学生增强“市场经济是信用经济、法制经济”的观念，增强“诚实守信意识”③。2004年颁布的《国家教育考试违规处理办法》，规定了各项国家教育考试的违规处理办法，将考生可能发生的违规行为具体分成“违纪”9种和“作弊”14种④，并提出了具体的处理办法，成为目前从严治考、依法治考的有效依据。不少高校还结合本校实际情况制定了相应诚信考试规定。2015年8月29日，第十二届全国人民代表大会常务委员会第十六次会议通过了《中华人民共和国刑法修正案（九）》。该修正案规定：“在法律规定的国家考试中，组织作弊的，处三年以下有期徒刑或者拘役，并处或者单处罚金；情节严重的，处三年以上七年以下有期徒刑，并处罚金。”可见，考试作弊入刑定罪，以法律手段对考试作弊行为予以严厉打击，体现了我国法律维护社会诚信和公平竞争的价值指向。

再次，社会征信体系的建立促进了大学生诚信教育体系的完善和发展。全国统一的征信系统于2006年正式建成，并实现全国联网运行。2012年12月26日，国务院第228次常务会议通过《征信业管理条例》，自2013年3月15日起施行。征信业在促进信用经济发展和社会信用体系建设中发挥着重要的基础性作用。《征信业管理条例》对个人不良信用信息的保存期限设定为5年，促进了“诚信受益，失信惩戒”的社会诚信环境养成。中共十八届三中全会进一步要求“建立健全社会征信体系，褒扬诚信，惩戒失信”。2014年6月，国务院发布《社会信用体系建

① 教育部：《高校学生行为准则》，2005年3月25日。
② 教育部：《关于加强学术道德建设的若干意见》，2002年2月27日。
③ 劳动和社会保障部办公厅：《诚信教育大纲（试行）》，2004年3月15日。
④ 教育部：《国家教育考试违规处理办法》，2004年5月。

设规划纲要（2014—2020年）》，整体构建了社会主义市场经济条件下的社会信用体系，进一步提高全社会的诚信意识和信用水平。《中共中央关于制定国民经济和社会发展第十三个五年规划的建议》提出，要完善社会信用体系，加快推进政务诚信、商务诚信、社会诚信和司法公信等重点领域信用建设，推进信用信息共享，健全激励惩戒机制，提高全社会诚信水平。健全信用信息管理制度，强化信用信息共建共享，健全守信激励和失信惩戒机制，培育规范信用服务市场。

国务院发布的《社会信用体系建设规划纲要（2014—2020年）》中指出，要普及诚信教育。以建设社会主义核心价值体系、培育和践行社会主义核心价值观为根本，将诚信教育贯穿公民道德建设和精神文明创建全过程。推进公民道德建设工程，加强社会公德、职业道德、家庭美德和个人品德教育，传承中华传统美德，弘扬时代新风，在全社会形成“以诚实守信为荣、以见利忘义为耻”的良好风尚。在各级各类教育和培训中进一步充实诚信教育内容。大力开展信用宣传普及教育进机关、进企业、进学校、进社区、进村屯、进家庭活动；要建好用好道德讲堂，倡导爱国、敬业、诚信、友善等价值理念和道德规范。开展群众道德评议活动，对诚信缺失、不讲信用现象进行分析评议，引导人们诚实守信、遵德守礼。

社会征信体系的建立进一步促进了大学生诚信教育体系的建立。目前，部分高校已在建设大学生诚信档案，与社会征信部门对接，把大学生诚信教育纳入社会化管理的平台。

二、我国当前诚信教育的内容与特点

（一）诚信教育的内容

1. 诚信道德教育

诚信道德教育主要通过学校教育来完成。学校诚信教育指各级各类学校按照社会发展要求，遵循教育教学规律对学生进行的诚信道德教育和诚信行为实践培养的教育活动。具体地说，学校诚信教育包括学校在思想政治、学习、经济生活、人际交往、就业等方面对学生进行的诚信教育及诚信教育保证机制、监督奖惩机制建设等。学校诚信道德教育内容包括我国传统诚信观、马克思主义诚信观、我国现代诚信观等。学生诚信行为实践包括第二课堂组织的诚信教育活动及社会诚信教育实践等。学校诚信道德教育是我国诚信教育的重要组成部分。学校诚信道德教育遵循着循序渐进的原则，根据学生特点，从诚信意识启蒙、诚信行为习惯养成、政治信仰诚信等方面，培养学生诚信品质。大学阶段学校肩负着培养社会主义建设者和接班人的重任，加强大学生诚信道德品质教育，使其具有诚实守信品质，对提高公民诚信道德意识更具有重要的意义。

2. 社会诚信教育

国务院发布的《社会信用体系建设规划纲要(2014—2020年)》中指出，要“全面推进社会诚信建设。社会诚信是社会信用体系建设的基础，社会成员之间只有以诚相待、以信为本，才会形成和谐友爱的人际关系，才能促进社会文明进步，实现社会和谐稳定和长治久安”。

社会诚信是建设社会主义和谐社会的基础和市场经济健康发展的保障。社会诚信教育体系由四个方面组成：一是社会诚信教育制度。它主要包括建立公民道德建设、社会政治诚信教育、社会经济诚信教育、社会文化诚信教育等方面的内容。中共中央颁发的《公民道德建设实施纲要》，大力倡导“爱国守法、明礼诚信、团结友善、勤俭自强、敬业奉献”的基本道德规范，充分肯定了诚信的地位。胡锦涛同志将诚实守信列为“八荣八耻”的一项重要内容。这都表明，诚实守信是贯穿于个人和社会发展的基础性要素。没有诚实守信，就无所谓社会公德、职业道德和家庭美德，就不可能培养出志存高远、乐于奉献、具有远大理想的社会主义建设者和接班人。二是社会信用管理和服务系统。它是由各社会主体单位，包括行政机关、企业、事业单位内部的信用管理系统，以及社会专业机构承担的资信调查、联合征信、信用评级、信用担保、信用管理咨询和商账催收等社会专业服务系统所构成。三是社会信用活动。它主要包括消费者信用活动、企业信用活动、银行信用活动和政府信用活动等。四是社会诚信监督与惩戒机制。它主要包括信用监管制度和失信惩戒制度，运用行政、经济、道德等多种手段，依法对信用活动行为进行监管和失信惩戒，将有严重失信行为的企业单位和个人从市场经济的主流中剔除出去，同时激励守信企业单位和个人。

3. 诚信法制教育

诚信教育作为一种社会性的活动，不仅体现在道德教育领域，也体现在社会的法律法规中。法律意义上的诚信原则更加强调法律主体在经济活动中讲究信用、恪守诺言、诚实不欺，要求在不损害他人利益的前提下追求自己的利益。诚信是我国立法的基本依据。我国《宪法》中规定，公民要保守国家机密，维护祖国的安全和利益。我国1986年颁布的《民法通则》和1999年颁布的《合同法》，都将诚实信用规定为法律的基本原则。民法规定，公民在参加民事活动中要遵循自愿公平、等价有偿、诚实信用的原则。2005年修订的《公司法》《证券法》《破产法》等多部法律，也十分重视诚信原则的贯彻落实。诉讼法中规定，公民有作证的义务，且不得作伪证。《消费者权益保护法》第四十九条规定："经营者提供的商品或者服务有欺诈行为的，应当按照消费者的要求增加赔偿其受到的损失，增加赔偿的金额为消费者购买商品的价款或者服务的费用的一倍。"如果经营者不守法，违反法律规定，将可能被告上法庭，败诉后承担一定的民事或刑事责任后果。可见，诚信不仅属于道德教育的范畴，还是法制建设的重要内容。尤其在社会主义市场经济条件下，诚信法则是建立社会主义市场经济的必要保证。因此，诚信教育也是一种法制教育。

(二) 诚信教育的特点

1. 时代性

每一个时代的理论思维都打着时代的烙印。诚信教育内容也是如此。诚信教育要秉承继承与发展相结合的原则。其内容既要从中国传统文化中汲取营养，吸收借鉴传统文化的精髓，又要注重吸收国外新的教育理念，同时体现我国时代特性，做到继承与创新的统一。这是诚信教育生命力之所在。传统诚信教育注重个人的品格修养、人格培育。现代诚信也同时是一种社会公德和法制精神、政府、国家形象的体现，它的内涵无所不包。传统诚信教育倡导公私利益的克己奉公，现代诚信观提倡公平双赢，依法认同个人的正当利益。当前在社会主义市场经济的环境下，诚信教育也是法制教育，因此，诚信教育内容必须体现时代性，顺应时代潮流，不断体现发展、动态的和谐，使之富有活力。

2. 综合性

诚信是中国传统道德中的一项重要内容，随着时代的发展，诚信的内涵也在不断发展，成为跨学科领域比较广泛的道德命题。因此，诚信教育也具有鲜明的综合性特色。从诚信的主体特征看，诚信是道德与人文精神的综合体；从社会功能看，诚信缺失将导致社会信仰危机；从伦理上看，诚信是道德与实践在现实生活的统一；从资本属性看，诚信是市场经济秩序的基础，市场经济是信用经济；从管理属性看，诚信是管理学视角中的信用资本；从法制属性看，诚信是以德治国和以法治国的完美结合；从哲学属性看，诚信是人文精神与终极关怀的统一体。由此可见，诚信教育的内容不是单一的，而是具有多重内涵。根据教育对象主体的不同，诚信教育的侧重点也不一样，如：政府诚信教育侧重的是政治诚信；企业诚信教育侧重的是经济诚信；公民社会生活诚信教育侧重的是道德品质教育；社会法制范畴诚信教育侧重于法理分析;等等。同时,家庭、学校、社会诚信教育也遵循诚信教育的综合性原则。

3. 实践性

社会实践使人从猿进化到人。实践性也是道德教育的重要原则。马克思主义认为,脑力劳动和体力劳动的结合促使人的健康发展。马克思在《资本论》中认为,教育与劳动的结合造就了“全面发展的人”。如果不能够将理论学习和实践很好地结合起来,再好的理论教育也显得苍白无力,达不到理想的教育效果,只有通过实践,将诚信教育的理论学习和开展丰富多彩的实践活动相结合,使学生增强诚信道德体验,才能做到知行合一。如开展诚信演讲、社会实践、实习劳动、职业体验大赛、创业大赛等活动。在诚信实践过程中,要进行实践过程、结果分析,发现不诚信问题及时解决,发现好的做法及时表扬,要加强思想引导,不能放任自流。通过实践,在社会大环境中使学生将诚信认知提高到具体运用,加强自律的培养,能深刻理解诚信的实质和内涵,加深道德操守培养。加强诚信教育的实践性原则不仅仅是对学生的一种道德教育,也是学生综合素质能力的体现,有利于培养创新型人才。

三、国外诚信教育的特点及启示

西方国家的诚信起源可以追溯到古罗马时期,由于与我国的历史发展道路不同,西方诚信文化的发展从一开始就有着明显的由道德向法律转化的轨迹。西方诚信文化除了是一种道德教育,还体现了契约意识、法治精神。西方诚信文化起源于基督教文化和古希腊文化。基督教文化中关于诚信的论述体现的是一种宗教信仰和人的价值取向。古希腊的契约诚信观对今天西方的社会构架和经济发展具有很大的影响。马克思、恩格斯认为诚信与经济发展有关。他们认为:“信用制度加速了生产力物质上的发展和世界市场的形成,这使二者作为新生产形式的物质基础发展到一定的高度。”[①]美籍日裔学者福山(1998)在《信任:社会道德和繁荣的创造》一书中认为,社会成员之间的信任乃是文化对经济的影响途径和表现形式,它直接会影响甚至决定经济效率。在西方社会,诚信是他律性的道德手段,是基于契约的一种道德观念。为了保护平等主体之间的财产流转和交易的进行,人们在自

① 马克思、恩格斯:《马克思恩格斯全集》第25卷,人民出版社1974年版。

愿的基础上签订契约。契约一经签订，双方就要恪守、履行各自的承诺。由此可见，无论是国内还是国外，诚信都为人们所重视，并把它作为一种基本道德准则和社会规范。

国外诚信教育具有以下特点。

（一）重视家庭诚信教育

德国重视诚信教育的连续性，在孩子很小时就注重对他们的诚信教育。德国的教育心理学家普遍认为，孩子从四五岁起就具有价值观和辨别是非的能力，是最佳的教育时期。在德国的青少年教育体系里，注重家庭教育。德国在教育法中明确规定，家长有义务担当起教育孩子的职责。因此，德国很重视家庭教育，家长们普遍遵守这样一个原则：教育孩子诚实守信，家长必须作出榜样。在德国的十字路口，经常会见到这样一块牌子，上面写着“为了孩子请不要闯红灯”。在德国，如果有人随地乱扔垃圾或者在没有停车标志的地方停车，马上就会有人过来阻止，并讲述遵守社会公德、为下一代做好榜样的理论。家长榜样教育不仅培养了孩子良好的道德品质，同时也规范了成人自觉遵守社会秩序。在家庭教育中，美国父母很重视对孩子的诚信教育，社会宣传媒体也注重营造诚信氛围，并树立相应的诚信榜样。日本的诚信教育几乎贯穿人的一生，父母在家中教育孩子“不许撒谎”。

家庭是社会的细胞。每一个成功的孩子背后都有父母默默的付出，可以说家长是学生的第一个老师。家长的诚信对孩子有着深刻的影响。“父母对子女进行诚信教育的方法和途径有两种：一是说理性的观念教育，即言教；二是行动示范教育，即身教。”[①]因此，我们要重视家庭教育。父母要有责任意识，对孩子不仅仅是“养”，更要“育”。尤其孩童时期，孩子模仿能力强，他们的言行往往有着父母的影子。每一个家长都要注意言行诚信，生活中努力给孩子创造诚信的家庭教育环境，培养孩子的责任感和诚信意识。对青少年身上出现的不诚信现象，父母也要及时给予批评教育，帮助孩子明辨是非，协助学校做好诚信教育。

（二）重视学校诚信教育

国外非常重视大学生诚信教育。哈佛大学校长德里克曾要求学生“养成诚实、守信用、爱护学校财产的道德习惯”，提出加强道德教育的大纲：在大学开设应用

---

① 王淑琴等著：《信用伦理研究》，中央编译出版社 2005 年版。

伦理学课程；与学生一起讨论行为准则并实施；制订鼓励学生参加社团服务活动的计划；帮助学生识别有损于基本伦理价值的不良行为与事件。德里克强调，大学有责任培养学生的伦理道德。美国大学的诚信教育侧重于大学生的学术诚信教育。学术诚信代表了美国关于学术严谨的态度和重视创新的科学态度。美国大学的学生学术诚信内容包含了学生学习过程中的方方面面，如作业、论文抄袭，考试作弊等方面，并且规定得很详细，如学生诚信管理部门的职责、学生的权利、学生诚信档案的管理等。每个大学对于学术诚信的教育方式不尽相同，但都重视新生的入学教育和诚信告知义务。如：有的大学在新生入学时开展学术诚信周活动，进行诚信承诺制度；有的大学加大诚信的宣传力度，通过校报、橱窗、学生手册等向学生介绍学术诚信的内容。普林斯顿大学还就什么形式是抄袭进行介绍，使学生明确分辨原创与抄袭的区别。在诚信教育方面，学校的主页和图书馆主页都有关于诚信教育的内容，发挥了重要的作用。

德国大学生诚信教育主要是通过伦理学、神学、教育学、法学、经济学等课程来完成。就是理科教学中也渗透诚信教育内容，主要方法是要求大学生对任何一门主修专业，都要从历史、社会和伦理学的角度去学习研究。对于任何一门专业课程，学生都要回答三个问题：这个领域的历史和传统是什么？它所涉及的社会和经济问题是什么？要面对哪些伦理和道德问题？教师也注重从这些角度进行大学生诚信教育。英国牛津大学，导师对学生要求非常严格，不论文科生或理科生，都要求他们不仅要学业好，而且还要有良好的诚信品德、健康的体质和社交能力。日本在《二十一世纪的教育目标》中指出："只有重视思想素质的培养，才能保证人才的健康成长。"日本的人生观教育包括以下四个方面：珍惜生命，展示生命的意义，练就顽强的意志，诚实、正直地处事和与人交往。

由此可见，国外学校诚信教育的很多做法非常值得我们学习。综观我国学校诚信教育，还有很多不完善的地方，如有些高校不太重视大学生诚信教育，诚信教育体系、诚信教育内容尚有不完善的地方，诚信教育方法比较单一，这些问题的存在将不利于诚信教育功能的进一步实现，需要在实践中不断加以改进。近年来，有些学校在收费、教学、考试等工作中存在着一些不诚信问题，严重影响了高校的声誉。教师是学生成长重要的引路人，其本身的诚信素质对学生有着潜移默化的影响。一些高校教师学术抄袭现象屡见不鲜，这也给大学生诚信教育带来了很多负面影响。因此，教育学生诚信，学校首先要担当楷模，做到诚信。

（三）重视信用教育

国外很多国家都重视公民、企业、政府的信用教育，认为信用是现代社会通行的法则之一。信用体现着契约精神和法制内涵，是现代诚信的重要特征之一。

西方诚信观来源于契约精神。美国诚信教育与契约精神有着密切的联系。履行契约就是履行诚信。契约、诚信规则、市场经济运行法则三者之间根本的支撑点就是诚信精神。卢梭在《社会契约论》中认为，人民与其组成的团体是一种契约关系，为防止有人不讲信用，每个人都会让出一部分的权利给予团体，使团体对个人有了相应的权利，如果个人不诚信，要受到团体的监督、审核、处罚；对于团体的诚信要求与个人一样，不诚信都要接受处罚。美国大学的诚信教育与契约精神内涵一致，不仅仅要求学生，也要求所有的教师、团体。学生与学校之间形成了一种契约关系，双方都要遵守相应的诚信法则。学校要求学生诚信，学生不诚信会有相应的惩戒措施，学生如果发现学校的不诚信行为也是违反契约的，学生可以要求学校履约，双方是一种平等的契约关系。

瑞士重视诚信立法。1907 年，瑞士国会通过的《瑞士民法典》是世界上最早制定的民法典之一。这部法典的第二条就规定“任何人行使任何权利，或履行义务，均应以诚实信用为之”，使诚信原则成为民法的基本原则。瑞士国家公务员中有专门的“价格先生”，负责监督餐饮、医药、旅游等行业的定价，防止不法商人哄抬物价。但自设立这一官职以来，很少发生“价格先生”处罚不法商贩的事件。在瑞士，商家倘若一味追求利润，不搞诚信经营就没有立足之地，早晚会被市场淘汰。许多瑞士服务行业都实行事后付账的方式，将账单寄到家中，在规定的日期内支付，其基础靠的就是信用。正因为如此，瑞士银行的信誉度是很高的。

德国有完备的社会信用记录。德国中央银行设有专门掌管社会成员包括企业和个人信用信息的服务机构，从事信用评级、信用管理等业务。一旦客户出现信用问题，如恶意透支信用卡或不及时还款，都会被记入资料库。而有过不良信贷信用记录的客户在今后的生活中会碰到很多困难，如申请贷款时会被拒绝或者支付高利率，要想用分期付款方式购买一些大件商品时也会被商家拒绝。即使在日常生活中，这种监督也无处不在。乘车如果逃票被查到，就会写入个人的信用记录，成为终生的污点。

政府、企业诚信是社会诚信良性循环的重要因素。“社会变化可以直接、间接诱发教育系统的失范行为，其依据是任何一种较为普遍的社会现象，对教育均有相应的氛围效应。”[①]因此，加强青少年诚信教育，必须创造良好的外部环境，加强法制建设和社会信用制度建设，加强公民契约意识的培养，加大宣传有关法律、教育、舆论的力度。

(四) 整体构建诚信教育机制

国外比较注重对大学生的严格要求和对诚信行为的导向管理，从学校到社会到家庭，注重构筑人人崇尚诚信、关注道德的良好氛围，着力构建一条人人关注诚信的社会德育链条，从引导机制、培育机制到监督机制都进行了比较系统的研究和实践。国外政府、教育主管部门和学校高度重视大学生诚信教育。美国整个社会都有一种诚信教育的氛围。美国设有专门的诚信教育研究机构，有独立的编制、经费，并受美国政府法律的保障。美国的法律规定，不诚信者将受到严重处罚。在家庭教育中，美国父母很重视对孩子的诚信教育，社会宣传媒体也注重营造诚信氛围，并树立相应的诚信榜样，教育青少年。美国大学更加注重宣传诚信教育，很多大学还结成诚信同盟，共同监督学术不诚信行为，包括很多民间团体，也把诚信作为重要的内容来研究。总之，美国的大学生诚信教育不是孤立的，而是形成了校内、校外一致性的教育氛围。

德国的诚信教育很深入。德国的网络在大学生诚信教育中发挥着非常重要的作用。大学设有专门网页，开辟专栏，邀请政治学家、心理学家、社会学家向访问者深入剖析重大社会、经济、政治问题的社会根源、心理原因及不诚信的严重后果。利用这些大众传媒，每时每刻向大学生和国人进行诚信、道德规范教育。德国教育家贝尔认为：“名副其实的教育，在本质上就是品格教育。”

国外诚信教育都遵循的是合力育人原则。家庭、学校、社会是一个诚信教育的统一体，共同推行诚信教育目标的实现。儿童从小接受什么样的教育，对其一生都有影响。因此，要重视学生的家庭教育、幼儿教育，要有诚信教育的环境与氛围，从娃娃抓起。小学、中学、大学、社会教育都应该有统一的诚信观，形成合力，共同为大学生诚信教育提供支撑。如果小学、中学阶段重智轻德，使道德教育弱化，将很难在大学阶段补上诚信一课。诚信的种子需要教育者们形成合力，提供优质育人土壤，才能开出诚信之花。当前我国法制建设尚不完善，一些不良企业制假售假，牟取暴利；有些地方政府失信于民，在拆迁、监狱管理、特大事故处理等方面存在着

---

① 吴康宁：《教育社会学》，人民教育出版社 2003 年版。

不诚信现象，某些党员干部贪污腐败。这些现象对青少年产生了很大的负面影响，不仅仅影响他们对党和国家的情感，也影响他们的诚信观。因此，社会应该为青少年诚信教育提供一个良好的诚信教育环境。只有公务员诚信、企业诚信、政府诚信，才能促进整个社会诚信风气的形成。

因此，我们要借鉴国外诚信教育经验，整体构建诚信教育机制，共同服务于青少年诚信教育道德实践。

第三节 诚信文化

中国是四大文明古国之一，中华文化博大精深、源远流长。诚信文化是我国传统文化的精髓，是我国先进文化的重要内容，在促进社会的和谐与稳定方面，诚信文化发挥了重要的作用。诚信文化建设对于我国社会主义和谐社会建设、市场经济的健康发展具有重要的意义。一个社会信任度的高低与这个社会的诚信文化直接相关，因此，我们要做好诚信文化的传承与创新，服务于中国特色的社会主义现代化建设。

一、诚信文化的内涵

文化是人类在社会历史发展中所创造的物质财富和精神财富的总和。诚信文化作为我国传统文化的重要组成部分，一直以来被人们所传承。1982 年在墨西哥举行的第二届世界文化政策大会上，联合国教科文组织成员国给文化下了一个权威性定义："文化在今天应被视为一个社会和社会集团的精神和物质、知识和情感的所有与众不同显著特色的集合总体，除了艺术和文学，它还包括生活方式、人权、价值体系、传统和信仰。"卢梭在《社会契约论》里这样界定文化，即文化是风俗、习惯，特别是舆论。文化具有以下几个特点：第一，铭刻在人们的内心。第二，缓慢诞生，但每天都在获得新生力量并取代权威力量。第三，能够维持人们的法律意识，激活已经疲软的法律或取代已经消亡的法律①。

现代"诚信文化"起源于近二三百年欧美现代市场经济，市场经济使社会上不

① 卢梭：《社会契约论》，商务印书馆 2005 年版。

同地区、不同类群的人们经常互相打交道，互不相识、互无关系的人们在一起合作，自然会迫切要求社会培植更浓厚的“社会诚信”，于是现代“诚信文化”应运而生。

诚信文化是我国先进文化的重要组成部分，源于千百年来社会发展过程中积累下来的民族诚信文化，是社会公德、家庭美德、职业道德建设的重要内容，随着社会主义市场经济的建立而逐渐完善，千百年来为人们所世代承袭和不断发展。在当前构建社会主义和谐社会的过程中，诚信文化既要继承传统诚信的精髓，又要体现时代特点，包括社会诚信文化、企业诚信文化、学校诚信文化等三方面的文化建设。

中国现代诚信体系的建立以马克思主义诚信观为指导，不断吸收国外诚信文化建设的有益经验，在社会主义市场经济的发展中不断完善。恩格斯认为：“诚信是现代经济规律之一，一切节省流通手段的方法都是以信用为基础的；由于信用缩短了流通或商品形态变化的各个阶段，进而资本形态变化的各个阶段加快了，整个再生产过程也加快了。”[①]马克思和恩格斯认为：“从社会历史的角度看，信用制度是对资本主义生产关系的扬弃。”

改革开放以来，我国诚信文化随着社会主义市场经济的发展而不断完善。2001 年 5 月，我国颁布了《公民道德建设实施纲要》，将“明礼诚信”列为基本道德规范，将“诚实守信”作为职业道德。2002 年，中共十六大强调了诚信建设在全面建设小康社会中的重要作用，提出公民道德建设要以“诚实守信为重点”。可见，当前诚信文化教育是对中国传统诚信文化的继承。2003 年，中共中央颁布了《关于完善社会主义市场经济体制若干问题的决定》，把诚信确立为发展社会主义市场经济的主要任务之一，提出要建立健全社会信用体系，形成以道德为支撑、产权为基础、法律为保障的社会信用体系。全国统一的征信系统于 2006 年正式建成，并实现全国联网运行。上海提出了“公正、包容、责任、诚信”的城市价值取向。由此可见，诚信文化的重要性。

国务院发布的《社会信用体系建设规划纲要（2014—2020 年）》中指出，诚信教育与诚信文化建设是引领社会成员诚信自律、提升社会成员道德素养的重要途径，是社会主义核心价值体系建设的重要内容。要加强诚信文化建设，以社会成员为对象，以诚信宣传为手段，以诚信教育为载体，大力倡导诚信道德规范，弘扬中华民族积极向善、诚实守信的传统文化和现代市场经济的契约精神，形成崇尚诚信、践

① 马克思、恩格斯：《马克思恩格斯全集》第 22 卷，人民出版社 1965 年版。

行诚信的社会风尚。树立诚信典型。充分发挥电视、广播、报纸、网络等媒体的宣传引导作用，结合道德模范评选和各行业诚信创建活动，树立社会诚信典范，使社会成员学有榜样、赶有目标，使诚实守信成为全社会的自觉追求。深入开展诚信主题活动，有步骤、有重点地组织开展“诚信活动周”“质量月”“安全生产月”“诚信兴商宣传月”“3·5”学雷锋活动日“3·15”国际消费者权益保护日“6·14”信用记录关爱日“12·4”全国法制宣传日等公益活动，突出诚信主题，营造诚信和谐的社会氛围。大力开展重点行业领域诚信问题专项治理。深入开展道德领域突出问题专项教育和治理活动，针对诚信缺失问题突出、诚信建设需求迫切的行业领域开展专项治理，坚决纠正以权谋私、造假欺诈、见利忘义、损人利己的歪风邪气，树立行业诚信风尚。

诚信文化是一种文化软实力，它是中国特色社会主义文化的重要组成部分，在社会主义市场经济日益发展的今天，正发挥着越来越重要的功能和作用。新时期我们要深入发掘诚信文化的功能，服务于社会主义和谐社会建设。

二、诚信文化的功能

（一）整合功能

中华文化源远流长，学派众多。尽管各家学派对于社会政治、经济等方面各有主张，学派之间常有争鸣，但对于诚信的态度是一致的，都持肯定的态度。春秋时期，诸子百家，同信诚信。儒家认为：“人而无信，不知其可以。”道家认为：“信不足焉，有不信焉。”墨家认为：“志不强者智不达，言不信者行不果。”（《墨子·修身》）法家认为：“国之所以治者三：一曰法，二曰信，三曰权。法者，君臣之所共操也；信者，君臣之所共立也；权者，君之所独制也。”（《商君书·修权》）可见，尽管各家治国主张不同，对诚信的理解不一，但都认为诚信是一种重要的道德修养，在社会发展、国家建设中不可或缺。因此，尽管人们的价值观或多或少受到诸子百家价值观的影响而呈现多元化，但在诚信文化的整合下，都能规范自己的行为，促进社会行为的规范有序。中华民族是个大家庭，民族文化各异，习惯不同，在漫长的历史发展过程中民族间常有纷争，但对于诚信文化都持认同的态度。因此，在诚信文化的感召下，尽管中华民族历史上分分合合，却始终保持着坚不可摧的凝聚力。中国历史朝代更迭，不同帝王在治理天下过程中，也都推崇诚信，把诚信作为道德教育的重要内容之一。因此，在我国社会发展过程中，诚信文化是社会公认的通用法则之一。诚信文化在社会价值观、社会规范、社会结构等方面都发挥了积极的整合作用，最终起着加强民族团结、维护社会秩序、保证社会良性运行的作用，促进了中华民族的发展进步。

（二）和谐功能

诚信作为文化软实力，在于它为我们确立了社会规则，为各行各业都明确了诚信的行业准则，大家恪守规则，使社会安定有序。因此，诚信文化在促进社会和谐、推动社会进步方面发挥了重要的作用。古人认为，诚信是做人的根本要求，要诚信待人。古人认为，人若无信，是不配做人的。“人道惟在忠信，不诚无物。人若不忠信，如木之无本，水之无源，更有甚底，一身都空了。”（《朱子大全·君子不重则不威》）因此，古人非常注重诚信修养，要求做人要做老实人，“言忠信”（《论语·卫灵公》）。与人交往要诚信，不欺不诈。管子认为：“先王贵诚信，诚信者，天下之结也。”（《管子·枢言》）其意思是说，天下百姓虽然不相识，但诚信就像一个枢纽，把素昧平生的人们连接在一起，人们相互信守规则，使社会稳定，人们安居乐业。即使国家遇到灾祸、动乱，民生疲敝，但如果政府、老百姓仍坚守信义，恪守规则，国家仍会崛起复兴。就像孔子所说“民无信不立”。荀子认为，一个社会要发展进步，各行各业的人都要讲诚信。农民讲诚信，就会有好的收成，就能保证生活安康。“农夫朴力而寡能，则上不失天时，下不失地利，中得人和而百事不废。”（《荀子·王霸》）商人讲诚信，则商业兴隆，社会物质丰富，人民富足，生活稳定。“商贾敦悫无诈，则商旅安，货财通，而国求给矣。”（《荀子·王霸》）手工艺者讲诚信，则制作的手工制品就会质量好，国家也会财税滚滚，国力强盛。“百工莫不忠信而不楛矣。百工忠信而不楛，则器用巧便而财不匮矣。”教师讲诚信，就会为国家培养合格的人才，兴邦安国。“耆艾而信，可以为师。”（《荀子·王霸》）诚信内涵常常被引申为“忠信”，因此，诚信文化也确立了人们主“忠”的思想，对国家忠、对人民忠、对长辈忠、对企业忠等思想，在一定程度上促进了社会和谐稳定。因此，在诚信文化的熏陶下，不同行业、文化、种族的人能和谐共处，社会安定有序。

（三）引领功能

诚信作为一种文化，在塑造人的价值观方面发挥着重要的引领功能，体现了诚信、忠、孝、善等价值观。正是在诚信文化的引领下，诚信成为中华民族的国民品格，诚信文化影响深远，千百年来流传下来很多的诚信故事，几乎涵盖了社会生活的方方面面。在家庭教育方面，中国自古有重视对孩子进行诚信教育的传统，如曾子杀猪、司马光剥核桃等故事；在恋爱婚姻方面，有尾生之约、晏子不背老妻等诚信故事；关于君主诚信的有齐桓公取信诸侯、魏王守信等故事；在社会生活方面，有季札赠剑、季布一诺千金、一言九鼎等故事。古人视诚信重于生命。以修史为例，古人尊崇“修辞立其诚”。我国古代史学著作浩如烟海，尽管各朝代修史管理制度不同，但都秉承“实录”的原则，还原历史真实，以“信”流传后世。

我国史籍浩瀚，真实编撰历史是古时史学家们坚守的原则，许多史学家们誓死捍卫“信”史，职业操守令人感叹。齐国时，大夫崔杼谋杀了国君。专门编写历史的史书太史伯听说了这件事，写下了“崔杼弑其君”。崔杼知道后责令他改，但齐太史伯认为书写历史要真实诚信，拒不改，于是被杀。他的大弟弟太史仲接着续写历史，仍写下“崔杼弑其君”，于是又被杀了。他的二弟弟太史叔接手他们的编史工作，仍坚守编史者的诚信职业道德，写下了“崔杼弑其君”，也被杀了。他的最小弟弟太史季接手他们的工作，依旧照实书写，并表示愿意为诚信书写史实并赴死：“你即使杀了我也改变不了你弑君的事实，我不写，其他的人也会写。”崔杼没有办法了，也就不了了之了。当时还有另一个史学家南氏史听说了史学家被杀这件事，于是拿着竹简赶到齐都，抱着赴死捍卫信史的心愿，想接着完成齐太史的事业，他看到史书上已写好了“崔杼弑其君”，齐太史的小弟弟没被杀，才放心地回去。

类似书史重诚信的例子还有很多，如司马迁写《史记》。当时大将李陵投降匈奴，汉武帝问司马迁怎么看待这件事，司马迁认为李陵转战千里，兵马疲敝，情况恶劣，投降情有可原。汉武帝勃然大怒，认为司马迁违抗旨意，于是司马迁被处以宫刑。后来，司马迁写《史记》时，没有挟带个人恩怨，仍据实记录了汉武帝的功绩，表现了史学家诚信的品格，也为后世留下了翔实的史料。在社会价值观方面，诚信成为一种社会风尚，人们以信命名的事物很多，如信物、信鼓、信士、信鸟等；人们也以信作为人名、地名等。戏曲小说里也体现了诚信文化，如《赵氏孤儿》《水浒传》等，都带有浓厚的诚信文化色彩。

三、诚信文化建设

我国作为发展中国家，在发展市场经济过程中，面临着社会转型与社会信用体系重构等一系列问题。在市场经济发展初期，往往经济发展较快，但相应的社会规范建设较滞后，特别是诚信文化建设还没有得到人们足够的重视。这种文化上的缺陷所造成的影响在市场经济发展初期并不明显。但随着市场经济的深入发展，许多深层次的问题如信用问题就会暴露出来，市场道德秩序就会成为发展中国家现代化进一步发展的瓶颈，成为需要跨越的主要障碍。我国近年来社会造假现象愈演愈烈，诸如企业制假售假、逃账赖账、偷税漏税、逃汇骗汇、合同违约、商业欺诈、虚假广告、企业和中介机构作伪证、做假账、政府部门夸大统计数据、虚报政绩、瞒报天灾人祸等，特别是食品安全危机，说明了中国现代化建设正面临着严峻的信用危机。究其根源，在于忽视了诚信文化的建设。我国自古重农抑商，商品经济不发达。现代市场经济的发展需要一定的历史文化土壤。一方面，与现代市场经济相配套的制度、组织体系还未能真正植根于社会内部，各种相关制度包括信用制度不健全或存在很多漏洞；另一方面，整个社会还缺乏与大规模市场交换相适应的信用道德、信用文化传统，在国民的观念、心态及行为取向等方面，还缺少与现代化及现代市场经济体系相衔接的契约意识和信用理念。因此，社会进入转型期，我国原有的传统价值体系必然要同新的经济社会规则发生冲突，而冲突的结果就是出现市场道德秩序混乱，并迅速蔓延到其他领域。市场经济最大的特征是追求利益最大化。在我国社会转型期法制还不健全、新的诚信道德体系尚不完备的情况下，一些人为利益所驱动，社会上造假泛滥，在社会各个领域都出现了失信现象，这些现象不但严重阻碍了社会主义市场经济的健康发展，而且成为和谐社会建设的毒瘤。

诚信缺失是社会不和谐的根源所在。人与人交往的基础是相互信任。如果诚信缺失，将产生诸多的社会问题。首先，公民道德滑坡。社会失信现象的泛滥，将导致社会风气的恶化。我国历史上发生动乱的时期除了社会政治、经济原因外，社会风气恶化也是重要的因素。如果社会缺少一定的道德规范，人性中恶的一面将如洪水猛兽一样倾泻而出。正如孔子所说："自古皆有死，民无信不立。"其次，诚信缺失加大了交往的社会成本，对社会生活会产生不利影响。如果人们诚信缺失将导致互不信任、相互猜疑，人与人交往很多方面就要靠第三方介入，加大了交往的社会成本。整个社会生活是一个相互联系的整体，如果缺少相互信任，就割断了人与人联系的社会基础，社会将很难达成统一步调，往往相互牵扯制约，阻碍社会的进一步发展。再次，诚信缺失导致社会矛盾、纠纷的进一步加大。诚信缺失在社会各个领域都会产生负面影响，导致民事纠纷、经济纠纷、家庭纠纷加大。尤其是对婚姻生活的影响，夫妻诚信缺失是导致家庭不和谐的重要因素。家庭是社会的细胞，家庭的不和谐是社会不和谐的因素之一。因此，诚信缺失是社会不和谐的根源所在。同时，诚信缺失阻碍社会主义市场经济的健康发展。市场经济的最大特征是其开放性，如果缺乏诚信，经济行为主体之间互不信任，它们之间的经济交往关系就会中断，即使有经济交往，也只能是在相互猜疑、防范等非正常情况下进行，市场规则遭到破坏，市场秩序将陷入混乱状态。相反，人们如果能够按市场规则办事，诚实守信，社会具有完善的信用制度，具有健全的信用体系，市场经济就能够有序地运行，市场优化资源配置的优越性就能够得到最大限度的发挥。讲求诚信，是建立市场制度的重要条件之一。市场经济是众多市场活动主体经济行为的总和。市场活动主体是市场经济的细胞，它们要想在市场经济中生存和发展，必须诚实守信。因为，任何一个市场主体都是市场经济的一分子，都不能脱离其他市场主体而单独存在，一旦失去信任，就会被淘汰出局。信用体系的崩溃与瓦解将对经济生活造成巨大的损害，给社会生活带来灾难性的后果。在社会主义市场经济中，诚信不仅是一种品行，更是市场经济运行的一种内在要求，是推动市场经济发展的一种重要力量。另外，诚信缺失也影响我国国际地位的进一步提升。现代社会，信用是21世纪的通行证，是我国走向国际、产生影响力的重要根基。随着我国加入世界贸易组织(WTO)，我国在政治、经济、文化、体育等方面的国际交流越来越频繁，我国的世界影响力正在迅速提升，这就需要我们在办事规则方面也要与先进国家接轨。事实上，近年来我国出口商品的繁荣带动了国内经济的发展，但也面临着诚信缺失的困境。一些不法商人在对外贸易中，将假冒伪劣商品充斥其中，因为诚信缺失也引发了很多的国际经济纠纷，不仅给国家带来了很多的经济损失，而且严重影响了我国的国际声誉和国际地位的提升。随着我国市场经济的进一步发展，我国正以负责任的大国形象出现在国际舞台，这对我国政治、经济、文化、外交等方面的诚信度也提出了更高的要求，因此，要具有现代信用观念，按照国际通行的游戏规则来开展贸易活动。

经济基础决定上层建筑，发展社会主义市场经济必须建设与之相适应的诚信文化价值体系。诚实守信不仅仅是一种美德，更是一种实际的社会管理手段，与国家兴旺、企业发展和个人利益紧密相连，从而推动整个社会经济的和谐健康发展。当前社会转型期，我们要在继承传统优秀文化遗产的基础上构建适合市场经济体制的诚信文化价值体系。人无信不立，国无信不昌，诚信文化在治国方略中处于重要地位，因此，加快诚信文化建设尤为重要。

(一) 社会诚信文化建设

社会诚信文化指一定社会人们关于诚信的普遍态度与看法及文化表现。社会诚信文化主要通过习俗、制度、主流媒介和公共生活的主要活动形式表现出来，其核心内容即诚信价值观。社会诚信文化有着深厚的物质基础、制度基础和精神基础。诚信文化的物质基础是我国传统诚信文化的精髓，现代诚信文化的萌芽与发展离不开其赖以存在的传统诚信文化。诚信文化的制度基础是现代社会中的信用制度规范及相关法规。它是一种激励和约束的机制，同时也是诚信的核心和保证。诚信文化的精神基础是几千年中国传统文化所积淀的中国传统价值观。当今世界正处在大发展、大变革、大调整时期，当代中国正在新的历史起点上向新的目标迈进。新的形势、新的任务，迫切需要我们进一步增强文化自觉，加强社会诚信文化建设，主要应做好以下三个方面的工作：

首先，加大公民诚信道德教育，形成良好的社会诚信道德风尚。公民诚信道德教育是一个长期的过程，需要社会拥有良好的诚信教育机制，树立社会核心价值观，加强宣传，建立诚信奖惩机制，树立诚信道德楷模，营造诚信光荣、失信可耻的社会舆论氛围，使守诚信成为一种公民共识，即：诚信是每个公民的道德要求，是每个公民必须遵守的最基本的道德义务和道德责任。诚信文化的形成需要每一个公民的诚信道德自觉和诚信行为自觉，只有这样，才能上升为诚信文化自觉。实现诚信文化自觉是诚信建设的最高目标和境界。

2011 年，在全国道德模范评选中，评选了刘延宝等 10 名诚实守信模范，并邀请他们参加了 2012 年春节联欢晚会现场直播，他们为我们树立了很好的诚信道德榜样。

其次，加强社会信用制度建设。相比西方发达国家，我国的社会信用制度建设较滞后。要学习借鉴其他国家的先进经验，构筑适应我国社会主义市场经济发展的社会信用制度。美国是世界上最发达的征信国家，其信用体系的发展已有 160 多年历史。美国的信用体系经过一个多世纪的发展已覆盖了广泛的社会经济领域，形成了完整的架构，对市场经济发展起到了重要作用。美国信用体系具备了征信国家的基本内涵，既有比较完善、有效的信用管理体系，也有完全市场化运作的信用服务企业主体，还有对信用产品具有强烈需求的信用产品使用者。我们要在继承中国传统诚信文化的基础上加大现代社会信用体系建设，加强诚信法律法规建设，建立征信评信制度和信用中介，促进社会信用制度的进一步完善。

再次，加强诚信文化产品塑造，实现诚信文化的发展与繁荣。文化是维系一个社会团结和睦的精神力量，我们要重视发挥诚信文化教育人、引导人的作用。国外很多国家都很注重加强诚信文化产品塑造，美国很多的电影、电视等文艺作品取材于生活中诚信故事，反映诚信的价值观，激励人们在生活中努力实践诚信，不抛弃、不放弃。我国文艺作品中也有很多以诚信为素材，许多的神话故事、诗歌、小说、戏曲都取材于诚信故事，如儿歌《一分钱》，提倡拾金不昧的价值观，激励孩子们从小养成诚信习惯。在世界多极化、价值观多元化的今天，我们要加大诚信文化产品的塑造，以引领社会诚信风尚，提升人的道德情操。

【案例 1-1】

2011 年全国诚实守信模范刘延宝事迹

1948 年秋天，在济南战役中牺牲的 5 位解放军战士的遗体被抬到神武村，刘延宝的爷爷刘修芝与部队官兵一起掩埋了 5 位烈士。事后，部队有关领导对刘延宝的爷爷说："这几名好战士牺牲在草山岭的一次战斗中，只知道一个人的籍贯在浙江省仙居县，你能照看着他们吗？"淳朴的刘修芝只说了 3 个字："俺能行！"济南战役结束后，刘修芝父子节衣缩食，花钱请人制作了 5 块墓碑，刻上介绍烈士事迹的碑文，立在 5 位烈士墓前，以昭示后人铭记烈士的伟绩，并在墓地周围栽种了松柏，让烈士英灵像松柏一样长青、永存。刘家也在那时立下了一条家规：世世代代守护好烈士墓。年复一年，刘修芝一家义无反顾地守护着烈士墓。1976 年 6 月，守护墓地 28 年的刘修芝老人去世了。在弥留之际，他把儿孙们叫到床前，再三嘱咐："子子孙孙相继祭奠革命先烈，千万不要忘了他们！"刘振顺时刻牢记着父亲的遗嘱。1982 年，推行家庭联产承包责任制时，烈士墓所在的田地被分给了别人。为了保护墓地，刘振顺三番五次找到村干部，经过和分到墓地的村民家协商后，终于用自己分到的一块好地换回了烈士墓地。墓地换回后，刘振顺带着儿子刘延宝在墓地四周种植了白杨树、火炬树等，把墓地整理得更加齐整、肃穆。闲暇时，他经常把解放战争中先烈们的英雄事迹讲给儿孙们听，从小教育他们要看守好先烈英灵，他还把二儿子刘延军、三儿子刘伟先后送到部队，让儿子以实际行动继承烈士的遗志。刘振顺患病后，他的大儿子刘延宝毅然从父亲手中接过接力棒，担起了第三代义务护墓人的重任。每逢春节、清明节等节日，他总是同专程从市区赶回家来的两个弟弟一起，搀扶着老父亲到烈士墓前祭奠、培土。1995 年，前来祭奠的刘延宝见原来的墓碑已十分破旧，便亲自到外地定做了一座高 1.5 米的新墓碑，并请工匠刻上了 6 个工工整整的大字——"革命烈士之墓"。他还动员全家在墓地周围垒起了一道围墙，把烈士墓保护得更加完好。刘延宝一家义务护墓的志愿精神感动了全村群众，村委会也拿出资金全力支持他们的护墓义举。1999年，村里修环村公路时，又发现了2位烈士的遗骨。刘延宝听说后，主动提出申请，在5位烈士墓处，用砖垒砌墓穴，安葬了2位烈士的遗骨。目前，墓地里共有7位烈士在那里长眠。1999年清明节，又是祭奠的日子，刘延宝的儿子刘增龙和长辈们一起来到烈士墓前，他代表同辈在烈士墓前立下铮铮誓言：一定要把刘家第四代义务护墓人的重任承担起来。几年前，刘延宝患病后行动不便，刘增龙便承担了祭奠先烈、整理墓地的责任，践行着当年的誓言。如今，刘修芝老人当年栽下的松柏已郁郁葱葱，粗如碗口，静静地守护着烈士的英灵。烈士墓地也成为当地村民、青少年进行爱国主义、革命传统教育基地。每年清明节，附近学校的师生们都会到烈士墓前，满怀敬仰地听着烈士们的英勇事迹，敬上亲手制作的小白花，以此来缅怀革命先烈。刘延宝一家四代人不图名、不图利，义务守护7位革命烈士墓的义举为当地村民树立了拥军爱国的好榜样！

（本案例资料来自 http://www.image-cn.cn/ShowNews.asp?id=4547。）

案例分析 是什么精神使他们能坚守诺言？是中国几千年来的诚信文化精神的感召，使他们为了“俺能行”的诺言，祖孙四代人不管世事如何变迁，把守墓接力棒代代相传，诚信守护烈士墓园，谱写了一曲忠义守信的赞歌。

（二）企业诚信文化建设

企业文化是企业在参与市场竞争中形成的一种经营理念和管理模式。它对企业的生存和发展起到至关重要的作用。一个企业的产品要在市场中立于不败之地，就必须遵循诚信法则，以信誉、质量取胜。因此，许多企业文化都注重诚信准则。世界500强企业中，80%都有自己的伦理准则。美国通用电气公司的企业诚信文化非常有代表性，每位员工都有诚信手册，每年年末，员工都要与公司签署“员工个人的诚信承诺”。公司的诚信政策涵盖了方方面面的内容，包括企业与供应商的关系、与政府部门间的关系等。例如，公司的诚信政策规定，每位员工不得从供应商、客户和竞争者处接受超过一般价值的礼物，不得为获取不正当利益而向客户或供应商收取好处费。我国社会主义市场经济运行中，有些企业为追逐利润不讲诚信，市场上假冒伪劣产品泛滥。这不仅不利于社会主义市场经济的健康发展，也严重影响了我国的国际声誉，出口贸易也经常受到影响。我国每年因不讲诚信造成的经济损失达6 000亿元人民币。因此，为促进社会主义市场经济的健康发展，必须倡导诚信的企业文化。加强企业诚信文化建设必须做好以下两方面工作：

一是企业要树立诚信理念。企业的经营理念很重要，诚信是企业必备的法则，企业发展程度越高，对诚信的依赖性就越明显。企业只有诚信经营，才能生产出质量过硬的产品；而没有生产假货、拖欠资金、偷税漏税等不诚信行为，企业、产品才能取得人们的信赖。人是决定企业诚信的决定因素，企业诚信要求员工必须诚信。

二是企业管理的诚信。企业的产品无论是生产过程还是销售过程及售后服务，都必须秉承诚信原则。企业要制定诚信的管理制度，如宣传产品不夸大其辞，实事求是，产品销售及售后服务讲诚信等。我国许多著名百年老店，都秉承诚信的企业文化。这既是企业社会责任感的表现，也是对我国诚信文化的传承，因为企业诚信，所以使其更具有旺盛的生命力。

【案例 1－2】

同仁堂的诚信文化

创建于清康熙八年的北京同仁堂，是具有300多年历史的中国的老字号企业。虽然其规模、性质、类型、业态及其产生的历史经济文化背景，都不能与现今世界500强企业相比拟，但作为有代表性的老企业，其知名度和美誉度都是很高的。同仁堂同样拥有丰厚的鲜明特色的企业文化，其核心就是“诚信”两字。同仁堂的店名是创办人乐显扬自己拟定的。他说过：“‘同仁’两字可以命店名，吾喜其公而雅，需志之。”1706年出版的《乐氏世代祖传丸散膏丹下料配方》一书的序中这样写道：“遵时令，辨产地，炮制虽繁必不敢省人工，品味虽贵必不敢减物力。”炮制讲的是工艺，制作一个小小的药丸，虽然工艺繁杂工序甚多，但不能有一点的马虎；虽然有的药材很贵重，但分量不能有分毫的减少。从此，“炮制虽繁必不敢省人工，品味虽贵必不敢减物力”这两句名言，便成了“同仁堂”选方、用药、配比及工艺的规范。“同仁堂”三字如同金字招牌世人皆知。之所以如此，这是同它“济世养生”的企业理念、奉行“修合无人见，存心有天知”的精神密不可分的。“济世养生”这四个字，包含了很有特色的文化内涵、人道精神和伦理价值。同仁堂在长期的经营实践中，奉行的正是一种由诚信而构筑的企业文化。这两句话又是同仁堂的"堂训",每一位新进同仁堂上岗的员工都要熟记于心,并注入自己自觉的行动。

(本案例资料来自 http://wenku.baidu.com/view/fe58550cbb68a98271fefaae.html。)

案例分析 同仁堂历经数百年始终享誉全球,靠的是始终不变的诚信至上的企业文化,把诚信渗透并凝结于企业文化的理念之中,进而融合规范,成为企业的行为方式和员工的自觉行动。正是用这样的企业精神、道德规范教育感化员工,才使同仁堂一直驰名中外,赢得全社会的信赖,成为长盛不衰、久负盛名的中华老字号企业。

(三) 学校诚信文化建设

校园文化是指学校在办学过程中逐渐形成的特定的文化氛围和文化传统。它体现了大学精神和办学特色,包括学校的师生价值观、行为习惯、精神文化、物质文化等。陶行知先生曾说:"千教万教教人求真,千学万学学做真人。"高校具有教学、科研、服务、文化传承四大功能,是人才培养的摇篮,因此,要以先进的文化引领人,培育诚信的校园文化。加强学校诚信文化建设,必须做好以下三方面工作:

首先,要形成学校诚信教育完整体系。学校要加大诚信文化的弘扬,培养孩子从小事做起,诚信为人,诚信做事。幼儿园阶段,就要培养孩子诚信的行为习惯。在儿歌、故事、图画书等的选材上要多体现中国传统文化内涵,使孩子从小受到熏陶,养成良好的行为习惯。中小学除了注重学生诚信行为习惯的养成,还要加强诚信伦理道德的教育,使学生自觉形成诚信品质。大学阶段,要加强诚信专题教育,加强政治诚信、经济诚信、学习诚信、就业诚信、生活诚信等方面的专题教育,使诚信成为学生的一种自觉追求和信仰。

其次,要注重学校诚信文化的环境建设。马克思说:"既然人的性格是由环境造成的,那就必须使环境成为合乎人性的环境。"[①]培养学生的诚信品质,必须加强对诚信环境的建设,优化育人环境,加强诚信环境育人整体氛围营造,促进诚信人才的孵化和培育。诚信校园环境指诚信的校园人文景观、校园文化氛围、诚信规章制度建设等。如在校园设置诚信主题类景观,诚信柱、诚信雕塑、诚信长廊、诚

① 马克思、恩格斯:《马克思恩格斯全集》第2卷,人民出版社1957年版。

信标语、诚信宣传橱窗，在教室、寝室和公共场所适当设置诚信格言、警句牌等。这些都是一种诚信文化的渲染熏陶。这些校园硬件设施的设立，整体上形成了诚信的校园文化氛围，也提升了诚信校园文化软环境内涵，学生生活其中，必然受到潜移默化的影响。同时，学校制定诚信规章制度也很重要，也是校园诚信软环境建设的一部分。

最后，提高教育者的诚信修养，发挥诚信榜样示范作用。近年来，有些学校在招生、收费等方面存在着不诚信现象，影响了大学的声誉和公信力；有些教师也屡屡出现学术剽窃事件，暴露了部分教师诚信的严重缺失，也亵渎了知识的神圣，对教师的形象带来了很多负面的影响。这些现象的存在都不利于学校诚信文化的培育。只有诚信的学校和老师，才能教出诚信的学生。在教育中，一切都应以教育者的人格为基础，因为只有人格才能影响人格，只有人格才能形成人格。诚信校园文化是一个不断传承的过程，教师既要做诚信教育活动的组织者，又要做诚信行为的示范者，用高尚的道德要求规范自己的言行，以实际行为带动和影响广大学生，共同营造高校良好的诚信环境。

【案例 1-3】

立信的诚信校园文化

立信以诚信教育为特色，非常注重对大学生的诚信教育，具有浓厚的诚信校园文化氛围。立信取自于孔子“民无信不立”之意。潘序伦先生将其解读为：“信以立志，信以守身，信以处事，信以待人，毋忘‘立信’，当必有成。”学校以育人为本，若本身存在着不诚信行为，则会失信于学生，诚信教育本身也就失去了说服力。立信的诚信教育渗透到了校园的每个角落，深入到每个学生心中。从入学到毕业，诚信教育贯穿始终。学校注重校园诚信文化建设，用优良的环境熏陶人。学校把诚信精神融入校园文化建设的每一环节：一是融入校园人文景观建设。建立了诚信广场、诚信柱、诚信墙、潘序伦著作展示室等富有立信特色的校园景观和人文景点，在教学楼、学生公寓楼张贴诚信诗词、诚信箴言，每天中午学生下课时广播台都要播放校歌，不断增强学生“爱国荣校”的情感。二是融入校园日常文化活动。开展“诚信”主题辩论赛，将“诚信”写进评优条例中，作为一个不可或缺的基本条件；组织学生进行考试“免监考”实践，开展“诚信签名”、诚信漫画展、诚信超市等系列诚信校园文化活动，引导学生深刻认识诚信在学习生活中的重要意义。三是融入校园文化品牌活动。学校将2008年确定为校园文化建设年，通过总结潘序伦教育思想、传唱校歌、建中国会计博物馆等，大力凸显诚信元素，弘扬诚信文化；每年举办大学生诚信教育论坛；2011年开展了“诚信文化校园行”活动，提升师生的诚信文化自觉；学校多年来坚持诚信育人，效果显著。毕业生深受社会欢迎，麦可思公布的2009年度中国大学就业能力排行榜，在全国非“211”本科院校毕业生就业能力排名中，立信位居第一；学校荣膺2011—2012年度“全国毕业生就业工作典型经验高校50强”(简称50强高校)。

案例分析 从以上材料可见，立信的学生之所以受到社会的欢迎，是与立信的学生讲诚信、能够遵守各种纪律和职业道德分不开的，也是学校诚信文化育人的魅力所在。

思考题

1. 简述诚信的内涵。
2. 现代诚信观的特点有哪些?
3. 诚信文化有哪些功能?
4. 简述国外诚信教育的特点。
5. 简述诚信文化的功能。

课外实践

阅读国学经典等书籍，举办中国传统诚信故事会或诚信名言诵读会，通过读经典，弘扬中国传统文化，理解诚信理论内涵。

第二章　诚信与社会主义和谐社会建设

在人类社会发展过程中，实现社会和谐，一直是人类不断追求的美好愿望。从中西方哲人先贤开始，构建和谐社会就成为人类孜孜以求的社会理想。诚信是支撑社会发展的具有普遍意义的基本道德法则，对于建设和谐社会具有重要意义。然而在当前社会，诚信缺失的现象和行为屡有发生，并不断向社会各个领域扩散。诚信缺失在造成巨大损失的同时，逐步成为全社会必须要解决的现实难题。建设社会主义和谐社会，实现“两个一百年”奋斗目标和中华民族伟大复兴中国梦，需要构建完整的社会诚信体系，需要人人都讲诚信，更需要政府、企业、媒体、公民个体等践行诚信理念，为建设诚信的社会环境而共同努力。

第一节　社会主义和谐社会的内涵与特征

社会主义和谐社会是以“民主法治、公平正义、诚信友爱、充满活力、安定有序、人与自然和谐相处”为基本特征的社会形态，是中西方“和谐”社会思想的升华。作为社会人际关系和谐的重要准则，以及建立市场信用制度的道德保障，诚信是社会主义和谐社会的基本特征与要求，是社会主义和谐社会构建的道德基石。

一、社会主义和谐社会的内涵

(一)"和谐"思想的由来

"和谐"思想在中西方社会思想史上由来已久。在西方,"和谐"最早作为哲学的根本范畴,由古希腊毕达哥拉斯学派提出。毕达哥拉斯学派认为,世界的统一就是万物之间数量关系的和谐比例。他们以音乐为例,认为音乐是对立因素的和谐统一;古希腊医学学派和毕达哥拉斯学派中的一部分人还提出灵魂和谐说,认为灵魂是按比例结合处于两极事物而形成的一种和谐,灵魂的和谐依赖肉体。哲学家赫拉克利特则在肯定和谐价值的基础上,又提出"对立和谐观",认为音乐各种高低音调的结合就是和谐。他还认为,无论自然界、社会和各种艺术都是在相反中得到和谐,世界是由相反的原则构成的,城邦是由对立的阶层构成的,从相反的而不是从相同的东西中产生和谐。然而在他看来,和谐并不是与生俱来的,万物既是和谐的,又是不和谐的,世界上并不存在绝对的静止的和谐,和谐是由对立和斗争造成的,是对立和斗争的一种结果。从苏格拉底开始,"和谐思想"逐步引入社会政治生活领域。苏格拉底毕生追求一种和谐的社会伦理关系和政治关系,特别强调伦理道德的和谐。他认为,知识是美德的基础,道德是知识的表现,两者是和谐统一的,即"美德即知识";人的目的在于幸福,但是只遵循一般的知识,未必能使人行为公正和得到幸福,只有掌握"善""恶"的学问,才能使人幸福。此后的思想家不仅将"和谐"作为一种思想理念来探讨,更把和谐作为构建理想社会的基础原则,比如柏拉图在《理想国》中就把"公正即和谐"作为理想社会的秩序。欧洲启蒙运动时期的思想家洛克、卢梭等提出社会契约理论,主张让渡个人的部分权利,通过组建政府、立法等方式,使社会达到有序状态。孔德、涂尔干等西方社会学家认为,应当通过学校教育、税收调节、立法约束与民主政治等方法,缓和阶级矛盾,恢复社会秩序。空想社会主义学说代表人物傅立叶、欧文、魏特林等也对"全世界和谐"进行了构想,指出现存资本主义制度是不合理的,必将为"和谐制度"所代替。

"和谐",一直是中国传统文化的核心价值,在我国五千多年的文化发展长河中,产生了丰富的有关和谐社会的思想和论述。在中国古代社会,"和""谐"两字是同一个意思,"和谐"一词更多地是以"和"的范畴出现的。古代的思想家及思想流派都以不同方式表达了对"和"的诉求。儒家文化将"和"作为处理个群关系、人我关系、人人关系的基石,如:孔子强调和谐是现世的和谐、社会的和谐,将"和而不同”提高到人生理想以及人格的标准；孟子强调“天时不如地利，地利不如人和”，儒家思想的“和谐”提出了一系列旨在调节人际与社会关系的道德原则。在道家思想体系中，“和”是“道”的重要特征。道家关注的出发点是主客体关系、人与物的关系，追求人与自然的和谐统一，如：道家创始人老子提出，“万物负阴而抱阳，冲气以为和”；庄子提出，“与人和者，谓之人乐；与天和者，谓之天乐”。释家思想也对“和”有过重要论述。释家思想出发点是理欲关系、身心关系，追求人自身内部的和谐，倡导内外无著、任运自在、个性解脱等，突出人性、人的价值、人的觉悟等，强调人内在世界的和谐。

从上述“和谐”思想的由来及相关内涵可以看出，“和谐”是人类社会的普遍追求。传统的“和谐”社会思想在维系社会稳定、促进社会和谐、推动社会发展进步等方面发挥了积极的推动作用。同时，哲人先贤们的“和谐”思想也为当今建设社会主义和谐社会提供了可借鉴的思想文化资源。

（二）社会主义和谐社会的含义

无产阶级继承了人类对实现和谐社会的孜孜追求，自诞生以来一直重视对和谐社会理论和实践的探索。根据马克思创立的唯物主义辩证法，和谐就是矛盾的对立统一，和谐社会就是社会矛盾体系中各要素之间处于相互依存、相互协调的稳定状态。在马克思看来，共产主义就是人类超越异化、回归自我、实现人自由而全面发展的和谐社会。列宁在领导俄国十月革命和社会主义建设的过程中，就建设和谐社会提出了一系列重要思想，如“根据科学原则进行社会生产和分配”“消除城乡对立”“巩固党同群众的联系”等。以毛泽东为核心的中国共产党第一代领导集体曾从社会主义建设的全局与局部、局部与局部关系上论述了我国社会主义建设的总体方面，提出了社会主义基本矛盾理论等；邓小平根据新中国成立以来社会主义建设正反两方面的经验，实现党和国家工作重心的转移，提出“中国特色社会主义理论”等。这些思想的提出，对于实现社会各方面的协调发展，以及建设社会主义和谐社会都具有重要的指导意义。

建设社会主义和谐社会的提出源于中共十六大，江泽民同志在中共十六大报告中提出了“社会更加和谐”的小康社会目标。此后，建设社会主义和谐社会经历了理论上的深入探索和实践上的不断尝试。2005 年，胡锦涛同志在中央党校省部级主要领导干部提高构建社会主义和谐社会能力专题研讨班上的讲话中指出：根据马克思主义基本原理和我国社会主义建设的实践经验，根据新世纪新阶段我国经济社会发展的新要求和我国社会出现的新趋势新特点，我们所要建设的社会主义和谐社会，应该是民主法治、公平正义、诚信友爱、充满活力、安定有序、人与自然和谐相处的社会。2006年，中共十六届六中全会审议通过的《中共中央关于构建社会主义和谐社会若干重大问题的决定》，全面、深刻地阐明了社会主义和谐社会的性质和定位，强调我们构建的和谐社会，是在中国特色社会主义道路上，中国共产党领导全体人民共同建设、共同享有的和谐社会；指明了构建社会主义和谐社会的指导思想、目标任务、工作原则和重大部署。中共十七大又明确了构建社会主义和谐社会的重大任务和现实意义，指出社会和谐是中国特色社会主义的本质属性。构建社会主义和谐社会是贯穿中国特色社会主义事业全过程的长期历史任务，是在发展的基础上正确处理各种社会矛盾的历史过程和社会结果。中共十八大从维护最广大人民根本利益的高度，提出加快健全基本公共服务体系，加强和创新社会管理，推动社会主义和谐社会建设。中共十八届三中全会审议通过的《中共中央关于全面深化改革若干重大问题的决定》，要求加快形成科学有效的社会治理体制，确保社会既充满活力又和谐有序。中共十八届五中全会关于“十三五”规划建议中提出“创新、协调、绿色、开放、共享”五大发展理念，对建设和谐社会思想作了进一步升华。

众所周知，人是各种社会关系的总和，建立人人平等、物质和精神财富极大富有的社会，一直是人类社会的美好愿望和追求。马克思将人类的新社会描述为“每个人的自由发展是一切人的自由发展的条件”的自由人联合体。由此我们可以认为，社会主义和谐社会是以马克思主义理论为指导框架的社会形态，它是指在坚持社会主义制度的前提下，实现人与人之间的和谐、人与自然的和谐以及人与社会的和谐的社会。在这样的社会条件下，社会各阶层都能各尽所能、各得其所，社会各阶层互惠互利，各自的利益都能得到基本满足，各阶层间的利益关系能够不断得到协调，各阶层人员有共同理想，讲诚信、守法度，经济、社会、人、自然环境实现相互协调发展。

二、社会主义和谐社会的特征

“和谐”是中华民族传统文化中传承下来的精髓。“和谐”一词蕴含着和睦、协调、政通人和、内和外顺、和衷共济等意，表达了人们对建设家园、成就事业的诉求。当今，建设社会主义和谐社会是当代中国社会发展的主题、价值诉求和理想目标。

社会主义和谐社会的基本特征是“民主法治、公平正义、诚信友爱、充满活力、安定有序、人与自然和谐相处”。

（一）民主法治

民主法治，就是社会主义民主得到充分发扬，依法治国基本方略得到贯彻落实，各方面积极因素得到广泛调动；不断发展社会主义民主政治，建设社会主义法治国家，为改革、发展、稳定从政治上、法律上提供保障。

（二）公平正义

公平正义，就是社会各方面的利益关系得到妥善协调，人民内部矛盾和其他社会矛盾得到正确处理，社会公平和正义得到切实维护和实现。社会公平正义是社会和谐的基本条件，是衡量一个社会是否和谐与评价制度的文明程度的重要尺度。

（三）诚信友爱

诚信友爱，就是全社会互帮互助、诚实守信，全体人民平等友爱、融洽相处，树立以“八荣八耻”为主要内容的社会主义荣辱观，倡导爱国、敬业、诚信、友善等道德规范，提倡互帮互助和诚实守信，形成全体人民平等友爱、融洽相处的良好局面。

（四）充满活力

充满活力，就是能够使一切有利于社会进步的创造愿望得到尊重，创造活动得到支持，创造才能得到发挥，创造成果得到肯定。社会能最广泛、最充分地调动一切积极因素，增强全社会的创造活力，不断为中华民族的伟大复兴增添新力量。

（五）安定有序

安定有序，就是社会组织机制健全，社会管理完善，社会秩序良好，人民群众安居乐业，社会保持安定团结。

（六）人与自然和谐相处

人与自然和谐相处，就是生产发展、生活富裕、生态良好。正确处理人与自然的关系，转变发展方式和生活方式，实现经济社会的可持续发展，走生产发展、经济繁荣、生活富裕、环境优化、生态良好的可持续发展之路。

三、诚信对于建设社会主义和谐社会的意义

(一) 诚信是建设社会主义和谐社会的道德基石

诚信不仅是中华民族的优秀传统美德，而且是我国公民的道德行为规范。作为一种道德价值、人格品质和社会秩序，诚信对于建设社会主义市场经济、社会主义民主政治、社会主义先进文化、社会主义和谐社会、社会主义生态文明等具有重要的价值。尤其是诚信作为和谐社会的重要道德规范，更是建设社会主义和谐社会的道德基石。

社会主义和谐社会是民主法治、公平正义、诚信友爱、充满活力、安定有序、人与自然和谐相处的社会。社会主义和谐社会的六个特征相互联系、相互作用。这六个基本特征既是社会主义和谐社会的科学内涵和特征，又是构建社会主义和谐社会的总体要求。在这六个基本特征中，每一个都与诚信建设密不可分。民主法治是政治层面的明确目标，公平正义是经济层面的价值追求，充满活力是社会管理层面的普遍期待，安定有序则是社会建设多方面努力的综合成果，人与自然和谐相处是人类生存的前提和保障，而诚信友爱本身就是文化道德建设的主要内容。这些目标的实现，都离不开诚信原则的规范、支持和维护。没有诚信，社会秩序就会混乱，人们的权益难以保障，民主法治、公平正义就无从实现，充满活力、安定有序就会成为空话。因此，诚信作为人类社会的普世价值和秩序法则，已经渗透到了政治、经济、文化等各个方面，时时刻刻都需要人们去遵守和践行。

(二) 诚信是社会人际关系和谐的重要准则

社会是由无数的个体组成，个体之间的关系和谐是社会和谐的重要基础。诚信是人际关系和各种社会关系和谐的灵魂。中华民族传统文化历来重视诚信在人际交往和人际关系调节中的价值，如孔子强调做人要“言必信，行必果”“与朋友交，言而有信”“人而无信，不知其可也”。人若不讲信用，就无法做人行事。朱熹也曾指出“诚者何？不自欺，不忘之谓也”“诚意，只是表里如一”。一个人只有做到表里如一，待人讲诚信，才能达到人内心的和谐与人际关系的和谐。

在社会主义和谐社会中，广大人民群众的根本利益是一致的，人与人之间应当是互帮互助、诚实守信、平等友爱、融洽相处的新型关系，这是社会主义制度优越性的具体体现。人们之间以诚相待，才能处理好各种内部矛盾，使人们各尽其能、各

得其所。由此可以说，诚信是调节人与人之间、个人与社会之间的基础性行为规范。日常生活中，也只有将自己的真实面貌展示给他人，才能够赢得他人的信任，才能够彼此信任，才能够真诚地进行合作。个人在人际交往中讲诚信，就会形成人际关系的良性循环。然而，随着我国社会主义市场经济的不断发展，追求利润的“一切向钱看”等不良社会思潮的萌生，加之相关监管监督制度的缺失，社会生活中个人的不诚信现象屡有发生，如贷款不还、恶意拖欠水电煤等费用、伪造学历和文凭、伪造票据和证件、剽窃他人学术成果、欺诈他人以牟取私利等，这将影响人与人之间关系的和谐，影响社会主义和谐社会的实现。因此，这就要求全社会加强诚实守信的公民道德教育，将诚信友爱作为公民个体为人处世的原则，加大政策、法律及道德规范的宣传力度，使诚信友爱思想深入人心，促进社会关系的和谐，保障社会的长治久安。

【案例 2－1】

保定“油条哥”刘洪安：做良心事业　传播诚信理念

河北省保定市 80 后大学毕业生刘洪安自主创业开早点摊，自备“验油勺”炸“良心油条”、自称“卖的不是油条，是生活”的独特经营方式，虽然价格高出不少，客流却不降反增，“良心油条”成了网民关注的话题，被网友称为“良心油条哥”。

刘洪安是河北保定市财贸学校的大专毕业生，虽然学的是会计专业，但他却自谋职业卖起了早点。最初，为了省油，他也把炸油条的油底留在第二天再使用。后来，小刘通过媒体了解到，食用油反复加温会产生大量有害物质，会对人体造成很大危害。于是在 2012 年年初，他便使用一级大豆色拉油炸油条，而且每天一换。刘洪安称，自此他卖上了“良心油条”。为向顾客证明自己的油是新油，刘洪安特意用一张白纸写上了鉴别复炸油的方法，贴在临近油锅的窗口上。另外，他还在油锅边上放了一把“验油勺”，供顾客随时检验。当有顾客对他的承诺有质疑时，刘洪安便会把他们请到“验油勺”前，让他们亲自检验。

“油条哥”刘洪安如今已经是 3 家快餐店和 1 家面包厂的老板，但他依然每天早上不到 5 点就起床，然后赶到“油条”老店忙活。人手紧张的话，他还会亲自上手炸油条。在他看来，这就是他应该做的事。

因为“不用复炸油、诚信经营”,刘洪安家喻户晓。2012年6月,他荣获“中国好人榜”诚实守信好人称号;2013年1月,他当选河北省第十二届人大代表,同年9月,被评为第四届全国诚实守信道德模范。他的事迹还被编成话剧《油条哥》,在保定等地公开演出。

(本案例资料来自百度百科、《河北日报》等媒体公开报道。)

案例分析 炸油条这样的平凡事,照样可以做得不平凡。数年如一日,坚持“不用复炸油”,80后的小伙子做的是“良心活”和“诚信事”,赢得的不仅是事业的成功、众人的信赖,更是社会人际关系的和谐。

(三)诚信是建立市场信用制度的道德保障

市场经济是契约经济、信用经济、道德经济和法治经济。诚信是市场经济的宝贵土壤,是市场经济不可或缺的人文基础。也就是说,诚信作为一种价值观念,有助于市场参加者人格的培养和形成良好的交易风气。众所周知,契约是市场经济的核心和灵魂,诚信则是契约的基础。在市场经济条件下,商品交换是以社会分工为基础的劳动产品交换,其基本原则为等价交换。人们之间的交易关系都是通过一定的合同或者契约来确定和维护的,契约以各方的合作为基础,给交易各方确立了明晰的权利和义务关系,这就要求交易各方必须恪守诚信的原则去履行其义务、行使其权利,交换双方都以信用作为守约条件,构成互相信任的经济关系以保护彼此利益的实现。

在市场经济运行过程中,国有经济、民营(个体)经济、外资经济都参与竞争,因市场利益主体有所差异,必须要树立诚信的价值观念才能公平竞争,才能促进市场和经济的发展,促进物质财富的增加。公平竞争是市场经济的要求,诚信是实现公平竞争的保证。同时,市场经济又是追求效益最大化的利润经济,当前随着我国社会主义市场经济的不断发展,形成了许多阶层和不同利益群体。正是由于利益主体的多元化,他们之间的利益冲突或矛盾是不可避免的。在这种现实情况下,更需要诚信,因为参与主体的信用正是经济主体获取利润的基本保证。

市场经济也是法治经济,而外在的法治离开了内在的诚信自律是难以真正发挥作用的,它要求人们在市场活动中以善良的方式履行其义务,不得滥用权力及规避法律或合同规定的义务,以维持当事人之间的利益平衡。因此,要引导主体正确处理竞争与协作、效益与公平、经济效益与社会效益之间的关系,做到义利兼顾,反对见利忘义、唯利是图和欺诈行为,形成把国家利益、社会利益放在首位而又充分尊重市场主体合法权益的社会主义义利观。

第二节 当前我国社会诚信缺失的表现、危害及原因分析

当前我国社会诚信缺失已从经济领域、政治领域逐步扩散到教育、科技、体育、卫生等社会生活的各个方面。社会诚信缺失不仅造成巨大的经济损失,破坏了法律的权威及政府的形象,还导致整个社会道德的滑坡,严重影响了社会主义和谐社会建设。建设诚信社会已刻不容缓。

一、当前我国社会诚信缺失的表现

(一) 部分地方政府的诚信缺失

政府是社会最具有公信力的组织,政府诚信是个体诚信、企业诚信的榜样。同时,政府诚信是政府存在与功能运作的根本,也是社会诚信的定心盘。然而,当前部分地方政府出现了一定程度上的诚信缺失现象,影响了和谐社会建设,具体表现在以下几个方面:

其一,部分地方政府决策缺乏民主与科学,政策缺乏稳定性与连续性。民主化和科学化是政府行政决策的必然要求,也是政府信用的重要体现。目前我国部分地方政府行政决策往往存在着“民主性赤字”“科学性亏空”等弊端。在制定决策时,主观随意性大,群众参政议政的权利得不到保障,缺乏详尽的调查和周密的论证,缺乏公众和专家的意见,一些重大项目的决策甚至停留在“拍脑瓜”的水平,使制定政策成为某些行政机关集团利益甚至是某些官员个人意志和个人利益的体现,给国家和社会造成巨大损失。据国家审计署审计数字显示,仅 2004 年全国就查出因决策失误给国家造成的损失高达 72.3 亿元。部分地方政府制定的政策还存在着短期性、随意性、私利性和“朝令夕改”的现象,一些地方政府对自己的行为出尔反尔,只是从部门利益出发随意承诺又不守信用,特别是随着政府部门主要负责人工作的变动而不断变换或中断,给政策的连续性带来潜在的破坏,导致后任政府不对前任政府的政策负责,时常出现“新官不理旧官事”“一届政府一套政策”的

现象，让广大人民群众无所适从，政府的信用形象就这样遭到破坏。

其二，部分地方政府行为不规范。例如，有的政府机构不恰当地介入经济活动，任意侵犯经营者的合法权利；有的政府机构为了创造“政绩”，不惜牺牲国家整体利益以换取地方局部的小利益；一些地方政府为了本地区利益，甚至鼓励地方企业逃避银行债务，保护本地企业或居民制假贩假。又如，行政垄断，地方保护主义以及政府部门和政策的不协调、权责不清晰、政企不分等，还存在着工作中的官僚主义作风、对特大责任事故的隐瞒不报、变卖国有资产、违法拆迁、乱占耕地、擅自改变土地用途、侵犯人民群众合法权益等。这些都损害了自身公正、诚信的形象，容易引起群众对政府诚信的质疑和反感。

其三，部分地方政府腐败现象严重。腐败是政府失信最集中的表现，近年来腐败现象屡禁不止，还出现了高官腐败和集团腐败趋势，严重损害了政府的公信力。个别领导干部理想信念动摇，宗旨意识和政治意识淡化，在日常工作生活中存在着道德失范现象，如以权谋私、贪污受贿、生活腐化、道德沦丧等。据公开报道，十八大后全国已有150余名副部级以上官员和军级以上军官被宣布立案调查，是十八大召开前30年中高级官员落网人数的3倍之多。集团腐败案如山西“塌方式腐败”案，2014年处分山西省违纪党员干部15 450人，同比增长30.1%；其中，处分市厅级干部45人，同比增长73.1%；处分县处级干部545人，同比增长62.2%。这些党员干部的政治失信行为在很大程度上破坏了党群、干群关系，败坏了党的威信和形象，阻碍了党的路线、方针、政策的贯彻执行，损害了党和人民的利益，影响了社会的稳定。

【案例2-2】

新华社：地方政府7种失信行为曝光

近年来，随着法制建设深入推进和社会监督力度加大，政府诚信建设有了很大进展。然而，一些地方政府部门不诚信事件仍时有发生，政府公信力受到一定损害。

知情不报

于公众关心的重大突发事件和社会热点，有的基层政府部门刻意隐匿不报，尤以责任事故为多。比如，2012年12月，山西潞安天脊煤化工集团发生苯胺泄漏，污染物流入河北、河南境内。时隔5天后，长治市才以书面形式向省政府报告。

不当辟“谣”

2012 年 12 月 6 日，国家能源局局长刘铁男被实名举报，国家能源局却回应，上述消息“纯属污蔑造谣”。2013 年 8 月，刘铁男被开除党籍，并被收缴违纪违法所得，涉嫌犯罪问题移送司法机关依法处理。

无中生有

2013 年 8 月 19 日，有网民在微博上发帖称“在宁夏中卫市海原县李旺镇高速路口附近，遇交警查车罚款、动手打货车车主”。海原县公安局先回应称“无中生有”，后又承认“有过激行为”。

出尔反尔

最典型的就是民众频遭“限”令，先“被辟谣”后“被颁布”，只好纷纷“躺枪”。2013 年 3 月 25 日 19 点，杭州市政府宣布，自第二日零时起，对小客车采取控制总量和“错峰限行”措施。而不久前，杭州市治堵办等部门还通过不同方式 将“杭州即将限牌”斥为谣言。

朝令夕改

随意修改规划，各地一些短命工程便是这一现象的缩影。杭州萧山区，2010 年 7 月才交付使用的鸿达新路，由于被认为影响杭州整体形象，同年 8 月就被彻底重新“改造”。

拖欠债务

从 2009—2012 年，建筑商杨永先后在安徽萧县承接了 5 个市政基建项目，政府不仅没按合同拨付进度款，完工验收合格后仍拖欠工程款数千万元；山东省在清理拖欠农民工工资中发现，因政府拖欠市政工程、新城镇建设资金，造成的工资拖欠问题呈上升趋势。

空头支票

在中西部一些地区，各类优惠政策往往作为招商引资的蛋糕，但由于政策过于优惠却无法兑现的案例比比皆是。2009 年，一名为河北某市引进 10 多亿元投资项目的人士，因地方政府未能兑现上千万元招商奖励将当地政府告上法庭。

（本案例资料来自新华社 2014 年 6 月 30 日新闻报道。）

案例分析　部分地方政府不诚信事件严重透支了政府的公信力。政府诚信是社会诚信的基石和灵魂，在构建和谐社会进程中理应发挥其示范和表率作用，成为社会诚信的典范。

(二) 部分企业的诚信缺失

当前，我国企业诚信状况整体上是值得肯定的，但是部分行业、部分企业的诚信缺失现象严重，主要表现在生产、销售假冒伪劣产品，逃税漏税，拖欠贷款，虚假广告等方面。

1. 部分企业生产、销售假冒伪劣产品

为最大化追逐利润，部分企业置国家的法律法规于不顾，生产、销售假冒伪劣产品，严重扰乱了社会和人们生活的正常秩序。当前部分企业生产销售的假冒伪劣产品品种繁多、数量巨大、范围广泛，而且已渗透到社会经济生活的各个方面，成为我国经济社会发展中的一颗“毒瘤”。如在 2008 年年初发生的“三鹿问题奶粉事件”中，因部分企业在婴幼儿奶粉中添加三聚氰胺，造成1 200余名 1 岁左右的婴儿双肾多发性结石、急性肾衰竭，3 名婴儿医治无效身亡。事件发生后，国家质检部门对全国 109 家婴幼儿奶粉企业 491 个批次产品进行抽查，结果显示有 22 家企业的 69 批次产品被检出不同含量的三聚氰胺。这些“问题奶粉”企业为了追求利益，置行业的道德底线于不顾，视人民群众的生命健康为儿戏，把行业自律、社会诚信、健康常识抛到脑后。

近年来，各地屡屡发生诸如假酒、假食品致人中毒死亡事件，假农药、假种子使农民颗粒无收事件，假美容化妆品毁人容貌事件，劣质煤气罐、啤酒瓶爆炸致伤、致残事件，劣质电器、热水器致人死亡事件、“染色馒头”等事件，至于假奶粉、黑心棉、注水猪肉乃至毒猪油、毒大米、毒饼干更是屡见不鲜，甚至连医院治病的药品、救人性命的血浆，都有人敢造假，给消费者带来的财产乃至生命的损失更是不可估量。据统计，2012 年至 2015 年 11 月底，全国工商和市场监管部门共立案查处侵权假冒案件 31.7 万件，捣毁制假售假窝点 10 622 个，依法向司法机关移送涉嫌犯罪案件 2 644 件，涉案金额 29.1 亿元。

2. 部分企业逃税漏税、拖欠贷款

部分企业在纳税、贷款时的失信行为更为明显。一些中小微型企业有多套账目和报表，一本是盈利账，是针对银行的，为了多骗取贷款；另一本是亏损账，是针对税务局的，以便少缴税。与企业生产经营的实际情况相背离，虚假报表不仅严重影响银行、税务部门对中小企业的信用评价，也严重影响社会对它的评价。如重庆地税局公布了自 2001 年以来截至 2015 年全市企业重大税收违法案件信息，16 家企业因偷税、漏税受到重罚。统计发现，本次公布的企业名单中，拖欠税款金额上百万元的企业占到总数的一半(8 家),其中超过千万元的企业 2 家。拖欠税款金额最多的重庆南丁医院投资管理有限公司,因采取非法手段偷税 4 637 万元。

在贷款过程中,部分企业还存在着逃避银行债务现象,恶意负债行为频频发生。逃废金融债务已成为商业银行不良贷款比例较高的重要原因。根据中国银监会发布的 2015 年第四季度主要监管指标数据显示,截至 2015 年年底,商业银行业全行业不良贷款余额升至 12 744 亿元,较 2014 年年底大增 51.2%;不良贷款率 1.67%,较 2014 年年底上升 0.42 个百分点,较 2015 年三季末上升 0.08 个百分点,该数据已连续第十个季度环比上升。另据黑龙江新闻网 2009 年 12 月 3 日报道,全省诚信建设工作会议上,哈尔滨吉华长寿山滑雪旅游有限公司、哈尔滨吉华园有限公司等 8 家长期恶意逃废银行贷款企业被公开曝光。这 8 家银行自 2004 年开始,截至 2009 年 6 月,共拖欠银行贷款本息合计高达 2.67 亿元。同时,企业之间恶意负债行为也频频发生。“三角债”是以往人们对企业间多头相互拖欠债款现象的俗称,实际上在当前的现实经济生活中,企业间债务拖欠关系的复杂程度已经远远超出了三角关系,成为一系列环环相套的债务链条,一旦该“链条”上某一环节出现问题,许多企业将彼此影响,造成恶性连锁反应。长期的账款拖欠导致许多企业资金周转艰难,经济效益下滑,有的企业甚至因此而破产,恶意负债行为已成为当前困扰我国经济生活的一大障碍。据中国人民银行研究局引用调查资料显示,我国每年因三角债和现款交易增加的财务费用高达2 000亿元。

3. 部分企业利用虚假广告,牟取不当利益

虚假广告是指广告主、经营者和发布者为牟取非法利益而采用欺诈性的手段,对商品或服务的主要内容作不真实的或引人误解的展示,导致或足以导致消费者对其产生高期望值从而作出错误判断的广告。部分企业在广告宣传时,商品宣传的内容与所提供的商品或者服务的实际质量不符,不能兑现对商品和服务的承诺。主要表现为:广告夸大失实,语言模糊、令人误解,甚至消息虚假。虚假广告不仅损害了消费者的合法利益,也损害了国家利益和社会公众利益,扰乱了社会市场经济秩序。例如,《东方早报》2015 年 3 月报道的 12 件典型虚假广告案例中,佳洁士双效炫白牙膏,广告中突出显示的代言人使用牙膏后的美白效果,系通过电脑修图软件后期过度处理产生,并非广告牙膏的实际使用效果。又如,广州南方面粉公司在江苏某电视台发布的“升高 2000”广告称,“该产品适用于 13～18 岁发育期青少年,食用后 94.6%的人 3 天后可长高 1 厘米,1 个月后可长高 3 厘米,3 个月后可长高6 厘米,并获日内瓦国际医学认证”。经查,这个产品为普通保健食品,无增高功

能，其不适宜人群恰恰是青少年。这个广告严重欺骗消费者，性质恶劣，南京市工商局依法予以行政处罚。再如，成阳天禄医疗保健品公司西安分公司为宣传、销售消毒剂产品“天禄前列舒”，将有关部门在《广告审批表》中核定的内容擅自变造加工，将这个消毒剂产品变成治疗急慢性前列腺疾病和其他泌尿性疾病的药品。这家公司变造广告审查证明文件，在广告中将非药品宣传成对疾病有治疗作用，编造虚假事实，欺骗消费者，西安市工商局依法予以行政处罚。据报道，2015 年工商总局在全国范围内部署开展查处典型违法广告集中行动，全国工商、市场监管部门共查处虚假违法广告 2.4 万件，罚没款约 2.87 亿元。

此外，部分企业的失信行为还表现为合同欺诈、诈骗、毁约等，不仅制约企业自身发展，甚至造成企业破产，而且增加市场交易成本，扰乱市场经济秩序。

（三）部分文化媒体的诚信缺失

真实是文化媒体的生命线。对于负责任的文化媒体工作者来讲，诚信应当具体体现在宣传报道上：坚持新闻真实性，不说假话；不采编刊发有偿新闻，发布广告实事求是，宣传内容积极向上，情趣健康。然而，当前部分文化媒体失信现象严重，恶意炒作、虚假新闻，个别从业人员以新闻牟取私利等，损害了新闻媒体的公信力。

坚持宣传报道的真实性原则是党的新闻工作者的优良传统，要求具体事实的真实性，即贯穿新闻传播的全部事实、事实的一切层面、每个层面的所有细节的真实和总体的真实，涉及对事实本质的认识与全部事实的科学把握。然而在现实中，虚假新闻屡禁不止，屡屡见诸各种报端。例如“招行浮亏案”：2008 年 9 月 11 日，《京华时报》刊载题为“招行投资永隆浮亏百亿港元”的消息，由于该报记者对香港永隆银行的股价数据采集有误，得出招商银行浮亏逾百亿港元的错误结论，造成报道严重失实。该报道造成招商银行当日 A 股流通市值损失 127.5 亿元，H 股下跌 5.16%。又如“纸馅包子案”：2007 年 6 月，北京电视台生活频道《透明度》栏目临时人员通过查访，在没有发现有人制作、出售肉馅内掺纸的包子的情况下，为了谋取所谓的业绩，冒充建筑工地负责人，谎称需定购大量包子，并携带秘拍设备、纸箱和自己购买的面粉、肉馅等，以喂狗为由，制作了 20 余个“纸馅包子”。与此同时，秘拍了制作“纸馅包子”的过程，并以此为素材配合剪辑画面、虚假配音等方法，编辑制作了虚假电视专题片《纸做的包子》，于 2007 年 7 月 8 日在北京电视台生活频道《透明度》栏目播出，造成了恶劣影响，严重损害了相关行业商品的声誉。2007 年 8

月 12 日，北京市第二中级人民法院依法公开开庭审理了“纸馅包子”虚假新闻涉嫌损害商品声誉案。訾某因犯损害商品声誉罪，被一审判处有期徒刑 1 年，并处罚金 1 000元。此类假新闻没有丝毫事实根据，经不起事实的考证，其制假手段极其卑劣。据公开报道，2013—2014 年，国家广电总局在新闻报刊领域共受理举报案件 400 余件，停办报刊 76 种，注销记者站 49 个，注销新闻记者证 14 455 个，在打击假媒体、假记者站、假记者方面，已查办“三假”案件 258 起，收缴各类非法报刊151.3 万余份。

部分文化媒体受利益驱使，还存在刊发有偿新闻、虚假广告等行为。部分新闻媒体单位和记者将有偿新闻作为生财之道，收受“好处费”“封口费”“交通费”等名目众多的红包，挖空心思为某些企业单位提高知名度，在原本严肃、客观的报道中掺杂广告成分，误导了受众和消费者，有的还给受众带来很大的损失。不仅如此，部分新闻单位存在低俗、恶俗之风，把新闻媒体的平民化理解成庸俗化，把通俗扭曲成媚俗，把受众当成猎奇煽情的对象。如 2003 年，南京某报纸为追求发行量、提高市场占有率，刊登报道《美少女网上拍卖初吻》的低俗文章；2005 年，有媒体刊登了“失恋女欲裸奔”这样一条新闻，原本很简单的社会新闻，重新包装，加上编辑记者的主观猜测，将事件描绘成一女子衣不遮体地在街上狂奔。

（四）社会生活中的信任危机

近年来，诚信缺失现象已从经济、政治、文化媒体等领域逐步向社会生活中各个领域扩散，教育、科技、司法、卫生、体育等领域失信行为屡有发生，人们之间信任感不断下降，人情冷漠，社会生活中的信任危机严重影响了人们生产、生活和社会的和谐稳定。

教育事业百年大计。教育作为社会生活中的净土，也出现了不诚信的现象。如：教育主管部门巧立名目、违法违规收费；教师学术腐败，抄袭和剽窃他人成果，学术学历掺水，虚列开支、滥用科研经费等；学生考试作弊、抄袭毕业论文、拖欠国家助学贷款、求职简历作假；等等。社会前进靠科技创新，科学要创新，科技要讲诚信，然而部分科学家甚至院士为了名利，丧失了诚信。例如，西安交大 6 名老教授联名对该校首席科学家李连生等 2007 年申报的“教育部科技进步奖一等奖项目”和“国家科技进步二等奖”进行实名举报，即李连生抄袭造假案。因这是首次被取消国家科技进步二等奖案件，一时间变成高校乃至整个科技界最闻名的学术舞弊案。

司法领域司法不公、执法失信等日趋突出。司法公正是司法工作的永恒主题，也是保障社会公平正义的最后一道防线。部分司法执法人员执法不公、权钱交易、有法不依、知法犯法，利用自己的职权办“人情案”“关系案”“金钱案”，造成一定程度的冤假错案，严重影响司法机关在公众心目中的正义形象，甚至降低了法律的权威。例如“佘祥林案”：1994 年 4 月 11 日，佘祥林因涉嫌杀害妻子，被湖北省京山县公安局刑事拘留，后经过三级法院的四次审判，佘祥林被判处有期徒刑 15 年，而被佘祥林“杀害”达 11 年之久的妻子张在玉却在 2005 年 3 月 28 日突然现身。据最高人民法院相关报道，2010 年全国审理的 500 多万个案件中，经过再审，因为有错而改判的，占 3‰，为 1.7 万多件；历年刑事案件经调查认定判错而纠正的，为 2.2‱。

卫生、体育等领域失信行为也时有发生。其中，卫生领域，天价药费、医生医德滑坡、医患关系紧张。具体如：早产男婴被医院当死婴丢弃；普通感冒却被按重大疾病处理，花费数千元；医疗事故频发、“协和医院医生被砍杀”等。体育领域，假球黑哨，运动员谎报年龄以参加国际大赛等社会生活领域中的一系列失信行为，使得人与人之间的关系僵化、人情冷漠。这一系列的失信行为，必须引起足够的重视，要动员全社会制止不良之风，重建社会信任。

二、社会诚信缺失的危害

诚信是立国之本，执政之基，为人之道。当前我国社会各个领域所出现的诚信缺失造成的危害是显而易见的：经济上，它严重影响了社会主义市场经济健康发展，造成巨大损失；政治上，损害了党和政府的形象，破坏了权力机构的正常运行，甚至降低了法律的权威；社会道德方面，使人际关系冷漠，正义与慈善受损，精神文明遭到破坏，给社会主义和谐社会建设带来了严重危害。

（一）政治上的诚信缺失损害了党和政府的形象，破坏了权力机构的正常运行，甚至降低了法律的权威

建设高效廉洁的服务性政府是新形势下我国政府职能转型的目标，在实际的转型过程中也取得了一定的成效。但是因为历史以及体制的种种原因，当前我国部分地方政府存在政府职能错位和缺位并存、政府行为不规范现象。部分地方政府行政权力使用不当，决策缺乏民主化和科学化，政策缺乏稳定性和连续性，损害社会诚信。政府职能缺位使诚信的建立缺乏政策、法律和制度支持。公务员素质

良莠不齐，一些政府官员利用位高权重，或以权谋私、弄虚作假、贪污受贿，获得不正当利益；或包养情妇，个人生活糜烂。这些行为直接损害了党和政府的形象，使人民群众对党和政府的信任遭到破坏。近些年，一些部门、地区和个别官员，浮夸造假现象令人吃惊，投机取巧、欺上瞒下、形式主义、官僚主义在一些地方愈演愈烈。一些手握重权的领导干部，把人民赋予的权利，变成自己贪赃枉法捞钱赚好处的砝码，更有甚者与不法分子同流合污，大搞走私活动，造成国家巨额税收损失。这些做法不但抹黑了党和政府的形象，也影响了百姓对党和政府的信任。另外，在执法部门和执法队伍中，仍然存在一些不公正的司法、不严格的执法现象。有法不依、违法不究现象的存在，不仅仅是对法律尊严的践踏，更是对社会信任和社会正义的彻底冲击。如果说个人失信是个点，那么政府失信就是面，政府的失信就像一种“恶性传染病”，它能给整个社会的信用机体注入“传染力”，政府不能做到诚信，市场主体就会争相效仿，失信行为得到纵容和放任，必然导致信用大滑坡。

（二）经济上的诚信缺失严重破坏了市场经济发展的秩序，造成巨大经济损失

市场经济是契约经济，诚信是市场经济中有效运行的道德基础。经济活动参与主体的失信行为会导致市场活动的混乱，人人背信弃义、见利忘义，最终带来交易成本的提高，市场秩序杂乱不堪，效益等更无从谈起，任其发展下去甚至会波及整个经济，导致经济的衰退。具体就每个诚信缺失的企业而言，诚信缺失使企业缺乏和谐、持续发展的能力和后劲，难以做好、做大、做强，缺乏核心竞争力。据全国企业联合会理事长张彦宁分析，我国每年因逃避债务造成的直接经济损失约 55 亿元，产品质量低劣和制假售假造成的各种损失至少有 2 000 亿元，由于“三角债”和现款交易增加的财务费用约有 2 000 亿元，因诚信缺失造成的经济损失合计 5 855 亿元，每年因诚信缺失而被拖垮的企业也不计其数，而我国的财政收入只有 10 000 亿元。2014 年国家发改委透露，每年我国企业因为诚信缺失，造成的经济损失超过 6 000 亿元。

与此同时，经济活动中诚信缺失还损害了我国经济的国际竞争力。在国际竞争中，没有信用就没有竞争的资格，没有良好的知识产权保护和诚实信用的氛围，也难以吸引更多的国外优秀企业到国内落脚。假冒伪劣产品恶化了投资环境，使国外投资者望而却步，部分唯利是图的商贩以次充好，把大量假冒伪劣商品贩运到国外，败坏了我国商品的声誉，影响了我国商品的国际形象。

（三）社会诚信缺失造成人际关系冷漠，社会道德滑坡，阻碍了社会主义精神文明建设

诚信缺失使道德规范的约束力弱化，失信的道德成本大大下降，加剧了社会道德风险，助长社会不公，影响社会稳定，影响社会主义精神文明建设。诚信危机所带来的巨大负面效应还会使人们的价值观念发生转变，使社会处于一种不健康状态。

在社会生活中，如果有一次不诚信行为，将会引起连锁反应，由此延伸到整个社会生活领域，将会带来人与人之间尔虞我诈、互不信任的恶性循环，导致一些人价值取向紊乱，道德规范失控，最终将会对社会道德体系形成强大冲击。同时，由于诚信缺失未受到惩罚反而获利时，就会造成一些人铤而走险，利用诈骗手段聚敛钱财，加剧社会分配不公，进而影响社会稳定。特别是文化领域的失信更是直接阻碍了精神文明的建设。诚信危机将让一切道德行为失去根基。诚信道德能否成为当前社会普遍遵守的道德规范和要求，将直接影响到中华民族整体道德素质的提高与社会主义市场经济的顺利进行以及和谐社会的构建。

总之，经济、政治、文化教育、卫生服务、个人生活等领域的种种失信行为无不表明诚信缺失已成为一个严重的社会问题，由此造成的危害已严重阻碍了我国社会主义和谐社会的建设。

三、当前我国社会诚信缺失的原因分析

（一）传统习惯的影响

中国传统文化源远流长，形成和积淀了丰厚的诚信文化资源，不仅成为中华民族凝聚与发展的精神动力与源泉，也是中华民族立世的道德基础和根本。作为中国传统伦理文化重要范畴和主要的道德规范，传统文化中的诚信是以人情伦理为基础的，很大程度上是建立在自律意识上的诚信和熟人圈子里的诚信，具有一定的局限性。人们很难跨越家庭血缘亲情的局限而对家庭之外的人产生信任，即使有所跨越也只指血缘关系扩展与延伸范围内的人。受此影响，许多人讲诚信只是对周围的熟人社会负责，而这个圈子以外，不讲诚信则习以为常。当前中国社会处于向工业化社会急剧转型、快速城市化的时期，这种传统诚信观念作为一种社会心理，一直影响着人们的思想和行为，甚至导致一些不诚信的行为发生。

(二) 趋利思想的影响

我国自20世纪90年代初明确提出建立“社会主义市场经济体制”的目标后，至今取得了举世瞩目的巨大成就，我国的社会主义市场经济显示出其独有的活力。然而，与此同时，经济利益的驱动造成了一些企业的短视和失信之举。企业之所以不注重“信用”，与违规成本过低密切相关。当失信成本小于失信收益，失信行为有利可图时，经济主体有可能选择甚至主动选择失信行为，加之法制不健全、政府监管能力不足、舆论监督不力等因素，又使得失信者难以受到应有的惩罚，或即使受到惩罚，失信者因此而付出的成本远远小于其失信而得到的收益。这种失信的成本和收益的不对称性就使得失信从可能转化为现实，失信现象就会大量发生。处于转型期的人们的价值取向往往是一元化的，即以最少的成本去追逐利益的最大化。人们发现在弄虚作假、投机取巧中有更大的实际利益可图，从合法途径所获得的利益要远低于从非法途径所获得的利益，而所付出的成本却很小，于是有相当的人都忙于造假，似乎谁不造假，谁就吃亏，浮躁的社会心态往往由此形成。

(三) 诚信保障机制不健全

我国正处于深化经济体制改革和完善社会主义市场经济体制的攻坚期，建立起与市场经济相适应的社会诚信体制仍需要一个很长的过程。在这一阶段，诚信缺失在很大程度上根源于信用制度建设上有缺陷。近年来，社会信用体系建设取得了积极进展，如：国务院颁布了《社会信用体系建设规划纲要(2014—2020年)》；《征信业管理条例》得到公布实施，一批信用体系建设的规章和标准相继出台，全国集中统一的金融信用信息基础数据库建成，小微企业和农村信用体系建设积极推进；信用信息公开与行业信用评价得以实施，信用服务市场规模不断扩大等。但是，社会信用体系建设与经济发展水平和社会发展阶段不匹配、不协调、不适应的矛盾仍然突出。一是信用法规不健全，立法不完备，守信激励和失信惩戒机制尚不健全，守信激励不足，失信成本偏低。二是覆盖全社会的征信系统尚未形成，社会成员信用记录严重缺失，信用服务市场不发达，服务体系不成熟，服务行为不规范，服务机构公信力不足，信用信息主体权益保护机制缺失；社会诚信意识和信用水平偏低，履约践诺、诚实守信的社会氛围尚未形成。

第三节　加强诚信建设　构建和谐社会

加强诚信建设、构建和谐社会是一个系统工程，需要每个人的参与和全社会的共同努力。国务院于 2014 年颁布了《社会信用体系建设规划纲要（2014—2020 年）》，对社会信用建设的总体思路、重点领域诚信建设、诚信教育与诚信文化建设、信用信息系统建设和应用等作了明确部署和要求。加快社会信用体系建设是构建社会主义和谐社会的重要基础，对于增强社会成员诚信意识、营造优良信用环境、促进社会发展与文明进步具有重要意义。落实到具体措施上，公民诚信建设是基础，政府诚信建设是关键，企业诚信建设是重点，法治建设是保证。

一、公民诚信建设是基础

社会由个体组成，公民的诚信状况是社会诚信的基础，国家颁布的《公民道德建设实施纲要》就将“爱国守法、明礼诚信、团结友善、勤俭自强、敬业奉献”作为公民道德建设的基本内容，其中对公民诚信建设提出了明确的要求。因此，加强公民的诚信建设显得尤为迫切和重要。当前，公民诚信建设应一方面加大公民诚信教育力度，另一方面建立和完善个人信用制度。

（一）加大公民诚信教育力度

公民诚信素质的提高固然需要法律体系和必要的制度安排，但诚信意识的养成在很大程度上是基于人与人之间信任和诚信的理念上的。因此，要以建设社会主义核心价值体系、培育和践行社会主义核心价值观为根本，将诚信教育贯穿公民道德建设和精神文明创建全过程。通过各种途径，加大公民诚信教育的力度，宣传普及信用、契约等市场经济观念，使人们明白市场经济就是信用经济，当今社会就是诚信社会，个人的行为应以诚信为标尺；否则，市场经济就不能有序运行，社会主义和谐社会就不能建成。对于公民个体自身而言，诚信素养既是一种资源，又是一种财富，作为公民个体，如能自觉基于自身道德底线和诚信品质规范自己的行为，树立良好的个人诚信的形象，就能为全社会形成守信为荣、失信为耻的良好社会氛围奠定坚实的基础。

首先，应通过多种形式的宣传教育手段，包括学校教育和社会教育等，使人们明确诚信对于现代社会经济生活的意义，理解诚信是公民立身处世的根本，也是参与市场经济活动和政治活动的基础。其次，教育人们科学地认识诚信的时代内涵和具体要求。建设和谐社会所提倡的诚信既继承了传统文化中诚实守信的精神内核，又具有契约意义上的现代社会诚信的新内涵。因此，加强公民诚信教育既要传授传统文化中诚信基本知识、原则和要求，又要兼顾诚信的现代内涵，让公民全面地理解诚信是普遍意义上的诚信，诚信行为不仅仅是熟人圈子里的诚信，还表现在与陌生社会主体的交往之中。由此，公民才能按照诚信的道德原则为人处世，成为诚信社会的一分子。最后，推进公民的诚信教育应注重社会诚信氛围的营造。全社会的诚信状况与个人诚信品质的养成息息相关。因此，我们在开展个人诚信道德教育的同时，要充分利用社会舆论宣传的导向作用，在全社会范围内弘扬诚信典型，严惩失信行为，为提高公民诚信素养营造良好的社会氛围。

(二) 建立和完善个人信用制度

个人信用信息是社会诚信建设的信息基础和数据源泉，也是有效提高公民诚信素养的必要方式之一。信用是商品资源，信用非商业化，使得假冒伪劣、商业欺诈、逃废债务等严重失信行为大行其道。在发达国家，信用信息像商品一样可以买卖。银行对信用记录不良的客户不提供贷款，不发放信用卡，信用商业化形成了对市场信用的无形约束。目前信用信息数据库主要是以商业操作为主。在我国，充分、客观的个人信用信息体系还处于不断完善阶段。2002 年，根据国务院要求，中国人民银行牵头成立了个人征信体系专题工作小组，并从 2004 年起开始筹建全国集中统一的个人征信系统。2006 年 3 月，中国人民银行征信中心获批成立，主要负责企业和个人征信系统，即金融信用信息基础数据库。目前已经进入数据库的客户资料基本上都与金融有关，主要是个人身份信息，投资及经营活动信息（包括买卖股票、债券、收藏品、商业经营等信息），商业信用记录信息（包括银行贷款、偿还记录、个人信用卡信息等记录），社会公共信息记录（包括个人收入及缴纳个人所得税信息、个人保险信息、个人养老金、失业保险金、个人住房公积金、个人房产等信息），影响个人信用状况的其他信息（包括涉及民事、刑事、行政诉讼和行政处罚的特别记录，即违反工商、税务、公交行政法规，恶意逃债、偷逃税费、欺诈行为等民事处罚和刑事犯罪信息）。

截至 2015 年 4 月底，征信系统收录自然人 8.6 亿多，已经建设成为世界规模最大、收录人数最多、收录信息全面、覆盖范围和使用广泛的信用信息数据库，基本上为国内每一个有信用活动的个人建立了信用档案。个人征信系统在金融机构信用风险管理中被广泛应用，显著提高了社会信用意识，有助于在全社会形成“守信激励、失信惩戒”的激励约束机制。

【案例 2-3】

像爱护眼睛一样，守护好自己的信用

市民吴先生看上了一套房子，交付 2 万元订购金，当他把所有资料带到银行办理房贷申请时却被告知，因为自己人行的征信系统里有个人信用记录不良的显示，且情节较为严重，所以吴先生无法成功申请贷款。吴先生先后咨询了其他的几家银行信贷部工作人员，得到的答案几乎跟之前一致，开发商又明确表明订购金不能退回。眼看损失来临，一家商业银行向其抛出了橄榄枝，但放贷的前提是吴先生的房贷利率需要上浮 10%，且需要到造成不良信用记录的银行开具非恶意透支证明。

某商业银行信用卡部负责人表示类似吴先生这样的案例并不少，每年因信用卡逾期还款记录而无法从银行成功申请到贷款的客户不在少数。“不论持卡人或贷款人是遗忘还是恶意的，也不论所欠金额多少，只要逾期未还款，个人信用记录都会留下污点，即使是逾期补交了也一样留下记录。”据了解，除了贷款买房，申请信用卡、个人汽车贷款以及求职、出国留学等都会受到不良信用记录的影响。

（本案例资料来自网络公开信息。）

案例分析 随着国内信用体系的日益完善，个人信用记录日渐受到重视，成为人们的“第二张身份证”。小到刷信用卡、乘车购票、水煤电费，大到助学贷款、贷款购房买车，都会产生信用记录。请像爱护眼睛一样，守护好自己的信用，别让信用“污点”溅到你。

二、政府诚信建设是关键

政府诚信的建立对整个社会诚信的养成具有示范和引领作用。中共十八大提出“加强政务诚信、商务诚信、社会诚信和司法公信建设”。《社会信用体系建设规划纲要(2014—2020 年)》明确提出“坚持依法行政、发挥政府诚信建设示范作用、加快政府守信践诺机制建设、加强公务员诚信管理和教育”等举措，加快了政务诚信建设。政府诚信建设是关键，这是由我国政府在社会体系中所扮演的角色决定的。从现实来看，目前我国各级政府的属性还是权力型政府，主导着社会的大部分权力和社会资源，既是市场经济规则的制定者，又是各类经济活动的参与者和裁判者，这种多重身份的后果就是政府定位的模糊。在利益的驱动下政府有可能发生与民争利、官员腐败、非法行政等政治失信行为，损害人民利益和政府形象。因此，建设政府诚信，应转变政府职能，实现向服务型政府的转变，提高政府行政、权力运作的信息透明度，并加强公务人员的诚信建设。

(一) 转变政府职能，实现向服务型政府的转变

转变政府职能、建设服务型政府是当今经济全球化以及我国社会主义市场经济深入发展形势下的必然要求。当前建设服务型政府，必须大力倡导政企分开，政府只行使社会管理的职能，国有资产管理的职能则由专门的国有资产管理机构行使，“政府与市场中介组织分开，规范政府行为，加强行政执法部门建设，减少和规范行政审批，减少政府对微观经济运行的干预”，使政府职能真正转变到经济调节、政策制定、市场监管、社会管理和公共服务上，真正发挥市场在资源配置中的基础作用，使行政职能错位、越位和缺位问题切实得到解决。也就是说，政府应重新定位自己的角色，增强服务意识，强化服务功能，彻底转变行政管理职能和管理方式，从根本上杜绝政府失信行为的发生。

(二) 提高政府行政、权力运作的信息透明度

政务公开、提高政府行政的信息透明度是当今政府诚信建设不可或缺的举措，也是现代政府取信于民的重要途径。推行政务公开、提高政府行政行为和权力运作的透明度，不仅使公众能够及时了解与自己利益相关的政策、信息，及时了解并监督政府的所作所为，而且还可最大限度地制约和消除某些机构和官员弄虚作假、徇私枉法、暗箱操作等不法行为。中共十八大报告中指出:“推进权力运行公开化、规范化，完善党务公开、政务公开、司法公开和各领域办事公开制度，健全质询、问责、经济责任审计、引咎辞职、罢免等制度，加强党内监督、民主监督、法律监督、舆论监督，让人民监督权力，让权力在阳光下运行。”当今社会已进入信息化时代，在

信息社会里，信息无疑是一种具有重要价值的稀缺性资源。一方面，政府是社会上最重要的信息源。据统计，在我国约80％的社会信息源掌握在政府部门手中。另一方面，保守信息秘密，不主动公开信息是各级政府的本能倾向。在信息流通极度迅捷的当今社会，政府一旦发生失信现象，其失信信息必然会迅速传播和扩散，进而会产生失信于民甚至会造成政令不通的后果，这就无疑增加了执政成本。政务公开要坚持公正、公平、公开的原则，做到行政权力运作机构及其人员公开、信息公开、规则公开、程序公开、依据公开、过程公开和结果公开。同时要把政务公开与民主行政结合起来，尽快建立和完善社情民意反映机制，增强行政管理活动的透明度，使政府的行政行为真正反映和体现公众的要求。

（三）加强公务员的诚信建设

公务员是政府行政的具体操作者，其一言一行代表着各级政府的形象。人们通常以公务员的言行作为依据来评价政府诚信。因此，加强公务员的诚信建设是推进政府诚信建设的基础环节。

诚信素养的提高是一个长期的培养过程，需要自我诚信意识的提高，也离不开多种形式的诚信教育活动。一方面，政府机关和国家公务员要不断增强诚信意识，树立坚定的诚信理念，充分认识政府“诚信行政”是社会中最宝贵的资源，是行政文明的重要标志，在促进经济发展、维护国家稳定、推动社会进步中具有极为重要的作用，从而不断增强自身的诚信意识，做诚实守信的表率；另一方面，要加强正面引导，以正确的诚信观武装公务员的头脑。利用培训、新闻媒体宣传等手段使公务员认识到诚信的重要性，形成诚信的自觉性，在履行职务中强化诚信意识。通过富有成效的教育活动，增进公务员的信用观念，使信用观念内化为公务员的心理潜质，使守信成为公务人员的自然需求和行为准则，为信用与责任制度提供精神支柱，为社会诚信起表率作用。此外，建立公务员诚信档案，依法依规将公务员个人有关事项报告、廉政记录、年度考核结果、相关违法违纪违约行为等信用信息纳入档案，将公务员诚信记录作为干部考核、任用和奖惩的重要依据。

三、企业诚信建设是重点

企业是市场经济活动的参与者、经营者和逐益者，企业的诚信状况对社会诚信有着直接的影响。加强企业诚信建设应从企业外部和内部两方面着手。

(一)建立和完善企业征信制度,建设企业征信数据库

从企业外部举措来讲,应建立和完善企业征信制度,逐步建立企业征信数据库。企业征信数据库是包含企业经营状况、发展状况和信用状况等信息的数据库,它是评价企业诚信状况的基础。根据国外企业数据库建设的成功经验并结合我国具体情况,建设我国企业诚信数据库应该分两个层次进行。第一,政府执法管理监督部门在企业诚信状况的基础上,建立和完善监督部门的信息数据库,比如工商注册数据库及工商年检数据库、税务登记数据库及税收征缴数据库、银行的企业贷还款记录数据库、法院诉讼数据库、消费者权益保护数据库、企业产品质量投诉数据库等。第二,建立和完善行业乃至全国联网资信数据库。建立健全行业诚信制度,通过制定行业公约和处罚机制,把所有市场经营主体逐步纳入行业统一管理中;并在行业数据库基础上,探索建立全国性企业诚信信息联网数据库。目前国内部分征信公司对企业资信初步建立了自己的征信数据库,但还没有建立数据量大、信息齐全、信息更新较快、覆盖全国的征信数据库。因此,应由政府牵头,实现政府各部门之间,各行业之间,部门、行业和信用中介机构之间的通力协作,并建立统一的企业信用等级评定指标体系,综合考察企业的资产质量、经营状况、发展状况和管理能力等因素,对企业作出客观、公正的资信评估和评级,并加以充分披露。

(二)加强企业内部诚信制度建设

从企业内部来看,加强企业诚信建设应注重推进企业内部的诚信制度建设,提高企业运行主体以及员工的诚信素养。首先,建立企业的诚信经营运作机制,保证在诚实守信原则基础上合法经营,不弄虚作假,拒绝不正当竞争,接受社会及消费者的监督。为此,要健全和完善企业法人治理结构和监督机制;重大事件要民主决策,程序要公开透明,避免个人专断和重大事故的发生。其次,应建立企业和员工之间的互信机制。企业法人代表及负责人必须牢固树立诚信意识,养成遵纪守法、诚信为本、操守为重的良好品德,树立"信誉第一"思想,做到言必信、行必果、诺必践,树立企业诚信运行的核心和灵魂,为广大员工作出表率。与此同时,企业加强对员工诚信意识的教育和培养。要把诚信作为一种道德规范和企业经营理念,纳入企业的各项管理制度中,融入企业内部管理的各个环节,使其成为员工的具体行为准则,进而在企业内部形成诚实守信的良好氛围。

此外,企业还设立专门诚信管理部门负责协调、处理企业诚信建设过程中出现

的冲突和问题,如建立激励机制、惩戒机制、利益冲突处理机制以及信任危机防范机制等。

四、法制建设是保证

在现代社会里,诚信既是道德问题又是法律问题。健全法制建设是社会诚信有效实施的保障和重要前提。可以说没有健全的法律制度,没有公民法制意识、诚信素养的提高,没有严格的依法办事就不可能维护正常的社会秩序,人民群众就不能安居乐业,也很难建设和谐社会。因此,要制定规范诚信行为的专门法规,做到诚信行为有法可依;通过法律强化诚实信用的观念,让人们真正认识到,失信行为不仅缺德而且违法,使人们坚定不移地确立法制观念,培养诚信的习惯并自觉落实在行动上。

(一) 规范政府行政行为的法律制度

周全、有效的法律制度是政府诚信建设与和谐社会构建的基础性制度保障。目前,应在进一步完善《行政许可法》《行政复议法》《行政处罚法》《国家赔偿法》《中华人民共和国公务员法》《中华人民共和国政府信息公开条例》和《行政机关公务员处分条例》等现有法律制度基础上,抓紧制定《行政程序法》和《行政问责法》等,切实填补该行政运行领域的法律真空,切实将政府活动置于法律法规框架的约束之下,真正实现行政领域诚信行为的有法可依。

(二) 规范企业诚信的法律法规

完备的法律法规对企业诚信建设起制度保障作用,目前针对市场经济参与主体的法律有《合同法》《证券法》《票据法》《破产法》《金融法》《保险法》《房地产法》等,但是还没有出台关于针对企业信用的专门法律。在美国等西方国家出台了涉及信用的法律有《公平信用报告法》《平等信用机会法》《公平债务催收作业法》《公平信用结账法》等,它们就是针对不同的规范内容和对象而设立的。这一系列法律既相互关联、相互补充,又各不相同,值得我们借鉴。

(三) 规范个人诚信的法律法规

目前应结合市场经济发展的新形势及时修改或完善现行的相关法律、法规,比如适当修改和补充《合同法》《担保法》《贷款通则》等有关个人信用方面的条款。与此同时，尽快出台对于个人失信行为处罚的法律法规；关于个人征信数据采集、评估、开放和使用规范的法律法规。具体可包括：对个人失信行为具体处罚的力度和方式；对个人信息采集的内容、评估的标准、数据开放方式、开放范围和保密范围及时限，数据处理方式和经营方式等。为此，应借鉴西方国家成功经验，并从中国的国情出发，制定了相关的法律法规，如《社会信用信息法》《消费者信用准则》《个人破产法》《个人数据保护法》等，为信息中介机构良好运作和建立全国范围的个人征信数据库提供法律保障。

（四）加大执法力度，完善奖惩机制

根据诚信法律、法规和相关信用标准体系，加大执法力度，积极构建守信激励和失信惩戒机制。一方面，加大对守信行为的表彰和宣传力度。按规定对诚信企业和模范个人给予表彰，通过新闻媒体广泛宣传，营造守信光荣的舆论氛围。另一方面，加强对失信主体的约束和惩戒。在现有行政处罚措施的基础上，健全失信惩戒制度，建立各行业黑名单制度和市场退出机制。对于那些讲假话、吹牛皮、作假欺诈、违规违法、不讲诚信的企业和个人要受到严惩，使其在社会上没有生存空间。同时，完善社会舆论监督机制，加强对失信行为的披露和曝光。通过社会的道德谴责，形成社会震慑力，约束社会成员的失信行为。久而久之，社会诚信之风自然会慢慢形成。

思考题

1. 如何理解社会主义和谐社会的含义与特征？
2. 诚信对于建设社会主义和谐社会有哪些意义？
3. 谈谈当前我国社会诚信缺失的表现。
4. 如何加强诚信建设，构建和谐社会？
5. 作为新时期的大学生，如何为建设社会主义和谐社会作出自己的贡献？

课外实践

进行社会诚信状况调研，了解不同阶层诚信状况，并进行原因分析及提出建议。

第三章 诚信与社会主义市场经济建设

市场经济是以市场机制为基础和主导的配置社会资源的一种经济运行形态。诚信是市场经济的黄金规则。市场经济是信用经济，信用是市场经济的基石。市场经济越发达就越要求诚实守信，这是市场经济的内在要求，也是现代文明的重要基础和标志。建设和完善市场经济，需要构建全社会的诚信体系。只有社会信用体系健全，才能推动政治、经济、文化发展和激发人的活力，才能使一切有利于社会进步的创造愿望得到尊重，创造活动得到支持，创造才能得到发挥，创造成果得到肯定，才能使一切劳动、知识、技术、管理和资本的活力竞相迸发，才能保证市场经济的健康发展。

第一节 市场经济概述

一、市场经济的含义与特征

市场经济是社会经济发展到一定阶段必然采取的社会经济形式和资源配置方式。就其基本属性来说，是建立在社会化大生产基础上发达的商品经济，是一种社会经济形式和资源配置的方式。

（一）市场经济的含义

1. 市场经济是发达的商品经济

市场经济和商品经济既有联系又有区别，不能把这两者简单地割裂或等同。

(1) 市场经济和商品经济的联系。首先,市场经济和商品经济的基本性质相同,它们的运行和发展规律是一致的。其次,商品经济和市场经济是相互依存的:一方面,商品经济要依托于市场,没有市场和市场交换就没有商品经济。商品经济要求开拓市场,它随着市场的发展而发展;另一方面,市场经济的实际内容是各种商品生产和商品交换。市场经济是在产品、劳动力、物质生产要素以及货币或资金等都逐步商品化的基础上形成和发展起来的。可见,市场经济和商品经济两者是紧密联系的。

(2) 市场经济和商品经济的区别。从历史发展进程和产生的条件、基本功能来看,市场经济和商品经济又是有区别的:一是从历史发展进程来看,在原始社会末期和奴隶社会初期出现了商品经济,人们通常把它叫做小商品经济或简单商品经济。这种商品经济经历了奴隶社会和封建社会,直到资本主义机器大工业出现之后,才进入了社会化商品经济的发展阶段。在封建社会末期,市场经济处于萌芽阶段。经过 18 世纪的产业革命,资本主义生产方式在一些国家最终取得了统治地位,阻止市场经济发展的障碍也被彻底铲除,市场经济体系在国内逐步建立起来。19 世纪之后,市场经济最终建立起来。因此,市场经济比商品经济的历史短,距今只有 500 多年的历史。二是从产生的条件来看,商品经济的产生只需要社会分工和生产资料不同的所有制这两个条件,而从简单商品经济发展为市场经济,则需要有社会生产力的进一步发展,生产社会化程度的显著提高,以及彻底打破封建势力的割据,还需要商品交换经常化、普遍化,并向各个经济领域、各个地区、各个部门、行业和企业扩展,并且要求建立真正巩固和统一的国内市场,要求货币和信用制度逐步完善化并在经济中发挥重大作用。总之,要求市场体系日益健全和完善起来,市场机制逐步取得调节整个社会经济运行和资源配置的支配地位。只有具备这些条件,市场经济才算真正形成。三是从市场功能来看,商品经济中的市场功能,突出的是商品价值通过市场交换得到实现。市场经济中的市场功能,不仅包括市场是商品交换和价值实现的场所,而且主要表现为市场是社会资源配置的基础性手段。市场经济形成和发展的过程,就是商品化、市场化不断扩大和加深的过程,它经历了从商品市场化到生产要素市场化再到财产或产权的市场化,并从国内市场扩展到国际市场的过程。在当今社会中,市场行为扩大到社会经济的一切过程和方面,市场作用的力度强化到足以决定一切商品生产经营者的前途和命运,市场范围覆盖全社会并跨越国界,市场机制真正成为分配社会资源的基础性手段。

2. 市场经济是一种社会经济形式

市场经济是发达的商品经济，这是市场经济内涵的一个主要方面。市场经济内涵的另一个重要方面就是它是一种经济形式。社会经济形式是指社会经济的各个领域、地区、部门、行业、企业以及个人相互之间实行经济联系的手段、方式和途径的总称。在社会经济生活中，由于经济活动不是一种孤立的个人行为，而是一种社会化行为，因此，社会经济生活的各个领域、地区、部门、行业、企业以及个人之间必然要发生这样或那样的联系。这种联系的手段、方式和途径就叫做社会经济形式。

市场经济作为现代社会普遍存在的社会经济形式，并不是由人们的主观意志决定的，而是由客观的社会经济条件决定的。在现代社会中，生产力的发展水平和状况决定了社会产品不足以充分满足人们的各种需要，劳动仍然是人们谋生的手段。这样就决定了各种经济利益主体之间在发生经济联系时，仍然必须采取商品货币的形式和等价交换的方式，以保障他们正当的合法经济利益得到平等地实现：一是在商品价值量上是平等的，即商品价值量是由社会平均劳动时间决定的；二是在商品交换中是平等的，即实行等价交换的原则，通过等价交换，实现其应得的经济利益。

3. 市场经济是一种资源配置方式

市场经济作为发达的商品经济，它还是近代和现代社会资源配置的一种方式，并且是基本方式。近代和现代的社会资源配置是社会生产力发展的基本问题，它直接关系到整个国民经济持续、健康和稳定的发展。资源配置方式是指为使经济行为达到最优和最适度的状态而对资源在社会经济的各个领域、地区、部门、行业、企业之间，在各种用途之间，进行配置的各种手段和方法的总称。在商品经济社会中，在社会生产和再生产中，特别是自工业社会以来，社会经济的各个领域、地区、部门、行业、企业乃至于个人之间的经济联系十分广泛、复杂和多变以及变动的高速率，客观上要求对资源进行优化配置，从而要求采取能达到优化配置的手段和方法。市场经济作为资源配置的方式，它能够起到资源优化配置的作用，即市场机制在资源配置中的作用。市场机制以利益最大化为目标，以竞争为动力，用价格传递信息，引导各种市场主体主动调整生产经营、投资和消费等一系列举措，从而引导稀缺资源在国民经济中的各个环节、层次和地方流动，促进供给与需求趋向平衡，达到资源的优化配置，进而提高全社会资源的使用效率。

（二）市场经济的基本特征

市场经济的基本特征主要有以下四个方面。

1. 平等性

无论是企业还是个人在从事市场经济活动时相互之间处于平等的地位，这样包括政府和个人之间也是平等的。其根本原因在于市场主体在市场活动中所支配的市场课题——商品本身是“天生的平等派”，商品的流通过程就其纯粹的形式来说，要求实行等价物的交换。因此，在市场经济条件下，商品所有者之间在法律上是平等的。彼此之间既有平等的权利，又有平等的义务。在市场经济条件下，经济行为平等化：一方面，它具有鲜明的反对各种封建特权和各种等级制度的积极性和进步性，可以充分发挥各个企业以及每个居民、每种经济组织在经济生活中的主观能动性，能调动积极性和创造性，推动整个社会经济的不断发展；另一方面，这种平等仍是一种形式上的平等，而在占有生产资料数量上或所有制上的不平等，以及个人天赋的不同，赡养人口的不平等必然存在大量的事实上的不平等，特别是在生产资料私有制条件下的市场经济，这种事实上的不平等还表现为剥削和被剥削的关系以及造成贫富过分悬殊。

2. 竞争性

有市场一定有竞争。竞争是商品经济普遍的规律，但在市场经济条件下，竞争却非常激烈，这种激烈的竞争是一个重要特点。其原因是：一是来源于市场经济的基本性质。在市场经济条件下，利益主体多元化，市场主体多元化，市场行为自主化和经济行为市场化，这些都是引起市场竞争激烈的基本原因。二是科学技术的迅速发展。科学技术迅速发展及其在生产中的广泛而及时的运用，使产品更新换代速度大大加快，从而加剧了企业之间的竞争。同时，商品的丰富多彩，买方市场已逐步形成，也大大加剧了竞争。市场竞争激烈化突出地表现在竞争的范围日益广泛，竞争的内容日益复杂，竞争的方式日益多样化，竞争的手段日益先进，竞争的意识日益增强等。特别是现代企业之间的竞争已由过去的“低烈度”竞争日益发展成为一种“高烈度”的竞争；由过去只是企业之间某些同类产品的价格、质量、品种的竞争，发展成为企业整体之间的竞争，企业必须倾注全部力量，从各个方面与对手进行竞争；由过去竞争失败往往只是造成企业发展受挫或发展缓慢，发展成为竞争失败会使企业面临倒闭的危险，甚至被宣布破产。

3. 开放性

开放既是生产社会化发展的必然要求和必备条件，也是利益主体多元化和微观经济主体行为自主化的内在要求。市场经济是开放经济，在国内，由于统一的国内市场的形成以及市场体系的建立，企业之间、行业之间、部门之间、地区之间都是开放的，彼此之间进行多种形式的横向经济联系和技术信息交流；在国际市场上，不仅商品，而且各种生产要素，以及经营管理的经验和方法，均在国家间相互自由流动。因此，市场经济的发展必然促使对内开放和对外开放相结合，国内市场和国际市场相对接。经济交流开放化的后果，使得各个企业、行业、部门、地区乃至国家之间实行商品和资源的对流，发挥各自优势，取长补短，充分利用国内国外的两个市场和两个资源，获取利益，节约成本，降低消耗，促进经济结构优化，推动各自经济的不断发展。同时，开放化也会使那些经济条件落后、生产力水平低下、技术陈旧的企业、行业、部门、地区乃至国家，在激烈的竞争中处于不利的地位。

4. 法制性

市场运行法制化是把市场经济中的各种经济主体之间利益关系和行为准则用法律形式确定下来，使市场经济运行和管理规范化、制度化。市场经济在一定意义上可以说是法制经济。市场运行法制化即是市场经济主体行为的平等性和竞争性的内在要求，又是为克服市场经济自身的局限性和某些消极方面，保障市场经济健康发展的客观需要。市场运行法制化的具体要求就是在宪法的基础上，运用市场经济法律体系，从计划、投资、财政、税收、金融、价格到矿产资源、土地、技术、劳务，从知识产权、商标权利、市场交易到企业的组建、破产兼并，从生产到流通、分配和消费，从宏观经济监督管理行为到微观生产经营行为，从国内经济到涉外经济，都制定有一整套法律规范，并有健全的立法和司法、监察机构，做到有法可依，有法必依，执法必严，违法必究。市场行为法制化后，可以做到：一是引导着市场经济按照国家宪法和其他有关法律办事，保障了市场经济的健康发展；二是把所有的经济活动建立在健全完备的法制基础上，市场主体无论是居民、企业和政府机构，都应按照相应的法律法规来规范自身的经济行为，在法制规范的范围内开展经济活动；三是维护了商品生产者、经营者和消费者的正当权益，贯彻平等互利的原则，排除通过非法的超经济强制或利用其他特权侵犯他人（含法人）合法利益的现象。

二、诚信在市场经济发展中的重要作用

诚信是现代市场经济的基石，市场经济实际上也是信用经济。然而，近年来市场主体不讲信用的行为日趋严重，不仅恶化了市场环境，还带来了严重的诚信危

机，成为市场经济发展的障碍和隐患。了解诚信在市场经济发展中的作用显得尤为重要。

（一）诚信是市场经济良性运行的道德基础

在现代社会，市场机制、政府管制、道德规范是市场经济正常运行的三大要素，它们相互依赖，相互补充，缺一不可。如果是简单的市场交换活动，只要有产权制度和契约制度就基本可以实行，但随着市场规模的扩大和市场交易日益复杂，市场交易成本不断扩大，市场在运行中出现种种失效现象，而政府的管制也不可能完全到位。而且，即使是高度成熟的市场经济社会，如美国今天仍然出现了安然、安达信的造假行为，说明市场经济仅靠市场机制调节和政府管制也会出现问题，必须借助另外一种力量，这就是道德的力量，以此来规范人们的行为。外在的法律制度之所以行得通和有效率，不仅仅是因为它的绝对权威，还因为人的社会情感给这种制度的实施提供了一种社会心理学的基础。这种社会情感的本质要素包括相互尊重、诚实、合作等。这类行为伦理对市场经济的运行至关重要。这种“建立在血缘关系之外的相互信任的基础”，这种“要求人人应承担遵守诺言的义务和责任”的行为伦理、共同的道德戒律、道德体系或社会心理学基础，就是诚信，这是一种作为制度的诚信。可见，如果单论道德与诚信，市场经济条件下的道德与诚信应该是等价的概念。

市场经济制度使所有人具有既是债务人又是债权人的双重身份，这就要求建立一套新的道德体系，要求人人应承担遵守诺言的义务和责任，同时在市场经济这种“扩展的秩序”当中，企业只有建立血缘关系之外的相互信任基础，才有可能进行不断扩大的贸易和投资。加快道德建设信誉机制的建立成为非正式制度建设或者说道德规范的关键。当然，就市场秩序而言，道德和信誉机制约束的不只是市场交易主体，也包括市场的管制者，即政府。而且，政府的信用在市场规范中起更大作用。作为非正式制度的关键，诚信在社会经济发展中起着至关重要的作用。诚信等非正式规则不仅影响一个社会的经济发展，使追求同一目标的参与者共同行动，更有效率，而且还是摆脱市场失灵和政府失灵窘境的桥梁。事实上，所谓政府管制市场的“怪圈”，是以没有诚信机制作为前提的。因此，充分发挥非正式制度及其实现机制的作用，成为解决市场失灵和政府管制失灵问题的关键，也成为维持社会制度的道德基础。在市场经济社会中，诚信的存在和实施需要包括道德和法律在内的各种制度的支持。法律制度越健全，诚信制度也就越完善；而只有在注重道德和诚信的社会，法律制度才能真正发挥作用。正是从这个意义上讲，市场经济是一种法治经济，也是一种讲求诚信的经济。

（二）诚信是确保市场经济依法运行的伦理基础

市场经济体制的有效运行，离不开法律法规体系的支持，它的发展与完善是和法律法规乃至执法体系的不断完善同步进行的。市场经济因为具有经济关系的契约化、企业行为的自主化、宏观调控的间接化、经营管理的制度化以及竞争的公平和公开化等特征，所以必须通过系统、完备、严密的法律来调节、制约其运行。然而，我们必须看到，法治不是万能的，在强调法治作用的同时，我们不能忽视道德的作用，最典型的就是社会诚信的培养。法律可以制裁不诚信行为，但诚信风气的形成更多地要靠长期的道德培养，守法行为更多、更广泛地要依靠诚信道德的调节，道德的作用范围远比法律宽泛得多。法律的作用是外在的，不能及于人的内心，无法包罗人们的思想观念、亲情关系等社会生活的诸多方面；而诚信道德是内在的、观念层次上的，通过舆论督促、内心修养和习惯驱使可以调整社会关系的各个方面。启动人们内心的道德资源，不仅可以规范人们的外在行为，而且可以评价、指引人们的思想和观念，这种舆论力量和内心的自觉，能为法律法规的实施奠定基础，为违法行为设定第一道防线，有助于社会主义法制建设，有助于社会主义市场经济的健康有序运行。相比之下，诚信道德的力量是最基础性的，诚信机制是一种成本更低的维持交易秩序的机制。

随着市场经济的发展，人们日益认识到诚信原则在市场经济中具有不可或缺的重要意义，逐步将诚信原则从经济活动的伦理要求演变为重要的法律原则。一些发达、成熟的市场经济国家，纷纷通过法律的制度形式，确立诚信原则在市场经济体制中的重要作用。1804 年，《法国民法典》首先明文规定诚信条款，确立市场经济是诚信经济的法律基础。《德国民法典》著名的第 242 条，第一次在民法史上使诚信原则成为契约法的一项基本原则，规定"债务人应依诚实与信用的原则，并参照交易惯例，履行给付义务"。法官可以运用这一条来处理他认为有失公平的案件。

20 世纪以来，随着资本主义市场经济发展到现代市场经济，以银行为代表的金融体系，成为诚信经济的核心内容。1907 年，《瑞士民法典》第 2 条，开创性地把诚实信用原则作为基本原则扩张到一切民法关系中，规定"任何人都必须诚实、信用地行使权利和履行其义务，明显地滥用权利，不受法律保护"。诚信原则所代表的道德内涵，以及作为一般条款的工具意义，得到立法的高度认同。这种适应现代市场经济社会需要的立法方式，随后被各国纷纷效仿，诚信原则从而成为世界公认的“帝王条款”。

（三）诚信是市场经济全球化的客观需要

经济全球化的核心是国内市场的外向延伸。资本的本质是追求剩余价值以满足增值的需要，并由此具有一种不断扩张的本能要求。这一扩张不仅推动传统的小生产走向大规模的商品生产，而且还推动国内的社会化大规模生产向国外延伸，如到其他国家投资办厂，发挥当地的区位、资源、市场和人才资源优势，全球布置生产等。正如马克思在《共产党宣言》中所指出的，由于“不断开拓产品销路的需要，驱使资产阶级奔走于全球各地。它必须到处落户，到处开发，到处建立关系。资产阶级由于开拓了世界市场，使一切国家的生产和消费都成为世界性的事”。可见，经济全球化是社会化大生产客观发展的趋势。全球化的经济就外部而言，需要全球化的规则与协调；就内部而言，需要遵守共同的规则，维护信用秩序，这样才能推进生产、交换、分配过程的顺利实现。

世界贸易组织是一个以承诺为基础，致力于公开、透明、无扭曲竞争的国际组织，其目的在于实现资源在全球内有效的配置，保证公平和正当竞争。世界贸易组织的规则是经济贸易规律的一种反映，是其成员共同订立、共同遵守的承诺与规范。这一组织的运行基础是规则、章法。它要求成员必须按规则办事，遵守承诺和享有权利，规范经济行为。

三、发达国家的信用体系建设

西方国家的信用制度经过百余年的建立与发展，已经形成相对成熟的信用制度和信用法律体系。真正的现代信用制度，发源于 1830 年的英国和 1937 年的美国，其标志是征信公司和征信服务的出现。当代西方发达国家都被称为“征信国家”。在征信国家，国家信用管理体系健全，信用法律制度完善，信誉良好的征信服务十分普及，这些使得以信用交易为主要交易手段的市场经济得以健康发展。

欧美国家等发达国家的信用制度已有 170 多年的历史，在欧美国家中，目前个人信用消费已占全社会消费总量的 10％以上，企业间的信用支付方式已占到全社会经营活动的 80％以上，纯粹的现金交易方式已越来越少，即使在个人支付活动中，信用付款方式也已逐渐占据主导地位。美国是当今世界信用交易额最高的国家，也是信用体系最完备、信用制度最发达的国家。除美国之外，欧洲的一些国家和日本等国也是较为发达的征信国家，从而形成了一整套适应本国经济发展的信用制度。西方发达国家的信用制度，由企业信用制度和个人信用制度构成，形成了一个以企业信用为主干，包含个人信用的信用制度体系。西方发达国家的信用制度建设具有以下特点。

（一）信用管理体系建设完备

西方发达国家信用管理体系主要由以下几部分组成：公共信用登记咨询系统；信用评估制度；信用风险转移制度；政府对信用交易和信用管理行业的监督和管理制度，包括信用管理民间机构的建立；征信数据的开放和信用管理行业的发展；信用管理系列立法的建立和执法，即使用信用的规范和失信惩罚机制的建立和完善；信用管理正规教育和研究的发展；信用管理的教育。

（二）信用行业发达健全

完善的社会信用体系必须有发达健全的信用行业作为组织保障，发达国家一般都具有强大的信用行业，美国之所以信用交易额在世界上居于首位，根源在于它的信用风险相对较小。美国的信用行业由三大类企业构成，即征信公司和数据库、资信评估公司及深层次信用服务机构，如担保公司等。

1. 征信系统

征信是对信用信息数据的收集、利用、提供和维护。其基本功能是了解、调查、验证第三方信用。在发达的市场经济国家，征信体系在维护市场秩序，维护诚信规则等方面具有重大的作用。国外的征信机构有民办的，即由民间投资建立征信公司，以营利为目的，如美国的征信公司；有官办的，即由中央银行或金融监督机构设立信用管理机构，对企业和个人的信用进行管理，为金融机构无偿提供资信信息服务，如欧洲的一些国家。

对征信系统最重要的是征信数据的提供和获得。征信数据包括企业资信数据和消费者个人信用数据。美国的企业资信数据库主要有四个邓白氏商业记录编号（DUNS 编码）、美国标准工业编码（SIC）、北美工业分类系统（NAICS）和美国信用评级服务公司。DUNS 编码是世界上最大的企业信用数据库，有世界近 2 亿家企业的信用档案，其中中国企业的信用档案有 500 多万个。它在全球有 37 个数据库建设分基地,用其提供的身份号码也称“邓白氏商业记录标号”,记录企业的信用信息,并可根据这些数据编出企业的资信调查报告。SIC是一种企业分类体系,并成为美国主要的编码体系,现已为国际标准化组织所接受。NAICS也是一种行业分类编码体系,其编码注重实践性,被广泛地应用。美国的信用评级公司主要有3家,即标准普尔公司、穆迪公司和惠誉国际。信用评级是西方确定投资环境优劣的一个参考指标。这几个美国主要的资信数据库记录了美国企业甚至国外优秀企业的信用信息,影响甚广。企业可以通过查询等方式获得第三方的信用资料,以便于其对目标客户的判断。在许多欧洲国家,贷款人一般通过各国的信用局实现相关客户的信息共享。英国有2家跨国征信公司,分别是益百利(Experian)公司和艾可飞(Equifax)公司。益百利公司是一家国际性的信息服务公司,隶属于英国的一家大企业集团,主要业务分布在欧洲和美洲;艾可飞公司是一家总部设在美国的国际信息服务咨询公司。2家公司都是以市场化方式运作,收集信息不付费,查询有偿,盈利性都较好。个人信用数据是在进行消费者个人信用调查时,主要针对消费者五个方面的内容,也即5C:消费者品行(character)、能力(capability)、资金(capital)、条件(condition)以及抵押担保(collateral)。在美国调查个人信用的数据库主要有三大信用公司,即艾可飞(Equifax)公司、益百利(Experian)公司和环联(Trans Union)公司。Equifax公司的服务集中在信用服务和保险信息服务两个方面,其服务功能主要有消费者信用调查报告服务、决策系统服务、信用卡服务及支票真伪鉴别服务等。Experian公司目前在美国和英国都是最大的信用局,其在个人信用调查服务方面影响很大。它运用零售风险模型对其客户进行信用评估。Trans Union公司最先于1970年将信用报告服务推上联机检索服务和网络服务,为推动授信的办公自动化作出了贡献。

2. 评估系统

信用评估是将数学和统计模型运用于信用信息数据,决定信贷发放政策,用惠誉国际首席顾问Charles Brown的话说,“信用评级是独立的第三方利用其自身的技术优势和专业经验,就各经济主体和金融工具的信用风险大小所发表的一种专家意见”。在美国,目前提供信用评定服务的机构高度集中,主要有三大类:一是资本市场上的信用评估机构,它们对国家、银行、证券公司、基金、债券及上市公司进行信用评级,这种公司目前美国只剩3家,即穆迪(Moody's)、标准普尔(Standard和Poor's)和惠誉国际(Fitch Rating);二是商业市场上的信用评估机构,它们在商业企业进行交易,或者企业向银行贷款时提供信用调查和评估,这类机构首推邓白氏公司(Dun & Bradstreet);三是消费者信用评估机构,它们专门提供消费者个人信用调查情况,如 Trans Union 公司、Equifax 公司和 Experian 公司。自 1975 年美国证券交易委员会 SEC 认可上述 3 家公司为“全国认定的评级组织”或称“NRSRO”(Nationally Recognized Statistical Rating Organization)后,3 家公司就垄断了国际评级行业。据国际清算银行(BIS)的报告,在世界上所有参加信用评级的银行和公司中,穆迪涵盖了 80%的银行和 78%的公司,标准普尔涵盖了 37%的银行和 66%的公司,惠誉国际涵盖了 27%的银行和 8%的公司。每年的营业收入穆迪约 15 亿美元,标准普尔为 10 多亿美元,惠誉国际为 5 亿美元左右。在信用评价时,以“现金流量对债务的保障程度”作为分析和预测的核心,对相关风险进行定量分析和定性判断,并注重不同行业或同行业内评级对象信用风险的相互比较。评分方式主要有个人信用评分和美商业银行的个人信用评分。个人信用评估时使用 FICO 信用分。FICO 是一个信用分的统计模型,它把借款人过去的信用历史资料与数据库中的全体借款人的信用习惯相比较,以检查借款人的发展趋势等。商业银行个人信用评分体系由主要住房、目前住址时间、受雇时间、贷款申请人年龄、与本银行业务关系、年收入、月债务偿还情况和失信情况等八部分组成。

(三)健全的信用监管体制

由于信用信息及其处理结果在某种程度上比较敏感,因此西方各国都建立了比较健全的信用监管体制。西方各国的信用监管体制大致可以分为两类:

一类是以美国为代表,实行政府和行业协会相结合、以行业自律为主的监管体制。由于美国有比较完备的信用法律体系,征信数据的取得和使用等都有明确的法律规定,因此政府在对信用行业管理中所起的作用比较有限。但联邦贸易委员会、财政部等有关部门和法院仍然要起到信用监督和执法的作用。需要强调指出的是,美国信用管理协会、美国信用报告协会、美国收账协会等一些民间机构,在信用行业的自律管理等方面发挥了非常大的作用。美国的信用行业基本是建立在行业自律基础上的,不论是资信评级、征信、个人资信、收账都建有自己的行业协会。这些行业协会是一种行业的自律管理部门,并对从业者进行一些培训工作。同时它也是企业和政府机构联系的纽带,比如这个行业面临什么问题,或者企业有什么司法建议等,通过它,可以把大家的意见更好地表达出来。

另一类是以法国、德国和比利时为代表,是以中央银行为监管主体。法国、德国、比利时等一些欧洲国家的社会信用体系同美国的信用体系存在一定差别。第一，信用信息服务机构是中央银行的一个部门，而不是由私人部门设立。在法国，中央银行的信用局以每月为间隔向银行采集它们向公司客户发放超过 7.6 万欧元贷款的信息。在比利时，信用信息办公室是根据一个记录有关分期付款协议、租赁和公司借款中的不履约信息的皇家条令建立起来，并作为比利时中央银行的一个部门。第二，银行需要依法向信用信息局提供相关信用信息。在法国、德国和比利时这些国家，商业银行向中央银行建立的信用风险办公室或信用信息局提供所需要的信息是一种强制行为。比如在德国，银行和金融服务机构被要求向德国联邦银行的中央报告办公室报告负债总额达到或超过 153 万欧元的借款者的详细资料。第三，中央银行承担主要的监管职能。以法国、德国、比利时为代表的一些欧洲国家，由于信用信息局被作为中央银行的一部分，因而对信用信息局的监管通常主要由中央银行承担，有关信息的搜集与使用等方面的管理制度也由中央银行提供并执行。

（四）完善的信用管理法律体系

收集、处理和提供个人和企业的信用信息，涉及商业秘密和个人隐私，甚至人权、歧视等许多方面的问题，必须依法进行。西方发达市场经济国家，都有比较健全的信用，完善的信用管理法律是西方发达国家信用管理体系的支柱。用法律对征信行为进行规范，是西方发达国家信用交易和信用管理行业得以健康发展的根本保证。

在全球征信国家中，美国信用管理的有关法律体系较为完善，其信用管理相关法律的构架很有特色，许多发达国家的信用管理法律的立法工作都曾借鉴过美国的法律和立法经验。其基本信用管理的相关法律共有 16 项。这 16 项法律分别是：《公平信用报告法》《公平债务催收作业法》《平等信用机会法》《公平信用结账法》《诚实租借法》《信用卡发行法》《公平信用和贷记卡公开法》《电子资金转账法》《储蓄机构解除管制和货币控制法》《甘恩-圣哲曼储蓄机构法》《银行平等竞争法》《房屋抵押公开法》《房屋贷款人保护法》《金融机构改革-恢复-执行法》《社区再投资法》《信用修复机构法》。联邦政府出台的一些法律法规，多数都是在 1960—1980 年间建立的，这些法律的建立，逐步完善了美国信用体系的法律支持框架，而且几乎每一项法律都随着经济发展状况的变化进行了若干次修改。这些法律的管理目标与内容主要是规范守信、平等守信机会、保护个人隐私。法律条款简明、具体、操作性强。完善的法律体系保障了交易的公平进行和市场秩序的健康运转。同时，美国社会的法律和立法经验，主要侧重于保护消费者的权益，也间接地规范了信用管理行业的服务范围和方式。

（五）有效的诚信、信用教育机制

诚信教育属于建立社会信用体系的一项长期的基础性工作。只有通过教育，才能够加强全体社会成员的诚信意识和市场主体的守法意识。现代信用知识的增加，自我约束和自我保护能力的增加，为社会信用体系的建立和完善奠定坚实的基础。

在美国，有部分大学设置了信用管理专业课，目的是为大中型企业的信用管理部门、消费信贷基金、商业银行、专业信用管理公司、企业管理顾问公司等培养专业化人才。美国的常春藤大学之一的达特矛斯学院（Dartmouth College）和英国的里斯大学（Leeds University）都培养信用管理专业的硕士生。另外，美国的纽约大学金融系长期进行世界领先的资本市场和企业信用的教学和研究。美国的国家信用管理协会（NACM）在达特矛斯学院内开办的信用管理专业研究生课程，主要以培养大中型企业的各级信用管理经理人员为目标。除研究生水平的信用管理专业教育以外，一些大学的经管学院还在财务管理专业开设类似风险管理、市场调查、资信评级等课程，适合在资本市场上从事信用管理服务的专业人员和市场调查专业人员选修。美国的一些学校和专业机构，还开设中初级信用管理专业课程，以及信用管理专业的函授教育课程，适合在职企业信用管理人员和消费信贷放贷人员学习。课程的设置注重企业实践和实用性。通过函授教育取得的学分，也可以取得NACM认可，有资格参加信用管理从业执照考试。

在欧洲的正规教育中，有些大学也教授信用管理专业课程，如英国的信用管理学院就很有名；有专门从事信用管理教育的“信用管理学院”（ICM），它只教授信用管理学科的课程，培养信用管理专业的硕士生。信用管理理论与信用管理教育的发展为现代信用活动培养了人才。

第二节　我国市场经济建设中诚信缺失的表现及原因分析

当前，诚信问题已经成为经济生活中的一个重要话题。尽管我国已经改革开放近40年，我国的市场经济体制虽然也解决了过去计划经济所带来的一些问题，但远未像人们当初所预想的那样顺利。相反，出现了不少意想不到的问题。其中，最为突出的就是社会道德滑坡，诚信缺失处处可见，且愈演愈烈，导致正常的市场秩序被严重破坏。随着我国加入世界贸易组织及全球经济一体化趋势的加快，如果对我国社会的诚信缺失不加以根本扭转，将严重危害我国市场经济健康有序发展。

一、社会主义市场经济特征与基本框架

（一）社会主义市场经济特征

社会主义市场经济是指市场经济同社会主义基本制度相结合的一种新型的市场经济。所以，社会主义市场经济除了具有市场经济的特征外，还具有特殊性，这主要表现在：① 在整个市场经济运行的根本目标上，必须符合社会主义本质的要求，最大限度地满足广大人民不断增长的物质文化需要。② 在所有制结构上，必须坚持以公有制为主体、多种经济成分共同发展的方针，不同经济成分还可以自愿实行多种形式的联合经营。在市场生产经营活动中，公有制经济起主体作用。各种类型的企业都要进入市场，通过平等竞争来发挥国有经济的主导作用。从而有利于发挥市场经济的积极作用，限制它的消极作用。③ 在分配制度上，要建立以按劳分配为主体、多种分配方式并存的个人收入分配制度，体现效率与公平相结合，鼓励一部分地区一部分人通过诚实劳动和合法经营先富起来，从而有利于实现共同富裕的目的。④ 在宏观调控上，社会主义国家能够把人民的当前利益与长远利益、局部利益与整体利益结合起来，建立以间接手段为主的完善的宏观调控体系，从而有利于保证国民经济健康运行。

（二）社会主义市场经济基本框架

建立和完善社会主义市场经济体制，是一个长期发展的过程，是一项兼具发展的社会系统工程，它涉及经济基础和上层建筑的许多领域，需要一系列的体制改革和政策调整相配合。社会主义市场经济体制的基本框架，包括几个相互联系的重要环节：① 必须坚持以公有制为主体、多种经济成分共同发展的社会主义基本制度，进一步转换国有企业经营机制，建立适应市场经济要求、产权清晰、权责明确、政企分开、管理科学的现代企业制度。② 建立和培育全国统一开放的市场体系，实现城乡市场紧密结合，国内市场与国际市场相互衔接，充分发挥市场机制的调节

作用,促进资源的优化配置。③ 转变政府管理经济的职能,建立以间接手段为主的、完善的宏观调控体系,保证国民经济的健康运行。④ 建立以按劳分配为主体、多种分配方式并存的个人收入分配制度,体现效率优先、兼顾公平的原则,鼓励一部分地区一部分人先富起来,走共同富裕的道路。⑤ 建立多层次的社会保障制度,积极建立与完善社会保险、社会救济、社会福利、优抚安置、社会互助、个人储蓄等多层次的社会保障体系。⑥ 建立和健全市场经济的法律体系和规章制度,以保障社会主义市场经济的正常运行。

二、我国社会主义市场经济建设中诚信缺失的表现

随着我国经济体制改革的深入发展,传统的计划经济体制逐渐被市场经济体制所代替,在社会体制转轨时期,一些个人、集体、企业乃至地方政府的各种急功近利的短期行为、不正当竞争、假冒伪劣及其与腐败相关的地方主义保护伞,时刻困扰着人们。我国社会主义市场经济建设中诚信缺失,成为导致市场经济秩序混乱的一个重要原因,虽历经整治,但仍未得到很好解决,在某些方面和领域还相当严重,主要表现如下。

(一) 部分地方政府经济行为的诚信缺失

政府诚信是社会信用的保障,是信用体系最后的保障线。政府的失信对社会产生的影响甚至大于企业和个人,政府诚信缺失会对社会产生严重的负面影响。近年来,一些地方政府官员"打肿脸充胖子",大搞"形象工程""面子工程",对当地的地方生产和发展造成极为不利的影响,使政府的诚信度大大降低,引起老百姓的强烈不满。老百姓讽刺"形象工程"为"票子花了,工程白搭了,领导高升了,百姓遭罪了"。造成这一问题的原因复杂:一方面,是考核官员政绩的指标存在偏差,使"政绩显著"成为官员晋升、赞誉等的助推器和发动机;另一方面,社会的监督力量过于微弱,尽管问题百出,社会怨声载道,但"形象工程"仍然存在。

与此同时,政府决策的朝令夕改问题也是政府诚信缺失的一个重要问题。因为缺乏对相应问题的深入调查和了解,决策、指令的作出缺乏事实支持,缺乏科学性、民主性。这样,作出的决策、政令往往生命力短暂,无法适应现实,满足现实的需求,在这种情况下只能改变。表面上朝令夕改似乎有"知错就改"的性质,其实朝令夕改的危害是巨大的,它严重损害了政府的严肃形象,破坏了社会对政府的信赖和期望,加

深了社会和政府之间的隔阂，对整个社会的诚信体系建立具有极强的杀伤力。

搞地方主义有很大的蒙骗性，使人误认为这也是为一方“谋利益”。但是这种发展对社会主义市场经济的发展产生了很大的阻碍，地方保护主义的“保护”以忽视、漠视和牺牲别的地方利益、社会利益为前提，本质上是政府的不诚信，是政府手中的幌子，掩盖和美化了政府不诚信行为的实质。

（二）“假冒伪劣”泛滥，演变成为社会公害

当前我国许多领域内的造假、卖假已经到了令人吃惊的地步，有关假酒、假烟、毒大米、毒奶粉的报道时常见诸报端。生活中我们还常常可以看到危害人民生命安全的注水肉、黑心棉、毒食品，被媒体曝光的陈馅月饼居然已经成为行业内公开的秘密，这说明失信行为已经不仅仅是单个企业的行为，而是整个行业的普遍行为。这些已经严重影响了我国国民经济的持续、快速、健康发展。据有关部门测算，每年我国的假冒伪劣商品的总产值高达 2 000 亿～3 000 亿元，因假冒伪劣给国家和企业造成的税收和利润损失高达 1 000 亿元以上，相当于我国国民经济总产值的 10%，给消费者带来的财产乃至生命的损失是不可估量的。

为遏制企业生产销售假冒伪劣产品的行为，我国刑法根据现实情况也作了具体规定。我国《消费者权益保护法》第四十九条规定：经营者提供商品或者服务有欺诈行为的，应当按照消费者的要求增加赔偿其受到的损失，增加赔偿的金额为消费者购买商品的价款或者接受服务的费用的 1 倍。我国《合同法》也对签订合同双方的责任有了明确的规定。尽管法律重拳出击，但是我国企业制售假冒伪劣产品的行为依然是泛滥成灾，每年 3 月 15 日的消费者权益保护日仍会揭发出许多损害消费者权益的各种事例。制售假冒伪劣产品不但坑害了广大消费者，对消费者的生产、生活也造成了危害，而且对我国国际形象也造成很多负面影响。

【案例 3－1】

防霾口罩市场调查：假货泛滥　有的过滤效率仅为 1%

2016 年 3 月 19 日，上海市质监局执法总队根据举报线索，对某网店仓库开展执法检查。经现场检查，执法人员发现其口罩产品涉嫌严重质量问题，共计 3 个型

号400余件。20日，上海市质监局执法总队又突击检查桃浦路光彩市场，仅从2家店铺内就发现伪劣口罩1 000余只，大量口罩涉嫌假冒3M、朝美等品牌。

在这次突击检查之前，上海市质监局就已发布过“口罩产品质量安全风险预警”。2016年3月9日，上海市质监局公开披露，依据工业口罩标准、纺织品安全技术规范等，风险监测共采集的69批次样品中54批次不符合标准，占比超过78%；22批次纺织品口罩的面料或里料的PH值超出参考值范围，占比超过31%。

事实上，市面上不少口罩都标注了过滤效率，大多宣称在90%以上，但是从目前公开检测结果来看，能达到宣称效率的口罩并不多。2014年5月，浙江省消保委网购25个批次样品的防霾口罩，送检发现没有一款达90%以上。

上海市质监局在监测中发现，一些口罩过滤效率低于10%，既有药店的又有网购的产品。最低的过滤效率仅1.1%。

除了防霾效果问题，口罩使用的纺织品质量也可能未达国家标准。一位口罩生产商介绍，一些生产企业对纺织品原料没有质量把关，导致面料甲醛含量、PH值过高等。由于人体皮肤呈弱酸性，产品PH值如果与人体皮肤相差太大，会产生刺激，引起皮肤过敏或诱发感染。

（本案例资料来自 http://www.chinadaily.com.cn/micro-reading/interface_toutiao/2016—03—22/14622112.html。）

案例思考 伪劣防霾口罩的出现究竟是什么原因导致的？我们又该如何解决？

案例分析 伪劣防霾口罩的出现原因是多方面的：一方面是生产者本身的诚信问题，另一方面是整个社会的诚信环境以及相关法律不健全导致。我们要从这两方面入手，制定相关法律、法规，制止企业的不诚信行为。

（三）企业偷税、骗税走私活动屡禁不止

税收是国家财政收入最重要的来源渠道，依法纳税是每个纳税人应尽的义务。但就我国企业目前纳税的情况来看，情况不容乐观。有相当一部分企业，不是以纳税为荣，而是以想方设法逃税为荣，偷税逃税有愈演愈烈的趋势。增值税是我国税收体系中的第一大税种，其份额占全部税收的40%以上。据国际货币基金组织专家对我国增值税征收状况的测算：我国实际征收的增值税只占应征收的60%左右，可见偷逃税款现象十分严重。

当前,我国企业偷税、逃税呈现出这样几个明显的特点:偷逃税款数额巨大,惩处措施力度微弱。一些企业为了达到少缴税金、不缴税金的目的,扩大支出、减少利润甚至出现严重违反国家法律法规的财务造假、虚开发票、印刷假发票的手段逃税漏税。近10年来,我国每年都会发生大量虚开增值税专用发票案件,数额动辄上亿元,甚至十几亿元。"十二五"时期中国打私成效显著,5年共侦破走私违法犯罪案件10 185起,案值2 126.8亿元。2015年全年,全国海关立案侦办走私犯罪案件2 241起,案值493.2亿元。其中,侦办涉税走私犯罪案件1 242起,案值422.4亿元,破获涉税千万元以上重特大走私犯罪案件186起[①]。近几年来,我国虽然加大了打击走私活动,税务部门加强了管理,普遍采用现代技术手段进行监管,骗税和走私活动有了一定的收敛,但偷税漏税活动依然盛行。一些经营者被抓住违法行为后还振振有词,说是不偷税、漏税根本无法做生意。殊不知,正是他们的这种行为扰乱了正常的市场秩序,让守法的企业受到不公正的待遇,加大了市场竞争的成本,同时极大地腐蚀了社会诚信。

【案例3-2】

北京警方破获特大虚开增值税发票案

案发:一份群众举报牵出偷税漏税巨案

2015年9月份,北京税务部门接到群众举报,北京一家商贸公司组成犯罪团伙,每月买卖增值税专用发票多达2亿元。税务部门对涉案线索进行排查,发现在全市范围内还有50余家公司的注册地址、业务和交易票据往来都和被举报的公司极其相似,税务部门认为极有可能存在一个买卖增值税发票的团伙。税务部门随即向北京市公安局海淀分局报案。

调查:退休财务人员代理160家空壳公司业务

警方继续调查发现,石某是一名退休会计,原供职于北京某单位供应部会计室。自2015年5月以来,石某在朝阳、海淀、丰台等7家国税分局代理了160余家公司的增值税专用发票领取业务。在领取发票时,石某多以使用假农产品退免税

① http://www.chinacourt.org/article/detail/2016/01/id/1792112.shtml.

证明、使用假外贸退免税证明申领发票。而且这些公司均无任何实际经营活动，属于专门为套取发票设立的空壳公司。这160余家空壳公司为400余家公司提供增值税专用发票进项折抵扣业务。税务部门经过核算，这160余家公司涉及的增值税总价税额高达12.7亿余元，如400余家公司全部用于抵扣增值税进项，将造成国家税收损失多达2亿余元。

随后，侦破工作围绕石某展开，侦查人员抽丝剥茧，该团伙的几名骨干成员逐一浮出水面。警方发现，该团伙主要成员周某曾在2014年11月因为虚开增值税发票罪被江苏公安机关列为网上逃犯。

收网：涉案受票公司1 500余家涉及29个省

2015年11月20日，专案组认为时机成熟，决定收网。当天9路侦查员分赴北京多个地区对涉案的嫌疑人实施抓捕行动，专案组捣毁虚开增值税发票窝点12处，控制涉案人员20名，收缴大量税控机、涉案电脑和多个空壳公司的营业执照、公章、账本等作案工具。

专案组通过进一步调查取证发现，该团伙控制企业共计400余家，涉及北京市的13个区，受票公司达到1 500余家，涉及全国29个省市，涉案增值税发票3万余份，涉案金额高达30多亿元，税额5亿余元。

（本案例资料来自 http://news.sina.com.cn/o/2016-02-16/doc-ifxpmpqt1332863.shtml。）

案例思考 偷逃税款案件增多的根源是什么？

案例分析 这一现象的出现与社会环境、法律制度、个人道德等问题有关。目前我国相关税收政策、法律还不健全，一些企业钻法律的空子，存在很多不诚信的经济行为。一方面我们要大力宣传税收的重要性，另一方面也要加大对企业偷税漏税的惩处力度。

（四）合同陷阱、财务失真现象日益严重

合同本是在市场经济中交易各方实现自己经济目的的契约，按照契约道德，契约各方既要遵循自利原则，又要遵循互利原则。合同的签订，意味着各方建立了一种信任关系。当前，我国社会主义市场经济体制初步建立，在通过市场也即通过订立和履行合同配置资源的同时，市场的盲目性、无序性也相伴而生，具体表现为：

合同欺诈等损害国家利益、公共利益的违法行为屡禁不止；"霸王条款"等侵害消费者合法权益的行为层出不穷；因当事人合同责任意识缺失导致的恶意违约行为屡见不鲜。因此，迫切需要强化合同监督管理。自 20 世纪 90 年代以来，我国的经济契约履约率仅为 60%，这在全世界也是极为罕见的，表明我国目前市场的契约道德水平的低下已经到了令人担忧的地步。我国如果以这样的市场信用状况在世界经济舞台上参与竞争，其后果是不容乐观的。同时，在各种经济交往过程中各种非法诈骗活动也层出不穷。自 2012 年以来，国家工商总局连续组织开展合同格式条款规范专项整治行动。其中，2015 年全国工商、市场监管部门立案查处合同违法违规案件 3 834 件，这些案件给国家和社会造成了不可挽回的经济损失[①]。

企业的信用除了体现在契约的信任上，还体现在财务假账、会计信息失真、伪造票据、剽窃专利、过度包装等方面，尤其在财务失真、财务造假方面十分普遍。在我国的证券市场上，已经披露了不少上市公司提供本企业虚假信息的事实，其中不少企业已被查处。我国上市公司中虚假陈述、虚假利润的案件不断发生，不但极大地损害了广大投资者的利益，而且扰乱了市场秩序。在市场经济中，中介机构代表着独立、诚信、公正，而一些中介组织如会计师事务所、律师事务所、资产评估事务所等与企业合谋，提供虚假信息，欺骗公众，使中介机构的公正诚信遭到质疑，并直接影响到这个行业的发展。近年来，在银广夏虚构利润行骗、郑百文年报造假、蓝田股份和科龙股份造假等社会影响巨大的上市公司欺诈案件背后，均有负有审计责任的注册会计师帮助作假。

【案例 3 - 3】

旅游维权案例：假珠宝骗你没商量

事情经过　2009 年，张某参加某旅行社组织的新马泰 10 天游。在新加坡一家珠宝店售货员向其推销了一个价值5 500元的天然祖母绿吊坠，付款时商店开具了一张英文版收据及质量保证单，并要求张某在落款处签名。行程结束后，张某经人翻译收据及质量保证单内容才得知该祖母绿吊坠为人工合成的，并非天然珠宝。为了进

① http://finance.sina.com.cn/roll/2016－01－06/doc－ifxneept3785569.shtml.

一步证实，张某到珠宝鉴定中心做了鉴定，鉴定出同样的结果。为此张某找旅行社交涉并要求赔偿，得到的答复是张某在购买珠宝时商店向其出示的收据及质量保证单上已说明该祖母绿的制作成分，并有张某签名确认，是自愿买卖行为，拒绝赔偿。

处理结果 经旅游质监所协调，旅行社积极协助张某向珠宝店交涉，并退还购物款。旅游质监部门一方面建议出境游组团社要求境外购物点配备中文说明书，另一方面提醒旅游者在进入商店时应保持冷静头脑，慎重购买贵重物品。尤其珠宝玉器类商品，天然与人工合成的价值和价格差距较大，购买时应详细了解说明书。如果游客购买了商品，一定要求商家出具详细的发票，如果回来后发现货不对路，可以凭此依据通过旅行社进行退换。

案例思考 目前旅游合同存在的问题该如何解决？

案例分析 我们要制定相关法律、法规，规范旅行社等服务行业的商业行为，增强服务业的信用意识，保障消费者的权益。

（五）个人信用缺失现象日趋严重

个人信用是社会诚信最直接的表现，也是社会诚信的基础。我国诚信危机不仅体现在企业诚信缺失和政府诚信度的下降上，还体现在全社会个人诚信的缺失上。在经济与社会交往过程中，各种赖账行为、信用卡恶意透支、恶意欠费、伪造学历文凭、伪造票据证件、导游引导骗象丛生、运动员使用兴奋剂，以及高校中拖欠助学贷款、学术不端行为等都属于个人信用缺失事例。近几年屡禁不止的传销活动，其行骗的范围从陌生人到熟人和亲人，使得中国古代历来宣传的血缘、地缘之间的诚信也丧失殆尽。当前，很多国家对我国的文凭和学历不予承认的一个原因就是我国假文凭和假学历泛滥，致使这些国家要重新审核。个人信用失常的危害，由此可见一斑。诚信危机污染着人们的心理意识，影响着人们的行为，损害了人与人之间应有的信任、合作和真诚的关系。

由此可见，诚信危机使市场交易秩序紊乱，有效的市场竞争难以开展，交易成本增加，效率低下，市场配置资源功能受到严重损坏，市场经济秩序被破坏，企业的发展受到限制，道德失范，社会风气变坏，影响社会安定。诚信危机已经成为我国当前社会生活中的一个突出问题，是我国经济生活的新“瓶颈”。它产生的后果严重，危害极大，不仅给国家和人民群众利益造成重大伤害，而且严重影响国民经济的正常运行，阻碍社会主义市场经济的健康发展。

三、我国社会主义市场经济建设中诚信缺失的原因分析

面对我国社会主义市场经济建设中诚信缺失的种种问题，具体分析，主要有以下几方面的原因。

（一）我国市场经济体制不健全，信用体系建立滞后

我国正处于经济转型的特定历史时期，旧的信用制度约束机制效能削弱，而新的信用制度的约束机制尚未建立完善。在经济转轨过程中，一方面，维系市场经济中信用关系的制度和道德体系尚未建立；另一方面，计划经济下的指令性计划约束逐渐失灵。制度与法律上不可避免地出现漏洞，这就给一些别有用心的人提供了钻制度和法律空子的机会，在客观上助长了不诚信现象的泛滥。

随着我国社会主义市场经济逐步构建，商品交换逐渐渗透到人们生活的各个领域，金钱开始成为人们日常生活不可或缺的财物，成为衡量一个人成功与否的重要标志。这些极易让人产生拜金主义思想，金钱成为人们唯一的追求目标。金钱的获得本身并没有错误，关键的问题在于以何种手段获得。人们要以正当、辛勤的劳动，合法的竞争获得收入，而不是坑蒙拐骗，这要靠市场经济体系的完善、市场经济秩序的有效建立。20 世纪 90 年代初，我国提出了市场经济的目标，我们在塑造市场主体尤其是如何使国有企业成为真正的市场主体，如何使政府按市场经济要求规范自己的行为方面没有取得令人满意的结果，国有企业和政府的行为依然不够规范。

国有企业改革滞后，产权关系尚未理清，体制改革尚待深入。产权是信用的基础，产权制度的基本功能是给人们提供一个实现长期利益的稳定预期和重复博弈的规则。约束与惩罚失信行为的前提是失信责任能够确认，并有具体承担者。但目前我国企业特别是国有企业正处于从政府行政机构附属物的地位向市场竞争主体的角色转变过程中，产权不清晰，责任不明确，发生失信事件，难以找到具体的责任承担者，从而造成失信责任无法追偿。同时，在改革的过程中没有把信用体系的建立和完善纳入改革的目标之中，即使在某些改革和管理措施方面也只是一些具体的管理措施，没有设定清晰有效的信用制度建设目标。当前社会上很多失信现象出现的原因在于社会规范不成熟，制度安排不合理，对人们的行为有不良的诱导

作用，即对失信行为惩罚不严厉，而守信行为的收益不明显。约束机制的弱化加之国人的从众心理很重，不诚信行为表现出一个重要的特点，即地域化、区域化。

（二）相关法律法规建设进程缓慢

在市场经济条件下，诚信与法制是相互补充、相互支持的。健全的法制体系既是诚信规范的前提和基础，又为诚信规范的确立提供了最基本的保障。资本主义国家大都有比较健全的国家信用管理法律体系，这一体系包括国家关于信用方面的立法和执法、政府对信用行业的监督管理、政府对全社会的信用教育和信用管理的研究与开发。

改革开放以来，我国虽然在加强法制保障方面做了大量工作，在我国的《民法通则》《合同法》《反不正当竞争法》中虽然都有诚实守信的法律原则，《刑法》中也有对诈骗等犯罪行为处以刑罚的规定，但这些仍不足以对社会的各种失信行为形成强有力的法律规范和约束，相对于迅猛发展的经济形势仍显滞后，存在许多问题。主要是：① 立法水平偏低，有很多法律条文存在漏洞，缺乏可操作性，有些法律、法规不能适应时代发展的需要。② 司法腐败现象严重，导致了人们对法律的漠视。③ 执法不够严厉。对于假冒伪劣、拖欠赖账等行为打击力度不够大。在判决执行力度上软弱无力。这就致使一些人总存侥幸心理，敢于以身试法，进一步导致诚信缺失。

（三）政府权力机构行为不规范，“越位”“缺位”现象严重

我国体制转轨的性质决定了政府在转轨过程中的特殊地位和作用。一方面，体制转轨的政府主导性和强制性决定了制度变迁的方向和进程掌握在政府手中，也决定了政府容易采用计划经济时期惯用的权力手段来打破原有的秩序，建立新的秩序；另一方面，体制转轨的渐近性使得政府在运用权力手段实现自己意愿时，必须考虑市场机制的作用，实现与市场接轨。然而，我国政府或政府部门行为普遍不规范，“越位”“缺位”现象严重。“越位”是指有的地方政府或政府部门对具体经济行为的行政干预过多，政府与市场界限不清晰，使原本就不健全的市场竞争更加无序。这类情况有三种：第一类是政府作为所有者的代表参与国有企业的经营活动；第二类是政府公检法机关、工商行政管理机构经商办企业直接进行经营活动；第三类是权力部门以发展地方经济、维护经济秩序、调整产业结构等为借口，制定违反市场内在要求，违反国家法律的政策规定，乱收费乱罚款等。“缺位”是指有的

地方政府或政府部门对应该履行的市场监管职责还很不到位，而一些地方政府却充当失信的保护伞。

（四）个人诚信意识缺失，影响社会诚信体系建设

引发诚信缺失的原因是方方面面的，而个人诚信意识是所有诚信问题产生的重要因素。一方面，我国在诚信教育方面有所欠缺，尽管长期以来，我们的教育体制中对德育教育非常重视，但也非常简单化，结果容易忽视个人道德的完善。学校加强道德教育，无外乎多开几个学时的道德修养课和加强校风建设等，这些理论化的教育对学生的道德养成效果并不是非常明显，"教"与"做"相结合才能有效地进行道德教育，学生的品德才能得到提高。另一方面，社会诚信危机侵蚀，给人们的生活领域和认知领域带来了许多负面影响。市场经济条件下的经济准则被运用于人际关系中，效率的优先和利润的最大化成为人们评价一切的准绳。经济上的急功近利，必然造成道德上的唯利是图，从而不可避免地使一些人公德心淡漠和行为方式失范，诚信的基本道德规范被物质化、功利化。

第三节　诚信是社会主义市场经济健康发展的基石

一、社会主义市场经济中的道德特征

随着市场经济关系的形成，人们的道德观念和道德生活都发生了巨大的变化，传统的义利观、忠诚观受到挑战。与市场经济相适应的价值观开始形成。追求个人正当利益，重视个人价值、讲究效率、开拓创新、平等竞争的观念日益深入人心。

市场经济条件下道德具有如下特征。

（一）利己利他

市场经济是一种利益经济，对利益的追求是市场主体从事生产经营活动、商业活动的内在动力。在市场经济中，正是千千万万个个体对利益的追求，才使社会发展进步。市场竞争使生产效率提高，成本下降，社会物质财富更快增长。对个人利益的追求不仅增大了市场主体的个人财富，而且增大了社会的共同福利。因此，市场经济承认

经济主体对物质利益的追求,追求个人私利是合理的,并鼓励市场主体在法律框架内追求、维护自身利益,不把利益主体对利益的合理要求的追求视为一种不道德行为。

传统的核心是为人利己,舍己取义,而市场经济首先承认人们追求自身利益的合理性,每个人追求自身利益是合理、合情、合法的权利,这是传统道德观和市场经济道德观不同的地方。但同样重要的是,市场经济要求个体追求自身利益以不损害他人利益为前提。利己不能损人,是市场经济的道德底线,要利人利己,公平交易,平等互利。

(二) 理性诚信

虽然市场经济中依然存在排忧解难、以高尚道德为安身立命之本的人,但对大多数人而言,市场经济道德和传统道德不同的地方在于,市场经济主体讲究市场经济道德比如诚信,它是逐利活动中的道德规范,而不是和功利无关的道德理想主义。人们作出某种承诺往往不像传统道德不以功利为目的,履行诺言也是没有功利目的的道义行为。现代诚信的基础是人的理性,而不仅仅是人的道德情感,当人们意识到只有利他,才能利己,只有为别人提供满意的服务,才能实现自己的利益时,才愿意恪守道德和诚信。人们相信,信誉就是金钱。当商家认为大客户能为自己带来更大利益时,就会为大客户提供特殊的更好的服务。比如银行业务中人们常说的“嫌贫爱富”,只把钱借贷给有偿还能力、有良好前途的客户,为 VIP 客户提供优先服务,为长期固定客户提供优惠等。当商家为客户提供好的服务后,客户也会给予相应的回报,这些行为是市场经济的道德规范,礼尚往来,投桃报李。

(三) 责、权、利相结合

市场经济条件下要求人们具有平等意识。市场作为一种制度安排,市场是要把所有参与市场经济活动的人都尽力安置在平等的位置上,即成为平等的市场主体或交换主体,他们都有平等地追求自己利益的权利。自由的商品交换及其特有的方式抹去了人与人之间的等级关系和等级意识,客观上要求交换各方权利是平等的,市场主体自由地进出市场,并根据自己的利益作出选择。在尊重自己利益的同时,还要尊重其他经济主体自由参与市场竞争和获得利益的权利,承认个人利益的多少和个人付出的努力一致。市场经济的道德不承认长幼尊卑的等级观念,每一个主体的利益和权利同等受到尊重。这和我国传统道德上对人的要求有着非常大的不同。传统道德讲究长幼尊卑,纲常伦理,对于一些人只有权利没有义务,对另一些人只有义务而没有权利。市场经济的自主平等性有着很大的历史进步性，但是，由此也产生了一些人只追求权利，而忽略责任。这种情况是转轨时期极易发生的。

目前，我国市场经济的权利责任道德观念没有完全建立起来，原因是与权利相适应的责任关系不明，责任不明的原因在于产权界定不明。在经济转轨时期，真正满足市场经济要求的产权制度尚在发育中，无论是就产权的经济性质而言，还是产权界区的界定，尤其是从与权利相统一的责任界定而言，无论是从财产关系变化的复杂性，还是从法律对产权规定的严密性上看，产权制度与市场经济间的统一、协调尚处于初级阶段。责任不清使逃避现象相当普遍，也有的是市场主体无力承担责任。在我国处于市场经济发展初期，大量的个体经营、“皮包”公司不断出现，很多企业资金能力、技术能力、生产能力和盈利能力都相当有限，因此，承担责任的能力也是有限的。因为，市场经济所要求的道德上的信任，绝不仅仅是简单的对个人人品的信任，重要的是对当事人能力的信任，对交易主体履行义务、责任的能力的肯定。诸如，银行贷款是视借款人偿还能力如何，只贷款给有偿还能力、有发展前途的客户，出资者委托他人代理是视其对资产的责任能力如何，而这些能力归根到底是受资产责任能力规定等。所以，市场经济必须具备明确的产权关系，使责任明确，从而无法逃避自己的责任。因此，市场经济的道德是经济主体在追求自己权利的同时必须承担相应的责任。这就要求在我国的经济体制改革中加强明确产权关系。同时也应该看到，要让所有的市场参与者有能力承担责任是一个过程。这一过程包括市场经济充分发展、市场竞争不断完善，在优胜劣汰中涌现出一些大型企业，占据市场的主导地位。这些企业资金能力、技术能力、生产能力和盈利能力强大，整个社会的诚信状况就会有所改善。

（四）契约伦理

传统社会诚信是一种身份伦理，而现代社会诚信是一种契约伦理。在自然经济状态下，由于人与人之间交往的有限性和非经常性，个人身份、人格、品德就是担保，人们进行经济往来时主要依靠个人的道德良心来约束自己的行为。在市场经济条件下，人们的交往日益普遍和复杂，交往范围日益扩大，人与人之间的信任不可能只建立在熟人之间情感基础上，而是建立在理性利益和契约的基础上。市场经济人与人之间的关系是非常广泛的，熟人之间的关系是少数的。由于市场经济分工的全面性使人们建立在交换基础上的依赖性空前加强，只要利益上相互需要和依赖，人们就会借助契约，形成新的社会关系。遵守契约，追求自己的利益不损害他人利益和社会利益。

我国目前流行着两种与市场经济本质要求相悖的道德观：一种是市场无道德，认为人们在市场中相遇完全是一种纯粹的金钱关系，市场经济是利益经济，见利忘义是必然的。市场竞争是一种你死我活的争夺，尔虞我诈、无商不奸是市场主体的行事规则。市场经济必然导致社会道德水平下降，无论搞社会主义市场经济还是资本主义市场经济，都必然如此。因此得出结论，搞市场经济道德就会滑坡。另一种是我国传统伦理道德观，认为对利益的追求是不道德的。“君子喻于义，小人喻于利。”在我国计划经济时代更加具体化了传统文化这种对人的道德要求，那就是大公无私，毫不利己、专门利人，集体主义。个人的事再大也是小事，集体的事再小也是大事，牺牲个人利益，追求集体利益、他人利益。市场经济的道德要求表明，以上这两种价值观都不是市场经济的价值观。我国目前最迫切的是要建立起与市场经济要求相适应的价值观，既不要悲观地认为道德滑坡，也不要天真地认为可以回到传统的价值观。正如人们所说，我国目前道德状况是道德“失范”，也就是原来的道德观已经不适应市场经济，新的道德观没有完全建立起来，某种程度上处于道德放纵或道德真空状态。构建诚信社会重要的是应该建立起与市场经济相适应的道德规范，使市场经济的道德规范深入人心。

二、社会主义市场经济信用体系的构建

(一) 社会信用体系的内涵

社会信用体系是在一国(或地区)范围内，在市场经济条件下，为形成和维护良好的社会信用秩序，由一系列与之有关的相互联系、相互促进、相互影响的法律法规、规则、制度规范、组织形式、运作工具、技术手段和运作方式而构成的综合系统。社会信用体系是一种社会机制，它以道德为支撑、产权为基础、法律为保障。它通过对失信行为的有效防范和惩戒，保证经济活动的正常秩序。社会信用体系包括企业信用、个人信用和公共信用(主要指政府行政和司法公信力)等内容。企业信用是重点，个人信用是基础，政府起推动和表率作用。

(二) 我国社会信用体系建设的必要性

我国社会信用体系的建设受到政府和社会的高度重视。中共十七大报告明确

提出要健全社会信用体系。十八大报告对我国信用体系建设又提出了新要求：第一，明确把诚信作为社会主义核心价值观的重要内容。十八大报告提出："倡导富强、民主、文明、和谐，倡导自由、平等、公正、法治，倡导爱国、敬业、诚信、友善，积极培育社会主义核心价值观。"第二，明确提出要加强政务诚信、商务诚信、社会诚信和司法公信建设，建设我国社会信用体系"四位一体"的全方位布局。第三，明确提出党员干部要成为诚信风尚的引领者。中共十八届三中全会报告进一步指出，"建立健全社会征信体系，褒扬诚信，惩戒失信"，为新时期社会信用体系建设指明了方向。中共十八届四中全会又提出"加强社会诚信建设，建立健全公民和法人组织守法信用记录，完善守法诚信褒奖机制和违法失信行为惩戒机制"。2014 年 6 月，国务院发布《社会信用体系建设规划纲要（2014—2020 年）》，对中国社会信用体系建设的发展和路径进行了具体部署。2014 年 10 月 21 日，国家发改委发布《关于贯彻落实社会信用体系建设规划纲要　加强当前社会信用体系建设的通知》等，具体安排了未来社会信用体系建设具体任务。中共十八届五中全会上，社会信用体系建设也作为未来 5 年的重点发展方向，被写入"十三五"规划建议。可见，党和政府对社会信用体系建设的迫切性和重视程度。

1. 规范市场经济秩序是完善市场经济体制的客观要求

市场经济是信用经济。社会信用体系健全与否对整个经济体系的稳定运行至关重要。引导市场主体诚信守法地开展经营活动，是整顿和规范市场经济秩序、完善市场经济体制、增强国际竞争力的重要工作。目前，我国主要以行政执法和道德强化为手段来整顿和规范市场秩序，而这种提升我国社会信用的做法，有较大的局限性，缺乏有效性和针对性，必须寻找治本之策，加快社会信用体系的建设。

2. 适应世界贸易组织新规则的迫切需求

经济全球化及我国加入 WTO，决定了加快建立社会信用管理体系的重要性。信用环境影响企业的信用程度，影响企业在国际市场的竞争力和市场份额。社会信用管理体系的完善，是投资环境的重要因素，直接影响投资需求的增加，从而影响我国在世界市场的地位以及国内经济的发展状况。

3. 社会信用体系是国家经济体系的重要组成部分

社会信用体系是维护社会基本经济关系和基本道德准则的基石，是衡量一个国家经济体系是否健全和完善的主要标准，是一切经济发展的基础和前提。信用等级类似于国家、企业和个人的经济身份证，它可以影响和制约社会主体行为。

4. 社会信用体系是国家的重要战略资源

建立和完善我国社会信用体系，拥有我们自主的信用评估技术和完善信用数据库，对国家的经济稳定发展具有重要的战略意义。改革开放以来，国外评级机构经常对我国国家主权进行信用评级，结果的变动会影响我国经济的稳定发展。没有健全的社会信用体系，没有自主的信用评级技术，没有完整的信用数据库，无法向世界证明我们的信用体系和信用级别，我们得不到国际社会认可，只能受制于人。因此，积极探索并加快形成我国社会信用体系，对完善社会主义市场经济体制具有重要意义。

（三）社会信用体系建设的总体框架

信用体系建设是整顿与规范市场经济秩序的治本之策。我国社会信用体系建设，是在政府推动下全社会参与的一项社会系统工程。其基本架构由社会信用制度、信用管理和服务系统、社会信用活动、监督与惩戒机制四个方面组成。建立以道德为支撑、产权为基础、法律为保障的社会信用制度，是社会信用体系建设的核心；按照完善法规、特许经营、商业运作、专业服务的方向培育信用管理和服务系统，是建设社会信用体系的重要任务；开展社会信用活动，是社会信用体系建设的实践环节；建立信用行业监督和失信惩戒机制，是社会信用体系建设的一项保障措施。

在我国，建立社会信用体系的框架主要应有四方面内容：

一是形成市场经济条件下的社会信用道德和文化环境。主要包括市场主体的守信意识和自我保护意识、维权知识，市场主体自觉参与监督、抵制失信违规行为。这是建立社会信用体系的基础。

二是建立法律规范下的社会信用信息共享机制，其目的是缓解社会信用信息的不对称性。主要包括四方面的制度建设：形成以各级政府为主体的、电子政务为基础的基本政务信息披露和开放制度，主要是通过法律或法规的形式，规定政府有义务公开其在行使行政管理权过程中形成的可以公开的各种信息；以企业为主体建立信用风险管理和控制制度；建立以行业协会为主体和会员单位为基础的自律维权的信用平台，在一些行业逐步形成各种形式的同业征信制度，对此应更多地发挥行业协会的作用；建立以信用中介服务机构为主体和市场化运作为主要形式的社会信用信息调查、资信评级和信用管理服务制度，促进并规范信用中介服务行业的健康发展。

三是建立健全失信惩戒机制,加大失信违规成本。主要包括加快相关法律法规的起草和颁布,健全和完善具体的执法形式。建立失信惩戒机制的重点是,应明确在我国现阶段,失信惩戒机制设计的出发点和重点、失信与犯罪的区别及法律边界、失信的惩戒形式和制裁程度、失信惩戒机制的操作和执行效果等。对失信记录"黑名单"的公示制是初级的惩戒形式,应通过法定渠道征集和传播。建立社会信用体系就是通过建立信用管理制度,发展信用服务行业,强化全民诚信意识,形成全社会的联防机制,对失信行为进行处罚和有效的防范,正确地认识失信者与守信者的矛盾实质上是失信者与全社会、所有市场主体全局利益的矛盾,加大失信成本,重视用市场自身的力量来维护社会经济秩序,与法制建设相配套,为社会经济的持续、健康发展提供信用及道德方面的保障。

四是健全和完善信用监管体系和相关制度。要明确政府的监管部门及其基本职能;明确规定监管部门的监督处罚权力和职责;建立成体系的监管制度,避免"运动式"的监管方式;设立投诉受理窗口,保护市场主体和消费者的合法权益。

社会信用体系建设的指导思想、基本原则及运行机制是我国社会信用体系的基本工作,必须坚持以邓小平理论、"三个代表"重要思想、科学发展观为指导,按照中共十八大、十八届三中全会和"十三五"规划纲要精神,以健全信用法律、法规和标准体系、形成覆盖全社会的征信系统为基础,以推进政务诚信、商务诚信、社会诚信和司法公信建设为主要内容,以推进诚信文化建设、建立守信激励和失信惩戒机制为重点,以推进行业信用建设、地方信用建设和信用服务市场发展为支撑,以提高全社会诚信意识和信用水平、改善经济社会运行环境为目的,以人为本,在全社会广泛形成守信光荣、失信可耻的浓厚氛围,使诚实守信成为全民的自觉行为规范。

我国社会信用体系建设应坚持政府推动、市场化运作、全社会广泛参与的原则,统筹协调、分工合作、分层推进、分步实施的原则,诚信宣传教育与制度化规范管理并重的原则,促进信用服务行业发展与加强信用监管相结合的基本原则,最终形成有中国特色并与国际接轨的社会信用体系。

政府部门的信用行业监管和公共服务,市场信用服务机构的商业化运作,行业组织、企事业单位和全社会的诚信活动,构成了我国社会信用体系的运行系统。建设政府部门的公共信用信息披露系统、行业协会的同业信用信息收集发布系统、商业信用服务机构的经营服务系统,通过网络化的数据交换实现信用信息的社会共享,形成科学严密、高效顺畅的社会信用服务体系和运行机制。

三、加强诚信建设,促进社会主义市场经济的健康发展

目前我国转型社会的最主要特征就是体制转换时期各项法律和制度都极不完善,转型期出现的社会失信现象在一定范围内盛行,表明现行的体制和具体制度存在重大的缺陷,它们为社会失信行为的流行提供了相应的机会。这对转型时期我国诚信的进一步发展和完善是一个挑战。因此,要建立社会诚信,就要求政府、企业、个人树立正确的诚信观念,以及建立社会诚信必然要求健全的诚信制度来保障。推进信用体系建设既要借鉴国际经验,又要密切结合国内实际,符合政府转变职能的要求。根据目前我国的实际情况,我国的社会信用体系建设应采用政府推动与市场培育相结合的思路,积极探索政府推动、循序渐进、最终走向市场化的原则。

(一)加强政府诚信建设,发挥政府主导作用

中共十八大报告中指出:深入开展道德领域突出问题专项教育和治理,加强政务诚信、商务诚信、社会诚信和司法公信建设。政府信用对于整个社会的信用具有引导和示范作用,它直接影响和左右社会环境,也直接影响和带动全社会的诚信水平。构建和完善政府诚信对于构建整个社会的诚信体系具有不可替代的作用。打造诚信政府、提高政府公信力是当前解决诚信问题、建立和完善社会诚信体系的重点。

建立政府信用体系,政府工作的着力点为:① 制定规则,搞好规划,培育市场需求和服务主体,加强协调监管,提供基础服务。② 牵头并动员社会力量持之以恒地开展全社会的诚信教育和制度化规范宣传,使符合市场经济要求的信用道德文化蔚然成风。提高政府公信力,推进政府诚信建设,以党政机关的诚信服务带动全社会的诚信建设。以诚信办事、诚信服务的实际行动取信于民。立党为公、执政为民,这是“三个代表”重要思想的本质要求,也是各级党政机关加强诚信建设的根本出发点和落脚点。具体措施如下。

1. 强化和提高政府公信力

政府一定要严格按诚信和公正的原则行事,时时处处做到诚信和公正。一是加快政府职能的转变步伐,切实避免和纠正过多的政府干预和繁琐的行政审批,以及所带来的诸多市场经济调节失衡和社会生活失信。二是加强依法行政的自觉性。依法限制政府中的行政权力对立法、司法机构的人为干扰和侵害。同时,要教育各级政府官员应该具备良好的法律知识和法律意识,真正在法制的轨道中正确

行使自己的权力，提高政府的公信力。三是强化政府决策的科学性，保持政府工作的连续性。决策形成要有民主性，决策实施更要有连续性、一贯性和严肃性，这是政府诚信的一个重要方面。政府决策的不确定性不但最终会失去人心，还会对经济社会的发展造成不可弥补的损失。因而，必须转变政府的行政理念，依法行政，提高行政的前瞻性、计划性、一贯性和严肃性，尽量避免短期利益和短期目标所带来的负面影响。四是提升各级政府官员尤其是高层官员的形象，只有使诚信成为政府官员履行职责的内在准则，才能铲除腐败滋生的"温床"。

2. 保持和加强行政行为监督

有法必依、执法必严、违法必究，过错受追究是获得公众信任、维护公众合法权益、树立司法权威和实现政府宗旨的一个重要途径。因此，加强人大机关、司法部门、人民群众和新闻媒体对行政组织及其个人的监督势在必行。要加强各级人大对政府诚信机制的合法与合理性的监督；加强对政府及其官员的非诚信行为的约束与监督；建立科学合理的检查、评估和任用制度，对政府组织和个人行政全过程实施监督。完善和健全政府诚信的司法监督制度，通过法律手段对政府失信行为展开合法性监督，从源头上遏制违法决策，对造成重大后果的政府失信行为予以法律追究。建立完善的群众监督机制，扩大和细化政府公开的项目，接受群众对政府行政失信行为的投诉，保证群众监督机制的顺利进行。强化媒体的监督，发挥媒体广泛、高效、经济的监督优势，及时纠正和改进政府的失信行为，还社会一个公开、公平、公正的政府。

3. 规范和发挥政府信用监管作用

政府在社会诚信体系中处于重要地位，即政府是信用法规的制定者、维护者，也是失信行为的惩罚者。在市场经济条件下，政府不仅要诚实守信，还要在推动社会信用体系建设方面和监管方面发挥重要作用。具体表现在：一是颁布法规，制定政策，建立、健全和完善各种诚信制度；二是支持守信者，惩罚失信者，保障社会诚信的健康发展，促进社会诚信体系的建立；三是加强对社会诚信中介机构以及与诚信活动有关的会计师、审计师、律师等专业服务领域人员的监督管理，以确保提供的诚信对象的评价信息的准确和可靠。一些虚报盈利的上市公司之所以能欺骗广大的投资者，是由于政府监管不力，使得审核其会计报表的会计师事务所与公司一同作弊，提供虚假审计结论，误导投资者造成的。

4. 增强和加快执法部门信用立法

在市场经济条件下，法律约束是市场经济健康运作的基本保证。从制度层面上看，要为社会诚信体系提供法律保障，必须利用立法手段将一些条件成熟而又普遍达成共识的诚信方面的道德规范以法律的形式表现出来，形成国家意志，并借助于国家强制力保证实施。政府为社会诚信体系的建设提供必要的法律法规支持，是重塑社会诚信、发挥诚信体系作用的重要保障。从整治的措施来看，各国大多还只是从监管失灵或者法律失范的角度进行论述，很少单纯地、独立地从诚信体系构建的角度去思考。由此看来，完善的诚信管理相关法律是完善诚信体系的必然选择。但是，诚信法律体系的建设不是一蹴而就的，而是一个不断完善的过程。就我国目前的法律法规而言，与诚信相关的主要有《民法通则》《合同法》《担保法》《刑法》《票据法》《反不正当竞争法》等，但其中对道德诚信和资产诚信没有明确界定，缺乏对经济信用制度的支撑，使得已有的法律对不守信用的打击有鞭长莫及之感，无法以法律的刚性作用严惩不守信用者。因此，目前应加速信用方面的立法和执法工作，完善政府的诚信监督和管理体系，建立完善的法律体系，健全法律责任和执法体系。在立法上要明确诚信缺失者的法律责任，在司法上要切实落实法律责任，在执法上要加大执行力度。

（二）完善企业信用体系，增强企业竞争能力

企业是整个经济的微观基础，也是推动经济发展的主体力量，在当前全球经济一体化的新形势下，企业面临着前所未有的市场竞争。“人无信难立，企无信难兴”，信用是企业的无价之宝。信用是企业参与市场竞争的经济身份证，是企业的生存之本，生命之源。企业信用建设是社会信用体系的核心组成部分。企业信用本来就已经包含着个人信用的内容和因素，企业信用建设好了，有利于推动个人乃至全社会的信用建设。要改善企业的诚信状况，必须建立企业诚信管理体系。建立企业诚信管理体系是一项复杂的系统工程，不仅要从体制、机制、组织、技术、法律等多方面进行考虑、设计，而且需要政府、银行、中介服务组织等各有关部门密切配合，多管齐下方能实现。

1. 建立企业信用管理体系，强化企业信用意识

政府信用体系建设构建了企业信用体系建设的外部平台，企业还应进行自身的信用管理建设，建立诚信经营管理理念。

首先，完善企业信用信息联合征信体系。建立由工商、税务、物价、统计、技监局、海关、外汇管理局、金融、公安、财会、信息产业局等行政执法部门等多家单位联网形成的企业信用信息网，形成由政府推动、市场化运作的企业信用信息联合征信

体系。该系统录入企业的基本信息、不良行为警示信息、良好行为等企业信用记录、信用评价、信用信息咨询服务等信息。

其次,改善企业信用状况是社会信用体系建设的重点和当务之急。一方面,要以强化约束监督,促进诚信经营为目标,建立以信用信息征集、信用状况调查、信用评价、信用自律和失信惩戒为主要内容的企业外部信用制度;另一方面,要培养和树立企业的信用风险意识,加强内部信用风险管理,防范来自外部的信用风险。制定信用分类等级,加强行业自律和信用风险管理,建立自我约束、自我管理、自我教育机制,形成自我塑造意识,加强行业自律,增强企业竞争力,为促进社会信用体系建设作出自身应有的贡献。积极参与"重合同、守信用活动""物价计量信得过活动""百城万店无假货活动"以及金融领域"三A企业评选活动"等。宣传企业信用等级,建立诚信经营企业形象。倡导守信光荣、失信可耻的经营理念,在企业内向员工展开诚信教育与制度化规范教育。

再次,有关政府部门积极依托现代信息网络技术,不断提高监管水平。金融管理、工商、税务、质监等部门分别建立信用登记系统、红盾信息网、CTAIS税务管理系统、企业质量档案和质量信息库,不断完善企业信用评价、监督管理、责任追究等信用制度,科学评定企业的信用等级,提高市场经营主体的资信透明度。同时,还利用举报投诉系统、不良行为警示系统和监督处理系统,向全社会公布企业不良行为,促使企业守法经营。

2. 净化企业外部信用环境,规范市场竞争秩序

首先,加强生产和流通等经济领域的诚信建设,坚决打击制售假冒伪劣商品等行为。生产企业要把诚信建设的着力点放在严格生产标准、完备生产条件、确保产品质量上。流通行业要在继续改进服务态度、完善售后服务的基础上,着力解决好杜绝假冒伪劣商品的问题。要继续深入开展"百城万店无假货活动""购物放心一条街活动",不断增加示范街、示范店的数量,同时把活动向批发市场、私营企业和个体劳动者延伸,进一步扩大活动覆盖面。大力推进依法诚信纳税,坚决打击偷逃骗税违法行为。各地各部门要从实际出发,按照党中央、国务院关于整顿和规范市场经济秩序的工作部署,针对影响恶劣、危害严重的制假售假的重点商品、重点市场、重点地区和重点案件,充分调动社会各个方面的力量,加大整治力度,促进问题解决。要努力在解决制假售假、欺诈经营、虚假宣传、不守合同、逃废债务、偷逃骗税、虚假账务等问题上取得新进展。

其次,加强服务行业的诚信建设,努力做到规范服务、优质服务。各类服务行

业要根据诚信建设的要求，全面推广规范化服务，制定出适合自身工作特点、简明具体、易于操作、便于考核的规范化服务标准和保证措施，落实到每个服务企业和每个服务人员。对群众意见比较大的餐饮卫生、医患纠纷、物业管理、家政服务、房屋装修、通信收费等方面的问题，有关部门要认真对待群众投诉，做好调查处理、调解纠纷、化解矛盾的工作。要提高从业人员素质，完善管理规章制度，增加服务透明度，真正做到诚信经营、文明服务。

再次，加强社会中介组织的诚信建设，促进守法经营和公平竞争。积极探索在律师事务所、会计师事务所、证券交易所、职业中介、租赁中介、出国中介、婚姻中介等各类中介组织中加强诚信建设的有效方式。把发挥政府部门的管理作用同发挥行业协会、职业联合会等行业组织的自律作用结合起来，加强对中介组织从业人员的思想政治教育和职业道德教育，引导他们自觉按照国家有关法律法规开展经营和服务活动。逐步推进中介组织执业公示制度，将中介收费、职业道德、执业规程、纠纷处置等内容向社会公开，制止信息误导、合同违约、价格欺诈、伪造凭证等不正当竞争行为和不法行为，保证中介行业健康有序发展。

最后，加强互联网应用及服务领域诚信建设。大力推进网络诚信建设，培育依法办网、诚信用网理念，逐步落实网络实名制，完善网络信用建设的法律保障，大力推进网络信用监管机制建设。建立网络信用评价体系，对互联网企业的服务经营行为、上网人员的网上行为进行信用评估，记录信用等级。建立涵盖互联网企业、上网个人的网络信用档案，积极推进建立网络信用信息与社会其他领域相关信用信息的交换共享机制，大力推动网络信用信息在社会各领域推广应用。建立网络信用黑名单制度，将实施网络欺诈、造谣传谣、侵害他人合法权益等严重网络失信行为的企业、个人列入黑名单，对列入黑名单的主体采取网上行为限制、行业禁入等措施，通报相关部门并进行公开曝光。

（三）重视个人信用构建，加快个人诚信体系建设

前面我们已经讲了政府信用体系中有公务员的信用管理规范，企业信用体系中有企业员工的信用管理规范。个人信用管理建设除在以上组织内建设外，还应在其他领域加强，以加快个人诚信体系建设。

1. 开展个人诚信宣传教育

就社会个体来说，诚信是市场经济的道德灵魂，是以一定的道德修养为基础。道德修养程度不够的人必然难以遵守诚信的道德规范。我们在加紧治理个人诚信

缺失的同时，要加强对个人诚信的教育，培养个人诚信意识。以建设社会主义核心价值体系、培育和践行社会主义核心价值观为根本，将诚信教育贯穿公民道德建设和精神文明创建全过程。当前，加强个人诚信道德教育，要通过教育、宣传、舆论等多种途径进行，提高个人诚信品质的自觉性。首先，要把诚信作为小学生道德教育的一部分，个人诚信教育从小抓起。其次，在大学相关专业中增设诚信管理课程，建立“学生诚信档案”，要从理论和实践上加大对诚信的培养和约束。再次，要充分利用各种宣传舆论工具，向社会宣传诚信作为一种资源对企业、个人发展的重要意义。国家、企业、个人信用既是一种重要资源，也是取得利用社会信用资源的一种资格。在实施教育时，应注意做到以下几点：① 教育的方式要灵活多样。② 注意针对不同的人群因材施教。③ 树立“终身教育”的理念，让诚信贯穿人的一生。④ 媒体等舆论工具要发挥道德舆论的监督力量。根据社会调查，我们发现社会对个人诚信的教育监督是大多数人支持的。强化全社会诚信意识，在全社会形成守信得尊、背信遭耻的舆论环境。发挥道德舆论的监督力量，广泛宣传社会诚信的重要性，着力解决诚信观念差的问题。强化舆论宣传和监督，对恶意逃债者，进行媒体批评曝光，使失信者失去市场，使守信企业信誉不断提高，生产不断发展。

2. 加强个人失信监督

诚实守信不仅要依靠道德约束，更要依靠法制约束。就诚信作为一种道德规范本身的本质特点而言，它的实现应是自律和他律相结合的过程。但诚信对他律的依赖性要更强一些，这是市场经济发展的客观要求，没有通过契约规定的具有强制性的违约责任追究机制和法规对失信行为的规范作用，诚信的道德自律就失去了存在的基础，并会是软弱无力的。加强对个人失信行为的监督，首先要建立失信惩戒机制，失信惩戒机制应该具备三个基本要素：一是政府和民间的征信数据对征信机构开放；二是由专业征信机构投资，通过联合征信形式采集征信数据，构筑征信数据库，并依法公开不同级别和类型的资信调查结果；三是政府倡导，建立一个市场联防机制，由具备监管职能的政府部门、各类授信机构、雇主、公用事业单位等参加，使失信责任人，包括法人和自然人，无法获取任何信用方式的便利。然后，应当强化法律在防范和化解诚信风险、信用危机中的权威性，把诚信牢固建立在法制基础上。用法律和制度来保证守信者得益、失信者受惩，以有利于形成正确、健康的公民诚信观。要依法严惩违反诚信原则的违法违规行为，要真正体现“有法必依、违法必究”的原则和精神，强化依靠法律的力量约束失信行为，树立法律的威慑力。以上这些措施将会有利于营造良好信用氛围，使诚信教育受到良好的效果。

3. 设立个人诚信档案

从社会的长远发展来看，我们应该加快建立全国的个人诚信信息库。2005年10月1日实施的由中国人民银行制定的《个人信用信息基础数据库管理暂行办法》规定，个人信用数据库采集保存个人基本信息、个人信贷交易信息以及反映个人信用状况的其他信息，为商业银行和个人提供信用报告查询服务。出现无力还贷或拖延还贷等现象的客户将进入全国联网的个人信用黑名单，这是建立个人诚信管理制度的一个良好的开端。加快研究和制定个人诚信档案的统一征信标准、内容及办法，建立科学有效的个人诚信管理制度，其具体措施有：首先，由政府部门牵头，组织协调金融、税务、公安、司法、保险、商务、房地产等机构，组成个人诚信档案数据库管理中心，共同研究和制定个人诚信档案的统一征信标准、征信办法及运作上的管理办法。其次，对每个成年人设置终身"诚信档案"，促使个人把讲诚信作为自己终身的"安身立命"之本。最后，政府通过建立个人信用的记录、评价制度，为社会提供准确的个人信用信息，可以使守信者获得更多的认可和社会交往机会，而失信者则无机可乘。

（四）构建公民诚信社会，努力营造全社会良好的诚信氛围

整个社会的各大媒体和舆论宣传部门要不断加强对诚信活动的宣传，努力营造讲诚信的良好舆论氛围，推动诚信活动的深入开展。在宣讲诚信的重要意义的同时，还可以包括各地方、各行业开展诚信活动的新进展、新经验、新成效，以及在活动中涌现出来的优秀典型和先进经验。充分发挥新闻媒体的舆论监督作用，把群众反映强烈的问题公之于众，公开批评，抓住重点问题，对典型案例进行认真剖析，起到警示作用。

全国各家宣传媒体可以通过创作在黄金时间播出一批以诚信建设为主题的思想道德电视公益广告，在全社会大力倡导诚信观念。除此之外，充分利用国家评选表彰的各级文明示范单位，做好表率工作。例如，中央文明委表彰的全国精神文明创建工作先进城市、村镇、行业和单位，中央文明办推出的全国创建文明社区、文明村镇、文明行业工作示范点，中央文明办、建设部、国家旅游局推出的全国创建文明风景旅游区示范点，各省、自治区、直辖市以及各市、县命名的文明单位，各级先进单位、青年文明号、巾帼文明示范岗等，以其坚持文明优质服务、坚决杜绝各种不讲诚信的行为作为社会各单位学习的榜样。

要把开展诚信活动列入自己工作的重要内容。从自己的实际情况出发，精心设计活动方案，找准活动重点，明确职责分工，广泛发动群众，面向全社会把诚信活动迅速开展起来。同时，各个部门和单位之间，以及工会、共青团、妇联等各人民团体，要切实加强对开展诚信活动的指导、督促和检查，发挥工商业联合会、各种行业协会、消费者协会、个体劳动者协会、私营企业协会等群众组织在诚信活动中的职责，积极开展行业自律，分工合作，协调配合，齐抓共管，形成全社会共铸诚信的合力。

普法教育，一直是我国宣传教育的重要内容之一。诚信活动可以以普法教育为契机，把贯彻《公民道德建设实施纲要》《关于开展社会诚信宣传教育的工作意见》和普法教育结合起来。此外，在贯彻实施《公民道德建设实施纲要》、开展普法教育的基础上要突出职业道德教育，把道德教育与道德实践活动结合起来。坚持宣传、教育并重，“舆论先行，教育为本，社会广泛参与”。充分利用大众传媒、文艺作品、体育文化活动及组织理论研讨、知识培训、法制讲座等多种形式，开展不同界别的诚信和职业道德宣传教育。

（五）建设高效的技术支撑体系和信息技术标准

制定社会信用体系所需的信息技术标准和支撑条件是建设适合我国国情的社会信用体系的技术基础和保障。

1. 建设适合我国国情的信用评估指标体系、评估模型和征信标准

信用评估指标体系、评估模型和征信标准是对债务人（受信人）还款能力和还款意愿的推测与判断，是对未来的、尚未发生的事情的预测，但这个预测是依靠科学的依据，通过合理的数学模型的加工而得出的，不承担法律责任。现代信用评估方法即信用风险度量模型，是以数理技术为基础的信用风险评价系统，它可以对信用风险进行更为精确的度量。

建设统一的“征信管理、评价标准、评价模型和信用公示”的社会信用体系是推动我国社会信用体系实现跨越式发展的前提。在充分借鉴国外先进的信用评估体系的基础上，以“公平、公正、公开”的原则，设计和制定适合我国国情的信用评估指标体系、评估模型和征信标准。

2. 利用先进的信息技术构建征信信息数据交换平台

社会信用体系以信用信息能够依法公开和有效传播为媒介，以信用服务机构和政府有效监管为手段，通过对守信行为的褒扬、对失信行为的社会联防和惩戒，促进经济、社会的健康、全面发展。

目前，我国大约60%的信用信息掌握在政府各部门手中，但这些信息一般都不向社会公开。其结果是：一方面造成信用信息资源的浪费；另一方面企事业单位和各类信用中介组织，得不到需要的信用资料，很难开展信用管理和相关服务。建立社会信用体系，必须解决市场主体信用信息不对称问题，要整合社会资源，利用现代信息网络技术手段，形成以各级政府为主体和电子政务为基础的基本政务信息披露和开放制度。通过法律或法规的形式，规定政府有义务公开其在行政管理过程中所形成的可以公开的各种信息。把原来分散在工商、税务、海关、银行、技术监督、打假办和外经贸等部门的企业资信数据进行有效整合，建立联合征信的企业信用信息数据库，构建社会信用网络平台，实现政府、企业和个人的信用管理网络互联互通。公开并传播失信者的记录，形成社会联防，使失信者付出沉重代价。

思考题

1. 市场经济有哪些基本特征？
2. 什么是社会主义市场经济？
3. 我国市场经济建设中诚信缺失的原因是什么？
4. 如何进行社会主义市场经济信用体系的构建？
5. 怎样加快个人信用建设？

课外实践

调研相关企业纳税状况，分析企业诚信纳税对于建设社会主义市场经济的重要性。

第四章 大学生与诚信

大学生是十分宝贵的人才资源，是民族的希望，祖国的未来。当代大学生思想道德状况的主流是积极、健康、向上的。在改革开放中成长起来的新一代青年，是热爱党、热爱祖国、热爱人民的一代，是充满理想、值得信赖的一代。诚信是现代文明社会的基石，大学生的诚信品质，是其思想道德品质中的核心内容。作为特殊的青年群体，当代大学生诚信道德的形成、发展与变化，受到价值观、心理发展、人际交往等因素的深刻影响。恪守诚信是绝大多数大学生的共识，少数大学生诚信缺失必须引起高度重视。从我做起，从现在做起，恪守现代社会生活中的诚信道德规范，对个人、社会、国家都具有十分重要的意义。

第一节 大学生诚信的特点

一、大学生诚信的行为特点

（一）大学生诚信行为的一般特点

作为社会上层次较高的一个文化群体，大学生身上所体现出来的高素质、高觉悟一直被认为是社会的楷模。积极向上、讲求诚信是他们价值观的一个重要组成部分。尽管受到西方社会文化的影响，但受多年传统教育所形成的基本价值观念还是根深蒂固的，特别是在大是大非面前和社会、国家需要的关键时刻，能够挺身而出的主要是大学生或者受过大学教育的知识分子。社会对大学生的肯定、信任同样让大学生建立起了自信和自尊，使他们的诚信言行成为自觉，从而推己及人，通过其感召力和影响力潜移默化地影响周边的人。尽管有象牙塔的局限，但理论上的厚积薄发仍然使大学生在大多数岗位上走在了时代前列。体现在具体工作中，朝气蓬勃的工作风格、重信守诺的工作表现、谨言慎行的工作品质、认真负责的工作理念、虚心好学的工作态度，均得到了社会的公认。尽管如此，在这个群体当中，受各种因素的影响，仍然有一部分人有诚信缺失的心理和行为，必须引起高度重视。

（二）大学生校园诚信行为特点

所谓大学生校园诚信行为特点，主要是指大学生在校学习期间在学业、校园生活、与人交往等方面所表现出来的诚信行为倾向。大学生在校学习生活期间，绝大部分时间能够坚持诚信的优良作风，但在特定时期和特定环境下，表现为以下两个特点：一是对他人诚信期望较高；二是对自身的诚信行为缺乏自律。据调查，在和他人交往的过程中，94.4%的学生十分看重或比较看重对方的诚信意识[①]，但是绝大多数学生自己却不能做到时时、事事讲诚信，在对周围同学和自己的诚信状况进行评价时，对自己诚信状况的满意度要明显高于对周围同学的满意度。在具体的行为方式上，部分大学生在学业上弄虚作假、考试作弊、伪造实验报告、抄袭作业、剽窃科研成果等，较少有同学认为这是不正常甚至是可耻的行为，也没有学生把这些行为与诚信或者个人道德挂起钩来；有部分学生打着“贫困”的旗号，恶意欠缴学费，有些学生不按贷款合同还贷，甚至毕业后隐姓埋名；还有学生伪造证件，更换学生证照片、家庭住址；为找工作，一些学生篡改成绩，伪造各种证书，模仿导师手迹签名等。

【案例 4－1】

简历“加分”，诚信“减分”

2010 年 11 月，正是大学毕业生求职高峰期，为了使自己的求职简历有“分量”，不少人造假证书。有些大学校门外的复印店随之应运而生了一项新业务：花

① 杨洪能：《当前大学生诚信观的调查与分析》，《科技信息》2008 年第 25 期。

几元就能“克隆”各种证书。22 日,记者在知情人指点下,在西南政法大学校门外的复印店,花 5 元就获得了英语和日语等级证书。

爆料:毕业生承认资格证造假

19 日,记者接到应届毕业生谭强打来电话爆料,近来,高校附近复印店针对即将毕业的大学生展开了一系列特殊服务:“克隆”各种荣誉、等级证书甚至篡改成绩。

20 日上午,记者与刚刚结束招聘面试、手里还拿着求职推荐书的谭强见面。他的求职推荐书中,有计算机二级、大学英语六级、教师资格证、全国外贸单证员资格证等 7 样证书。“这里面有两个是伪造的,我并没有考过。”谭强有些不好意思地指着“外销员从业资格证”“全国外贸单证员资格证”说。

谭强是学经济的,2011 年 6 月初,他参加了全国外贸单证员资格考试,但并没通过。

暗访:5 元制两张假证书

22 日上午,记者在另一知情大学生帮助下,找到了一家位于西南政法大学后门的复印店,要求制作“日语等级证书”和“专业英语等级证书”。复印店一男子要求先把证书拿来,他才能去掉原名,替换上记者要求的名字。下午 1 点,记者在川外向大学生借了一张日语等级证书、一张专业英语等级证书,拿到该店。男子查看证书后,开价 5 元。记者称急用,要在店里等,遭到老板拒绝。

40 分钟后,记者再次回到店里,这时两张“克隆”证书已做好,日语等级证书难分真假,而英语等级证书与原件对比,没有印章,也没有证书底纹。男子解释:“印章和底纹复印不出来,任何正版的复印件都没有。”

案例分析 “平时不努力,毕业干着急”。部分大学生荒废了自己的大学生活,就业时又想有一份好工作,于是动了歪脑经,把诚信、道德等抛于脑后,篡改成绩,伪造证书,不仅损害了大学生群体的形象,还涉嫌违法犯罪!

(三) 大学生职业生活诚信行为特点

所谓大学生职业生活诚信行为特点,是指大学生在整个就业过程中包括选择单位、制作简历、参加面试、签订协议以及到单位后可能的行为等所表现出来的诚信行为倾向。就相关研究显示,大学生就业诚信总体较好。例如,2006 年在对上海和南京招聘会中18家企业和1所学校进行的大学生就业诚信调查发现，只有广西柳州的1家公司遇到过大学生毁约现象，其余18家都没有遇到过大学生不诚信的行为。这些企业都对大学生有着较好的评价，持一种肯定的态度。但是，基于当前我国大学生就业现状使得许多大学生都抱着“先就业，再择业”的心态，认为第一份工作仅仅是由学校到社会的跳板。2004年4月，北森测评网与原劳动和社会保障部劳动科学研究所、新浪网联合进行了“当代大学生第一份工作现状调查”。结果表明：找到第一份工作后，有50%的大学生选择在1年内更换工作；2年内的流失率接近75%，比例之高令人震惊。这种情况不仅使得大学生自身长期处于不稳定状态，经常毁约、提前解除合同等也给用人单位造成一定程度的影响。而在就业岗位上，部分大学生自由散漫，不按单位的规章制度办事，还有学生急于求成，急功近利，伪造工作成果，邀功请赏，投机取巧，使大学生的良好形象大打折扣。

（四）大学生公共生活诚信行为特点

1. 人际交往中的双重人格

所谓双重人格，就是对表里不一、人前人后两种态度所表现出来的人的性格特征的概括。部分大学生当面一个样，背后一个样，体现于公众时的“善”与独处时的“恶”，那些在公众面前文质彬彬的学子们，一旦脱离熟悉的环境，其放浪形骸的举止和鲜明的个性暴露无遗，放纵自己行为的现象比比皆是。

2. 个人责任与社会责任错位

这主要表现为部分大学生不积极参加集体活动，对人对事都比较冷淡。大学生尤其是独生子女因长期受家庭关怀，形成了对自己及对家庭的明确而强烈的责任意识，但因其认知水平的局限及社会交往的局限，使之进入大学后并未将责任意识的内涵、外延扩大和深化，不能把社会责任和个人责任统一起来。

二、大学生诚信的心理特点

江苏省苏北地区大学生心理健康教育研究中心薛静华、欧阳文珍老师在五省市的11所不同类型的高校中，选择了1 100名大学生进行了问卷调查。结果发现：当代大学生诚信心理整体上呈现一种正向趋势，个体诚信品质内部结构发展不平衡；大学生诚信心理的年级差异非常显著。诚信的各个因素基本上是随着年级的升高而得分降低，而信任因素不受此影响。

（一）大学生诚信心理的一般特点

大学生最看重的是信用，而其信任程度普遍较低。具体而言，大学生作为整体素质较高的群体能够认识到，讲究信用是实现自身物质利益和精神利益的需要，是个人信誉的保证，是将来能否成就事业的基础之一。因此，他们重视承诺，认真执行诺言。信任得分最低表明社会上的信任危机已经较为严重地影响到了在校大学生。他们正处于世界观、人生观、价值观形成的关键时期，具备了较好的抽象思维能力，但辩证思维还处于发展的最初阶段，容易受到社会上不良宣传的影响，尤其是生活现实中往往有很多突发情况，导致意外事件的发生，以及故意失信行为或者普遍存在的宣传舆论夸大等现实情况，使得个体对他人或团体的信誉产生怀疑，形成了较为偏激的认识，降低了对他人或团体的信任度。

大学生能够真心待人，说真话，给予他人真实的信息，对于别人给予的承诺较为看重，对于自己给出的承诺较为慎重，能够遵守诺言。但在实践诺言的过程中，由于存在诸多与自身利益发生冲突或实际情况发生改变的不利情况，导致有时候守信往往要付出相对来说比较大的代价，尤其是需要牺牲自己的利益来成全别人时，就需要个体进行一定的取舍，才能完成承诺，否则将失信于人。大学生对于是否欺骗的问题有较多的矛盾和不确定性，内心的冲突比较强烈。当众多不诚信者因投机取巧获得了较大的利益与殊荣，而诚信者的直接利益经常受到损害时，当现代社会自我中心思潮不断泛滥、诚信者的无私行为常常受到嘲笑时，本来坚守诚信的个体就会怀疑自己的信念和行为是否正确，就会犹豫不决①。

（二）大学生诚信心理的年级差异

大学生诚信心理的年级差异非常显著。造成大学生诚信心理年级差异的原因可能是一年级大学生从沉闷乏味的中学生活中走出不久，高考的成功使其仍有较强的成就感，对大学生活的新鲜感和兴奋感还没有消退。虽然他们在学习的积极性上不如中学阶段，但各种丰富多彩的活动使大学生自主选择、自由发挥的机会大大增多。这个阶段同学之间较少有利益冲突，社会大环境和大学校园中的各种不诚信现象与行为还没有危及他们，因此他们比较注重自身的道德修养和言行的自

---

① 薛静华、欧阳文珍：《当代大学生诚信心理特点及其年级差异研究》，《湖北函授大学学报》2011 年第 7 期。

律，能够做到诚实无欺、信守承诺。随着年级的升高、年龄的增长，许多同学在复杂的人际关系中遭到挫折，而学习压力也日益增大，他们对诚信缺失所带来的负面影响有了直接或间接的体验，因此维护诚信的热情就会降低，在坚守诚信方面就会动摇。例如，一部分学生因为诚信答卷使自己与优秀成绩一次次无缘，自己的利益因此受到损失时，他们会尝试用抄袭、寻找"枪手"等方式使自己获得高分。特别是随着毕业日期的日益临近，就业给高年级学生带来巨大的身心压力，他们也了解到更多的社会消极面，体验到更多的竞争压力，这时为了满足私欲，就会放弃曾经坚持的诚信准则，弄虚作假，不惜铤而走险。

三、大学生诚信价值观特点

（一）大学生诚信价值观的总体特点

2006 年，西南大学杨子珺通过全国范围内 11 所高校3 500份问卷，得出的结果显示了大学生以下诚信价值观特征。

从诚信倾向角度看，大学生有强烈的诚信意愿，能够认识到诚信的价值，希望自身和他人具有诚信的品质，但同时在诚信抉择上又存在着一定的犹豫性和不确定性，在具体情景中自身具有较低的诚信行为取向，这就出现了意愿和行为的脱节。出现这种现象的原因可能是因为大学生群体在生活、学习中遭遇到了一些诚信挫折，在自己付出诚信行为后并没有得到相应的物质和精神上的正向反馈，使得以后作出诚信行为的倾向减少，而整个大学生群体诚信行为的缺失，又唤起了大学生个体自身对于诚信的需求与渴望，希望有一个诚信的氛围存在，从而促使了诚信意愿的增长，但是其他大学生的诚信缺失又在一定程度上对自己的诚信缺失起到了强化的作用，使得自身的诚信抉择显得更加不确定。由于整个大学生群体的诚信抉择的不确定，诚信行为的缺失，大学生对于诚信的功用性价值产生了较低的评价，因此，在诚信倾向里，诚信评价是最低的。

从诚信目标角度看，大学生讲诚信主要是从遵从社会规范和他人利益为出发点的，以不影响他人利益和社会规则为最低目标。这与大学生所受的教育和整体素质是相符的。已有研究也表明，当代大学生对事物的道德价值进行判断时，对"集体性"的态度要比对"利己性"更为积极①。随着社会的发展和大学生自身的自

---

① 万晓红：《大学生道德价值观特点的调查研究》，《湘潭师范学院学报》（自然科学版）2003 年第 4 期。

我意识的成熟，他们已不再单纯地追求个性与盲目地发展自我，而是能够以理性的思维方式发展自我，更注重对传统文化的继承与吸收，更加重视将自我与社会、集体进行融合，更强调个体自身如何在集体中得到承认，以及自身价值如何在社会中得到体现。

（二）大学生诚信价值观的年级差异

同大学生诚信心理相类似，大学生诚信价值观也存在着显著的年级差异，从一年级到四年级呈下降趋势[①]，这一方面可能是因为刚进校的大学生，来到一个相对陌生的环境，面对新的角色和新的人生历程，对一切还充满了希望，对未来也充满信心，总体上比较乐观，也更理想化，更看重自身的道德修养和言行的自律，使自己各方面得到和谐发展，所以更多的是表现出真诚、不欺骗，看重自己的诺言和信誉，对诚信的总体评价也更为积极，也愿意采取更多的积极诚信手段；另一方面也可能是因为大一学生来到一个全新的环境，与他人之间还未建立起稳定、和谐的人际关系，为求得他人的认同，一些消极的观念可能被掩盖起来，会按照社会所赞许的方式来作出反应。而当大学生进入高年级阶段，随着经验和阅历的增加以及经历了比较多的人际挫折之后，对于社会人际关系复杂程度有了更深切的认识和体会，同时也大量接触到和亲身体会到了一些不诚信的行为和观念，从一定程度上降低了大学生的诚信维护热情。大学四年级要面临着就业的巨大压力和残酷竞争，为了获得优先的特殊资源，可能导致大学生更多地从个人的需要角度来解决问题，由此出现了这样的诚信价值观的年级差异。

（三）大学生诚信价值观的性别差异

一般来说，对于诚信价值观，女性大学生比男性大学生持有更为积极的诚信价值观。究其原因，可能是由于女生比男生的情感更丰富和细腻，对于人际间的情感需求更多，因而更看重人际关系的维护，所以对诚信就具有了更为积极的观念，赋予了诚信更大的价值。而对于男生来说，首先是性别角色要求男生要具备男子汉气概，认为对于一些小事上的不诚实、不守信也不应该去斤斤计较，不能太拘于小节，从而导致了男生对诚信的认可度要相对低些。另外，社会普遍对男性在事业上的成功要求要高于女性，而面对复杂的社会环境，激烈的社会竞争，有时候为了

---

① 杨子珺：《大学生诚信价值观结构及其发展特点》，西南大学硕士学位论文，2007 年 5 月。

更好地谋求利益，很多男性会不择手段，尔虞我诈，而社会的大环境对于成功的标准是“重结果轻过程”的，对于这种现象表现出了默许和认可，这就会进一步强化男性的非诚信观念和非诚信行为，从而导致了大学生在诚信价值观上的性别差异。

第二节　大学生诚信的重要意义

一、诚信是大学生健康成长的重要保证

（一）诚信是大学生树立科学理想的重要基础

理想是对未来目标的设计。大学生的理想既包括政治理想、社会理想、事业理想，也包括生活理想、家庭理想、道德理想等。理想是抽象的，因为理想不是眼前具体的工作和眼前看得见摸得着的具体事物；理想又是具体的，因为任何理想的实现又都要从眼前的每一项具体工作做起。诚信，从一定意义上说，就是一种责任，对自己、对社会的责任。任何理想的实现都依赖于每一个具体的责任的实现。责任是实现理想的阶梯，而理想又是人们实现一个又一个责任的牵引力、感召力、推动力。一个没有良好诚信品德的人，不可能有科学的理想信念。一个在平时不讲诚信的人，在关键时刻也不可能为崇高的理想而牺牲个人利益。

（二）诚信是大学生实现全面发展的重要前提

诚信是中华民族的传统美德，是人们公认的道德信条，同时也是处理个人与社会、个人与个人之间相互关系的一项基本原则。大学生只有以诚信为重点，加强道德修养，表里如一，言行一致，知行统一，才能不断提高自身素质，实现全面发展。

（三）诚信是大学生步入社会的重要条件

诚信教育越来越受到社会和高校的重视。信用既是市场经济准则，又是个人道德水平的标志。大学生作为今后走入社会、参与经济活动的重要个体，必须树立信用意识，这是当代大学生必须具备的最基本的道德素质，也是其走入社会后以德立身的基本要求。一个没有信用的人，是不受人欢迎也不会有大的发展前途的人。大学生在毕业得到一本专业合格证的同时，更应得到一本道德证书，拿一张含金量高的“名片”。

二、大学生诚信是公民道德建设的必然要求

自 2001 年《公民道德建设实施纲要》(以下简称《纲要》)颁布以来,公民道德建设已成为我国精神文明建设的重要内容。中共十八大报告中,习近平总书记提出 24 字社会主义核心价值观,“诚信”作为基本内容之一,是公民个人层面的价值准则之一,是社会主义核心价值观的道德基础,将“诚信”纳入社会主义核心价值体系,是党中央从全面建成小康社会、实现中华民族伟大复兴梦想的高度,对社会公德、职业道德建设提出的基本要求。大学生是十分宝贵的人才资源,具有良好的思想道德基础,对公民道德建设具有示范、辐射和感召作用,应该成为社会主义公民道德建设的主力军和排头兵。加强公民道德建设要以诚信教育为切入点,因为诚信是民族精神的基石,是公民道德建设的重要内容,是开展道德实践活动的重点,所以,我们从培养民族精神、公民道德的层面上宣传诚信,使其与时俱进,对促进社会的健康发展很有必要。加强大学生诚信教育是对和谐社会构建的拓展和深化,有利于提高全民族思想道德素质,有利于继承中华民族几千年形成的传统美德和发展先进文化,也有利于推动我国新时期物质文明、精神文明、政治文明的协调发展。

(一) 诚信是民族精神的基石

中共十六大提出我国民族精神是“一个民族赖以生存和发展的精神支撑”。民族精神大发扬必然带来全民族思想道德素质的大提高,我们把诚信视为民族精神的基石,因为它像一根红线,始终贯穿其中。其一,诚信是做人的基本准则,“民无信不立、业无信难兴,政无信必颓”,古人把诚信提高到关系国家兴亡的重要地位。诚信是全体公民都要遵守的基本道德规范。诚信是对社会、对他人的期望,但首先应该是对自己的要求。人们都希望生活在一个诚信无欺的环境里,诚信的环境取决于每个人对诚信所采取的态度。诚信的养成不是自然而然的过程,一个人只有通过坚持不懈的努力、持之以恒的教育和自我教育才能化作自觉的行动,使其道德修养达到一定的境界。其二,培养诚实守信的品质,对人格的定型具有重要的意义。中国共产党领导人民在长期的革命斗争和建设中形成的井冈山精神、“长征”精神、延安精神、西柏坡精神、大庆精神、红旗渠精神、抗美援朝精神、“两弹一星”精神、雷锋精神、“64 字创业精神”、“抗洪精神”、载人航天精神等伟大民族精神都是以诚信为基石,坚定不移地忠于党、忠于祖国、忠于人民,形成了诚实守信、同心同

德、乐于奉献、敢于献身的优秀思想品质和高尚人格，因此，也就有了推翻三座大山、建立社会主义新中国、开创中华民族历史新纪元的光辉业绩，有了改革开放和现代化建设的辉煌成就。

（二）大学生诚信是公民道德建设的重要内容

公民道德是指一个国家所有公民都必须遵守和履行的道德规范的总和，包括道德核心、道德原则、道德的基本要求等一系列的道德规范。社会成员行为准则的不断完善，构成公民所必需的道德标准。因此，在我国，凡是中华人民共和国公民，人人都应该有道德，都应该具有公民道德。公民道德反映的是个人与国家之间的关系。因此，在公民道德中，一方面有公民享有国家法律所赋予道德权利的内容，另一方面也应包括履行国家法律所赋予的道德义务的内容。《纲要》中对道德规范的 20 个字可作为大学生公民道德建设的内容：爱国、守法、明礼、诚信、团结、友善、勤俭、自强、敬业、奉献。从表面看来，大学生与诚信似乎是一个不成问题的问题。因为大学生的形象定位往往与"青春""知性""新事物"等彰显时代气息的词汇联系在一起。但诚信道德是超知识性的，也就是说，诚信观念的存在和作用往往表现于已有知识的范围之外，不是知识所能包含和替代的。因此，不能简单地认为大学生是有知识的人就是有诚信道德的人，大学生诚信必然是公民道德建设的重要内容之一。

【案例 4－2】

不翼而飞的热水瓶

2011 年 4 月 5 日，某大学大二女学生陈某到开水房提热水，发现傍晚放在水房门口的水瓶又一次丢失，这已经是上大学以来丢的第八个水瓶了。这已远不是陈某个人利益损失的问题，而需要我们对大学生道德素质进行思考。其实受害者远不止她，同学丢水瓶事件几乎每天都在发生，实在令人无法理解。事实表明，空水壶被偷的概率明显小于已放满水的，也就是说偷水瓶者多半是需要热水然后顺手牵羊图个方便，水房紧靠宿舍楼，一般来说不会是校外人士所为，因为外人要把水瓶提出校门实在难合实理。那么作案者除了是跟受害者一样需要热水的同学还会是谁?

案例分析　诚信是中华民族的传统美德,是个人立德修身之本,是人之为人的最重要的品德,是社会赖以生存、发展的必要条件和社会有序有效的重要标志。当代大学生作为高素质群体,只有德才兼备,才能在社会上立足。也许在一些同学看来,随便拿走热水瓶是件无足轻重的小事,其本质上却反映了大学生诚信意识淡薄的问题。诚信必须从点滴做起,才能最终成为品质。

(三) 提高大学生诚信修养是开展公民道德实践活动的重点

思想道德建设问题关键在于要把开展道德实践活动与诚信建设有机地结合起来,并不断灌输,真正深入到人们的头脑中去,成为人们自觉的思想要求和行为规范。诚信是发展先进生产力的助推器,符合生产力的要求,不讲诚信是对生产力的破坏;诚信是传播先进文化的精华,又是先进文化的重要内容,不讲诚信是对传统文化的亵渎,更是与先进文化背道而驰;诚信体现了最广大人民的根本利益,不讲诚信严重损害人民利益。大学生的称号不仅是一种文化层次的体现,更是一种神圣责任的象征。21世纪不仅是一个注重发展人的自由个性与独立人格的世纪,而且也是一个更注重德治、法治并举的世纪。21世纪的大学生不仅拥有更多自由选择的权利,同时也意味着他们必须承担更多的道德责任。加强大学生诚信建设,塑造大学生诚信人格,需要大学生不断接受社会的道德教育和加强自身的诚信道德修养。

三、大学生诚信是和谐社会建设的必然要求

(一) 社会主义和谐社会是一个诚信友爱的社会

一个社会是否和谐,一个国家能否实现长治久安,很大程度上取决于全体社会成员的思想道德素质。而明礼诚信则是构建和谐社会在思想道德建设中的基本要求和主要任务。诚信是构建社会主义和谐社会的道德基石。诚信不仅表现为个人道德品格,同时也是公民职业道德和社会公德的一种表现,诚信作为中华民族的优秀传统美德,渗透到中国传统社会的政治、经济、文化生活的各个层面。没有诚信就没有社会主义市场经济,没有诚信就不可能形成健康完善的社会主义市场经济。

社会上出现的虚假广告、假冒伪劣、尔虞我诈等现象都是不诚信的具体体现，严重扰乱了社会主义市场经济秩序。我们所要建设的社会主义和谐社会，都要以诚信道德为基础。没有诚信，民主就难以取信于民；没有诚信，法制建设就难以得到民众的尊重和维护；没有诚信，公平和正义就难以体现；没有诚信，人与人之间也难以和谐相处；没有诚信，民主法治、公平正义、诚信友爱、充满活力、安定有序、人与自然和谐相处的社会主义和谐社会也将难以实现。因此，建立和谐社会，必须以诚信为本，诚信是构建和谐社会的道德基础，社会主义和谐社会应是一个诚信友爱的社会。

(二) 落实大学生诚信教育是一项社会责任

诚信，是加强公民道德建设的基本要求，是思想道德教育的重点，也是维系人与人之间关系的重要纽带。在社会主义市场经济的建设过程中，特别是在我国加入世贸组织的大背景下，社会倡导诚信，市场经济在自身发展的进程中呼唤诚信。高等学校作为人才培养的主阵地，实施诚信教育，落实这一公民道德规范，是学校应当承担的一项社会责任，也是学校应当肩负的历史使命。

十年树木，百年树人。诚信不是自然而然产生的，也不可能一蹴而就，要靠长期的教育培养和实践养成。一个人品德之优劣、事业之成败，在很大程度上取决于学生时期打下的基础。大学生是国家宝贵的人才资源，是民族的希望，是国家建设的栋梁之才，是构建社会主义和谐社会的重要力量。大学生的诚信行为具有很强的示范、辐射作用。在大多数人的心目中，大学生是有文化、有教养的人，应当是现代文明的体现者，是社会诚信的传承者，他们的一言一行都具有表率作用。当代大学生是否养成诚信良好的道德品质，对完善社会主义市场经济、建设中国特色的社会主义具有重要意义。缺乏诚信的大学生在社会上是很难有立足之地的，更何谈实现自己的人生价值、报效国家？学校教育的目的是服务于社会，构筑大学生健全人格，培养大学生良好的心理品质，使其在校期间打下良好的诚信根基，养成良好习惯，就会对整个社会起到巨大的辐射作用，从而带动更多的人形成讲诚信、讲文明的基本道德品质，有利于提高国民的整体素质，形成和谐的社会关系。落实诚信教育不仅是现实社会的需求，也是时代发展的迫切要求，更是高校为全面建设社会主义和谐社会义不容辞的责任。

(三) 大学生诚信建设是构建社会主义和谐社会的内在需要

要想建成一个和谐社会，道德诚信是基础，社会上没有道德诚信或者道德诚信缺失，人与人之间、人与自然之间就不可能和谐相处，然而道德诚信素质的培养又离不开道德诚信制度的建设。当代大学生是祖国的希望，祖国的未来，担负着建设社会主义现代化的重任，他们的道德诚信素质不仅关系到自身的人际关系和事业发展，而且关系到社会主义和谐社会的建设。所以，加强大学生道德诚信制度现状研究对于构建社会主义和谐社会是非常必要的。其一，我国政治、经济、文化和社会建设的协调发展，需要加强当前大学生道德诚信教育。道德诚信教育，不仅是道德建设的重点，而且对构建社会主义和谐社会进程中其他各方面的建设，也是不可或缺的。如果一个社会不能在公民中普遍地培育起道德诚信的素养，特别是当代大学生，作为中国的公民，他们的道德诚信素质将在一定程度上直接影响市场经济条件下道德诚信秩序的构建，同时也关系到整个和谐社会的构建。如果不能培育起他们的道德诚信素养，那么社会政治、经济、文化等各方面的关系就不可能协调，人与人之间就不能做到平等友爱、融洽相处，社会生活就不能充满活力、安定有序。因此，我国政治、经济、文化和社会建设的协调发展离不开当前大学生道德诚信教育。其二，和谐人际关系的形成，需要加强当前大学生道德诚信教育。诚信是建立和谐人际关系的重要道德准则，是中华民族的传统美德，在社会主义条件下应当进一步发扬光大。大学生是宝贵的人才，是社会主义事业的建设者和接班人，其诚信素养如何不仅关系到自身的人际关系和事业发展，也与和谐社会建设息息相关。诚信不仅是立身之本，也是立国之基。因此，加强大学生道德诚信教育，建立大学生道德诚信制度对于培养大学生的道德诚信素质，形成和谐的人际关系是非常必要的。其三，和谐社会道德诚信风尚的形成，需要加强大学生道德诚信教育。良好的道德诚信风尚的形成需要有大学生的参与和实践。大学生道德诚信教育影响着大学生道德诚信素质的养成，影响到和谐社会良好道德诚信风尚的形成。在社会转型时期，随着全面建设小康社会伟大事业的不断深入和社会主义市场经济不断发展，我国经济和社会领域出现了较多的矛盾，人们的思想观念也发生了很大的变化，作为最活跃、最富于变化的群体，大学生以先进生产力的活跃群体、马克思理论的追随者、科学文化和科学精神的传播者、中华传统美德和社会主义道德实践者，以及健康生活方式倡导者等多种角色，在参与改革、稳定大局、协调处理不同利益关系方面发挥着越来越突出的作用。所以，加强当前大学生道德诚信教育，有利于促使大学生成为有理想、有文化、有知识的人，成为现代化事业的建设者，以自身良好的道德素养影响全社会道德水平的提高。

第三节　大学生诚信教育的内容、原则与方法

一、大学生诚信教育的内容

（一）马克思主义诚信思想教育

马克思主义是科学的真理，它提供了科学的世界观以及认识世界和改造世界的立场、观点、方法，马克思主义是我们立党、立国的根本指导思想。长期以来，中国社会的历史和现实以及中国共产党的性质都决定了马克思主义是我们的指导思想，是我们立党立国的根本指针，是社会主义意识形态的灵魂，是建设社会主义的理论基础和行动指南，因此，必须始终坚定不移地坚持马克思主义的指导地位。

在马克思、恩格斯的著作中，除了对婚姻家庭及职业生活等领域中的具体道德要求有深刻的论述外，在《资本论》中马克思还比较详细地探讨了信用问题，形成了丰富而比较完整的信用体系。要运用马克思主义的原理，从社会发展和社会关系中分析诚信的本质特征，理解诚信对个体成长、社会发展的特有价值，从思想上对学生进行理论武装，培养他们的诚信信仰。要确立马克思主义指导思想地位，关键是要用发展着的马克思主义武装头脑、指导工作。马克思主义是科学真理，只有通过广泛学习宣传教育，才能为广大青年学生深入了解、领会和掌握，真正在群众中扎根，为群众所信仰。因此，大学生诚信教育首先必须以马克思主义理论为指导，用马克思主义诚信思想教育武装大学生的头脑，使之真正深入头脑、扎根人心，转化为大学生的自觉行动。

（二）中国传统诚信文化教育

在市场经济时代，我们要批判地继承传统文化中的优秀部分，对其加以现代改造，建立现代诚信文化观念。

1. 弘扬传统诚信文化的精华

诚信美德一直作为中华民族的优秀传统流传了数千年，某些方面已经内化到我们这个民族的血液和行为模式中去了，其深厚的底蕴和精华将会继续被传承和

发扬下去。比如传统诚信观关于重视和强调实事求是的思想，在今天也具有非常现实的意义。实事求是不仅是诚信道德要求的思想前提，也是诚信道德观念中所要求的不可分割的最为重要的思想内涵。

2. 注重加强中国古代诚信典范教育

中国古代非常重视为人诚信，而诚信观的形成离不开教育，所以在中国传统教育中对诚信教化同样重视。因为诚信品德的养成是一个潜移默化的过程，需要在日常生活的细节中正确引导，所以古人认为诚信教化的第一个环节应从婴幼儿抓起，通过蒙学教材除对少儿进行基本文化知识的灌输外，还要进行初步的道德思想和行为训练，其中就包括诚信教育。第二个环节则是在官学中将诚信教育制度化。首先，儒家经典将诚信列为必修课程，灌输诚信思想。其次，将儒家经典列为必考范围，突出儒家思想对学生的熏陶作用，使诚信规范在学生心目中反复强化，成为人生的道德支柱，养成诚实守信的道德品质。

【案例 4 - 3】

古代诚信经营典范:婺源发现清"公议茶规"石碑

日前，江西婺源县文物部门在清华镇洪村洪氏宗祠，发现一块清道光四年刻制的“公议茶规”青石碑，其内容堪称我国古代诚信经营的典范。

该石碑镶嵌在宗祠大门旁，高 1.5 米，宽 0.7 米，正文以“合村公议”名义，对村中茶叶经营行为进行了规范。公约规定，在村中设公平秤两把，由专人保管，茶季将公平秤置于祠堂内，村里茶叶买卖，均可入祠校秤；对各地客商，在茶叶品质和“货价高低”上均要做到“前后如一”，不得有欺诈、投机行为，否则查出将“罚通宵戏一台，银五两入祠”。

据村中老人介绍，清代时，洪村茶叶经营十分兴盛，村里加工茶叶的茶厂就有两家，制定这一茶规并刻碑立于宗祠旁，为的就是激励茶农、茶商诚信经营，共同维护洪村茶市的良好声誉。

案例分析　诚信美德是中华民族的优秀传统，2007 年“公议茶规”石碑的发现是中国古代重视诚信的又一有利证明。作为中华儿女，大学生有责任传承中华民族的优良传统，并在当代社会发扬光大！

（三）现代诚信教育

道德是人类社会实践的产物。诚信道德的产生、发展与嬗变也要遵循客观规律，随着历史发展和人类社会实践的变化，诚信思想也在发生着历史嬗变，它的内涵在不断扩大，诚信道德的社会功能及内容也更加丰富。就现代社会而言，诚信具有"真诚、诚实、守信""信任、信用、信托"以及"诚信原则"的法律意义等含义，所以当代大学生诚信教育既是诚信道德品质教育和培养的学校道德教育，又是一种社会伦理教育和法制教育。现代诚信伦理教育要让学生从自己的内在需求和现实特点出发，认识道德要求，形成一定的道德认识，产生道德情感体验，进而形成一定的道德信念，并将其内化为道德行为，即实现知、情、意、行的统一。首先，要注重"以人为本"的诚信教育观。在全球化和信息化推动世界经济社会发展和人类社会文明成果共享的同时，也对国家意识和民族文化产生了一定的冲击。因此，在社会思潮多元化、指导思想统一化的前提下，诚信教育必然要以适应新形势为目标，凸显"以人为本"的理念，坚持尊重人、理解人、关心人，有针对性地解决不同学生个人的思想、学习、就业等问题，在解决问题中传播诚信文化和思想。在教育内容、教育方法、教育机制上强调"以人为本"的思想。其次，要注重诚信法制教育。现代市场经济中的契约信用是以法律保障为基础的，所以要求在全社会进行诚信法制观教育，强化公民诚信法制观念。诚信教育不能仅停留在道德层面，更要注重从法律视角出发，使大学生充分认识到违背这一原则将不仅受到舆论的谴责，而且要受到法律的严惩，从而起到惩戒教育作用。再次，要注重诚信伦理教育。诚实守信不仅是一种道德操守，而且是孕育其他道德品行的基础，它几乎渗透到人的日常生活的方方面面。在市场经济条件下，诚信具有更新、更广的时代内涵，大学生诚信品质体现在大学生的政治追求、专业学习、人际交往、经济生活以及择业创业等方方面面。结合我国大学生的现状与实际，大学生现代诚信教育应包括政治诚信、学习诚信、生活诚信、经济诚信、就业诚信等方面。

二、大学生诚信教育的原则

（一）理论与实践相结合的原则

理论与实践相结合是大学生诚信道德的首要原则。

1. 理论对实践的指导原则

大学时期，正是一个人世界观、人生观、价值观形成和发展的重要时期。这个时期，大学生在思想、政治、道德和心理等方面都有了一定的发展。但总的来说，大学生社会生活经验不够丰富，思想还不够成熟，在世界观、人生观、价值观、政治观、道德观、学习观等问题上还带有一定的模糊性和较大的不稳定性，在大是大非问题上还容易为社会上各种错误思潮所左右，这就需要在学校的正确教育和引导下，通过不断学习，努力提高和完善自己，坚持以科学理论为指导。邓小平理论、“三个代表”重要思想以及科学发展观等重大战略思想在内的中国特色社会主义理论体系，不仅是指导我国改革开放、全面建设小康社会以及构建社会主义和谐社会的科学理论，而且也是指导大学生进行诚信道德教育的理论基石。大学生诚信道德教育首先要重视学习理论。列宁曾指出，没有革命的理论就不会有革命的行动。要在社会主义核心价值理论的指导下，掌握诚信道德的基本理论和观点，分析各种思潮，同时还应在老师的指导下选读一些相关学科的书籍，掌握政治学、伦理学、心理学、人才学、美学等方面的知识，构建合理的知识结构，为深入学习专业课程奠定理论基础。坚持理论联系实际。理论是行动的指南，思想是行为的先导。加强诚信道德教育，首先要学好科学的理论知识，要用科学的理论知识去认识自己、改造自己，认识社会、改造社会，只有这样才能不断提高自己的诚信道德水平。

2. 实践对理论的检验

大学生诚信道德教育的目的在于通过课堂教学让大学生知道应该怎么做以及为什么要这么做的道理，最终达到指导大学生提高自身思想道德觉悟的目的。理论与实践相结合，要求大学生从自我做起、从现在做起、从点滴做起。大学生在伏案读书充实自身理论修养的同时，更应该积极地参加社会实践活动。在实践活动中，大学生要把所学的理论知识运用到实践中，指导自己的实践活动；要根据具体条件积极发挥自身修养的能动性，正确处理好个人与他人、个人与社会的关系，在艰苦的社会环境中锻炼自己的意志，在困难面前考验并坚定自己的信念，还要在社会实践中亲身体验正确理论的积极作用以及不良意识的消极后果；要坚持正确的、科学的理论指导，敢于同错误的思潮和不良意识进行斗争，在社会实践中检验自己的思想、观点、情绪、情感、意志等思想道德要素是否符合实践的要求，及时纠正和克服自己不正确的思想和行为。

（二）主体性与主导性相结合的原则

马克思主义认为，人的主体性是人在对象性活动中表现出来的实践主体的特性、地位和作用,人的主体性推动着实践活动的发展。现代教育是“以人为本”的教育,前苏联教育学家苏霍姆林斯基认为:“道德准则,只有当它们被学生自己去追求、获得和亲身体验过的时候,只有当它们变成学生独立的个人信念的时候,才能真正成为学生的精神财富。”因此,诚信教育要尊重学生主体地位和主体人格,坚持“以人为本”,激发学生主体参与的积极性,通过学生的积极参与、认同接受,有效地培养学生的道德自主和道德自律。

强调和突出大学生的主体地位,尊重大学生的主体人格,并不是以主体性为唯一。大学生作为受教育者,是诚信教育的承受者和体现者,也具备了一定程度的主体素质和主体意识。大学生在学习过程中表现出积极性、自觉性、主动性、创造性和“我要学”等主体意识。由于受到多年的学校教育和个人的人生实践,大学生已基本形成正确的人生观、世界观和价值观,但从其社会化水平来看,大学生仍然是未成熟的社会个体,仍处在形成发展状态。所以,教师的“主导”仍然不能少,教师应启发和引导大学生的主体意识,不断营造和谐、宽松、自由、安全的教育环境,不断去激励与引导学生,帮助他们把外在的道德教育要求内化为自身的需要,从而提高自身诚信道德素质,实现知、情、意、行的统一。

(三) 自律与他律相结合的原则

大学生的诚信教育正引起全社会特别是高等教育界的广泛重视。为了使其事半功倍,提高教育效果,应该把诚信教育与科学有效的社会管理结合起来,重视发挥他律机制的作用,通过他律促进个人自律。

1. 诚信的“自律”是人的发展的基本要求

诚信属于思想品德修养的范畴,是人的一种主观能动性。诚信“自律”是个体正确把握自身的前提。因为个体的自我认识是要在开放的环境中能动地认识自我,发展自我,超越自我;从人的发展来看,诚信是个体的精神和道德方面的追求,这种追求是建立在人的本质和需要基础上的高层次的价值目标,那么人们为了达到那样一个目标,就会主动地、不断地去反思。这种反思是人的心灵以自己的活动为对象而反观自照,是精神上自我活动和内心反省的方法。诚信的“自律”是人的主体性发展的要求。人是诚信的主体,诚信的养成是人主体性发展的一部分。人的主体性发展来源于远大理想、坚定信念的吸引和激励;来自对社会和他人的责任以及对事业成功的执著追求。

2. 诚信的“他律”是诚信养成的重要环节

人的道德意识培养有一个发展的过程，人们要实现道德的“自律”，自觉地遵守道德规范，不可能自发地做到，这种意识的形成只有通过公民道德教育才能做到。这是诚信“他律”的一种方式，而其目的就是要达到“自律”。诚信的“自律”是个体行为，但又是群体行为。人类为了继承前人的文化遗产即思想道德精神和科学文化知识，并在此基础上发展和创业，就需要教育和管理并进行传承和升华。对人实施教育和管理，从受教育者和被管理者的角度看，也就是对其施加外在的作用和影响，即“他律”。受教育者和被管理者把外在的教育和规范内化为自己的思想和行为的过程就是“自律”，从而达到“他律”与“自律”的和谐统一。

（四）系统性原则

德育内容的构成要素反映的是社会发展对受教育者德性品质的要求，完整的德育内容应由政治教育、思想教育、道德教育、法纪教育、心理教育五项要求构成。诚信教育作为道德教育的一个重要组成部分，必须和政治教育、思想教育、法纪教育等相结合。大学生的诚信教育应纳入高校日常教育体系和管理体系，培养全员诚信教育意识，做到“三育人”，即“教书育人、管理育人、服务育人”，使校园中时时、事事、处处显诚信。大学生诚信道德体系的建立和维系，仅靠学校的努力是远远不够的。大学生的诚信教育不仅是高校的重点内容，也是家庭、社会教育的重要内容。诚信教育应该是一个庞大的系统工程。实施大学生诚信教育，需要全社会都携起手来，共同关注诚信问题。我们必须创造出良好的诚信社会和人文环境，真正提高学生的诚信道德水平。

三、大学生诚信教育的方法

（一）加强大学生诚信道德教育

1. 树立诚信的道德意识

对诚信的内涵和时代精神的认识是大学生诚信道德形成的主要前提和理性基础，更重要的是形成诚信理念，引导大学生追求道德理想，实现自我的道德完善。诚信理念是一个多种观念构成的有机集合系统，它包括品质意识、规则意识、责任意识和自尊意识等。

（1）品质意识是诚信意识的灵魂。品质是道德的一个内在因素。一个人品质的好坏直接影响其道德水准的高低。应引导大学生认识到诚信的人文价值或内在价值，培养大学生基于文化传统、人文理想与理性精神之上的诚信意识，进而养成良好的个人德性。比如，培养学生形成正确的义利观、荣辱观，懂得“利在义中”“利在诚中”的诚信真谛，帮助大学生加强道德修养。

(2) 规则意识是诚信意识的基础。市场经济是法制经济、诚信经济，当代大学生必须以社会主义市场经济活动规则来界定自己的行为。必须讲究信用、恪守诺言、诚实不欺，见利思义，在法律和道德的范围内追求自己的利益，而不能钻空子、走后门、“只问目的不择手段”，置规则于不顾。

(3) 责任意识是诚信意识的动力。责任是指社会活动主体因某种社会角色而应承担的职责。责任与诚信是紧密相连的，责任是内心深处对诚信的理解和升华，而诚信总是通过内在的责任感转化成某种行为而表现出来的。一些大学生缺乏理性辨别和分析选择能力，不能正确认识个人与社会的关系，以自我为中心的思想严重，对社会要求多，对自己规范少，缺乏对父母、对学校、对社会的责任，因此，应强化大学生责任意识教育，首先承担起对自己的修身治学的责任，然后才有可能对他人和社会负责。

(4) 自尊意识是诚信意识的人格支撑。自尊意识是指社会活动主体对自己作为社会人的价值的认识，维护和提高以及由此产生的崇高感和审美体验，并由此获得内在的人格支撑和强大的内驱力。诚信作为一种人格特质，是一个人可以持续发展的重要内在资源之一。缺乏自尊、自重意识，诚信也就等于失去了人格的力量。教育家陶行知所倡导的“真人”人格教育，“千教万教教人成真”，其根本就是诚信教育。

2. 培养道德情感，锤炼诚信的道德意志

道德情感是个人对现实生活中道德关系和道德行为的爱憎、好恶、信任、同情、痛苦等内心体验和主观态度，它往往成为道德实践的直接动机。苏霍姆林斯基认为，没有情感，道德就会变成枯燥无味的空话，只能培养伪君子。因此，必须培养大学生对诚信的坚定的情感，将道德认识升华为高尚的道德情感，才有可能内化为人的道德品质。所谓道德意志，是个体在履行道德义务的过程中，通过自觉地确定目的、支配行动、克服困难等表现出来的能动的实践精神。它有三个重要特征：自决性、自主性、自律性。诚实守信是一种品质，仅靠外在约束显然是不够的，还要加强内在意志品质的培养。道德意志坚定，才能克服诸多内外困难，自觉按照社会道德规范来抉择和调控自己的行为。

3. 形成诚信的行为习惯

缺少诚信实践，导致诚信认知与诚信行为脱节，是大学生诚信素养缺乏的一个重要原因。诚信教育还必须重视实践环节，使大学生形成诚信的行为习惯，达到知行统一的最终目的。因此，必须"晓之以理，动之以情"，进而导之以行，促进诚信行为习惯的形成。

(二) 加强大学生诚信教育制度建设

制度是加强诚信建设的根本。我们要建立健全与法律法规相协调、与社会主义市场经济发展相吻合、与大学生成长成才需要相适应的，针对性强、操作性强、制约性强的信用制度，把诚信要求具体体现到各项规定之中，用制度规范引导大学生的学习、工作和生活，用制度巩固诚信成果、遏制失信行为。

1. 实体性制度建设

诚信实体性制度建设应包括政治诚信制度、学习诚信制度、经济诚信制度、生活诚信制度、就业诚信制度等。

(1) 政治诚信制度主要规范当代大学生的政治生活，包括大学生的政治学习、政治参与、政治发展等方面的一些诚信问题。人的思想政治品德由知、情、信、意、行几个要素构成。这里所说的政治生活诚信是指大学生在政治认知、政治情感、政治信念、政治意志、政治行为五个方面的政治诚信状况。从制度层面对大学生政治生活诚信进行规范，就是要求建立起包含若干规范的体系化规则。

(2) 学习诚信制度主要规范大学生学习生活中的诚信问题。这里所说的大学生学习生活诚信是指大学生在课堂学习、学习考核、科学研究和教学实践等方面的诚信状况。从制度层面对大学生学习生活诚信进行规范，就是要求建立起包含若干规范的体系化规则。

(3) 经济诚信制度主要规范当代大学生的经济生活中的诚信问题。这里所说的经济诚信是指大学生在学校经济生活、社会经济生活等方面的诚信状况。从制度层面对大学生经济生活诚信进行规范，就是要求建立起包含若干规范的体系化规则。

(4) 生活诚信制度主要规范当代大学生的人际交往的诚信问题。它是指大学生在日常交往、恋爱交往、网络交往和社会交往等方面的诚信状况。从制度层面对大学生人际交往诚信进行规范，就是要求建立起包含若干规范的体系化规则。

(5) 就业诚信制度主要规范当代大学生的就业实践的诚信问题。这里所说的就业诚信是指大学生在制作推荐材料、参加面试、签订合约等就业环节的诚信状况。从制度层面对大学生就业诚信进行规范，就是要求建立起包含若干规范的体系化规则。

2. 程序性制度建设

所谓程序性制度，主要指实体性诚信制度在实践运行中涉及的程序性实践环节的诚信制度规范，包括大学生诚信评价制度、诚信信息采集记载制度、失信处罚与教育制度、诚信档案管理制度等。

(1) 诚信评价制度。对大学生进行诚信规范和引导，首先涉及诚信评价问题，如果不能对是否诚信做出明确区分与评价，那么诚信规范和引导便无从谈起。要对大学生的行为作出诚信评价，首当其冲的是涉及诚信评价指标体系问题，没有评价指标体系想要开展评价，就如同测量中没有度量衡。由此，大学生诚信评价制度是诚信制度实践构建与运行的前提和基础，涉及大学生诚信评价指标的主体、内容、指标等，其中最为核心的是诚信评价指标体系。构建大学生诚信评价制度，关键在于构建科学合理的大学生诚信评价指标体系。

(2) 诚信信息采集记载制度。依据诚信评价制度，开展诚信实践建设，接下来就是要对所作出的符合诚信评价标准的诚信信息进行采集和记载，这就涉及大学生诚信信息的采集记载制度。这一制度所要解决的是如何采集诚信信息，采集什么内容，采集后如何记载，记载后如何处理等问题。需要指出的是，诚信信息采集制度中涉及的信息既包括诚信信息，也包括失信信息。

(3) 失信处罚与教育制度。在诚信的规范制度中，要大力宣传和奖励诚信行为，既需要对诚信行为作出积极的肯定，更需要对失信行为作出必要的处罚和教育。在诚信信息采集和记载之后，应该有一个失信处罚和教育环节，这样也就有与之相对应的失信处罚与教育制度。这一制度主要规范大学生失信行为的处罚和教育，比如对失信行为的认定，失信行为的处罚标准、程序，以及失信行为的教育、取消等。

(4) 诚信档案管理制度。大学时期是人生的准备阶段，大学阶段的诚信状况既与大学生的后续发展有关，也与社会的诚信建设相连。因此，出于诚信建设长效机制的建立，以及整个社会诚信制度体系的建立与健全，大学生诚信状况在客观记录的基础上还应该形成档案，这就涉及大学生诚信档案的管理问题，要求构建大学生诚信档案管理制度，以更好地规范大学生诚信建设的各个环节和整个进程。

(三)加强大学生诚信道德践履

诚实守信,重在实践,贵在养成。诚信不是自然而然产生的,也不可能一蹴而就的,要靠长期的教育培养和实践养成。要积极组织开展多种形式的实践活动,使大学生在实践过程中,全面学习广大人民群众的诚信品质,深刻认识诚信在经济社会生活中的地位和作用,深刻体会诚信在人的成长、事业发展中的重要性和紧迫性,自觉把诚信认识化为诚信意识,主动把诚信理念变为诚信行为。

当代大学生在实践中培养自己的诚信品质,应当遵循《公民道德建设实施纲要》的要求,积极参加社会实践活动,认识社会,了解国情,增强社会责任感。要在学校、家庭、社会各个领域中,在日常学习、生活的各个环节上,注意从点滴做起,加强对社会主义社会公民道德规范和其他道德规范,包括网络道德、环境道德、科技道德等的了解和认识,自觉培养对社会主义道德的情感,并在实践中反复磨炼自己的道德意志,形成社会主义道德的坚定信念,进而形成良好的道德习惯和道德品质。具体地说,可以从以下几个方面着手:

(1) 在校园文化建设中提升自己的道德情感。大学生朝气蓬勃、精力充沛,课余应当积极参加各种学术和文体活动,从中开阔视野和胸襟,陶冶自己的情操,使自己的道德情感在潜移默化中得到升华。大学校园文化的多样性和信息接收的多渠道性,决定了在校园文化建设中培养道德品质的复杂性。大学生除了应积极投身于健康向上的校园活动外,还应当自觉抵制各种低级、庸俗、腐朽甚至反动的文化垃圾的腐蚀。

(2) 在集体活动中坚定自己的道德信念。集体主义是社会主义道德的基本原则,社会主义的集体主义道德只有在集体活动的实践中才能得到培育。但大学生应当充分利用各种机会,在宿舍、班级、社团等团队建设活动中,努力培养理解、关心、帮助他人和热爱集体的集体主义精神,营造互相关心、互相帮助、团结和谐的集体氛围,从而坚定社会主义道德信念。

(3) 在社会实践活动中锻炼自己的道德意志。社会实践活动是道德修养的重要载体。大学生不仅要学好专业知识,具备扎实的专业基础,而且应当积极参与社会实践活动,如“送温暖”“献爱心”“扶贫助残”“青年志愿者”等公益活动,在社会实践中磨炼自己的道德意志,陶冶自己的情操,使自己的精神生活更加充实,道德境界进一步提升。

(四) 形成社会、学校、家庭、学生“四位一体”的诚信育人机制

1. 社会诚信环境建设

(1) 要建立社会信用信息系统。建立对大学生的信用状况进行记录和评价的社会信用体系，把各种与信用相关的社会力量和制度有机地结合起来，共同促进社会信用体系的完善与发展，以制约和惩罚失信行为。随着社会信息系统的实施，社会信用信息系统对大学生有了确定标记，大学生的信用记录有了唯一性，如个人基本操行记录、社会信用度记录、银行特别记录、查询记录及异议记录等，有人称它为现代社会的“经济身份证”。一旦个人行为不佳，如“欠债不还”“恶意透支”等，将在“经济身份证”上留下一段时期，甚至终身的“污点”，让有不良记录者付出代价，直至名誉扫地，寸步难行。

(2) 要建立健全信用管理和保障体系。发展我国的资信评估行业，建立健全信用评估体系，建立起企业、中介机构和个人的信用档案以及规范的信息传递和披露机制，增强经济主体诚信状况的透明度，使企业、中介机构和个人的信用状况真正成为其参与社会经济活动的重要依据。同时建立健全公证机关、会计师事务所、律师事务所等机构，发挥它们在信用维护中的作用。中介组织必须公正，从业人员素质要高，要有能力执行和维护信用制度的建立。

(3) 要建立相应的约束惩罚机制。加强社会舆论监督，充分发挥媒体等社会力量的监督作用，给大学生失信行为以强大的社会舆论压力；加强高校内部监督，建立健全大学生自身的监督约束机制，使任何不守信行为都受到多重制约。

(4) 要建立信誉协会。通过信誉协会来倡导和推动“政府筑诚信，企业守信用，个人讲信誉”活动的开展和制度建设；研究社会诚信功德教育和信誉守则规范保障体系；倡导诚信不仅是一种道德约束和法律规定，更应成为人们的一种行为方式，使诚信成为建立在信息充分披露基础上的一种社会体系。

(5) 要完善信用制度的相关法律建设，加强信用立法。我国实行市场经济体制改革以来，建立了一些规范市场和经济行为的法律法规，如现行的《合同法》《民法通则》《刑法》等法律，对规范市场交易行为提出了明确的规定和要求，但还是远远不能满足实际需要。例如在市场经济中，许多严重危害社会和相关经济利益的失信行为，用法律原则来处置尚有诸多不确定的地方，需要细化法律规定来进行调整，特别是在现实经济生活中，对违背《合同法》中的“诚实信用”原则行为未作出具体规定，只是笼统地指出“应承担违约责任”。信用制度是各种信用因素的统一体。

国家要对信用制度作一个统一的考虑，制定出信用制度的法律框架。这个法律框架应涵盖社会经济行为的各个方面，对规范市场行为提出明确的总体要求。对各种经济失信行为的法律处置，要有详细的司法解释，使市场监督执法部门在处理具体失信行为时有可靠的依据。

(6) 要严格按法办事，加大执法力度。行政执法部门要切实履行监管责任，规范监管制度，理顺监管程序，加强市场的监督检查，对大学生的守法状况、财务管理状况等进行严格登记，做到执法必严、违法必究。对违信而造成严重后果的，不仅要在经济上追究其责任，还应追究其法律责任，促进市场经济的有序运行。用法律的手段维系社会信用，规范市场行为，维护诚信原则和制度的权威性、严肃性。要强化国家对法律裁定的强制执行力度，各行政主管部门和执法部门应相互支持，密切合作，加强协调，形成合力。实践证明，利用法律这一有力武器，是维护市场诚信原则和制度权威性的重要手段。

2. 学校诚信育人机制建设

加强学校诚信育人机制建设，营造诚信文化育人氛围。校园文化是以学生为主体，以课外文化活动为主要内容，以校园为主要空间，以校园精神为主要特征的一种群体文化。校园诚信文化是大学校园文化的重要组成部分，是学校所具有特定的诚信精神环境和文化气氛，它包括校园建筑设计、校园景观、绿化美化等物化形态和学校的传统、校风、学风、人际关系、集体舆论等所体现的诚信文化。校园诚信文化在大学诚信教育中发挥着重要的作用，校园诚信文化能够保持永恒魅力，唤起青年一代诚信情感，激发青年学生诚信热情。

(1) 通过第二课堂的途径，以校园文化活动为载体，开展大学生诚信论坛系列道德实践活动。这主要通过诚信教育网站、宣传栏、校报、校内广播、校内电视、专题讲座、诚信征文、组织主题班会、诚信晚会等形式开展丰富多彩的诚信宣传教育活动。

(2) 积极营造校园的诚信文化、宿舍的诚信文化、校园网络的诚信文化。要充分发挥学生各级党团组织和社团的作用，特别是各级团委、学生会要起到诚信示范作用。要创新诚信教育方式，充分调动学生的主体性、主动性和自主性，使诚信教育真正做到贴近实际、贴近生活、贴近学生，真正体现我们长期倡导的思想道德教育要有针对性、实效性和时代感的优良传统。

(3) 加强校园道德氛围的建设，优化诚信环境。有了良好的校园道德氛围才能形成良好的学习生活环境与和谐的人际关系；大学生只有身处良好的学习生活环境与和谐的人际关系环境中，才能形成良好的品质，也才会积极参与诚信教育活动，把诚信作为人格的贞操，让诚信品质升华。

（4）强化高校诚信网络文化建设。以高校学生网上论坛、网络互动等为载体，通过健全网络管理法规、加强网络安全、网络道德教育等方法达到建设网络诚信的目的。首先，要加强对大学生网络诚信品德的教育，唤醒其道德自觉，强化网络中的道德责任。目前，国内部分高校开展了网络教育，这对提高大学生辨别是非能力，增强他们的伦理道德观念，规范自己的网络行为起到了很好的作用。其次，要运用高科技手段对网络信息和网络行为进行监督，构筑网络空间的坚固的防火墙，消除有害信息和不良行为的危害。再次，用法规的强制手段对网络不良行为予以坚决打击，通过法规的震慑力有效预防网络不良行为的发生。此外，要建立健全网络安全人员负责制，要把网络委员设置到班级，加强对班级和学校网络委员教育培训和管理。

（5）师德师风建设。大学的主体之一是大学教师。著名教育家、原清华大学校长梅贻琦先生说："所谓大学者，非谓有大楼之谓也，有大师之谓也。"大师应该是学术大师，同时也应是诚信道德方面的大师。想让学生们成为一滴晶莹之水，学校就应该成为纯净的汪洋。要成为这样的汪洋，学校在领导层、教师层、教工层都应该建立诚信奖励机制和失信惩处机制。首先，师德建设是教师队伍建设的基础。新的形势给师德教育提出了新的要求。教师是学生成长的引路人。教师的思想政治素质和职业道德水平直接关系到人才的培养。教师做到了自尊自重，视诚信如生命，学生才能接受到良好的教育，才能了解诚信的真谛。其次，倡导实事求是、严谨治学的学术道德意识，反对投机取巧、弄虚作假；教师要自觉遵守学术规范，潜心研究，努力铸造学术精品，反对粗制滥造、低水平重复；要正确对待学术荣誉，尊重他人劳动成果，反对抄袭剽窃、哗众取宠。教师要为学生树立诚信意识作出榜样和表率。作为"人类灵魂工程师"的教师必须具有良好的道德情操，具有高尚的思想品德，具有高尚的师德，教书育人。只有言传身教，身体力行，以身垂范，才具有说服力。

3. 家庭诚信教育示范机制构建

家庭作为社会的基本组织，是塑造人的灵魂和品格的第一场所。家长是子女的第一任教师，也是子女终身的教师，家庭是子女受教育的重要课堂。家庭教育是指"父母或其他年长者在家庭内自觉地、有意识地对子女进行的教育"。

（1）建立家庭诚信示范教育机制。这一机制应着重于从家庭内部父母示范效应和家庭之间的外部示范效应展开。首先，在家庭内部父母的示范效应方面，作为家长必须严格要求自己，做子女的楷模。大学生的家庭诚信教育主要通过父母的诚信言行举止、高尚的人格去感化子女，就如水滴石穿，但“言传身教”不等同于全面的有形约束和限制，不是把自己外在行为或内在精神气质强加给子女，而是在诚信素质方面对他们起到潜移默化的作用。其次，在家庭与家庭之间的示范效应方面，则应该着重于通过家长与学生互动参与的诚信评价体系的建立，树立诚信家庭的样板，并以此为基点，作为诚信教育宣传的典范，发挥其对于其他家庭的示范效应。

(2) 促进家长与子女的沟通机制。大学生多数长期远离父母，学校非常有必要促进家长与子女的沟通，并为其沟通创立一定的诚信交流平台，通过设置专门的网络交流渠道、书信交流等方式来促进家长与子女间的心灵交流，使父母经常与孩子交流，了解、掌握其思想动态，对其不良心理和学习生活中出现的问题进行及时疏导，将大学生诚信教育落到实处。在大学校园环境下，促进家长与子女的心灵沟通，应当注重家长与子女的一对一式的沟通机制的建立，强调为其沟通创造一个相对独立的个性化空间。为此，学校在提供家长与子女的沟通平台上，要着重创造一个独立的、私密化的交流空间。

(3) 强化学校与家长的联络机制。家长与学校是教育的两个基础性因素，双方要互通信息，及时了解子女在学校的情况，发现问题及时处理。学校要创造条件与家长建立相应的联络机制。以院系作为强化学校与家长联络机制的基本单元，以此作为学校与家长联系的基本平台。在院系一级层次中又是以班级作为学校与家长联系的基点。这其中辅导员应该发挥其应有的核心作用，应以制度化的机制确保其与家长的联络达到定时、定点、定人的要求。所谓定时，是指学生在校期间应当细化到以月或季为时间周期来实现与家长的定期联络；所谓定点，除了强调学校与家长联络的确定场所以外，还应包括借助构建的专业网络平台来设计与家长联系的网上交流空间，在这一空间内应设有专人，定期定点与家长进行互动；所谓定人，是指除了配备专门的师资力量与家长保持沟通以外，还应以院系为单位设置有专门的机构来加强与家长的联络和交流。此外，除了发挥校方的力量以外，还应该充分动员以班级学生干部为主导的学生力量，利用其所提供的资源优势来丰富有关大学生诚信的信息渠道，以此深化学生与家长在这一方面的沟通实效。

4. 大学生自律机制建设

我们要培养当代大学生树立诚信观念养成诚信的行为习惯，很重要的一个方面，就是要通过道德教育的各种方式和手段使他们能自觉地把外在的诚信准则内化为自身所遵循的理念，并通过自我评价、自我监控、自我激励等来塑造自己的诚信形象。

（1）当代大学生要学会自重。自重是道德自律的基本前提。从道德的层面来看，自重就是尊重自己的人格，注意自己的言行，既不做有损大学生个人和国家声誉的事，也不做与大学生社会角色不相符的事。大学生是一个国家的未来希望之所在，要明确自己所处的社会坐标，要有强烈的社会责任感和使命感。因此，通过诚信学习、诚信工作、诚信交往，把诚信原则逐步内化为具有自我约束能力的内在信念。

（2）当代大学生要学会自省。自省是指人要经常地自我反省。孔子曾说："见贤思齐焉，见不贤内自省也。"当代大学生在复杂的社会环境下，应当经常反省自己的思想和行为是否符合诚信，不断向好的榜样看齐，发现自己有诚信缺失现象，要善于自我批评、及时纠正。要把诚信原则和规范当作一面镜子，坚持自省可以强化道德自律。

（3）当代大学生要学会自警。自警是防御性的道德自律。在历史唯物主义看来，人是社会关系的总和，个体总是在与社会环境相互作用和互动中成长起来的。由于市场经济的趋利性，往往会使一些大学生因私欲膨胀而突破诚信道德底线，因此，在党和国家高度重视和关怀大学生群体并给予大学生诸多支持的背景下，大学生要经常提醒自己、告诫自己不要辜负党和国家的殷切希望，保持诚信品德，绝不能做有悖于诚信的事情，尤其是在学术和经济交往中。

（4）当代大学生要学会自励。自励是积极主动的道德自律。人常常需要不断地自我激励，自励可以增强人们解决和克服困难的自信心与勇气，尤其是面对困难时，不能为利所动，要始终坚持诚信。当今世界风云变幻，国内改革处于关键时期，当代大学生只有不断鞭策自己，以诚信处事为荣，积极进取，勇于创新，才能在新一轮的国际竞争中占领先机。

"四自要求"是个相互关联的有机整体，从自重到自励是由被动的自我约束到主动的积极自律过程，当代大学生的道德自觉自律，将有效地预防诚信缺失，促进我国高校形成诚信之风。

思考题

1. 大学生诚信有哪些行为特点？
2. 大学生诚信有哪些重要意义？
3. 大学生诚信教育的原则有哪些？

4. 谈谈大学生怎样做到自律？

5. 大学生诚信教育的方法有哪些？

课外实践

举办“大学生与诚信”主题演讲比赛，了解大学生诚信的重要意义，做勇于担当、恪守诚信的大学生。

第五章 大学生的政治诚信

当代大学生作为我国公民主体的重要组成部分，具有较高的文化素质和政治素质，虽然没有正式踏入社会，但已经是我国社会政治生活不可缺少的重要力量。提升大学生的政治素质、政治修养与培养大学生知识文化水平同样处于教育的战略性地位，是大学生思想政治教育的重要方面。政治诚信是大学生作为政治人参与社会活动所应具有的政治道德，在我国社会转型，政治、经济、文化、社会发生巨大变化的今天，大学生在政治生活中能否做到诚信成为衡量其政治素质的一个重要标准。

第一节 大学生政治诚信概述

大学生作为国家公民，享有法律所赋予公民的一切政治权利，在政治上拥有独立判断、自主决定的自由和权利。大学生政治生活是大学生校园生活的重要组成部分，是大学生作为政治主体参与一切政治活动的总称。

一、大学生政治生活的内涵与特点

在校大学生一般都已经成年，享有法律所赋予的一切权利，但由于大学生仍处于在校学习阶段，其活动范围一般集中于校园环境之内，并没有真正接触到社会，所有人生经验、社会履历基本来自书本、课堂或网络等间接经验，虽然具有较高的文化素质和政治理论水平，但缺乏社会经验，思想单纯，其政治生活与其他公民群体政治生活相比具有不同的内涵，有其自身的独特性。

（一）大学生政治生活的内涵

所谓政治生活，一般指人们在特定利益基础上，围绕着政治权力的获得和运用以及政治权力的实现而展开各种活动的总称。亚里士多德提出："人天生是政治的动物。"[①]马克思在《1857—1858年经济学手稿》中也指出："人是最名副其实的政治动物，不仅是一种合群的动物，而且是只有在社会中才能独立的动物。"[②]可以看出，参与政治是人本身所具有的固有属性，是人的社会性本质所决定的。政治生活是人类社会活动的一部分，当人们与政治环境发生关系，介入社会的政治生活时，他们的所作所为便是政治活动。大学生作为一个特殊的政治群体，其政治生活体现为大学生为了维护和实现自己的利益，根据社会所认可的程序和规范，通过一定的方式和渠道参与政治，以此影响政治体系构成、运行规则和制定政策过程，进而实现自己的政治要求和政治理想。大学生政治活动除了日常可见的校内外政治活动外，还包括如大学生的政治思想、政治态度、政治价值观等一些不能直接可见的政治意识。

（二）大学生政治生活的特点

1. 积极性参与和被动性参与并存

就政治活动主体来说，依据其是否具有政治能力、是否具有政治行为以及参与政治的因素和动力不同，政治行为主体一般可分为主动参与和被动参与两种。在高校现实政治生活中，大学生在参与政治时明显表现出主动参与和被动参与并存的特点。大学生主动政治行为体现为大学生自觉主动选择参与政治活动，是大学生基于自身的利益和需要而自觉参加政治活动并对政治活动施加个人影响的行为。主动意味着这部分大学生能够作出选择，不受别人支配，或者说遇事有主见，能对自己的行为负责。大学生被动政治行为是指大学生受到他人发动或响应政府和学校号召而发生的影响政治活动的行为。大学生的这种被动参与并不是个人的自由选择，而是受外力影响、推动或者强迫而产生的行动。与积极性政治行为相

---

① 亚里士多德：《政治学》，中国人民大学出版社2003年版。

② 马克思、恩格斯：《马克思恩格斯选集》第2卷（上），人民出版社1995年版。

比，这部分大学生政治行为体现出非自发、有可能不情愿的特点，自然难以调动其积极性、创造性，进而表达出其真实的政治愿望。

2. 信念性参与和利益性参与并存

从当前大学生政治活动的目的来看，综合体现为信念性参与和利益性参与并存的特点。大学生政治信念性参与是大学生为实现某种政治理想、原则而积极参与政治活动的实践，具有较高的理想信念性，是源于大学生本身所具有的崇高的理想信念，体现为具有较高政治觉悟、政治水平的政治价值取向。与此同时，在大学生政治活动中也存在一些利益性参与的现象，体现为部分大学生为获得某种利益而参与各种政治活动，而非出于政治上的理想诉求。在现实中，在大多数时间，这两种政治活动动机在大学生身上并存，很多大学生政治生活表现为既具有强烈的民族气节、爱国情怀又具有强烈务实性的特点，体现出新时代大学生政治生活的新特点。

3. 激情性参与和理智性参与并存

大学生群体是社会上最有活力的政治群体之一，具有较高的文化素质以及高度的政治责任感，但受其政治思想发展不成熟的限制以及社会思潮多元化发展大环境的影响，其政治行为往往具有敏感性、活跃性和易冲动的特点，体现为部分大学生政治行为的不成熟，如在面临一些社会问题时，一些大学生特别容易激发政治热情，产生盲目和幼稚的“社会责任感”，急切地表现自己的政治作用，表达自己的政治意见，甚至采取较为激烈的方式，出现一些缺乏理性判断的政治冲动和政治短视行为。但更多的在校大学生能够谨守学校相关的规定，不断加强自身理论学习能力，提升自身是非判断水平，理智性参与政治活动。

二、大学生政治诚信的内涵与特点

大学生政治诚信是存在于大学生政治生活领域中的诚信道德关系和现象，是政治学与伦理学的交叉概念。

（一）大学生政治诚信的内涵

早在原始社会，原始氏族内部就采取一些最基本、最简单的诚信规范来协调氏族各成员的关系，彼此坦诚、诚实不欺是对氏族内部成员的起码道德要求。近年来学界关于政治诚信概念的讨论一直很热，学者们对政治诚信的概念进行了提炼，但由于认识视角不同，所阐释的内涵也不相同。有的学者从法律的角度出发，认为政治诚信应包括立法诚信、行政诚信、司法诚信和守法诚信；有的学者从行为学角度出发，认为政治诚信是指政治主体在政治生活中表现的在政治语言、政治态度以及政治行为等方面的言行一致、诚实守信；有的学者从过程论角度出发，认为政治诚信是政治主体用其诚实言行获得政治客体的信赖进而逐渐积累自己信用的过程；有的学者从政治伦理学角度出发，认为政治诚信是指政治理念制度的合理性和政治活动主体在其活动中的诚实和守信品质。

从大学生政治诚信所涵盖的范围来看，大学生政治诚信有广义和狭义之分。狭义的大学生政治诚信即大学生政治行为诚信，政治诚信是政治交往中大学生的诚信状况，主要是通过大学生的政治行为来体现的。所以，在一般意义上大学生政治诚信是指大学生行为诚信。而广义的大学生政治诚信包括大学生政治理念诚信、政治制度诚信与政治行为诚信等方面，是存在于大学生政治领域中的诚信关系和现象，是大学生政治交往中通过履行政治诺言、遵守政治规则，从而取得其他政治行为者的信任以及所形成的良性互动关系，是大学生通过经常性地遵守政治规则、履行政治诺言而体现出的一种行为品质。就大学生个人而言，大学生政治诚信可分为大学生政治思想诚信和大学生政治行为诚信两个方面。

1. 大学生政治思想诚信

大学生政治思想诚信是大学生政治诚信的一个重要方面。大学生政治思想体现为大学生对政治现象和政治过程所持的认知、情感、信仰，并调节、支配大学生的政治行为。政治思想体现出大学生对于现实政治环境的认识和态度，是大学生作为政治主体关于政治管理、政治决策、政治制度等所有政治客体的总的观点、总的看法。大学生政治思想诚信是大学生政治行为的重要思想决定因素，影响着大学生政治行为的方式和结果。

(1) 大学生政治认知诚信。政治认知是指政治主体对政治生活中的各种政治现象的认识和理解，表现为认知者、被认知者以及政治情境各种因素交互作用的心理过程。政治认知有合理和不合理之分，合理的政治认知不仅应反映整个社会发展趋势和规律，更应该以追求全体公民的权利为出发点，而不是以个别人或个别人所代表的某阶级的权利为出发点。

诚信的政治认知是大学生政治行为诚信的理论性基础。在我国现阶段，大学生政治认知主要体现为大学生对我国中国特色社会主义制度建设、社会主义政治生活现状以及未来共产主义社会制度理想的理论、规范、意义等方面的理解和认识。在现实政治生活中，一个人的政治认知水平决定着其政治敏锐性的高低，影响着其政治价值标准的建立和其对社会政治价值的认同程度。认知水平高的个体往往能够比较全面、准确地把握政治活动的内在本质,对政治现象理解也比较深刻中肯,从而形成客观、正确的政治价值标准,形成诚信的政治认知;而认知水平低的个体往往对政治的理解容易趋向于理想化、直观化、简单化,对社会现实政治经常不理解,甚至导致对现实政治的错误评价判断,造成政治认知的不诚信,进而影响到大学生政治生活的诚信。

(2)大学生政治情感诚信。政治情感是政治主体在其政治活动中产生的内心体验和感受,体现为伴随着政治认知过程而形成的对于政治客体的爱憎、好恶、美丑等情绪在心理上的反应。政治情感是个人情感在政治领域的体现,反映出政治主体对现实政治在情感上的认同,政治情感一旦形成,将自觉影响其对政治价值的理解和选择,主要表现为在政治情感驱使下,自觉或本能地选择与自己政治情感一致的政治主张,而排斥、回避不一致的政治主张。

大学生诚信的政治情感是经过理性思考的、较为稳定和成熟的、大学生内心情感上认同的心理倾向。大学生正处于人生的求知阶段,是一个处于成长中的特殊群体,各种思想情绪尚处于不成熟的萌芽时期,正处于从不成熟走向成熟阶段。他们对于现实政治问题、个人合理政治利益需求有时缺少足够的理性思考,没有形成较为成熟稳定的政治情感,仍处在一种暂时性的主观情绪体验阶段,易受一些感性认识影响而表现出个人情绪的冲动。在对于政治信息的选择过程中不是依靠理智思考的结果,而更多的是依赖感性的情感体验。当某一政治现象作用于大学生时,他们身上更多地表现出直接的、本能的反应,进而影响自己的政治选择。

(3)大学生政治信仰诚信。信仰是人的思想认识的高级层面,是指人们对一定观念的信服、尊崇和持有,并成为行动的准则。信仰具有全面性、深刻性和稳定性的特征。政治信仰是信仰者对政治观念、政治理想的推崇,是人们对自己的国家、民族乃至整个社会的发展方向、发展前途的基本态度,在人生信仰中居于核心地位,影响和制约着个人人生价值取向和道路选择。

大学生政治信仰指的是大学生在一定的政治环境的影响下,在对政治认知对象的了解和深度认知的基础上所产生的趋同以及与其认知相一致的行为倾向而形成的综合的认同体系。政治信仰是政治人的政治核心价值观的终极体现,对政治认知能力和政治参与能力形成有巨大作用。在我国主要是对马克思主义与共产主义的信仰问题。大学生是未来社会发展的中坚力量,是祖国的未来和民族的希望。大学生的政治信仰不只影响大学生自身发展,更关系国家和民族的前途命运。

2. 大学生政治行为诚信

大学生政治行为是其政治认知、政治情感、政治信仰转化为现实的政治行动的过程，也可以说是人的政治思想外化的过程。大学生政治行为诚信表现为大学生在参与政治活动中坚持诚信的原则，忠于自己的政治信仰，言行一致，表里如一。

(1) 诚信发表政治言论。政治言论是公民通过语言文字表达和宣传自己的政治主张和政治看法，主要分为口头和书面两种表达方式，政治言论经过大众传播而扩大为政治舆论，从而能起到影响政府决策、监督政府行为的作用。但政治舆论是一把“双刃剑”，正确的、好的政治舆论对社会政治生活起到良好的促进作用，但是错误的、不好的政治舆论会扰乱社会生活的秩序，不利于社会的发展。因此，作为受教育程度较高的大学生，思维活跃，善于表达自己的思想和看法，更应注重发表政治言论的诚信原则。大学生不仅要根据国家的法律规范承担义务和享有相应权利，更要在政治实践活动中保持客观的态度，积极运用概念、判断、推理等理性思维方式方法，正确判断公共领域公共事务各种信息，正确表达自己合理的观点和诉求。这种理性是客观的、具体的、历史的、实践的，是人之所以为人的本体性呈现，凡事用脑想一想，不轻信盲从，不听信谣言，不盲目传播流言，是大学生重要的行为准则。

(2) 诚信履行政治权利。政治权利是大学生作为国家公民由法律所赋予的重要权利，昭示着大学生作为国家主人翁的地位，其政治权利主要体现在以下方面：

其一，选举权和罢免权。选举权和被选举权不是宪法“认可”的权利，而是人民通过宪法“创造”的权利，是与公民的主体地位联系最为密切的权利。政府施行国家权力是通过广大公民委托其掌握政权而实现的，尤其是国家行政人员作为政府行政工作的承担者和国家意志的表达者，一旦出现以权谋私的情况，必然使国家意志表达不公正，必然损害广大公民的根本利益，因此，坚持民主的原则对于政治生活中保证公民权益具有非常重要的作用。选举权是指公民个人依照法律规定享有参加选举的权利，包括参加提名代表候选人，参加讨论、酝酿、协商代表候选人名单，参加投票选举等权利。大学生有权根据自己的判断，参与政治选举，自由选举自己支持的对象成为政治权利的代表。同时，大学生还具有罢免权。由民主选举产生的政治代表一旦出现不称职的现象，大学生也有权参与政治，通过民主的方式撤换掉他们，另外推选新的政治代表。

其二，公共权力监督权。法国启蒙思想家孟德斯鸠在《论法的精神》中说：“一切有权力的人都容易滥用权力，这是万古不易的一条经验。有权力的人们使用权力一直到遇有界限的地方才休止。”①拥有公共权力的政治主体承担公共责任。但是公共权力在被应用的过程中具有灵活性、多变性的特点，需要权力实行者根据具体情况酌情处理，合理运用。倘若没有健全的监督机制，其应用的合理性难以得到规范，容易出现责任的冲突。所以，除了政府部门在行使公共权力时应不断加强自律和监督之外，具有公民身份的大学生也应积极参与到权力运用过程中，实现对国家公共权力的监督，使公民成为对公共权力重要的制衡力量。在学校里，大学生监督国家公共权力的权利更多地体现为对学校里相关政治组织运作和政治权力执行者行为的监督。

(3) 诚信参加党团组织。政党是现代政治社会的一个基本构成要素和重要的政治活动主体，是代表一定阶级、阶层或利益集团的政治组织。政党围绕维护政权开展一些活动，形成一定的活动方式和组织形式。我国实行的是中国共产党领导的多党合作制，这是中国人民的政治选择。中国共产主义青年团是在中国共产党领导下的先进的青年群众组织，是党的助手和后备军，是党联系青年的桥梁和纽带。在我国，公民小学时成为少先队员、中学时成为共青团员、大学时少数先进分子发展为中国共产党党员成为一种必然的政治选择。尤其在大学，由于没有升学的压力，各种形式的团学组织活动丰富着大学生的课余生活，一些先进的同学被吸纳为中国共产党党员。需要注意的是，积极参加学校党团活动，向党组织靠拢是好的，但是在这个过程中，其政治选择的诚信性是一个不容忽视的方面，集中体现为积极加入党团组织的动机是否端正，是否真正认同党的宗旨，大学生不仅要在组织上入党，更要在思想上入党。

(二) 大学生政治诚信的特点

政治诚信是对人与人之间政治关系的一种道德要求，只要存在着政治交往，就必然要求主体间诚信对待。政治诚信的特点如下。

1. 政治诚信一般特点

(1) 阶级时代性。政治诚信作为政治领域中的道德要求，并不是从来就有的，而是伴随着社会政治生活的产生而出现的。确切地说，政治诚信是与阶级、政治权力、国家等政治现象相伴而生的，它的产生是基于实现政治利益的要求。自阶级产生以来，各阶级、集团为了实现和维护自己的利益，必然要求形成一个相对稳定的

---

① 孟德斯鸠：《论法的精神》(上)，商务印书馆 1959 年版。

政治秩序。在这个政治秩序内，各政治主体诚实守信，共同遵守现有政治秩序下的一切规则和规范，用于维护政治主体政治行为的可预期性与稳定性。因此，在不同的时代，由于主流的政治理念的不同，政治诚信有着不同的要求和表现。在我国封建社会，政治诚信与君主专政相联系，政治诚信对统治者来讲，是要求其通过道德自律来取信于民，本质上是统治者的驭民之术。对被统治者来讲，政治诚信更多地要求其完全忠于统治者，在这里政治诚信被忠、孝等主流政治道德观念所遮蔽和稀释。显然，中国传统政治诚信缺乏平等、自由、公正等理念与要求。而今天的政治诚信则是与现代民主政治相联系，它被赋予平等、自由、公正等道德内涵，是与法律、契约精神即依法治国相联系的。它的实现不仅需要政治主体的道德自律，更需要外在的法律与制度的约束。由此可见，今天的政治诚信与现代民主、法治精神相一致，具有鲜明的时代性特征。

(2) 民族继承性。政治诚信属于政治道德的范畴，而政治道德又是在特定的社会环境和政治环境中逐渐形成的。各民族政治传统、风俗习惯不同，政治诚信在不同的民族中有不同的要求与表现。在古代中国，政治诚信更多地表现为统治者履行诺言、取信于民，以及臣民对君主的忠诚等，因而把统治者和被统治者个人品行的好坏作为政治诚信与否的最根本保障，充分体现了古代中国人治的特征。而古代西方，由于商品贸易经济异常发达，契约观念深入人心，人们的政治诚信观念始终与契约观念联系在一起，即指在政治上的守法、践约，反映出古代西方重法治的传统。此外，政治诚信的民族性还体现在不同国家、不同民族对政治诚信的认识存在偏差，即对政治诚信的理解与界定不同。对同一政治行为，不同国家从各自的社会规范和文化传统的角度来评价，得出的结论可能截然不同。一种行为在西方社会被称为政治失信，而在非西方社会则可能被视为尚未超出政治诚信的合理规范。需要注意的是，政治诚信在不同的社会发展阶段有着不同的内容与要求，但同时也存在着某些相通的价值要求，比如对组织忠诚守信、对事业赤诚守信等是任何阶级、任何社会对政治诚信的最基本的共识。正是这些共同的内在因素，才使得政治诚信能够在继承前一阶段的诚信要求的基础上，结合时代特征，以及自己所代表的阶级特有的利益与要求，得以延续和发展。

2. 大学生政治诚信的特征

大学生政治诚信是一个系统概念，蕴含着丰富的内涵，具有明显的层次性。当代大学生政治诚信体现出新的时代特征。

(1) 当代大学生政治诚信内涵更具有时代性。从大学生政治诚信的内涵上来看，不同政治历史发展阶段大学生有不同的政治诚信观，有不同的政治诚信要求。在旧中国，尤其是以1919年“五四运动”爆发为标志，青年大学生以拯救民族危亡为己任，积极配合工人运动，组织开展各种爱国学生运动，为旧中国救亡图存贡献出自己的一份力量，甚至是自己的生命。而在全面建设小康社会的今天，大学生政治诚信着重体现在对我国基本路线、基本国策的认同和支持，体现在诚信参加学校内外各种政治活动。一般而言，大学生政治诚信内涵依次具有层次渐高的趋势，即其中所蕴含的平等、自由、民主等合理性成分出现一个逐渐增长的趋势与过程。从总体上来说，当代大学生信息来源更广，对西方各种先进思潮、新的观念接受力更强，在世界观、人生观、价值观方面价值取向更为多元，当代大学生政治诚信具有更为丰富的内涵。

（2）当代大学生政治诚信是人格性诚信与制度性诚信的统一。从大学生政治诚信行为动机来看，大学生政治诚信不仅要求大学生具有良好的政治品德，如诚实不欺、言行一致等，而且还必须具备履行约定、遵守诺言的政治能力，比如具有一定的知识储备和政治素质等。良好的政治德性意味着具有履行约定、遵守诺言的主观意愿，而具备各方面的政治能力是实现政治诚信的客观条件，政治诚信必须是两者的结合。作为社会生活的一种道德要求，诚信有着两种不同的表现形式：一是人格意义上的诚信（简称人格性诚信）；二是制度意义上的诚信（简称制度性诚信）。它们之间虽然相互依存，但这两者之间却存在着明显的区别：维系前者的力量是人格，维系后者的力量则是制度。人的政治活动离不开制度的约束，但制度对于政治诚信来说完全是外在的，是维持人政治活动秩序的强制性力量。如果人的政治活动能够自发地、有序地进行，政治诚信就用不着依靠制度来保障。也就是说，当代大学生在参与政治活动中，诚信的保障一方面来自大学生本身所具有的人格美德，另一方面诚信的保障也来自学校或社会各种制度性的规范和制约。

（3）当代大学生政治价值目标更加实际化。受传统文化的影响，中国的知识分子对国家具有强烈的责任感，追求“心正而后身修，身修而后家齐，家齐而后国治，国治而后天下平”的理想。与传统知识分子相比，当代的大学生这种责任感逐渐缺失，他们在现实利益的追求中，找到了个人与社会的平衡点，他们认识到个人是不能脱离社会的，必将受到现实的制约，所以他们更强调主动去适应社会；他们同样注重理想和追求，但更加注重现实和功利，努力把理想追求和现实功利结合起来；他们从传统注重奉献的理想主义，转向注重实惠、实用和物质享受的现实生活，倾向于奉献与索取并重，但在转向过程中却出现了价值目标功利化、世俗化的倾向。

（4）当代大学生政治诚信逐渐由他律走向自律。从大学生政治诚信行为层次来看，政治诚信一般可分为自律性政治诚信和他律性政治诚信。所谓自律性政治诚信，即政治主体完全依靠主体自觉来实现政治诚信，诚信已内化为政治主体的美德与行为习惯，不需外界的任何监督与约束，体现为积极的政治诚信，这是一种层次较高的政治诚信，也是人们理想中的政治诚信。而他律性政治诚信是指政治主体本身具有非诚信的倾向，但由于受政治规则、法律约束的规约，由于惧怕惩罚而对政治诚信的践履，这是一种消极的政治诚信实践，在层次上明显低于前者。大学生作为一个不断学习、不断进步的群体，其政治诚信水平处于一个不断提升、不断从他律走向自律的阶段。

三、大学生政治诚信意义

（一）规范大学生政治行为的需要

大学生政治生活是其社会生活的重要组成部分，是其按照宪法规定行使政治权利和履行政治义务的政治活动的总称。诚信作为一种价值选择取向，是规范大学生政治行为的重要政治伦理道德。政治诚信能规范政治主体的行为，使政治行为具有可预期性。与自然界的运动变化相比，人的社会活动更为复杂，难以预期。为了对人的活动形成稳定而明确的预期，人们制定了各种活动规则，要求人们普遍遵守。政治活动作为人类活动的核心，是一切社会活动的核心与关键，它所具有的资源权威性分配特点，牵一发而动全身。这使得政治活动的作用具有全局性意义，因此必须具备一系列政治规则，使所有政治主体在遵守已有规则的前提下进行政治活动。政治诚信就是要求政治主体把诚信道德内化为自身的素质，进而具有良好的规则意识，按社会规则的要求进行各种政治活动，减少政治行为的复杂性和不可预期性，增强人们对自身所处政治系统的安全感，从而引导和带动全社会诚信氛围的形成。

高校政治环境同样如此，大学生的政治生活也需要相关的制度或流程来规范。大学生的实践活动，是大学生理论应用于实践的过程，是个体人格形成的过程，也是大学生适应社会、调适自我、发展自我、实现理想的过程。在这个过程中，以成熟的政治规则规范大学生政治思想和政治行为具有重要的前提性意义。当代大学生政治实践主要包括两个方面：一方面，大学生校内实践活动。一般指大学生参加学生党团组织、学生会、各学生社团组织活动。由于大学生校园生活的特殊性，虽然有指导老师，但学生在参与这些活动过程中往往具有更多的自主选择性，因此，要加强对各类学生组织的政治引导和教育，在这些学生组织建设管理中强化大学生的政治诚信意识和规则意识，鼓励大学生参与各类学生组织的管理与监督等。这样，大学生在校内政治实践中不断学习政治知识，在政治实践中不断培养政治理想、磨炼政治意志以及提高参与政治的能力。另一方面，大学生校外社会实践活动。大学生校外社会实践活动往往与大学生志愿者服务、勤工助学、教学实习、挂职锻炼、社区共建等各类课外活动和社会活动有机地结合起来。在这些与校外组织互动活动的组织和安排过程中，大学生更应该诚实守信，只有这样，才能确保活动的有序进行。

（二）完善大学生政治人格的需要

对在校大学生进行政治诚信教育，是完善大学生政治人格的需要。如果说政治心理是政治主体对一定社会政治现象自发产生的、感性的、非系统的主观反映形式，那么，当这种自发反映形式具有了持续稳定的特征时，便形成了政治人格。概括地说，政治人格就是在政治社会化过程中，在政治人与政治环境等客观因素的共同作用下内化为政治人具备的政治修养、政治伦理、政治德行等一切品格。在大学开展政治教育，有利于培养大学生良好的政治品德和政治素质，进而形成良好的政治人格。这种政治人格一旦形成，就像一个内心的向导，影响和控制着大学生政治价值观念的形成，具有规定大学生道德价值的统一方向和政治价值目标的决定性作用。我国传统政治文化中，臣民依附性政治人格根深蒂固，加上改革开放前全能政治模式对塑造公民政治人格的负面影响，使依附性依然是中国公民政治人格的主要特征之一。随着市场经济的发展以及依法治国的推进，虽然逐步培育了当代人们的现代意识，但以独立政治人格为基础的新型公民政治文化远未形成，这也影响到在校大学生独立政治人格的养成。对在校大学生进行政治诚信教育，使当代大学生更具有主体意识、竞争意识、自由精神、平等观念、法治意识等，逐步完善大学生的政治人格。

（三）高校人才培养目标的需要

经济全球化的推进，使世界各国抛开意识形态的差异而进行合作，但并不意味着意识形态的冲突从此消失。高等学校担负着培育社会主义合格建设者和可靠接班人的重任。当前，我国正处在社会转型的关键阶段，各种矛盾凸显，机遇和挑战并存。社会的深刻变革对大学生产生了深刻影响。当代青年学生在价值取向上的多元性和价值判断上的矛盾性，直接影响着其价值观的建立和发展。因此，高校只有用社会主义核心价值体系指导大学生构建正确的价值观，不断提高他们的思想政治素质，才能实现思想政治教育的育人目标和任务，培养出社会主义事业合格建设者和可靠接班人。

第二节　大学生政治诚信缺失的表现及原因分析

一、大学生政治诚信缺失的表现

人是处于各种社会关系之中的，但并不必然进入政治关系中。无论在什么样的国家，都存在一个政治冷漠群体或无政治阶层，出现这个群体或阶层的原因很多，美国学者罗伯特·达尔将之总结为六个方面的原因：① 是否重视因从事政治活动而得到的报酬。② 是否认为自己的政治选择是重要的。③ 是否相信自己能够帮助改变结局。④ 是否相信如果自己不行动，结局将不会令人满意。⑤ 是否拥有关于当前问题的知识与技能。⑥ 是否愿意克服整治行动障碍[①]。即便是公民的政治权利也并不是与生俱来与必然享有的，从以下的例子可以证明这一点。

即便是在实行直接民主的古希腊城邦，也并非所有的公民都必然享有属于他们的政治权利，除妇女、外国人以及奴隶没有资格参加全体公民大会外，大多数有资格参加的公民也经常不参加公民大会。位于普尼克斯山的公民大会会场有18 000个座位，虽然此时希腊城邦公民数已达到三四万人，但很多人不愿意出席公民大会，为了保证有足够的人出席，警察经常用浸过油漆的长绳把公民赶到会场。

可以看到，政治生活虽然是大学生校园生活的一个重要方面，但并不是每个人都会积极参与，并在政治生活中坚持诚信的价值取向。当前，我国的意识形态建设面临着两对较为突出的矛盾：一是意识形态的多样化与坚持马克思主义指导思想一元化之间的矛盾；二是日常生活中人们对意识形态的淡化与人们社会价值判断

① 罗伯特·达尔：《现代政治分析》，上海译文出版社 1987 年版。

之间的矛盾。这两对矛盾对当代大学生的政治诚信培养造成一定不利的影响。但从整体上看，当前整个大学生群体意识形态主流上是积极的、健康的、向上的。广大高校学生与党中央保持高度一致，表现出了高度的政治觉悟、严密的组织纪律性和强烈的爱国热情，充分证明了当代大学生是热爱党、热爱祖国、热爱人民的，是充满理想、大有希望的。同时，他们有特别强的成才意识，善于接受新事物，思想活跃，视野宽广，还具有竞争意识、维权意识强烈的特点，是大有可为的一代。但不应否认的是，部分大学生在现实政治生活中也存在一些不诚信的现象，主要体现在以下几个方面。

（一）政治价值追求上的异变

受西方自由主义思潮的影响，当代大学生更加崇尚自我价值的实现。在价值主体上，当代大学生的自主意识普遍有膨胀的倾向。为了使自己能够适应激烈的竞争环境，许多学生把重点放在不断增强自身竞争能力和提高创新能力上，努力寻找各种途径实现自我价值。在生活价值取向上逐渐向个人本位倾斜，体现出价值主体自我化的趋势。当代部分大学生在政治价值追求上产生了异化，突出表现为“三个追求”。

1. 追求官位升迁

我国传统社会的“官本位”思想依然影响着当代年轻人，“学而优则仕”的观念根深蒂固，使得一些大学生受到相当大的影响。为了毕业后能找到好工作，能进国家机关工作，他们常常处心积虑，在校期间积极要求入党，积极参加学生会等各种学生组织。为了当上主席、部长，他们不仅四处“跑官”“要官”，而且千方百计“买官”“骗官”，将校内实践活动、各种学生组织当成积累个人政治资本的试练场，而不是为广大学生服务的平台。

2. 追求利益获得

在现实经济生活中，受西方思潮的影响，享乐主义、拜金主义、消费主义在我国逐渐蔓延开来，很多大学生认为在众多选择当中，只有金钱是最为真实可靠的，一些青年大学生加入到金钱崇拜的行列中，利益和金钱的分量在其心中一天天加重，社会伦理道德的价值遭受冲击，政治被视为捞钱、获得利益的工具。部分学生在学校参加一些政治活动仅是为了完成学校的考核任务，不影响自己评奖评优。

3. 追求神灵寄托

市场经济的飞速发展，使得当代人所面临的竞争压力空前加大，各种不确定因素越来越多，人们越来越没有安全感。在这种背景下，曾经一度销声匿迹的封建迷信思想又死灰复燃，相当一部分大学生开始迷信宗教和各种鬼神邪说。一些新形态的迷信和伪科学逐渐泛起，使部分大学生无形中受到影响，个别大学生在遇到挫折困难时失去正确判断，跑去拜神求佛。这种封建迷信以及神学宗教思想的扩张，占领了部分大学生的思想阵地，个别的邪教组织也乘虚而入，已经成为青年大学生形成正确理想信念和价值追求上的障碍。

【案例 5-1】

法院改建"问计"风水师?

2007年元旦过后，在广东某地法院上班的法官们发现，他们工作了六七年的审判楼主楼的东门和西门，突然之间"变脸"了。法官们发现，法院东侧路边，在写有法院名称的碑座两侧，台阶被全部拆掉换成了新的。更细心的人则发现，新台阶的级数变了，以前是11级，现在变成了9级。而在法院西门大门口，突然出现了一对气势威严的石狮。

一些熟悉内情的人称这是法院从外面请来了"风水大师"整治的结果。不过法官们很快也就理解了，一个法官说："广东这边对风水比较迷信。"

据知情人告诉记者，这个"风水大师"是法院从香港专程请来的。"大师"把法院楼上楼下、前前后后都看了个遍，还把法院领导的办公室布局重新进行了调整。"大师"对法院领导说，去年法院总出事，就是因为风水不好，有三害影响流年。

一是审判主楼东面正对某工厂几十米高的大烟筒，烟筒像个灵位，不吉，要画符驱邪；二是在法院背后(即西面)阴气太重，威风不振，暗箭难防，要立一对石狮子镇院避祸；三是法院东门广场的第一段台阶为11级，犯大忌，按命学讲，9是大数，10是极数，11则走向反面，会祸及主人，要改为9级台阶，暗合九五之尊的吉祥寓意，才能长长久久。

"风水大师"点化后，该法院全部落实。在台阶改建工程竣工验收时，发现有二十几块新换的台阶石板表面有大块的黑色杂质，"风水大师"说有黑斑不吉利，于是工程队连夜返工，将这些石板全部敲掉更新。

(本案例资料来自《特别策划：不信马列信鬼神，谁搞丢了官员的信仰?》(中国共产党新闻网),http://cpc.people.com.cn/GB/64093/67206/68346/5760492.html,2007-05-22。)

案例分析 对党忠诚是政治诚信的重要表现形式之一。忠诚也是我国传统文化所推崇的基本道德范畴,也是衡量人品的基本标准之一。在百姓眼里,人偏离了忠诚,就没有资格谈道德、情操、气节、教养。同样,政党作为一个政治组织,也要求其成员讲忠诚。人民法院作为党领导下的司法机关,理应站在崇尚科学、破除迷信的浪尖潮头。靠改风水去避免"出事",不信制度信鬼神,只讲实惠,不讲原则,这是对共产主义信仰的背叛,是对党始终为人民服务宗旨的背叛!作为一名共产党员,应该是彻底的唯物主义无神论者,信仰的应该是马列主义,而不是什么风水迷信,更不应该为风水而不顾民生。一个人、一个政党乃至一个国家,如果没有了正确的理想信念,信仰的不是科学而是其他歪门邪道,终将毫无希望!

(二) 政治理论认识上的困惑

伴随着改革开放的深入,新事物的不断涌现和人们思想的空前解放,各种思想观念并行排列,从传统的、转型的、西方的到现代的,这些思想影响着大学生政治信仰的形成。一些大学生开始对那些具有神秘主义色彩的书籍和观点倍加青睐,部分大学生参与政治活动的热情有所降温,甚至有意避开政治活动,有的还对马克思主义和社会主义产生怀疑,失去了共产主义远大理想。出现这些困惑的主要原因体现在以下几个方面。

1. 受到各种"非马""反马"思潮的干扰

近年来,各种"非马""反马"思潮冲击着人们的意识形态。例如,民主社会主义思潮在我国逐渐发展,民主社会主义主张实行多党制、三权分立、实行私有化和思想多元化、反对无产阶级专政、反对阶级矛盾和阶级斗争、反对社会主义必然取代资本主义、否定社会主义的本质特征、不赞成社会主义的基本制度,这些对我国意识形态建设产生了不利影响。新自由主义思潮在思想上,推崇西方资产阶级抽象的自由、公正、人权和人性观念;在政治上,主张实行多党制和议会民主;在经济上,主张全面私有化、市场化和自由化。历史虚无主义则在学术上否定中国革命历史进程,否定四项基本原则;贬损中华民族五千年文明史;否定以马克思主义唯物史观为指导的历史研究。这些思潮严重影响了青年大学生的理想和信念,造成他们思想上的混乱，影响其对当前社会制度的公正评价。

2. 对社会主义前途命运产生的困惑

20世纪80年代末期苏联东欧剧变，偏离了社会主义的发展方向，世界社会主义运动陷入空前低潮。我国虽然顶住压力，继续进行改革开放的进程，但是在改革过程中也产生了一些问题，一些人把政治信仰转移到了经济信仰，把理想追求转移到金钱追求，对中国共产党的领导、马克思主义以及共产主义的发展产生了怀疑甚至抵触。部分在校大学生认为共产主义虽然美好却太遥远，如空中楼阁可望而不可即，现实生活要面临的竞争和生存压力更为现实；还有的认为马克思主义已经过时了，建设社会主义根本没有前途。

3. 对社会主义初级阶段具体国情认识模糊

社会主义初级阶段的基本国情决定了我国的所有制结构是公有制为主体、其他多种所有制成分共同发展。一些青年大学生受到家庭和社会价值观念的影响，其信仰也在经受着考验。伴随着改革开放的发展，我国经济从完全的计划经济到有计划的商品经济再到完全的市场经济，以及由此引发的各种经济成分和利益主体的变化，使部分青年大学生对我们党领导的以工农联盟为基础的社会主义公有制产生怀疑。尤其是2008年金融危机后，我国经济增长速度放缓和一些地方公有制比例越来越少等一系列变化，造成青年大学生政治信仰的极大困惑。

（三）政治信念追求上的迷惘

什么是正邪荣辱，什么是美丑善恶，在当代一些人心目中失去了正确标准，人们对社会丑恶现象和坏人坏事不再疾恶如仇、与之斗争，却常常是置若罔闻、避而远之，不敢伸张正义。人们之间基本的互助精神也在变淡，社会正义感在丧失，因此，人们的社会不安全感随之增加。在这种大环境的影响下，部分青年大学生在现实政治生活中出现了政治信念追求上的迷惘，主要体现在以下几个方面。

1. 缺乏履行社会责任感

过去一直占主导地位的社会主义理念，像奉献精神、集体主义精神、责任感、为人民服务等思想，地位在一些大学生心目中逐渐失落，他们崇尚非理性，喜欢跟着感觉走、随着潮流行。绝大多数的大学生崇尚独立自主，在工作和学习中注重个人努力奋斗，强调自我价值的实现，但同时也带来了集体观念、奉献精神以及吃苦耐劳不足等问题。他们在社会活动中往往只愿当主角，不愿当配角，导致大学生社会责任感缺乏，更加重视个人价值轻视集体与社会的价值，重视权利的享受轻视义务的履行，只索取不奉献，企盼别人为自己付出而不愿意为别人服务。

2. 过度推崇西方价值观

我国对外开放的大门敞开后，随之而来的不仅仅是先进的科学技术和管理理念，还有各种西方文化中的思想糟粕。特别是在青年大学生对新鲜事物的好奇、明辨是非能力较差的情况下，部分大学生面对眼花缭乱的世界无所适从，急于摆脱传统文化的禁锢，勇于尝试各种新鲜事物，盲目吸收和接受外来事物。有些大学生非常热衷于西方的生活方式，推崇西方的价值观。对西方人的情人节、圣诞节等则是极度狂热的崇拜，认为这些"洋节"比中国的传统佳节更富于情调，更具新鲜感，更时髦。

3. 人生奋斗目标不明确

一些大学生上大学后，没有了努力的方向，对于为什么学习，将来走什么样的路，没有一个明确的目标。对他们来说，从上幼儿园开始，老师和父母就不断教导他们好好学习将来要考上大学，然而真正成为大学生后却不知该干什么，部分大学生在思想上开始出现迷茫，稍遇挫折就会怨天尤人，大发无聊的感慨。一些大学生失去了奋斗的目标，抱着随遇而安的态度，不断变换着人生的理想和目标，极易出现悲观厌世的消极情绪，对身边的一切都不屑一顾，置之不理。同时，部分大学生自制和自控能力差，极易冲动，在与别人交往中为了一点点小事而大动干戈。

二、大学生政治诚信缺失的原因分析

（一）高校政治教育体系不完善造成政治诚信理论教育缺乏

我国伟大的教育家陶行知说过："智育注重自学，体育注重自强，德育注重自治。"[①]目前，各高校仍在积极贯彻落实《中共中央国务院关于进一步加强和改进大学生思想政治教育的意见》（中发〔2004〕16 号）文件精神，积极探索对大学生进行思想政治教育的新模式。现代社会不论其结构层面或其精神层面都具有不断理性化的发展趋势，培育现代大学生政治诚信即是通过道德教育的方式把社会道德规范即社会公德传达给大学生的过程。

当前，我国高校政治诚信理论教育总体上来说是不完善的，这与我国高校政治教育不完善有着直接的关系。首先，从教育形式上来看，思想政治教育主要体现为理性化的道德教育方式，较少采用感性化道德教育方式。理性化的道德教育方式

---

① 华中师范学院教育科学研究所：《陶行知全集》第 1 卷，湖南教育出版社 1983 年版。

是采取注入的方式把伦理精神与规范由教育者向教育对象灌输的过程，是一个道德灌输的过程。这种方式对于大学生政治人格的塑造与诚信精神的培养具有特殊的意义。社会个体所应具备的社会公德是个体无法自发产生的，必然需要一个由外而内的灌输过程。但与此同时，这种灌输也只有真正触及教育对象的心灵世界，才能获得个体内心的共鸣，进而产生支配主体行为的判断。当前大学生政治教育在坚持灌输方法的同时，也要认识到理性化的道德灌输效果是有限度的，道德教育更需在尊重人的主体性的基础上，激发个体心灵情感共鸣。"由于道德的学习作为伦理之知的学习不同于科学知识的学习，它主要不是以主客体对立两分的思维方式，而是以主客一体的、具体情境相融的情感体验方式学习，德育的过程虽然必定伴随道德认识的进步、道德行为的表现，但更为牢固的基础和深层的核心在于人的情感-态度系统的改变。"[①]因此，情感化的道德教育方法对于道德教育的成效起着至关重要的作用。德国古典哲学家康德也十分强调情感因素在道德信仰与道德价值建构中的重要意义。他指出："当事关决定人类心灵一个特殊能力的源泉、内容和界限时，依照人类认识的本性，人们唯有从心灵的各部分开始，从对这些部分的精确而(就我们已经获知的要素的现状而言)详尽的描述开始。"[②]我国传统的、根深蒂固的宗法礼治秩序长期对人的主体性、自由性和特殊性价值的压抑，以及传统道德刚性化灌输教育的训导方式，也使情感化教育这种尊重和体现个体的教育方式，在我国更具有积极的现实意义。其次，从教学内容上来看，当前思想政治教育内容与时代发展、信息更新速度没有保持同步。当代社会经济飞速发展，政治、文化发展速度大大加快，思想政治教育内容相对来说有些滞后，对学生非常关注、深感困惑的当代社会"热点""疑点""难点"问题谈之甚少甚至避而不谈。另外，在教学中更重视道德原则规范的传授，对大学生人格塑造和个性发展关注不多，这就大大降低了学校德育的实效，使得大学生不能够很好地抵御外界各种错误思想的侵袭。

(二)政治价值标准多元化发展造成部分大学生理想信念混乱

价值标准的多元化在某种程度上是价值目标实际化的产物。大学生群体的价值标准也遵循着标准多元化的规律。总的来说，当代大学生的社会价值的评判标准从绝对、严格和单一逐步转变为相对、宽容和多元。大学生正处在快速生长发育

---

① 朱小蔓：《道德教育论丛》第1卷，南京师范大学出版社2000年版。
② 康德：《实践理性批判》，商务印书馆1999年版。

期，精力充沛、思想活跃，他们更易于接受现代化进程中对传统持怀疑、批判、否定态度的新生观念，也非常愿意加入其中。因此，当他们面对纷繁复杂的陌生事物时，由于社会经验缺乏，课本理论与实际难以结合，他们很可能不知所措或者作出错误的选择，于是转而开始怀疑自己的信仰，出现动摇信仰以致信仰崩溃，或者形成错误的信仰，表现出严重的信仰危机。从心理学上讲，大学生正处于迅速走向成熟而又未真正成熟的过渡阶段，在心理发展上表现出许多过渡状态的矛盾性。在当代大学生的价值观中，更多大学生既不想追求大公无私，也不愿滑向利己主义。随着社会环境的进一步开放，大学生的个人视野逐渐拓宽，大学生价值观念评价标准表现得更为宽容，这种宽容表现在对一切事物的“接受”，他们理解和接受任何现实的或现存的东西，他们甚至对很多不合理的社会现实和生活现象也采取了宽容的态度。这就在大学生政治生活中呈现出多种价值观念并存、多种个性自由发展的宽松局面。

(三) 我国社会转型期社会矛盾凸显造成部分大学生是非判断能力下降

我国社会总体上正处于市场经济体制日趋完善、综合国力大幅度提升、人民生活显著改善、社会政治长期保持稳定的局面。但任何社会都不可能没有矛盾，人类社会总是在矛盾运动中发展进步的。在构建社会主义和谐社会的过程中，也不可避免地会存在一些矛盾和问题，主要表现在以下三个方面：

(1) 政治上，由于政治体制改革与完善的滞后，民主法制不健全，国家权力介入了资源的配置，导致了一系列社会问题的产生。部分党员干部经受不住考验，在市场经济的冲击下迷失了方向，以权谋私，进行权钱交易、权色交易，严重败坏了党和政府在人民心目中的形象，严重影响了党风和社会风气。政治体制有待完善，一些政府机构办事效率低下，管理不透明，政务不公开，使党和政府作为人民利益忠实代表的威信大为降低，削弱了大学生对党和政府的信任，进而影响到大学生对走中国特色社会主义道路的信心。

(2) 经济上，由于受拜金主义的支配，对金钱的占有量不仅是个人成功与失败的标志，甚至成为衡量理想信念的现实尺度，实用主义、功利主义、享乐主义等思想在大学生中广为流行。当大学生沉迷于对物质利益的追求和感官享受时，理想、信仰、人格也就显得苍白无力了。加之社会上存在分配不公、贫富差距加大的现象，这与社会主义的发展初衷是不一致的，很容易引起大学生思想和认识上的困惑以及对理想信念的怀疑。

(3) 文化上，不少大学生崇尚西方文化，大学期间的主要精力花在了对外语的研习上，而我国优秀的道德文化传统，却由于种种原因未能得以弘扬，这不能不说是舍本逐末，不能不说是中华民族的悲哀。此外，在经济全球化的背景下，西方文化传播占据主导地位，大学生面临着意识形态全球化的冲击，西方国家借助互联网的巨大力量，无时无刻不在通过各种途径，对我国的青少年进行西方价值观的传播与渗透，这也在很大程度上误导了大学生，削弱了他们对马克思主义和中国特色社会主义的信仰，造成部分大学生是非判断能力下降。

（四）国际政治形势风云多变造成部分大学生政治信仰坚定性不足

我国加入世界贸易组织后意识形态的边缘渗透以及经济全球化与资本主义意识形态新变化的影响，使我国意识形态领域呈现出主导性与多样性相统一的发展局面，各种不同于社会传统及现有规范的新思想、新观念和新行为不断产生，对马克思主义在意识形态领域的主导地位产生了新的冲击。造成青年大学生马克思主义信仰的缺失。主要影响集中体现在以下两个方面：

首先，经济全球化对当代大学生政治观念的影响。经济全球化的进程冲击着人们的思想行为方式，对马克思主义在我国意识形态领域的主导地位产生了较大影响。当代大学生的成长正处于一个特殊的历史背景之下，在新科技革命的巨大推动下经济获得了迅速的发展，人民生活水平不断提高，这对思想活跃、对社会潮流敏感的青年大学生来说，其思想领域必然受到很大的冲击。如用世俗标准来定位人生价值取向，认为越能在市场上谋取巨大利润的人越有价值，甚至认为“精神无能、利益至上”。这些错误思想使得当代大学生在具体行为上，表现出个体的理性选择能力和辨别善恶能力较弱，导致价值选择定位在导向上发生偏差，使得个人本位主义、急功近利的意识进一步加强，传统意义上的群体观念在传承上出现了困难，为人民服务、国家利益优先等道德标准则日益淡化。

其次，当代资本主义意识形态新变化对我国大学生政治信仰的影响。全球化的发展，西方意识形态和文化思潮不断涌入，给人们带来了新知识、新视野，也对马克思主义的指导地位和主导性、权威性产生了冲击。在当代，资本主义意识形态的灌输不再是赤裸裸的，而是在文化的相互融合与渗透中，通过科技手段、话语体系把他们的意识形态巧妙包装起来以推行他们的文化与生活方式，通过全球传播网络，在社会主义文化的各个层面进行传播、辐射和渗透，这导致社会主义的社会转型、价值认同和规范整合更加曲折、困难。如：一些西方资本主义国家和势力大肆渲染“社会主义失败论”“意识形态终结论”“中国威胁论”，宣扬西方主宰东方。尤其是美国为谋求全球霸权暗中策划的“软战争”，在全球推行新自由主义意识形态，作为攻击社会主义国家和第三世界的政策武器。美国“9·11”恐怖事件后又对其进行了改变、包装和完善，推行新帝国主义，其蛊惑性、迷惑性进一步增强，冲击处于弱势的社会主义国家的青年大学生政治信仰体系，影响着他们的价值认同。这些都在一定程度上误导了青年大学生，削弱了他们对马克思主义的信仰和社会主义的信念。

第三节　大学生政治诚信的培养

大学生是一个仍处在不断受教育阶段的群体，其思想和行为在高校思想政治教育过程中不断得到修正。因此，政治诚信培养是一个不断得到改善和强化的开放过程。

一、大学生政治诚信的基本要求

大学生作为现代公民的重要组成部分，是最活跃、最有潜力的政治力量。大学生政治诚信不仅具有公民政治伦理的一般内容和要求，也有大学生政治伦理观的特殊规定。大学生政治诚信基本要求如下。

（一）公共理性

大学生应具有理性公民所具有的公共理性，这是与公共领域联系起来的，体现为在公共领域里起作用的理性。理性公民不仅要根据该国的法律规范承担义务和享有相应权利，更要在政治实践活动中保持客观的态度，积极运用概念、判断、推理等理性思维方式方法，正确判断公共领域公共事务各种信息，正确表达自己合理的观点和诉求。理性认识，作为认识发展的高级阶段，是人们对感性认识材料进行抽象和概括而产生的一种关于事物的本质、事物的全体、事物的内部联系的认识，具有抽象性、间接性的特点。首先，理性是客观的、具体的、历史的、实践的，是人之所以为人的本体性呈现。凡事用脑想一想，不轻信盲从，不听信谣言，不盲目传播流言，是理性公民重要的行为准则。其次，理性作为一种抽象性思维能力，使人类能借助它，对事物固有的、本质的、内部的联系，做到有意识、有目的、能动地把握，从而使人超越动物界。再次，理性因素与情感、意志、直觉、信仰、兴趣、冲动等“非理性”因素相区别、相对立，理性公民首先对任何事情、事物的评判均保持客观的稳定的态度。例如，构建社会主义和谐社会是一个积极主动的正视矛盾、化解矛盾，增加和谐因素，减少不和谐因素的持续过程，也是一个努力实现人与人之间、人与自然之间的和谐动态平衡的过程。虽然在实现和谐的过程中，出现不和谐的因素难以避免，但是面对这些客观存在于现实社会生活中的不和谐因素，理性公民能在利益冲突面前保持理智和宽容，并能积极维护社会公平与正义。最后，理性公民能将对事物的认识不断从感性认识上升到理性认识，并积极付诸社会实践。在全球化进程中，面对各种复杂的形势，作为理性公民的大学生，应不断增强公民政治参与意识，不断加深对社会问题的认识，能运用具体问题具体分析的方法，正确地认识自己所处的政治环境，理智地参与现实政治生活，不受个人主观偏激情绪的左右，也不被各种褊狭意见所蛊惑，透过现象看本质，能对事物作出正确的政治抉择。

（二）责任意识

大学生在参与政治时，不仅要对自己负责，也要履行对他人和社会的责任。马克思在《关于费尔巴哈的提纲》中指出：“人的本质不是单个人所固有的抽象物，在其现实性上，它是一切社会关系的总和。”①个人价值的实现离不开社会整体利益的发展，没有社会整体利益的发展，即没有社会生产力水平的提高，没有社会生产关系的完善，没有社会精神文明的进步，就不可能有个人价值的完美实现。社会利益是个人利益的“源”，个人利益是社会整体利益的“流”。公民具有的责任归根结底是人类社会本身发展的内在需求，公民自觉履行责任是社会稳定和谐、人们幸福的关键，公民也是在承担社会责任的过程中逐渐走向成熟和完善，承担责任正是公民自我价值和社会价值实现的表现。另外，责任公民的培养是现代社会的必然要求。现代社会是个经济迅猛发展、人们生活水平不断提高的社会，人们比以往任何时候都更需要一个良好的社会秩序和健康的道德氛围，而责任感作为社会稳定的黏合剂，应成为市场经济条件下公民的核心素质。市场经济比计划经济更需要“诚信”和“道义”，以维护正常的经济社会发展秩序。大学生应用负责任的态度来约束其自身行为，要具有高度的诚信责任自觉。

---

① 马克思、恩格斯：《马克思恩格斯选集》第1卷，人民出版社1995年版。

【案例 5-2】

这个“小兄弟” 关键时候顶得上

“没想到一个城里娃，两年就变成了农村通，还帮助我们建起了蔬菜大棚，每年增加几千元收入。”提起大学生村官赵家兴，韩坨子村的老百姓都这样夸赞。

辽宁省新民市周坨子乡韩坨子村，地处柳河西岸，有耕地 8 345 亩。柳河淤积而成的土壤既怕旱又怕涝，这里多年来以种植玉米为主，产业结构单一，农民增收困难。当地人戏言“柳河套穷沙窝，地不打粮鸡不抱窝，大姑娘往外嫁，有能耐往外挪”。

2009 年，毕业于东北大学的赵家兴来到韩坨子村担任党支部书记助理。刚到村里时，村民们总以为这个大学生是下来“镀金”的“花瓶”，待不了多长时间就会调走。对此，赵家兴只是微笑，不多解释，他想用实际行动证明自己是真心来服务农村、服务农民的。到村不久，他画了一张全村住宅区简图，每家的住处以及贫困户的情况，都标得明明白白。工作之余，就经常按图走家串户，坐在炕头上与村民唠家常，帮着做一些力所能及的事情，比如给将要中考的孩子辅导功课，帮助村民维修电脑，教农民上网等等。他的真诚和热情，深深打动了村民，越来越多的人愿意和他交往，甚至成了知心朋友。他也逐渐进入工作状态。

很快，赵家兴发现，韩坨子村的气候和地理条件适合发展棚菜生产。但种惯了玉米的村民，对种蔬菜心里没底，顾虑重重。对那些思想一时半会儿转不过弯来的村民，他就和村书记一道上门耐心开导，直说得村民“心痒痒”的为止。他先后帮助 40 多户完成了 600 余万元的贷款申请。温室大棚开建后，赵家兴起早贪黑奋战在工地上，常常是白天忙碌了一天，晚上还要义务看管材料。当别人进入梦乡时，他还在棚区巡逻，看护着卷帘机和变压器。他怕万一出点闪失，影响建设进度。碰上刮风下雪，他不仅住在棚区，还要组织村民值班。他用行动赢得了村民的信任，由“一个啥也不会”的大学生变成了一个靠得住的“小兄弟”。

对世世代代种玉米的韩坨子村村民来说，棚菜种植是个新鲜的技术活，要学的东西实在太多了。这时，赵家兴负责的远程教育开始大显身手了，赵家兴就把技术重点录下来，制成光盘，连同自己设计印制的农业技术简报一起发给村民；赵家兴还定期组织种植户观看农技科普短片。为方便收看,他把大伙儿点播的内容和播出时间制成“菜单”张榜公布。

那些敢于弄潮的村民更受到了赵家兴的“特殊关照”:史明星在暖棚内试种油桃,王宝纯尝试栽培无限生长型的辣椒树,赵家兴只要一有空,就给他们从网上搜索技术资料,并连同相关教学视频一起送上门。为了让村民能自己动手,上网查找所需的蔬菜病虫害防治方法和了解市场信息,赵家兴手把手地教大伙儿使用电脑和网络设备。刘文秀逢人便说:“小赵真有耐心,不嫌我粗手笨脚的。我这摆弄了半辈子锄头的手,现在也会用鼠标,还能上网哩。”

建起了大棚,掌握了技术,棚菜的种植效益很快凸显。目前,韩坨子村已累计开发暖棚 4 500 亩,冷棚 2 500 亩,2010 年人均收入突破万元,比 2008 年增加 4 000 余元。

面对到村工作之后取得的成绩,赵家兴很是低调。倘若有人问起,为何如此舍得付出?他在日记中给出了答案:既然选择了农村这片广阔天地,就要焕发出蓬勃朝气、昂扬锐气,在干事创业的过程中实现自己的人生价值。

(本案例资料来自《大学生村官报》2011-09-02。)

案例分析 大学生的政治诚信重在践行。要肩负起全心全意为人民服务的政治责任和使命,服务社会,报效祖国。赵家兴毕业后,积极投身于“三支一扶”的洪流。村官不是官,但干好不简单。在工作中遇到的那些看似简单而平凡的事情,却直接关乎群众的利益。对他来说,俯下身子,脚踏实地,认认真真地干好每一件事情,在平凡的岗位上,将所学知识与实际相结合,在村官的岗位上,在服务人民大众中创造自己的人生价值,就是真正践行了政治诚信。

(三) 法律意识

诚信大学生应具有法律意识。在现代社会中,法律赋予每个人平等的权利,每个人权利的内涵和外延都是一样的,每个社会成员拥有平等的人格。在这样的社会中,每个公民在追逐自己的权利的时候,不能侵犯其他公民的权利。作为现代社会鲜明标志的民主,其整合和实现是借助于法律进行的。现代公民社会是一个法治社会,法治实现的标志不仅在于是否有法律、有多少法律、法律实施的状况如何,更在于法律是否由公民来制定,是不是能切实体现和维护公民的意志和利益,这一点也是判断法律合法性的重要依据。这种合法性决定着这种法律是否能顺利实施及发挥作用。因为法律只有得到公民的认同并转化为其内在的行为规则、去自觉遵守和维护时，法律的内在价值和社会价值才能充分实现。这种对法律精神的认同以及自觉地遵守法律规范，心口合一、知行合一，也是对诚信精神的积极践行。因此，知法、懂法、守法，是对大学生具有法律意识的基本要求。

（四）爱国精神

诚信大学生应具有爱国意识。爱国即为热爱自己的祖国。一个民族、一个国家在一个地区世世代代劳动、生产、繁衍，在长期的生产斗争、阶级斗争以及保卫本民族、国家利益的过程中，形成对自己祖国的一种深厚的感情。这种感情集中体现为民族自尊心和自信心，体现为对本国政治共同体的认同和支持。同时，公民的身份、权利和地位，是通过法律的形式加以确认的，而法律权威来源于政治国家。可以说，公民法律权利的获得与对生于斯长于斯的祖国的认同有着必然的联系，因此爱国是现代公民伦理的重要内涵。经济全球化的发展，使政治全球化的进程逐步加快，世界经济、政治、文化交流，使各国越来越像一个地球村。但是也要看到，由于历史发展的不同步，各国在政治体制上各具特色，在政权组织形式上各有千秋。新中国建立后，我国建立了社会主义基本制度，资本主义国家和社会主义国家难免出现意识形态不同甚至对立的情况。我国作为发展中的社会主义国家往往有着与西方发达资本主义国家不同的利益追求。在错综复杂、多元交织的国际形势中，大学生应以此正确区分爱国主义与狭隘民族主义、大国沙文主义的不同，正确处理爱国主义与无产阶级国际主义的关系，以国际视野立足本身，坚决与破坏我国统一和发展的恶势力作斗争。只有当大学生真正做到爱国，才能从内心深处自觉维护国家的利益，维护国家的威望。在平时的行为中积极维护国家的稳定和团结，不因为一些生活中的小挫折、社会上的一些所谓不公平现象，在网络上发表一些过激言论、虚假言论，制造不好的社会舆论，甚至影响国家安全。

二、大学生政治诚信的培养路径

（一）认真参加思想政治理论课学习，提升自身政治理论水平

高校思想政治教育作为高校教育的重要组成部分，对规范大学生的政治行为、减少当代大学生盲目的政治冲动起着基础性的作用。高校教育在于以青年人的成

长规律为前提条件，以当代大学生政治观的形成和发展规律为依据，在此前提和基础上，实施具体的教育工作。

思想政治理论课主要作用体现在以下方面：首先，通过对形势政策的解读，大学生能够对社会发展所带来的问题有充分的认识和理解，学会正确、冷静地表达自己的政治观，避免由于政治思想不稳定而引发校园、社会的不稳定。其次，思想政治理论课包含文明政治行为教育，能够实现对大学生政治行为的政治规范。大学生的政治行为必须在政治制度的框架内、道德规范和法律允许的范围内进行。当代大学生必须通过正当、合法、文明的方式来表达自己的政治观，确保大学生的每一次政治活动都是符合社会主义法律的、积极的、健康的、向上进取的活动。再次，思想政治理论课能够提高大学生对重大政治理论和现实问题的认识和把握能力。西方敌对势力从未放弃对我国大学生的腐蚀与拉拢，思想政治理论课能够加强对大学生的爱国主义教育，提高大学生的警惕、防范意识。最后，积极参加内容丰富、形式多样的政治理论研究性学习活动，将思想政治教育与专业学习相结合、与社会实际相结合。参与思想政治理论课直接相关的研究性学习组织，能增强教育内容的时代性和针对性，切实提高大学生对国际国内形势发展趋势的把握能力，增强大学生对党和国家基本方针、政策的了解和认同。

（二）提升自身政治判断能力，树立坚定的理想信念

大学生应该自觉践行社会主义核心价值体系，努力掌握马克思主义立场、观点、方法，做到真学、真懂、真信、真用，自觉用马克思主义中国化最新成果武装头脑。充分发挥中国特色社会主义共同理想的核心与主题作用，把共同理想融入到个人政治行为中，把中国特色社会主义共同理想作为自身前行的向导，努力提高自身素质，实现自我政治价值。积极践行和弘扬以爱国主义为核心的民族精神和以改革创新为核心的时代精神，凝聚民族精神，让大学生在团结统一、和平发展的政治环境中健康成长，在坚定正确的政治观念上主动吸收各种先进思想，开拓创新，实现自己的政治抱负。自觉践行社会主义荣辱观，并以此作为大学生政治行为的基本准则，规范自身的政治行为和政治方式。科学的认识是正确实践的前提。但是，社会主义核心价值体系如果仅仅停留在认知和认同层面，发挥的仅仅是思想引领功能，这显然不够。践行社会主义核心价值观，更重要的在于使社会主义核心价值体系内化为自身的理想信念和行为准则，落实到日常行为中，将社会主义核心价值体系与自身的日常生活紧密联系，寓于社会实践活动中，努力达到“知”与“行”的统一。

（三）积极参加校内党团组织活动，不断完善自身政治人格

学校党组织作为大学生政治教育的重要载体，是学校的先进的进步组织，是学校做好维稳工作的中坚力量。充分发挥学生党支部的先锋模范作用，能够使大学生达到自我管理、自我服务、自我教育的目的。例如，学生支部进行的宣传讲座，能帮助大学生端正思想，积极靠近党组织，坚定共产主义信念，用马列主义武装自己的头脑。学生党支部在实际工作中往往发挥党支部的向心、凝聚作用。学生党支部活动能结合实际情况，解决大学生心中的政治疑惑，帮助并指导学生干部开展工作，帮助学生掌握正确的政治行为的技巧和相关的政治参与技巧，防止被坏人利用。学生干部是学生自我管理的重要力量，是联系老师和学生的纽带，是贯彻和落实各项工作的主力军，在维系学生安全、安定的学习生活中起到了至关重要的作用。学生干部应充分发挥先进代表的作用。在政治实践中，学生干部的一言一行都会起到榜样作用，学生干部应有坚定立场，坚决不参与任何违背党、违背国家利益的政治活动。另外，学生干部还应充分发挥协调作用，了解学生的政治认知和政治情感情况，及时同老师沟通，协同老师为学生的政治需要提供释放平台，提高学生的政治认知能力。坚持以大学生党建为核心，构建大学生学习型组织，大力加强大学生政治理想信念教育，发挥学生党员先进思想的辐射力、影响力和带动力，影响和帮助周围同学树立科学的政治理想信念。一是积极参加大学生党员学习型政治社团组织，创新大学生政治生活和政治组织活动形式。将加强自身政治理想信念教育与建立大学生学习型政治社团组织结合起来，创新政治生活内容与形式，深化政治社团活动内涵。强化自身政治理想信念教育，定期组织开展思想交流、讨论，实现政治理想信念教育常态化、规范化。通过大学生学习型政治社团组织的建设，充分发挥学习型组织在大学生政治理想信念教育中的主导作用，引导大学生形成科学的政治理想信念。二是将自身政治理想信念教育同社会主义主旋律教育结合起来，同形势与政策教育结合起来，同改革开放30多年的伟大成就教育结合起来，同时代精神的教育结合起来，提升对中国特色社会主义的认同，树立中国特色社会主义共同理想。三是自身理想信念教育坚持围绕党组织活动为核心，作为入党积极分子更应不断加强自身理想信念教育，不仅在组织上入党，更重要的是在思想和行为上入党，牢固树立共产主义远大理想，坚信马克思主义。

在社会实践活动中树立并自觉践行社会主义核心价值观，能够有效地促进自身政治上的“自我实现”和“个性完善”，并使知、情、意、行四要素有机融合，得到统

一。社会实践是社会主义核心价值体系实现的根本途径。大学生通过参加有组织、有计划、有目的的实践教育活动，诸如爱国主义基地教育、课外实践基地教育以及大学生“三下乡”、志愿服务、专业实习、社会调查等社会实践和公益活动，深入认识社会，准确认识自己，找准自身和社会的结合点，从而将个人的利益诉求与社会的发展需要、个人的价值理念与社会的价值准则有机统一起来。通过实践，才能深刻地领悟社会主义核心价值体系，培养个人对社会主义核心价值体系的认同感、实践社会主义核心价值体系的使命感以及信守社会主义核心价值体系的责任感，把社会主义核心价值体系作为指导自己行为的内在法则，把遵从社会主义核心价值观念变为自己的自觉行为。教师在学生价值践行活动中扮演着促进者的角色，践行活动所面临的种种价值冲突，往往引起学生内心世界的矛盾冲突，教师能引导学生理性思维和积极体验，体验与思维在社会主义核心价值观践行活动中的完美结合必将使学生坚定马克思主义信念、中国特色社会主义共同理想，继承和发扬民族精神和时代精神，增强道德判断能力，提高道德免疫力。

（四）积极参加社会政治生活，培养自身现代公民意识

著名学者英格尔斯认为，一个国家只有当它的人民是现代人，它的国民从心理和行为转变为现代公民的人格，它的政治、经济和文化管理机构的工作人员都获得某种与现代化发展相适应的现代性，这样的国家才可真正称为现代化国家。现代公民是在法律许可的范围内与现代社会政治、经济、文化相适应的，具有自由个性和独立人格，具有权利义务高度统一意识、自觉参与政治意识、强烈法律意识的社会存在。《公民道德建设实施纲要》中指出，社会公德是全体公民在社会交往和公共生活中应该遵循的行为准则，涵盖了人与人、人与社会、人与自然之间的关系。一个国家的公民共同生活在同一个国家共同体中，维持良好的社会生活秩序需要公民具有良好的公德意识，要求人们具有社会公德。如公民应具有诚实、守信、爱护公物、尊老爱幼等公德，这些公民所具有的共同美德，使得人们相处愉快、社会稳定安宁。当代大学生更应具有公德意识。公德是人们在履行社会义务或涉及公共利益的活动中应当遵循的道德行为准则。与公德相对应的是“私德”，它是指个人的品德作风、习惯以及个人处理亲情、友情、爱情等问题时所牵涉的道德与观念。公德是与集体、社会、民族或国家有关的道德，是最简单的、起码的公共生活规则。一方面，公德涉及个人在公共场所和对集体利益应有的行为；另一方面，它是对社会生活中的其他人——主要是陌生人的态度与举止。现代公民更加强调个人应该

遵守的、最起码的、公共领域的规则、规范或伦理。具有自觉的公德意识是现代公民的重要标志。

我国目前已经进入了多元利益社会，多元价值的存在已经成为人们的共识。公民社会责任意识培育需要有核心价值的引导，唤醒人们内心的责任意识。公民责任可划分为个人责任意识与社会责任意识，而理想的状态即是实现两者的平衡。当代大学生首先应树立责任意识并自觉适时地履行适合自己年龄段的社会责任。其次要强化自身社会责任感，树立正确的个人责任意识以对自身、他人、社会负责。很多国家和地区都非常重视青年人的实践教育，德国前总理施密特倡导在青年中开展全民性的社会义务年活动，使大学生体验到人间的困苦，同时也使大学生体验到能够帮助他人的真情和乐趣，唤起人们的责任意识。在校学生作为未来社会建设的重要力量，更应明白自己肩负的责任和使命，积极投身社会实践，除积极参加校内各种形式的学术讲座、报告会、研讨会等，充分了解当代世情、国情和民情，做到“家事国事天下事事事关心”，树立正确的世界观、人生观和价值观，提高辨别是非、善恶和美丑的能力。同时，还应积极走出校园，走向社会，通过课余时间或假期进行社会调查、志愿服务、社区咨询服务、公益活动等，提高实际操作能力，在各种实践活动中提升自己的理性判断能力、政治参与能力、遵纪守法意识等公民政治伦理意识。

思考题

1. 大学生政治行为有哪些特点？
2. 当前大学生政治不诚信的具体表现有哪些？
3. 大学生政治诚信有哪些意义？
4. 你认为大学生应具有什么样的政治理论品质？
5. 如何加强大学生政治诚信的培养？

课外实践

参加一次党团员组织生活，联系实际，谈谈大学生政治诚信对自身人格塑造的重要性。

第六章　大学生的生活诚信

告别中学时代，迈进大学校门，人生的历程翻开了新的一页，人生的道路从此跨上了新的阶段。大学阶段是人生最美好的时期，是世界观、人生观、价值观形成的关键时期。莘莘学子对大学生活满怀希望和憧憬：人生理想将在这里确立，未来的发展将在这里奠基，美好的生活将从这里开始。做一个知荣辱、讲道德、重信用、有操守的人，是党和人民的殷切期望，也是大学生自身全面发展、健康成长的重要条件。面对崭新的生活环境，同学们既会充满好奇和兴奋，又将面临一系列成长过程中的烦恼与困扰，特别是在学习生活、人际交往、网络空间等方面不同程度地存在着诚信意识薄弱、诚信行为缺失等，有的甚至在社会上造成了不良影响，这与大学生在人们心目中的身份、地位、形象是不相称的。因此，关注大学生活，了解大学生日常生活的表现，注重分析研究大学生生活诚信的养成、特点及其规律，为其今后健康成长打下良好的基础，是高校师生共同面对的迫切问题。

第一节　大学生活概述

一、大学生活内容及特点

所谓大学生活，是指大学生一切活动的总和，是大学生在校园活动中表现出来的行为范式、联动模式、物质生活和精神生活的宏观形态。大学生活是大学精神和教育理念的外化，既包括大学生的生活态度和生活方式，也包括大学生生活氛围和生活环境。优质的大学生活对于学生的健康成长具有潜移默化、春风化雨、润物无声的作用。大学,就其本质来讲,是一本学术的百科全书,也是一本生活的百科全书。一个人到了大学,才知道什么叫做“生活”,什么叫做“独立的生活”“自我的生活”“自然的生活”“社团的生活”,才知道怎样去面对生活的挑战。大学生活相较于中学阶段的生活,很活跃,也很丰富。要想过好大学生活,必须要了解大学生活的内容、特点及其规律。与中学生活相比,大学生活的变化异常显著,对于学生们来说是未来社会生活的实际演练。每个人的大学生活都应当是有意义的生活、有追求的生活、有理想的生活。

(一) 大学生活的内容

大学生活中,学习固然是生活的主旋律,但在完成自己专业学习任务的同时,需要大学生注重自身知识的积累,努力提高和发展能力,形成辩证唯物主义世界观,促进自身素质的提高,包括身体素质、心理素质、思想文化素质等。追求个性的全面发展,这不仅是大学教育提出的要求,也是适应快速多变的社会发展的需要。大学里,除上课时间外,有很多属于自己自由支配的时间,大学生可以利用自由支配的时间进行学习、娱乐、社交、社会实践、勤工助学等活动,满足自身发展的需要。利用自由支配的闲暇时间进行活动,可以丰富生活,愉悦身心,减少空虚无聊感,还可以消除疲劳,提高学习效率;利用自由支配的闲暇时间进行交往,可以结交朋友,增进友谊;利用自由支配的闲暇时间进行社会实践活动,可以发挥才干,开发潜能,增进对社会的了解。因此,步入大学的新生,除了完成学习任务之外,还要通过各种活动来锻炼自己,在思想、情操、意志、体魄等方面进行锻炼,做到全面发展、全面进步,为将来的事业成功打下基础。如果仅以学习成绩作为自己发展的标准,那么面对需要自己安排的大量时间,会不知所措,产生不适应感。

(二) 大学生活的特点

大学生活与中学阶段的生活相比,具有以下几方面的特点和不同。

1. 学习上的自主性

从中学到大学,教与学的内容都发生了变化,学习方法也随之而发生变化。作为大学生,既要学习科学文化基础知识,又要学好专业知识和掌握专业实践技能,同时还要了解专业发展并时刻洞察科技最新动向。需要学习的内容多、任务重、要求高，这一方面要有老师引导，而更重要的是要克服依赖性，靠学生自己去主动学习、思考和探索。只有这样，才能尽快地把自己培养成为一名能够独立解决实际问题的合格的专业人才。

2. 生活上的独立性

中学时不少学生吃住在家，生活起居、衣食住行、看病就医等一切都由父母安排，学生本人既不干家务，也不会花钱，生活无需自理，当然也就不可能培养出自理能力。而在大学则是过集体生活，上述所有的事情都要自己去安排和处理，要想将学习和生活安排得很满意，就必须培养自己较强的独立生活能力。

3. 人际交往的广泛性

大学，尤其是全国招生的大学，其生源分布是五湖四海，不同地区的学生为了一个共同的目标(求知)而走到一起成为同窗，要在一起共同渡过 4～5 年。由于学习和生活以及参加各种各样的文体娱乐活动等，同学之间，班级之间，年级之间，不同系、不同专业之间需要相互交往，有的同学还要参与一些社团活动。通过参加不同形式的活动，可以增加同学之间的交往，大大拓宽了视野。各自都结识了一些新的朋友，增进同学之间的友谊，促进文化交流，相互取长补短，会学到很多知识，对一个人的成长产生很大影响。

4. 行为约束的自律性

大学规章制度一般都比较健全，学校需要通过这些规章制度来规范学生的行为。大学管理既强调严格的制度，同时在日常管理中更注重培养学生的自我管理、自我教育、自我服务和自我约束的意识和能力。大学新生要认真学习学校的各项规章制度，自觉遵守校纪校规，既不要在学习上被罚“黄牌”(如不及格、留级等)，又不要在纪律方面“闯红灯”(如因考试作弊、打架等违纪现象而受处分)。制度是用来规范人们行为的，带有一定的强制性，而作为大学生更重要的是要树立自律意识。

5. 自身发展的不确定性

青年学生正处于“精神成人”的重要关口，品德、人格、志趣等正在定型之中。再加之当今世界信息化浪潮汹涌，社会瞬息万变，大学生活仅仅是学生漫长人生的一个阶段、一部分人生体验。因此，学生的成长不完全由学校教育，特别是大学教育而毕其功于一役。学生的自身发展在大学阶段有多种可能，还面临着很大的不确定性，这是客观事实。

二、大学生活的分类

大学生活包罗万象，丰富多彩。按照不同的标准，大学生活可划分出不同的类别，一幅完整的现代大学生活图景是由学生的学习、政治、文化、物质、精神、交往、社区、网络等方面的生活行为构成的。按照空间分布划分大学生活，则可以把大学生活划分为校园生活、社会公共生活和网络生活等。它们之间相互依存、相辅相成，协调发展。

（一）校园生活

进入大学后，同学们参加各种社会活动的机会大大增加。党组织、团组织、学生会、班委会等组织活动增多；由志趣、爱好相同的学生自愿组织的各种学生社团课余活动也丰富多彩；人际关系交往，诸如谈朋友、老乡会、师生交往等活动也增加。因此，同学们可以根据自己的特点和爱好、时间和精力积极参加各种活动，合理安排课余生活，锻炼组织和交往能力，在相互交往中增进同学之间的情谊。

大学生校园生活可分为学习生活、党团政治生活、社团生活、师生交友生活、公寓社区生活等。大学生的学习生活、政治生活另有专门论述，在此不再赘述。大学生社团作为高校校园文化的重要载体，是高校第二课堂不可或缺的组成部分，是学生培养兴趣爱好、扩大求知领域、陶冶思想情操、展示智慧才华的广阔舞台。高校学生社团作为校园文化的重要表现形式之一，其建设发展也是高校校园文化建设的重要内容。高校校园文化建设的水准和达到的高度，一定程度上可以从学生社团建设的规模和层次上折射出来。虽然这不是校园文化内容的全部，但它至少代表了高校校园文化的一道窗口，也相对集中地反映了高校学生在这一特定环境中所表现出来的文化底蕴、物质追求和修养水平，其所发挥的作用和现实意义以及对学生思维、能力等素质的培养与提高是其他组织所不能替代的。大学生热衷于社团生活，原因就在于社团文化中包含有团结、责任、荣誉、忠诚、学习、关怀等因素。社团文化倡导的社团精神，包括竞争精神、创新精神、团队精神、奉献精神、民主精神、科学精神、服务精神、开拓精神等。这些价值观念在潜移默化中影响带动着大学生进步与提高，是主渠道、主阵地教育的重要补充。

大学生校园交往对培养健康的人际关系、良好的沟通能力等发挥着重要的作用。大学生校园交往较之于中学时期在空间、内容、方式上都发生了很大变化。中学生大都不住校，过着走读的生活，基本上是从家门到校门，接触的对象局限在老师、同学、家庭成员之间，生活空间比较狭小。而大学生则走出了家门，来自天南地北的同学聚集在一起过上了集体生活，交往的对象不仅有老师、同学，而且还有同乡等，生活空间扩大了。中学时代，学生有很大的心理压力，生活的中心内容是学习，在学校有老师的严格管理，在家里有家长的严密监督，社会交往也被限制在极小的范围中，是一种“保姆式”的管理、“衣来伸手，饭来张口”的生活方式。但大学生的生活则完全不同，进入大学之后，同学们离开父母独立生活，许多同学还远离家乡，学校管理由“封闭型”向“松散型”转变。不再有固定的班级和教室，不再有统一的作息时间，很少有经常性的集体活动，个人自由支配度增大，衣、食、住、行、经济开支等都要靠自己安排处理。同学们来自五湖四海，兴趣爱好、生活习惯可能存在差异，主动地加强沟通和交流，互相理解和关心成为一种需要。自理能力强的同学会很快适应，应对自如；自理能力弱的同学，则可能计划失当，顾此失彼。

大学生社区公寓生活占据了学生大量的课余时间，是学生除了课堂、校园之外的第三大生活空间。社区公寓生活与诚信品质的塑造至关重要。大学生的饮食起居、娱乐休闲，都应有诚信内容与之相适应，比如：按时就寝、按时起床、互不干扰、和平友好相处；爱护环境、爱护公共设施，按时缴纳电费、水费、煤气费、上网费、电话费等，不拖欠、不偷窃，不私自架拉电线、网线，不偷用、截用别人的电、网、信号资源。同时，在社区生活还要敢于同不良风气、不法行为作斗争。

（二）社会公共生活

社会公共生活是指人们在公共环境中的活动和生活，它是相对于职业活动和婚姻家庭生活而言的一种特定的生活领域。公共生活与每一个人的生活密切相关。在现代社会，高度的社会化决定了每一个人的生存都离不开群体，每一个人都将作为一个独立的主体参与公共生活，而不可能完全脱离。当代社会公共生活的特征主要表现在以下几个方面：① 活动范围的广泛性。经济社会的发展，使公共生活的场所和领域不断拓展。② 交往对象的复杂性。开始由“熟人社会”转向“陌生人社会”。③ 活动方式的多样性。商场购物、歌厅娱乐、广场漫步、公园休闲、体育健身、网上冲浪等。非家庭、非职业活动的场所，都可能成为公共生活的场所，并不局限于车站、机场、剧院等特定场所。公共生活能否顺利友好地进行，取决于每一个社会成员。参与公共生活的每个人都要尽可能地以友善的态度对待公共活动中的人和事，做到有所为、有所不为。人类社会发展到今天，对公共生活提出了较高的要求：公共生活应当文明，公共生活应当有序，公共生活应当诚信，公共生活应当健康等。这就凸显了公共生活中道德的重要性。所谓公共生活中的道德，即社会公德，与每一个社会主体都密切相关，每个人都有责任参与社会公德的建设。

大学生社会公共生活主要指学生在社会公共领域的生活，如与社会经济生活有关的行为，如市场交易、银行交易、参与企业活动等；与学习社会有关的行为，如社会实践、社会调研、专业实习实训、求职招聘等；与社会公益服务等有关的行为，如志愿服务，敬老爱老、助残扶困、环境保护等；与娱乐生活有关的行为，如观看体育比赛、欣赏音乐会等。当代大学生已成为我国传播社会公德意识和践行社会公德规范的重要力量。从总体上看，当代大学生具有较强的社会公德意识和社会责任感，以大学生为主体的青年志愿者已成为无偿献血、捐献骨髓、环境保护等公益活动的主力军，"学雷锋"活动、科技文化卫生"三下乡"以及其他形式的青年志愿者活动和社会实践活动，已成为增强大学生社会公德意识与社会责任感的有效形式。因此，青年大学生一定要注重提高自身修养，努力培养社会公德意识，树立遵守社会公德的良好形象，争做践行社会公德的模范，以实际行动推动我国社会风气的根本好转。

【案例 6-1】

瑞士银行保密制度的终结

2014 年 5 月 6 日，对于全世界的逃税富豪和贪官来说，是一个令人心惊胆战的一天。在法国巴黎召开的欧洲财长会议上，瑞士同意签署一项有关自动交换信息的全球新标准，将自动向其他国家交出外国人账户的详细资料。

此举意味着瑞士将要有限度地告别银行保密制度。受惠于保密制度，瑞士银行成为全世界最值得信赖的银行，逃税富豪和贪官纷纷将财产存入瑞士银行。有资料表明，目前瑞士金融业所管理的资产占据全球私人总资产的 1/3，是全世界最大的离岸金融中心。现在保密制度面临修改，逃税富豪和贪官能不紧张吗？

1934 年，瑞士政府制定《银行保密法》，规定任何储户都可选择自己认为妥当安全的方式在瑞士的银行开户存储款项。换言之，储户可以用化名、数字甚至虚拟的办事处、公司、代理机构等形式开户。

《银行保密法》明确规定:任何银行职员,包括雇员、代理人、清算人、银行委员会成员、监督员、法定审计机构人员,都必须严格保守其与客户往来情况及客户财产状况等有关机密,上述人员一旦泄密,将面临监禁和最高5万法郎的罚款。该保密协议终身有效,不管银行职员离职、退休,还是被解雇。正是因为瑞士银行构建如此严格的保密系统,使得储户将钱存入银行比放入保险箱还安全。

可是,保密制度本身是有缺陷的。如果储户突然逝世,来不及将信息告知家人,又没有给银行一份遗嘱,那么,存入银行的钱将永远取不出来。第二次世界大战前,向来擅长经商的犹太人在瑞士银行存有大量财产。可是,战争爆发后,纳粹德国大举屠杀犹太人,使得存款的账号和密码成为永远的秘密。战争结束后,这些存款人的后代想取回财产,可是瑞士银行拒不认账,只是进行象征性的赔偿。

然而,瑞士银行保密制度的最大问题还不在于大量的钱财死无对证,而是在于全世界范围内的富豪、贪官、独裁者将财产存入瑞士银行"洗钱"。很多富豪为了躲避国内税收,将财产存入瑞士银行,以至于瑞士银行被称为避税天堂。

2008年,金融危机之后,瑞士银行无形之中帮助富人逃税漏税的事情变得更加公开化。美国和欧洲国家为保证政府税收,开始向瑞士银行保密制度施加压力。此次瑞士之所以开始修改保密制度,很大程度上来自于美国和欧洲国家的压力。

相比于富豪逃税,独裁者和贪官将不正当收入藏入瑞士银行,显得更加可耻和不可原谅。富豪将钱存入瑞士银行,虽然是逃税漏税行为,可是他们的钱财至少是合法的。贪官和独裁者则不同,通过非法手段,大肆掠夺本国公民辛苦劳动所创造的财富,最终却将财产存入他们天天喊着的邪恶的西方国家银行。

2011年,瑞士银行宣布冻结卡扎菲及其亲信的4.15亿美元存款,导致卡扎菲在海外的巨额财产随之曝光。这位独裁者口头上义正词严,号称利比亚是人民社会主义民众国,结果自己却在海外藏有大量的黑钱。

事实上,早在"二战"期间,瑞士银行便以保密的形式接受纳粹德国掠夺过来的黄金。战争结束后,广大受害国家要求德国归还被掠夺的财富,这才导致瑞士银行第一次被迫公开财产内容。此外,"9·11"之后,瑞士银行惊现多个恐怖嫌疑分子开设的账号。更恐怖的是,随着一些独裁者的垮台,人们还发现瑞士银行居然有像萨达姆这类独裁者的来路不明的存款。

(本案例资料来自:中国经济网《经济日报》2014-09-09。http://www.ce.cn/macro/more/201409/09/t20140909_3499926.shtml。)

案例分析 诚信是银行业的命根子。瑞士银行在全世界独树一帜,最为人知的是瑞士的银行保密制度，但也毁誉参半，特别是该国银行保护了世界许多不义之财。承担社会责任、维护社会正义是银行业的追求。如今，瑞士银行保密制度的终结，顺应时代潮流，履行社会责任，值得我们为之叫好。

（三）网络生活

网络的发展和应用是人类进入信息时代的重要标志，网络经济、网络政治、网络文化、网络军事、网络教育等正日益影响着人们的日常学习、工作、生活，对社会的发展也产生了难以估量的重要影响。网络生活，顾名思义就是在网上的虚拟的生活。天涯社区、虚拟城市、贴吧、网络游戏等，都是大学生上网休闲、娱乐、交友等的好去处，这种在网上度过特定时间的生活就称为网络生活。随着信息网络的发展，网络生活逐渐成为人们生活的代名词。一般来说，网络生活包括的范围很广，狭义地讲就是上网；广义地讲就是和网络有关的所有非正式工作内容。网上聊天、打游戏、看网络电视电影等都可以算在网络生活之内。近些年在学生中比较流行的一种“宅一族”人群，大部分都是以网络生活为主要生活内容的人。

网络生活的特点如下。

1. 开放性

互联网是一个四通八达、没有边界、没有中心的分散式结构，体现的是自由开放的理念和堵不住、打不烂的设计原则。任何人只要拥有一台计算机和简单的上网设备，就可以接入互联网，向世界发布信息，传播自己的观点和理念，同时也可以选择自己喜欢的信息和内容。在这里，信息跨越了时空界限，实现了自由流动。

2. 互动性

互联网的实时互动和异步传输并举的技术结构彻底地改变了信息的传播者和接收者的关系。任何网络用户既是信息的接收者，同时也可以成为信息的传播者，并可以实现在线信息交流的实时互动。

3. 平等性

网络的水平方向延伸的存在方式决定了网络是一个平等的世界，在网上网民交流的是信息、是思想，不问交流各方的身份和地位。也就是说，网络交流剥去了网民的权利、财富、身份、地位、容貌等因素，在网络组织中成员彼此平等相待。

4. 虚拟性

互联网的存在状态是无形的，在网上的交流中，人们看到的文字、形象和听到的声音都变成了数字的终端显现，形成了另外一个时空概念。除非你告诉对方或对方告诉你，否则交流对方的一切真实信息，你无从知道，因而网上是一个充满幻想的虚拟世界。

网络的应用和普及对大学生活的影响：一是影响大学生价值观念、思想意识的塑造，既能孕育自由主义的价值观，又有利于形成全球化意识；二是对大学生生存方式的影响，即能改变和影响大学生的工作方式、生活方式、交往方式。大学生作为网络使用最多的群体之一，在虚拟网络中，以匿名身份进行撒谎、欺骗等，成为当代大学生诚信缺失的突出问题。

三、大学生活的一般规律

大学生活很重要的就是培养和提高独立生活能力，无论是学习、生活、交友乃至认识社会和人生，都需要更多地依靠自己去思考、判断、选择和行动。与中学生活相比，大学生活的规律可概括如下。

（一）宽松与自立并存的学习环境

大学阶段，学习知识的广度和深度都大大增加，有确定的专业方向，需要大学生发挥主动性，在课余时间广泛涉猎相关知识，掌握科学的学习方法，培养自学能力和独立思考问题、分析问题、解决问题的能力。同时，学习环境的弹性很大，自由支配的学习时间增多。① 大学实行的是学分制，除了公共科目、专业基础知识属于必修课之外，各专业都开设选修课，大学生可以根据个人兴趣和能力选择选修课程。② 在大学周课表上，有老师讲授的课程仅占去一部分时间，其余的自修时间，大学生可以自由支配。③ 大学老师所讲内容信息量大，不局限于书本，还常常涉及本学科研究的最新动态和成果，并且许多问题尚无结论，这就要求大学生上课时不仅要认真听课、做好笔记，还要开动脑筋，主动参与，积极思索。④ 教师一般都会布置大量课外阅读书目，期末复习没有范围和重点。⑤ 大学里信息丰富，传播渠道多，如何利用图书馆和互联网搜索资料和掌握信息成了大学生必备的技能之一。

(二) 集体与独立同在的生活环境

进入大学,同学们开始独立生活,许多同学离乡别亲,衣、食、住、行、学等问题,都得自己安排。同住集体宿舍,对大家来说需要有一个适应的过程。宿舍是学生们起居、互访和自由“夜话”的生活场所,也是最能留下美好回忆的地方。同学们来自五湖四海,兴趣爱好、生活习惯各不相同,主动地加强沟通和交流,互相理解和关心成为一种需要。大家相互配合、相互照顾、相互尊重、自我管理,遵守基本的公共道德和行为规范,就能和睦相处,逐步建立稳定而持久的情谊,培养出对宿舍的归属感,使之充满“家”的气氛。集体生活与独立生活犹如一枚硬币的两面,是相伴而生的,同学们要尽快适应这种集体与独立同在的生活环境,既要学会过集体生活,又要学会独立处理学习生活中遇到的问题。

(三) 多彩与严谨交织的组织环境

进入大学后,党组织、团组织、学生会、班委会、校报、广播台、网络管理等正式组织的活动增多,各种学生社团活动丰富多彩,同学们参加各种社会活动的机会会大大增加。大学生社团有多种类型:一是专业学术型,如马克思主义研究会、毛泽东思想研究会、邓小平理论及“三个代表”重要思想学习小组、党的基本知识学习小组、科普协会、电子爱好者协会等;二是文体娱乐型,如文学社、诗社、音乐欣赏社、艺术团、演讲协会、足球协会、集邮协会、摄影协会、书法协会等;三是社会服务型,如志愿者服务队、红十字会等。因此,大学生可根据自己的特点和爱好、时间和精力积极参加一两个社团的活动和校园比赛,丰富自己的课余生活,锻炼组织和交往能力,在参与中展示自己的特长和爱好,在竞争中提高自己的素质和能力,在相互交往中增进同学之间的友谊。

(四) 他律与自律并重的制度环境

中学时代,学校、教师、家长对学生采取直接管理,事事由教师安排、家长监督。大学则更多强调学生的自我管理、自我教育、自我服务、自我约束,需要大学生树立法治观念、德治观念,要有自律精神。从一定意义上说,进入大学就意味着独立地走向社会、走向生活。在这个新的起点上,为了给自己的人生理想夯实基础,就必须摆脱依赖、等待和犹豫,树立自信、自律、自立、自强的精神,勇于面对社会和生活。过去没有接触过的人,需要去交往;过去没有做过的事,要学着做;过去没有遇到过的问题，需要自己来解决。为了尽快提高自己的综合素质，大学生必须在各个方面虚心求教、细心体察，多向周围的同学、老师学习。人们常说："生活是最好的老师。"只有在生活的实践中不断磨砺，才能逐渐提高独立生活的勇气和能力。

第二节　大学生生活中的诚信缺失现象及原因分析

我国改革开放以来，随着经济社会的发展和民主法制建设的推进，文化建设有了很大的进步。同时也必须清醒地看到，当前文化建设特别是道德文化建设，同经济发展相比仍然是一条短腿。近年来相继发生了"毒奶粉""瘦肉精""地沟油""彩色馒头""宰客门""足坛扫黑""小悦悦"等事件，这一系列危害社会公共安全的重大恶性事件足以表明，诚信的缺失、道德的滑坡已经到了何等严重的地步。一个国家，如果没有国民素质的提高和道德力量的托举，绝不可能成为一个真正强大的国家、一个受人尊敬的国家。当前，社会诚信危机已成为中国经济社会高速发展道路上一只异常凶猛的拦路虎，加大对社会转型期道德文化建设，特别是诚信问题的研究和整治，越来越成为全社会高度聚焦的重大课题。

一、大学生生活中的诚信缺失现象

大学校园是社会生活的有机组成部分，校园生活是一个社会生态系统。近年来，高校在社会诚信缺失的大潮裹挟下，俨然已无法独善其身。频繁被媒体曝光的贪污腐败、论文抄袭、考试作弊、倒卖学历等事件，让大学校园诚信遭遇了前所未有的危机。

（一）考试作弊、论文抄袭

有媒体曾报道，2007 年美国著名学府杜克大学福卡商学院宣布了该校建校 30 年来的最大丑闻：30 多名学生在一场必修课考试中集体作弊。被开除的 9 名学生中有 8 名是中国学生，停课的也有 5 名中国学生，还有 6 名中国学生被认定重修。中国出国求学的 MBA 们把作弊这一国内考试普遍存在的"传统"不良"习惯"，在国外"发扬光大"了。国内每年高考前后媒体均会曝光一批考试作弊的严重违纪行为，然而，问题远远不止高考，学校期中期末考试，英语四、六级考试，甚至公考、驾照、注会、司法、雅思、托福等考试，均有作弊事件发生。每当大考前，网上各类“绝对真考题”“考试秘籍”“绝对包过”等小广告在校园里不乏身影，招募、出租“枪手”的广告堂而皇之出现在校园，让人触目惊心。

（二）求职造假

2010年，《上海大学生求职路径调查》报告透露了这样的一组数据：42.4%的毕业生在求职过程中有过违背诚信的行为。其中，13.3%在面试时夸大自己的能力，还有11.1%曾在简历上作伪。轻诺寡信，随意毁约，频繁跳槽。部分大学生往往草草与招聘单位签订就业协议，当发现条件较好的招聘单位时，就撕毁已有协议，另就高枝，严重影响了学校的声誉。

（三）人际交往活动中的诚信缺失

一些学生时间观念淡薄，迟到、早退习以为常，甚至言而无信。在就餐、购票时任意“夹塞”，在图书馆、教室、餐厅和公共汽车上的抢占座位以及说谎、偷盗等各种不良现象并不鲜见。据《中国青年报》的一次调查报告表明，在校生中未说过假话的平均只有6.2%。有人曾对5 000余名大学生进行随机的问卷调查，结果显示，其中有15.7%的被调查者认为“身边的人诚信度很差”，而66.9%的被调查者认为身边的人诚信度一般。据报载，某大学在对420名学生的调查中发现，在对他人的态度上，有近50%的受访者缺乏对他人的足够信任感和安全感。在对“与陌生人打交道时要小心”的回答中，表示完全赞同的高达45.8%，而完全反对这一说法的只有0.5%，完全同意“在这个竞争的年代里，如果不保持警惕，别人就可能占你便宜”的占32%，部分同意的占38.6%，完全不同意的只占2.6%。由此可见，由于诚信缺失，导致大学生人际关系冷漠。

（四）恋爱不诚信

其表现为：一是恋爱动机不纯，成功率低。当前大学生的恋爱，呈现低年级化，人数呈上升趋势。“不求天长地久，只在乎曾经拥有”，恋爱中感情和思想易变，缺乏妥善处理恋爱中情感纠葛的能力，校园里便出现了“契约式恋爱”。二是恋爱的盲目性和随意性极大，在择偶标准上，往往重外表，轻内在。在恋爱方式上，往往重形式，轻内容。在恋爱行为中，往往重过程，轻结果；重享乐，轻责任。三是道德观念淡化，性观念开放。据网上调查结果显示，56.1%的大学生认为婚前性行为“可以理解”，有14.5%的大学生认为是“正常行为，无可指责”，仅有8.8%的大学生认为是“道德堕落”。一些学生中盛行“试婚”“租借情人”等做法。四是缺乏责任感。大学生的恋爱重体验，对对方不负责。五是自控力与耐挫力较弱。恋爱双方不善于控制自己的情感，缺乏理智的驾驭能力，对恋爱对象过度依赖，一旦恋爱受挫，即会情绪失控，无法自拔，甚至酿成悲剧，对学校和家庭造成严重影响。

【案例6-2】

无臂青年艰苦创业　收获女大学生爱情

涪陵增福乡永红村的山坡上，一个蓝色的鸡舍出现在丛林里，一名年轻男子正将桶里的包谷面，撒向鸡群。他喂食的方式有些特别，以脚代手，灵活地将一个金属盆伸进桶里，舀出包谷面，而他衣服的两只袖子却在风中摇晃——他没有双手。

这个残疾青年就是当地小有名气的养殖大户吴晓凡。他的创业故事和感情经历，听起来都像是一个个传奇，也激励了永红村这个贫困村更多的当地人，摆脱贫困发家致富。

吴晓凡的第一次创业：养兔子。他买了20只兔子带回家。一年后，兔子繁育到了500只，眼看成功就在眼前，但由于缺乏饲养兔子的相关专业知识，这些兔子相继死掉。第一次创业虽然失败了，但吴晓凡却收获了经验，使他下定决心在这条路上走下去。

涪陵区增福乡的增福土鸡是重庆地理标志，很有名气。“我为什么不抓住本地特色搞创业呢？”经过仔细考察和思考后，2009年左右，吴晓凡决定改养增福土鸡。

因为没有钱请工人，搭建鸡棚等一系列事情，都由他用脚干，搬砖、钉木头、搭围栏，一个多月后鸡舍终于建好。吴晓凡买回来100只鸡苗，为了不再失败，他吃住都在鸡棚里。冬天，为了给小鸡取暖，他在棚里修了一个火炉，夜里每隔20分钟起来加温。

终于，在他的悉心照料下，半年之后，小鸡长大了起来，这批鸡卖出去后，他一算账，纯收入4 000多元钱。“虽然没有双手，只要努力勤劳，我也能干出一番事业来。”尝到成功的甜头后，吴晓凡立即又进了500只鸡苗。

爱情对于吴晓凡来说，曾经是可望而不可即的事，他完全没有想到有一天，爱情也会降临到他的头上。

500只鸡苗安静地在鸡棚里成长，因为有了经验，吴晓凡不再像以前那样手忙脚乱。2010年，他买了一个智能手机，学会在网上聊天。网络的另一端，姑娘名叫吴金平，是宁夏大学新华学院土木工程的一名学生。

“我们开始只是朋友间的聊天吧，没想到会和他走到今天。”吴金平是个爱笑害羞的姑娘，面对记者的提问，她多数时间笑而不答，一直抓住吴晓凡的衣袖，一脸幸福。

“我对她没有欺骗。”吴晓凡说，他与吴金平在网上互相分享着彼此的生活，他也毫无保留地将自己的情况，向吴金平和盘托出。虽然吴金平刚开始还是很诧异，但随着两人互相了解，她觉得吴晓凡是一个诚实可靠的人，并来到重庆与吴晓凡正式确定恋爱关系。

（本案例来自：http://mini.eastday.com/a/160401091906932-2.html。）

案例分析 爱情的基础是诚信。吴晓凡虽然身残，但他有着积极向上的进取心。他无论是创业还是交友，都秉承着一颗诚信的心。“我对她没有欺骗。”道出了吴晓凡的恋爱观。爱情需要真诚。只有双方真诚付出，才能收获甜蜜的爱情。

（五）骗贷、骗保、恶意拖欠、透支

大学生经济诚信缺失主要表现为：不及时归还助学贷款，不及时归还信用卡欠款，不及时缴纳学费、话费和上网费等，甚至是利用虚假信息骗贷、骗保、恶意拖欠、透支等。近年来，大学生拖欠助学贷款问题成了一个“烫手的山芋”。为了解决高校部分学生经济困难问题，国家出台了助学贷款政策。这一政策的出台，不仅为贫困学生解决了经济问题，也有利培养学生自立自强、讲究信誉的美德。然而，它却实实在在地对大学生的诚信道德进行了另外一次考验，个别学生不按贷款合同还款，许多人不按时还息，更有毕业后拒绝还款，使银行追缴逃款难上加难，学校陷于尴尬境地。2006年9月，来自复旦、同济、上海理工、体育学院等9所大学的68名大学生因拖欠助学贷款被起诉，涉案标的共计762万余元。银行诉请解除与大学生所签订的助学贷款合同，并要求学生立即支付本息。

（六）网络道德缺失

虚拟的网络世界是现实的反映，它来源于现实社会中。网上道德是网下道德

的再延伸，网上道德表现和网下道德状况是同一道德主体的两种表现形式，现实道德状况决定网上道德表现，网上道德水平也影响甚至改变现实主体对事物的看法。大学生网民是一个庞大的社会群体，其网络接触和使用的观念、思想、态度、行为都会对社会各方面产生深远的影响，不断提高大学生网络使用的素养，不仅是一个道德问题，也是一个社会问题。随着大学生网络行为的日益普及，网络诚信规范问题也越来越突出，归纳一下，可以概括为以下几个方面：一是网络欺诈问题。这种利用网络的欺诈性，骗取不正当利益的行为，折射出了实施者败坏的道德。这个问题虽然在大学生网民中是极少数的，但也是客观存在的。二是知识产权侵犯问题。由于网络社会的开放性和共享性，网络信息高速流通，使得网络信息的知识产权保护面临严重威胁。大学生论文抄袭、剽窃现象突出，引出了很多学术争端事件和知识产权侵权争执。尽管学校一再进行这方面的引导和教育，但目前还是屡禁不止。这种行为严重影响了学习的效果，更影响了大学生思维道德素质的提高。三是网络谣言和虚假信息问题。大量的网络谣言和铺天盖地的虚假信息成为当代大学生网络诚信缺失的又一显著表现。某些大学生为了达到自己的某种目的，利用网络，捏造事件，歪曲事实，制造谣言和虚假信息进行恶意攻击，给相关人员和机构造成了伤害、败坏了声誉。四是侵犯他人隐私问题。由于网络本身的开放性和无地域性，侵犯隐私权的现象频频发生。这在大学生网民中表现得也不可谓不突出。当然这应该是发生于一些有网络技能和天赋的同学身上。据统计显示，频繁的“黑客”攻击事件，很多主导者就是在校大学生。

二、大学生生活中的诚信缺失原因分析

大学生生活诚信的缺失和蔓延绝不是偶然的。“80后”“90后”的大学生，有相当一部分与父辈、师长的要求格格不入，与现行的教育和考试制度处处抵触，充满了反叛意识和自主诉求。他们不再以书本、学业、理想为重，而是沉湎于炫富、酗酒、恋爱、同居、网游、赚钱。他们有就业生存的压力，但应对压力的方式常常是非正常的。中国传统文化中重仁义而轻利益、扬理性而抑欲望、尚精神而贬物质的伦理道德观念，西方文化中对自由、平等、独立、博爱的价值追求，在这一代年轻人身上几近失效。同时，他们缺乏一种引导人向真向善的宗教信仰。虽然打的是自我、自由、开放的旗号，但实质上奉行的是中国传统文化和西方现代文化中一些负面的价值观念。比如，同学聚会吃饭，座次都要按父母官级的高低而排序，每个人“对这

个潜规则还是很知心的”。又如,西方文化中的功利主义、拜金主义。大学生为了赚钱可以去搞英语四、六级考试的高科技作弊活动。而女学生则公然宣称:“咱们女孩就是得找个有钱的男人才行。那些穷鬼就非诚勿扰了!”尽管他们不能代表“80后”“90后”的全部,但足以反映出年轻一代的价值观问题。没有诚信、没有信仰的校园最终直接导致人才培养质量的滑坡,并影响着后续知识的生产,甚至会出现“劣币驱逐良币”的逆淘汰现象,使学校信誉、服务社会能力总体性下降。具体原因可概括为以下几方面。

(一) 社会因素

首先是历史原因。在漫长的中华文明发展史上,虽然形成了诸如“言必信,行必果”“人无信不立”“宽则得众,信则民任”“抱诚守真”“童叟无欺、公平交易、互礼互让”等有关诚信的经典之句,但是封建社会中的一些歪曲观念,如“山中有直树,世上无真人”“无商不奸”“老实人吃亏”“见什么人说什么话”“逢人只说三分话”“画虎画皮难画骨,知人知面不知心”等俗语“箴言”,导致人们在潜意识中歪曲了诚信美德的本意,往往在对利和义进行抉择时,禁不住诱惑,放弃原则,“见机行事”,在一定程度上淡化了大学生们的诚信观念。

其次是现实原因。其一,所有制结构的调整,使我国出现了经济成分多元化,随着利益主体多样化、社会组织形式多样化,社会生活方式多样化、就业岗位与就业形式多样化日趋明显,人们的思想观念、思维方式、行为方式、价值取向受到极大冲击,导致社会诚信出现危机。市场经济中人的自我丧失和人的物化倾向的加剧,使社会生活在一定程度上出现片面追求个人利益的倾向。物质利益的诱惑,使某些人片面强调所谓个人价值,追求物质利益,而忽略了自己对社会的责任,特别是拜金主义、唯利是图等思想观念的膨胀,严重的信仰危机使得诚信美德受到了冲击和挑战,迅速影响到高校大学生这一特殊群体,诚信失范的问题日渐突出。其二,在经济生活中,虚假广告让人眼花缭乱,假冒伪劣产品充斥市场,还有企业之间的三角债,经营者之间的拖欠赖账,经营者与国家之间的偷税漏税、走私骗汇、制假售假和坑蒙拐骗等。其三,在法制领域,没有信用评估体系,没有失信惩罚机制,没有立法规范实施,立法、司法、执法没有很好统一。其四,在政治领域诚信的缺失既表现在领导的决策及实施过程,也体现在党政机关及公务员思想和作风上。在工作中摆花架子,搞形式主义,浮夸虚报欺骗和弄虚作假,诸如政绩工程、升迁工程、贪污受贿、买官卖官、数字政绩等屡见不鲜,一些党政干部靠贪污腐败“过上富裕生活”。其五,在文化领域形成一种与社会主义市场经济相悖的亚文化,一时间盖过了我国原有的诚信文化。还有泡沫学术、假文凭、假博士、假职称、假广告、商标侵权、虚假文风等,人与人之间的虚情假意、互不信任等甚嚣尘上。此外,域外不良文化的渗透和侵蚀作用也不容小视。

社会不诚信现象如此泛滥,即使在象牙塔中的大学生,也难免不受其影响。也许遵循诚信法则行事的人并不能得到太多的实惠,相反那些处处行事与诚信相悖的人常常能够得到意想不到的好处;对待那些不讲诚信的人,一时还难以找到有效的惩戒办法。诚信虽然在观念上得到尊重,但其约束力在现实中明显地力所不逮。

(二)学校因素

学校是培养人的专门场所,它不仅向学生传授系统的文化知识,同时还要对学生进行道德教育,帮助学生树立正确的世界观、人生观和价值观。一个人从进入学校的那一天开始,就在不间断地接受思想道德教育,但效果并不令人满意。主要表现在以下几个方面:首先,部分学校对德育教育重视不够。在小学和中学里,学校和家长关心的是升学率,以学生学习成绩的好坏评价学生的好坏,以升学率的高低评价学校的优劣,智育第一,德育排后。在大学里,学校则关心学生的英语四、六级考试的过关率、就业率、研究生的考取率、比赛获奖的多少等,而德育教育主要是以理论灌输为主,轻视对学生日常生活中道德素质修养的教育。其次,教学方式、方法过于单一。在大学里,思想品德课一般都是以大课的形式上课,教师在台上讲,学生在下面听,“满堂灌”“填鸭式”的教学方法使教师和学生之间很少有互动,教育的有效性大打折扣。最后,一些教师的诚信缺失。有些学校,在招生、评估等方面弄虚作假,有些教师在工作和生活中不注意自己的言行,说话、做事不负责任,常常做出不诚信的事情来。这些虚假的行为对学生的诚信教育带来了负面影响,影响了学生诚信品质的塑造。

(三)家庭因素

中国的家庭和学校教育长期以来强调的是智育,即获得高的分数,进入好的学校。在家长们的眼里,只要孩子学习成绩好,能够考上好的大学,找一份好的工作,他们就尽到了一个做家长的责任。而对孩子在学校的表现则不闻不问,任其发展,忽视对孩子的品德教育、培养和引导。家庭是大学生接触最多的社会环境,部分家庭把一些错误思想灌输给大学生。有些家庭只关心学生的学习成绩和日常生活起居,忽视道德品质方面的引导,有些家庭虽然意识到诚信教育的重要性,但方法不当等都对大学生诚信品质培养产生了消极的影响。

在现实生活中,一些家长不注意自己的言行,当着孩子的面谈论和做一些有违诚信的事,如职称考试请人代考、作弊、行贿受贿、不兑现对孩子的承诺等,这些看起来是小事,许多家长也不以为然,但是却对孩子的身心健康和道德养成带来了极坏的影响,在其心目中可能就会种下不诚信者获利的种子。甚至有的家长为了让孩子在与人交往中不"吃亏",还教唆孩子撒谎、排队加塞、作弊等,这无形中助长了孩子的不良行为。

(四)学生自身因素

面对大学生的不诚信行为,专家学者认为,造成意识与行为距离很大的原因,大学生自身因素占很大的部分。唯物辩证法认为,在事物的发展过程中,外因是事物变化的外部条件,内因是事物变化发展的内在动力和根据,是第一位的原因。大学生诚信观的树立一方面要受到外部条件的影响,另一方面也和大学生自身的原因分不开。当代大学生处在信息化、网络社会的前沿,思想活跃,善于接纳新生事物,勇于思索,敢想敢做,但是他们世界观、价值观不成熟,不稳定,缺乏足够的道德评价能力,对社会上良莠不齐的现象不能辨别其真伪;他们往往智商很高,情商却不高;他们有聪明的大脑,但未必有聪明的行为举止;他们忧患意识不强,但体验快乐,追求自我,道德耻辱感、诚信意识明显不足。常常把观察到的一些社会消极现象当作社会本质,从而误导他们失去诚信观念。同时,当代大学生,大部分都是独生子女,生活环境的优越使他们缺少艰苦生活的磨炼。他们以自我为中心,很少为他人着想,重视自我价值的实现。当各种价值观念发生冲撞时,他们就很容易表现出急功近利的心理,把个人利益放在第一位,追求个人的名利得失,而很少考虑自己的社会责任和社会价值。同时,从小缺乏儿童伙伴,离群寡居,容易形成不合群、自私、胆怯、不关心同伴等不良心理。这些都是影响学生诚信品质形成的不利因素。

第三节 大学生生活诚信的培养

目前,我国在校大学生有2 000多万人,他们的诚信意识、诚信品质、诚信行为,关系到良好社会风气的形成，关系到社会主义和谐社会的构建，关系到中华民族的未来。诚信是大学生立身处世之本，是树立理想信念的基础，也是立业成事的前提。很难想象，一个说话从来不算数的人如何能够同周围的人进行交流和沟通，更不要说经济、政治等高级活动了。大学生只有努力培养诚实守信的优良品质，奠定立足现代社会的道德基石，才能成为高素质的人才，并能够承担起全面建设小康社会和社会主义现代化建设的重任。

诚信是做人的基本准则，是处理个人与社会、个人与个人之间相互关系的基础道德规范，是人生的第二身份证，同时也是大学生全面发展的前提，是大学生全面发展的助推器。大学生是国家宝贵的人才资源，是民族的希望、祖国的未来。大学生要肩负起全面建设小康社会和社会主义现代化建设的历史使命，就必须把诚信作为高尚的人生追求、永恒的行为品质、立身处世的根本准则。加强道德修养，养成诚信的品质，对当代的大学生来说是至关重要的。生活是人生旅途中的一种经历，充满着悲伤和喜悦，充满着自信和激情，更面临着极大的人生挑战。大学生的诚信意识、诚信行为、诚信品质，关系到良好的社会风气的形成，关系到社会主义和谐社会的构建，在一定意义上关系到中华民族的未来。要肩负起全面建设小康社会和社会主义现代化建设的历史使命，大学生必须自觉加强诚信道德建设，把诚信作为高尚的人生追求、优良的行为品质、立身处世的根本准则。著名教育家陶行知所说："千教万教教人求真，千学万学学做真人。"培养和塑造诚信品质，应从以下几个方面着手。

一、提高自身诚信修养，提升人生道德境界

道德修养指个体在道德意识、道德行为方面，自觉地按照一定社会或阶级的道德要求所进行的自我审度、自我教育、自我锻炼、自我改造和自我完善的活动。

（一）提高诚信道德修养的自觉性

辩证唯物主义认为，在事物发展变化的过程中，外因是变化的条件，内因是变化的根据，外因通过内因引起作用。作为人们自我完善的过程和方法，一般包括外部教育（即家庭、学校、社会等所进行的教育）和自我修养（即自己按一定的规范和要求主动采取行动来培养自己的人格素质和品质），是两者相统一的过程。其中自我的人生修养是核心，是人在自己内心深处依据社会的要求不断地检查、反省和找

出自己与社会要求不相符的思想等，并运用“内省”“思过”等方法“整治”自己，又在实践中不断“养育”自己，使自己的人生发展与社会发展要求相融合、相一致。它不具有外在强制性，更多的是依靠人自己内心诚信起作用，而且以内心情感、倾向和行为习惯的形式表现出来。由此，自觉性是修养的第一特征。修养的自觉性是修养动机最强烈的表现，一旦有了它，人就会迸发出修养的热情，形成修养的意志，把修养看成是一种人生享受，而不是一种负担和压力，能在人生实践中，充分发展修养的积极性和主动性，不断提升自己的人生境界；否则，如果没有自觉性，而是“奉命而修”，修养必然流于形式。

（二）掌握运用好诚信修养方法

借鉴历史上思想家们所提出的各种积极有效的道德修养方法，结合当今社会发展的需要和当代人的道德修养实践经验，采取一些行之有效的方法来进行诚信道德修养。

1. 学思并重

对于道德修养来说，为学是一个不可缺的步骤。在中国古代，从内涵上来看，“为学”一词的意义是非常丰富的，不仅仅指求学的行为和活动，还包括为学的态度、方法、目的等。为学的首要要求便是好学，这是端正学习态度的问题。好学最重要的便是勤奋，为学之道不仅在于好学，而且还应该博学，广泛地学习各种相关的知识。

为学之道，在强调好学、博学的学习态度之后，还要运用正确的学习方法，就是要学思并重，即通过思维活动把所学的知识融会贯通。《礼记·中庸》中把孔子“学思并重”的思想发展为“博学之、审问之、慎思之、明辨之、笃行之”五个学习步骤，其中既肯定了学思并重，又强调了思维的重要地位，“审问之、慎思之、明辨之”都是思维活动的具体化。

2. 省察克治

省察，就是自我反省，即回忆检查自己的思想行为。“自省”是古人特别推荐的修养方法，它是指人的自省、自我省察。“克治”还包括“知耻”“改过”等内容。“知耻”，即有羞耻心。古代思想家把知耻看作“勇”的表现。“知耻近乎勇”，认为羞耻之心是人的道德行为的基础，无耻是人生的大患。克治，就是自我改正，即克制自己感情用事并自觉修正其言行。“克己”根本的是“以公克私”，即克制私心私欲，以维护公利公益。“克治”还包括“自省”。省察克治就是指一个人对自己日常行为的自我反省和检查，自觉克服其不足之处，以使自己的行为始终保持在符合社会道德的规范之中。省察克治，既是一种自我修养能力，又是一种道德实践方法。应该说，凡具有良好品德的人，都是自省自察自制力很强的人。

3. 慎独自律

"慎"就是小心谨慎，随时戒备；"独"就是独处，独自行事。慎独作为修养方法，就是注意在没有外在监督的情况下坚持自己的道德信念，自觉按道德要求行事，不因为无人监督而恣意妄行。其特点在于，它强调要从"微处"和"隐处"下工夫。它是有相当难度和高度的道德修养方法，是一种很高的境界，是真正的"表里如一""言行一致"，是有坚定价值目标的试金石。

4. 积善成德

所谓"积善成德"，是讲个体的道德品质由其平时一个一个的善的行为长期不断积累的结果。《荀子·劝学》中说："积土成山，风雨兴焉；积水成渊，蛟龙生焉；积善成德，而神明自得，圣心备焉。"这里讲的"神明"，是指人的精神面貌；"圣心"，是指一种道德境界。所谓"成德至善"，是说个体的道德品质是一个由一种较低的境界到另一种较高的境界，不断前进而逐渐趋于"至善"的过程。"存之又存，相乃不舍"，逐渐地但无止境地趋于"至善"。所以，荀子在《儒效》中说："涂之人百姓，积善而全尽，谓之圣人。彼求之而后得，为之而后成，积人而后高，尽之而后圣。故圣人也者，人之所积也。"它告诉我们，个体道德的形成和发展不是一蹴而就的，要成为一个有道德的人，必须从现在做起，从小做起，一点一滴，持之以恒，日积月累，方能收到实效。

5. 知行统一

如果对道德榜样只是"听起来感动，说起来激动，做起来不动"，那就永远不可能"见贤思齐"，与"贤"比肩。只有在亲身参加道德活动和社会实践的过程中，才能真正懂得加强道德品质修养的重要性和迫切性，才能深刻理解和自觉地接受社会主义道德的基本原则和规范。也只有在各种道德活动中通过具体处理个人与他人、个人与社会的错综复杂的道德关系，才能最终分辨是非善恶，改过迁善并检验自我道德修养的实际效果，才能把外部的道德教育转化为内在的道德信念和道德品质。

二、在不同生活领域中恪守诚信

根据当代大学生在日常生活中的诚信状况，可以分别从以下几个层面来加大大学生诚信精神、诚信品质的塑造和养成。

(一) 校园生活诚信

培养大学生的诚信品质是一个系统工程。大学生是校园生活的主力军,诚实品质的塑造、诚信行为的养成应落脚到校园生活的方方面面,渗透到学生生活的角角落落,每一个大学生都不能袖手旁观,而应当身体力行、积极实践,应持之以恒、一以贯之地从以下十个方面做起,逐步培养和塑造自身的诚信品质:① 要不说谎话,借东西要还。② 要不隐瞒错误,不要不懂装懂。③ 要诚实学习,考试不作弊。④ 要诚实做人,为人处世讲信用。⑤ 尊重事实,尊重规律,树立求真务实的人生态度。⑥ 敢于质疑,自觉维护公平与正义。⑦ 关心集体,崇尚荣誉,建设和谐共进的班集体。⑧ 诚挚建议,客观批评,营造自由民主的氛围。⑨ 诚信撰写论文,诚信开展学术活动,杜绝学术造假。⑩ 量入为出,理性消费,诚信申助申贷申保。这样由易到难、由浅入深,小处入手、近处入手、实处入手,逐步养成诚实守信的良好习惯。

(二) 社会生活诚信

在公共场所,大学生要带头遵守市民公约,如上海市民“七不”规范:不随地吐痰、不乱扔垃圾、不损坏公物、不破坏绿化、不乱穿马路、不在公共场所吸烟、不说粗话脏话的相应规范。在观看比赛、演出过程中,要自觉排队,遵守秩序,要着装得体,文明守纪,要准时按时,不迟到、不早退,不大声喧哗,不骂脏话,遵守禁烟规定,杜绝过激的言行举止。在出行过程中,要尊老爱幼,关爱残障孕妇病患者,主动让座、让道、让行,吃饭不浪费、不攀比,做到文明出行,绿色出行,平安出行,诚信出行。在参与社会经济生活过程中,要坚决抵制商业炒作、欺诈;不制假售假,不买不用假冒伪劣商品;按时纳税,不偷税逃税骗税;不做假账;不变相传销,不参与传销;市场买卖不欺行霸市,不缺斤少两;理性消费,不超支、不透支,遵守信用规则,保持良好的信用记录。在人际交往过程中,要以诚相待,不欺人,不弄虚作假,在言语上、行动上都要做到真诚真心,与朋友交往要诚心,与家人相处要诚意,与其他人交往也要诚恳。要言而有信,表里如一;要言必信、行必果,答应别人的事不敷衍、不塞责、不推诿。在参与公益环保活动时,要主动积极承担责任,履行义务,如自觉参加社会公益服务、志愿者行动计划、社区文明创建计划,在活动中不逃避不推脱,敢想敢说敢为;主动参与环境保护,自觉维护生态平衡,倡导健康、绿色、可持续的生活方式、消费方式;爱护动植物,关心大气水土壤质量改善,身体力行参与节能减排，让低碳环保的理念渗透到自己生活、学习、工作的方方面面。

（三）恋爱诚信

大学生在恋爱过程中恪守诚信非常重要。大学生恋爱中的诚信主要有：端正恋爱动机，提倡志同道合的爱情，不以炫耀、攀比、追求刺激等为目的谈恋爱；与异性交友要诚恳、坦率、平等相待，相互尊重；恋爱不能影响学业、自身身体健康，更不能加重经济负担；正确把握男女恋爱的度，不越轨不越界；男女双方要增强心理承受能力，提高情感耐挫力；自尊自爱，学会驾驭感情；尊重双方的基本权利和人格尊严，不恶意报复攻击，不泄露个人隐私；禁止不健康的恋爱行为，不提倡婚前性行为；提高爱的能力和素养，培养高尚的生活情操；失恋不失德，失恋不失志，失恋不失谊。

大学生恋爱要真诚。人们渴望真诚相待就像大地渴望春雨滋润一样。同学之间需要真诚的友谊和真诚的关爱。真诚的微笑有时会像温馨的冬日阳光一样，会化解一切敌意和怨恨，消除不必要的隔阂。真诚不是爱情，但和爱情一样珍贵。一生中拥有男女之间真诚的友谊更应珍惜。男女之间不宜缺少真诚，因为这是人间最美好的情感，世界因此也变得更加可爱。

大学生恋爱时不宜“脚踏两只船”。“脚踏两只船”既是自己无信心的表现，又是对对方不尊重的表现，这是恋爱过程中的大忌。例如，某人喜欢小张的英俊潇洒，同时又与好学上进、有事业心的小王谈朋友，这种“脚踏两只船”明显地是对对方人格的极大不尊重。恋爱时我们主张多接触、多了解，坚决反对同时与多人发生多角恋爱关系。爱情是自私的，也是纯洁的，掺杂过多条件的爱情最终肯定是会付出代价的，这已为很多事实所证明。大学生谈恋爱时千万不能“脚踏两只船”。

恋爱不宜隐瞒真实情况。隐瞒真实情况，其目的是为了赢得对方的好感，希望与对方建立稳定的恋爱关系。而实际上，这样做恰恰适得其反。恋爱是交友的一种特殊形式，表里如一、诚实虚心是交友的基础，更是恋爱的原则。如小张的父母是普通工人，偏要说是领导干部；明明自己有兄妹 3 人，偏说自己是独生子。事实终归是事实。当谎言被对方识破时，“恋爱关系”会立即告吹。即使结了婚，对方还会提出离婚。与其隐瞒实情骗取别人的信任，还不如如实相告。这样会使对方感觉你忠诚可靠。既然对方爱你，就不会太在意其他事情。

恋爱双方要敢于承认错误。有些男同学明明知道自己办错了事情，但碍于面子，就是不肯在女同学面前承认错误。这是大男子主义和虚荣思想的具体体现。

人非圣贤，孰能无过？做错了事情，勇于承认自己的错误，主动承担责任，才是真正男子汉的本色。硬着头皮拼死抵赖，极力为自己狡辩，企图推卸责任，只会使矛盾更加突出，彼此的隔阂更加难以消除。到头来不仅不会保全自己男子汉的体面，反而会落个"蛮不讲理""无赖之徒"的名声。明智的做法是：如果自己错了，要尽早尽快并真诚地承认错误，以求得谅解。女生一向喜欢同光明磊落、胸襟开阔的男生打交道，而有错不认只会欲盖弥彰，更加让女生瞧不起。

（四）网络诚信

网络诚信缺失不仅影响网络空间的正常交往和进一步发展，同时也会对大学生的社会化以及当前和谐社会建设造成极为消极的影响，其危害不可小视。

网络规范的建设是网络诚信建设的基础。在建设网络诚信的过程中，必须结合网络社会的本质特征，遵循现实与虚拟相结合的原则，立足于现实社会道德规范，运用诚信的一般原则在网络活动中恪守诚信。

法律是最低的道德规范。在当前人们的网络规范意识还普遍比较缺乏的情况下，可以借助适当的道德立法来提高人们遵循道德规范的自觉性，达到网络道德建设的目的。在网络道德建设中，应当把那些重要的、基本的网络道德规范尽量地纳入到法律中，融入到管理制度中，融入到公众的各种守则、公约中，对那些严重违背网络道德的行为和现象，应制定出相应的惩罚措施，这对于促使社会成员养成对社会的高度责任感有着积极的意义。

目前，我国有关部门已经颁布了《互联网信息服务管理办法》《互联网电子公告服务管理规定》和《互联网站从事登载新闻业务管理暂行规定》等网络法规，对网民的行为作出了严格的规定，这对网络环境的净化起到了一定的积极作用。但从总体上看，由于网络环境的复杂性，现有的法律法规还难以对众多的网络违规行为进行比较全面的约束。因此，当前依然要将网络法律法规的建设尤其是与网络道德相关的法律制度的完善作为一项重要任务，尽快制定出更加细致与更具操作性的相应法规，以防止和打击相应的网络违规行为。2006 年 4 月 19 日，中国互联网协会发布了《文明上网自律公约》，号召互联网从业者和广大网民从自身做起，在以积极态度促进互联网健康发展的同时，承担起应负的社会责任，始终把国家和公众利益放在首位，坚持文明办网，文明上网。公约规定：自觉遵纪守法，倡导社会公德，促进绿色网络建设；提倡先进文化，摒弃消极颓废，促进网络文明健康；提倡自主创新，摒弃盗版剽窃，促进网络应用繁荣；提倡互相尊重，摒弃造谣诽谤，促进网络和谐共处；提倡诚实守信，摒弃弄虚作假，促进网络安全可信；提倡社会关爱，摒弃低俗沉迷，促进青少年健康成长；提倡公平竞争，摒弃尔虞我诈，促进网络百花齐放；提倡人人受益，消除数字鸿沟，促进信息资源共享。

网络诚信最终只能通过个人的自律才能真正落到实处。所有的网络道德规范要实现其价值性，成为有实效的东西，变为实际的道德风尚，只有通过广大青年学生“网民”的思想和行为转化为道德的自律，即道德主体借助于对自然和社会规律以及现实生活条件的认知，自愿地认同网络道德规范，并结合个人的实际情况加以践行，从而把被动的服从变成主动的律己，把外在的网络道德要求变为自觉的行动。因此，我们在强调建设完善的网络道德规范体系和法律法规等他律机制的同时，又必须注重发挥自律机制的作用，引导大学生加强自身的道德修养。通过其自身的道德修养提高道德认知，坚定道德信念，升华道德人格，从而在自律的基础上遵守和践行网络诚信。

为此，大学生在网络生活空间应力争做到：不在网络上发表蛊惑人心的不实信息；净化网络灵魂；学会自我控制，不沉迷网络；正确看待网恋；不透露他人隐私，不造成他人名誉、经济上的损失；遵守网络公约（相互尊重、互惠、真诚交往、信任）；端正网上交友的心态；警惕计算机违法犯罪的不健康心理；守网法，讲网德，做文明网民；慎独慎微，勿以恶小而为之；珍惜匿名权，不滥用匿名权；防止及摆脱网络成瘾；正确应对网络陷阱；安全网购，诚信网购。

【案例 6-3】

大学生网络诈骗敛财

海南一在校大学生陈某伙同 4 名青年，以网上销售游戏装备、游戏币的虚假信息为名，先后诈骗他人钱财共计 611.6 万元。海南省东方市人民法院近日以诈骗罪，对刘某、陈某等 5 人分别判处 11 年至 3 年不等有期徒刑，并处罚金 5 万元至 3 000元。

2011 年 1 月，刘某提供给张某一个支付平台。张某通过互联网在多个 QQ 群内发展了吉贤（已判决）等下线，让下线发布大量出售游戏装备、游戏币的虚假信息，诱骗玩家购买。刘某与张某收取 20%的提成后，将剩余的 80%诈骗款转至诈骗者(下线)的账户上。

同年2月12日,刘某以"张斌"的名义与上海环迅电子商务有限公司签订协议,并开设了"张斌"的商户,继续发展下线诈骗。海南一在校大学生陈某也参与进来,以同样的手段实施诈骗。同年1月至7月,下线卢某、孙某两人合作,利用QQ发布虚假事实,获取诈骗款。

(本案例来自 http://news.qq.com/a/20130108/000308.htm。)

案例分析 互联网的发展给人们的生活带来了无数便利和福利,但泛滥的网络欺诈和造假降低着人们的互联网红利,也成为中国推进"互联网+"战略的障碍。大学生践行网络诚信,不仅仅是一种道德品质,也是创建和谐社会的重要保证。

总之,诚信是中华民族的传统美德,是个人立身之本、成事之基、处事之道,也是整个社会和谐稳定、发展进步的源泉。大学生的诚信意识、诚信行为、诚信品质,关系到良好社会风尚的形成,关系到和谐社会的构建,在一定意义上关系到中华民族的未来。诚信教育对大学生成长起到了重要的作用。如何把诚信作为大学生高尚的人生追求,优良的行为品质、立身处世的基本理念与准则,一直是高校思想政治教育工作者思索和探讨的重要问题。当今社会,诚信更是作为人才素质的一项基本要求,是现代文明的基石和标志。大学生作为今后社会活动、经济活动的重要个体,其信用意识的建立与否对未来社会的道德取向产生重要的影响。对大学生而言,信用意识将是未来法治社会的立身之本。诚信既是一种道德素质,又是一种法律意识,大学生在即将迈入社会门槛的关键时期能否树立起正确的诚信观,是关系个人成长发展的大事,同时更是关系到未来社会整体诚信观的大问题。只有树立起良好的诚信观才能在未来的社会大潮中抵抗住不良现象的侵袭,才能在纷纭变幻的国际竞争中把握住正确的方向。因此,大学生必须高度重视自身诚信品质的塑造,牢固树立求真务实、言行一致的诚信形象,以自己的实际行动营造校园良好的诚信氛围。在生活中时时事事重信用、讲诚信是大学生步入社会前的一门"必修课",在这方面莘莘学子责无旁贷。

还应当看到,校园作为大学生最主要的生活学习环境,校园文化是否健康、校园环境是否有利于大学生的发展直接影响着当代大学生诚信品质的培养。因此,切实加强校园道德氛围建设,努力营造良好的诚信环境,积极引导学生参与诚信教育活动,才能使大学生在思想上受到启迪、情操上得以陶冶、诚信品质得到升华。

高校要把诚信教育与校风建设、校园文化建设、基础文明建设活动紧密结合起来，在各项评优选优活动中强化诚信教育，把诚信教育的实效作为考核各项创建工作的重要指标之一，使大学生能够在诚信的环境中学习和生活，为大学生诚信教育营造良好的外部环境。

思考题

1. 大学生如何做到恋爱诚信？
2. 如何诚信交友？
3. 你认为如何在网络生活中塑造自己的诚信品质？
4. 如何制止网络谣言？请谈谈你的看法。
5. 怎样提高自身诚信修养，提升人生道德境界？

课外实践

开展一次大学生网络诚信调研活动，分析大学生网络行为特点，并提出你的建议。

第七章　大学生的学习诚信

学习是人生成长的最重要的手段，每个人都是在与外界的交互体验中了解自己所不知道的知识，同时根据自己的成长体验，筛选有用的知识来不断地完善自己，使自己能够适应社会的需要，既丰富了自己的人生过程，又使自己能够在社会中得以生存。在人的一生中，可以说我们每时每刻都在通过不同的方式在学习。但是，如果以系统的学习体验来讲，我们可以把学习分为小学、中学与大学。大学的学习与小学、中学的学习是截然不同的，无论从学习者的智力发育，还是从大学本身的学习特点来说，大学的学习都更加开放、自主。往往学习体验的程度取决于学习者自身对外界知识的感悟程度、探索的程度、努力的程度以及自我创造条件去掌握知识的能力等。但是，大学又是学习各阶段中最贴近社会的阶段，因此，在此阶段学习者不可避免地会受到社会环境的直接影响，从而也由此会改变大学学习的轨迹。比如，我们现在大学学习中常有的过于注重文凭、学习功利性过强、学习态度不端正、学习倦怠等问题，都严重影响了大学学习的实际效果。为此，认识和克服自身存在的学习弱点，养成良好的学习心态，使大学生通过大学学习成为国家需要的人才，是我们大学教育的永恒的目标。

第一节　大学学习的特点

了解大学学习的内涵与特点，是大学生追求自我成长的首要环节。学习的本身不是为了能通过考试，得到奖学金，也不是为了一张文凭。只有了解了大学学习的真正内涵，才能从原动力上去解决学习上的问题。

一、学习的内涵

学习，一般有广义与狭义之分。广义的学习是指人们通过有意识的由内而外的感知、体验、思考，获得知识、形成技能、发展智能、改善素质、提高并创造人生价值、开拓人生境界的活动过程。广义的学习把学习的目的、过程、结果都看成是一个学习的整体。对我们来说，学习是自我获得某种体验、得出经验，甚而获得各种系统的知识。通过学习来提升自己的知识水平、认知能力，完善自己的综合素质，这不仅是指学习书本知识，更多的是指自身能力的提升过程。狭义的学习是指通过人的指导而进行的学习活动，以及通过经验引起的、符合教育目的的行为或心理的相对持久的变化过程。大学学习就是这样一个过程，通过老师的教授，学生系统地获得知识、技能。但是大学的学习又与中小学的学习有很大的不同，这一阶段的学习更强调自主能力的提高。这就需要我们从三个层次来认识大学的学习：一是指引方向，引导大学生认识、选择、确定自己的人生方向是这一阶段的基本任务，因为大学生已经具备了一定的知识水平、一定的自我思考的能力，他们进入大学学习是为了确定自己今后的人生方向以及奋斗的目标。二是落实路径。有了明确的方向，大学生还需要选择正确的发展路径。同时，在向发展方向努力的过程中，还可能出现不断调整路径的问题。大学生应学会根据发展方向的指引，随时优化自身的素质结构，努力使自己与发展方向的路径相匹配。而要达到这种契合，学习与创新是必由之路。三是领会方法。以上两个层次从阶段上来说都只是设想、设计阶段，真正的落实还要通过具体的坚持与努力，但很多好的设计如果没有好的方法是会走很多弯路的。

在广义的学习与狭义的学习认识上，应该分清不同阶段所要落实的学习任务。人的一生，其实都是一个广义的学习过程，认识到了这一点，学习的目标就会更加清晰。

二、大学学习的主要特点

讨论大学生的学习是一个非常困难的事情，因为大学的学习涉及时间跨度、专业分类、学习手段等多种因素。在此，我们仅讨论大学生的学习特点。

(一) 知识的专业性

高等教育的培养目标是为社会培养各级、各类社会需要的专门人才,因此,大学阶段的学习是学生由“求学型”向“成才型”、“创造型”转变的阶段,也是学生由学校走向社会的最后阶段,这种阶段性的特征决定了高等教育是专业教育,具有较高层次的职业定性。专业性不仅体现在大学的学科体系、课程结构、教学内容、教学实践和学习方式方法上,而且还体现在培养大学生的知识结构、智力结构、能力结构和心理品质结构“四大结构系统”中。因此,专业性是大学生学习的特点之一。强调大学生学习的专业性,要处理好三个关系:① 专业性与基础性的关系。大学的课程设置包括基础课、专业基础课、专业理论课、专业技能和毕业设计(或毕业论文)。基础性包括前两者,它是由科学的、基本的、系统的知识组成,包括基础知识、基本概念、基本原理和基本方法等。没有系统扎实的基础性,便谈不上专业性。② 专业性与多元性的关系。教育体制改革正在促进大学生在学习选择上的意向性,学有余力的大学生,可以选修其他专业,获得第二学士学位,或可修满学分提前毕业;有的大学生还可把专业作为基础工具,毕业后转行涉入其他领域,实现从单一专业向多元专业转化,从单学位向多学位的转化。③ 专业性与综合性的关系。现代科学技术发展的一个重要表现就是专业种类越分越细,但从事任何一项专业所需的知识技能的综合性和渗透性很强,这就要求大学生在打好基础、学好专业的同时,又要注重边缘学科、交叉学科的学习,注重综合能力的培养。事实证明,成果往往出自边缘学科、交叉学科、学科前沿、空白领域以及综合学科等方面。

(二) 外延的开放性

大学学习的阶段性属性决定了它特殊的开放性属性,因为在此阶段,学生除了课堂学习以外,还可通过多途径、多渠道、多方式的学习,链接、矫正、选择与自己的兴趣相匹配的专业,同时也可通过此阶段的学习,拓展学习内容,提高综合能力。开放性的表现主要有:① 拓展学习内容。学知识,不应局限于教学计划所规定的范围,而是要根据自己的兴趣爱好及专业学习的需要,涉猎大量的文献资料和参考书,不断拓展交叉学科、前沿学科、边缘学科,以至综合学科,了解学科前沿动态,提高实践和应用能力。② 拓展时空范围。大学校园优越宽松的学习环境,为大学生学习生活创造了良好的客观条件,大学生自由支配时间在50%以上,其空闲可以保证大学生学习大量有用的知识。同时大学空间环境优美,学术风气浓厚,可以利用的学习资源充足，学习空间很大。③ 拓展学习途经。大学生不仅可以在教室、实验室、图书馆学习，还可参加各种学术报告会、专题研讨会、学生团体活动，参与学术研究，利用网络传媒，还可到校外的科研基地、生产实习基地，开展实践活动。

（三）学习的自主性

自主性就是大学生独立自主地进行学习。在大学学习某一阶段，自觉地确定学习目标，决定个人发展方向，制订学习计划，并采取有效措施加以实施。其目的是：在教师的指导下，努力提高自己独立获取知识的能力，训练独立思考问题的能力，进行独立发展尝试，为将来迎接挑战、胜任工作打下基础。这既符合大学生身心发展规律，又符合大学学习规律，还符合大学生成才规律。自主性是大学生与中学生学习的主要区别。中学生甚至是不少大一学生，往往存在被动学习的现象，中学生习惯了“老师讲学生听”，依赖老师，围绕书本，一切为了高考，把所有精力和时间都用在记忆死的知识上边，初入大学的学生沿用高中的学习方法，上课记笔记，下课补笔记，考试背笔记；学校开设什么课，自己学什么课；老师教什么，自己学什么，把自己当成了“容器”，而没能成为“学习的主人”。随着年龄的增长和文化程度的提高，自主性也逐步发生着变化。度过适应期，后者会发现正确答案不是唯一的，有的问题本来就是没有答案的，不再有绝对权威，也不必承受巨大的考试压力，能够自主地阐释和选择学习内容，个性可以得到适度释放。他们不再是单纯而又抽象的学习者，而是有丰富个性的行为主体，大学生作为一个独立的个体存在，具有不可重复性和不可替代性，具有无限的发展潜能。他们与知识的关系也不是机械被动的固定关系，他们不仅被视为知识的消费者，同时也是知识的传播者、创新者以及再生产者，甚至是创造者，正是由于这种角色转换的需要，才形成了大学生学习的自主性特点。

大学生自主学习表现在三个方面：① 自主调整学习目标。在学校总体培养目标和专业设置要求下，大学生开始能动地确立自己在短期甚至很长一段时期的学习目标，这一目标并不是一成不变的，可以随时调整。学习目标由学习兴趣爱好、思维特点、知识水平、个性品质决定。② 自主思考学习内容。大学的学习内容极为丰富，具有一定的深度、难度和广度。大学生摆脱“填鸭式”的学习，开始独立自主地思考钻研学习内容，由被动学习转为主动思考。③ 自主选择学习方法。学习方法分广义和狭义两种。广义是指在学习过程中，一切为了达到学习目的，掌握学习内容而采取的手段、方式、途径，以及学习所应遵循的一些操作性原则和组织管理等环节。狭义的方法是指学习过程中学习者所采取的具体措施和策略。学习方法既表现为经验、技能，又表现为观点理论。笔者认为，学习方法是学习个体在学习方式上的一种感悟，一种思维方式，更是一种行为策略。大学生的学习方法就是根据自身特点，凭借自己的探索，自我选择最科学的、更有效的学习模式。

（四）求解的探索性

爱因斯坦曾经指出，高等教育必须重视培养人具备会思考、探索问题的本领。这种探索既包括学习和接受前人总结出来的已有知识和经验，继承前人先进的科学文化遗产和技术，还包括探索人类已发现但未解决的问题以及未知领域。一方面，大学教学的重要任务之一就是把科学研究最新成果引入教学内容之中，并且组织、引导学生间接或直接参与其研究，培养学生的探索精神和创新能力。另一方面，大学生正处在求学、质疑、发现的时代，他们的思维，已具有对客观事物的批判意识，对奇特的新现象具有强烈的求知欲和探索冲动。随着知识的“客观性”“真理性”被解构，知识的“不确定性”“理解性”“生成性”被揭示出来，人们不断对传统知识进行新的审视、修正或抛弃。大学生已意识到知识的增长具有非线性特征，其发展方向是无限多样的。知识是开放的、整合的、变革的，没有固定的或不可逾越的框架与结构，任何真理性认识都不是也不可能仅依靠权威或制度而得以证实，也不可能通过强制的方式使人接受或服从，因此，大学生的学习必然从接受性、被动性学习转为探索性、创造性学习。大学生学习的探索性，甚至是创造性是有条件的：① 要有扎实的基础知识和专业知识，任何发明创造都是站在巨人肩膀上的，要脚踏实地，不可好高骛远。② 要充分了解最新的科研成果和前沿的学术动态，要细心钻研，不可浅尝辄止。③ 在大学里，应该更多地提倡和培养大学生的探索精神和创造精神，探索出新的东西，创造出新的成果，才是人类更高的追求和向往。

（五）运用的实践性

培养大学生的实践能力和创新精神是大学教育的目标和任务，也是社会发展对大学教育提出的客观要求。实践活动是大学生学习活动的重要组成部分，大学生除了掌握书本知识，完成课堂教学任务外，更要参加社会实践活动，突出实践性，在社会实践中检验知识、丰富知识、应用知识、深化知识、发展知识。大学生从“求学期”到“工作期”，其中的主要环节就是社会实践环节。大学生的社会实践活动包括实验、专业实习、社会调查、企业参观、社会咨询服务、短期务工等形式。大学生社会实践活动要坚持合理安排、重在指导、积极参与、总结提高的原则。从教学课时安排来看，教学实践环节占到总课时量的1/3，主要目的就是通过强化这一环节，帮助指导学生理解知识，应用知识，提高发现问题、分析问题、解决问题的能力，更好地适应形势发展的需要，培养出合格人才。

（六）个体的差异性

上述五方面多为当代大学生学习所共有的特点，但要进行学习指导，除必须把握其共性特点外，更要注意他们彼此间的差异性，即个性化特征。学生虽为同一批次录取或同年升级而来的，但每个学生知识功底的厚薄、刻苦攻读动力的大小、毅力的强弱、学习方法的正确与否、探索精神的有无，思维方式的差异等都是很大的，如形象思维较强还是逻辑思维能力较强，善于事务性工作还是创造性劳动等。对于以上的差异性，作为教育实施主导方的教师、辅导员、班主任等，均应做到心中有数，方能针对每位学生的个性特征因势利导，因材施教，有的放矢。学习指导不仅要注重大学生学习的普遍特点，更要注重大学生学习的个体差异性。

三、学习与成才

成才，是大学生的追求与渴望，也是社会对大学生群体的期盼与要求。大学时期是人才成长的转型阶段，这个时期是由学习型向应用型转变的阶段。这一时期的大学生应该努力完善自己的人生理想，正确地认识社会，优化自己的素质和知识结构，培养全新的学习理念，在学习中成才，加速其知识转化为生产力，这是关系到每个大学生能否健康成长的关键问题。

（一）人才的科学含义

人才蕴含着丰富的内容，既不是指可数的杰出人物，也不是指世界所有的人。人才是人群中比较先进的、比较精华的部分。人才与一般人的区别既表现在德、智、才、学、体、美等内在素质方面，又表现在改造自然、改造社会的作用方面。2003年12月，党中央和国务院召开的全国人才工作会议，对人才的定义作出了全新的界定："只要具有一定的知识或技能，能够进行创造性劳动，为推进社会主义物质文明、政治文明、精神文明建设，在建设中国特色社会主义事业中作出了积极贡献，都是党和国家需要的人才。"这就是全新的科学的"大人才观"。"大人才观"坚持德才兼备的原则,把品德、知识、能力和业绩作为衡量人才的主要标准。这是对原有人才观的重大突破和全面丰富。特别是实行不唯学历、不唯职称、不唯资历,不拘一格选人才的用人导向,鼓励人人都作贡献,人人都能成才,充分体现了人才的发展性、多样性、层次性和相对性。

综上所述,所谓人才,是指有高尚的思想品德、能利用自己的专业知识与技能,在社会实践中以创造性劳动为社会发展和人类进步作出贡献的人。首先,人才具有德才兼备的内在特点。其次,人才的本质特征是创造性劳动。这种创造性劳动,既体现创造物质文明的成果,又表现为精神文明的成果,更多地体现在日常学习、工作、生活中的创造性成果,这是衡量人才的根本标志。再次,人才具有推动社会进步的作用。人才的内在特点和外在表现是推动社会进步、造福人类的前提。人才的社会进步作用是人才内在特征和外在表现的必然结果。

人才是多类型的。我国现代文学巨人郭沫若从思维类型方面将人才分为两大类:一是直线型,即以一种特殊天才为原点,精益求精,向着一个方向渐渐展延,展延到他可能展延到的地方为止,如纯粹的哲学家、科学家、文学家、艺术家;二是球型,即将其所有一切天才,同时向四面八方立体地发展下去,如孔子、歌德。施普兰戈尔在《生命的形式》一书中,以"人格类型"为标准,将人才分为六类:理念型、经济型、美术型、社会型、权力型、宁静型。我国人才学研究者除按照专业对人才分类外,还根据才能的特点,将人才分为探索性研究能力者、条理性研究能力者和特别才能者;根据才能的高低和贡献的大小,将人才分为一般人才、杰出人才和伟大人才。人才又是多层次的。不能说只有牛顿、爱因斯坦那样的科学巨星是人才,而一般有所创新、有所发现的科技工作者就不是人才。每一类人才群体都呈宝塔形按层次分布,以满足社会对人才多层次的需求。

人才不是孤立存在的,而是相互联系、相辅相成的。在现代,科技高度发展,使得由个人完成重大发明的爱迪生时代一去不复返,各学科之间相互渗透和相互作用日益加强,各专业人才的相互联系也更为密切。人才是一个动态的概念,在一定的条件下可以相互转换。政治与军事、经济与管理、教育与著作等不同类型的人才均可以相互转化,低层次人才可以在拼搏中攀上高级专门人才的巅峰,而高层次人才如果故步自封,不求进取,就会被时代潮流所吞没,所以,科学理解人才的含义,必须把上述的定义联系起来,不能任意割裂,否则我们就不可能科学地认识和评价人才。

(二) 成才目标的设定

每个人的成才目标与自身对社会的需要、社会物质条件、社会整体价值观的判断有关，是主客观条件的整合，这些主客观条件是确立成才目标的基本依据。

1. 以社会的发展、国家的需要为成才的出发点

党和国家根据社会发展需要，在不同历史时期分别提出了明确的成才目标。新中国成立初期，党和政府根据国情提出，培养德、智、体全面发展的人。1957 年，毛泽东明确提出："我们的教育方针，应该使受教育者在德育、智育、体育几方面都得到发展，成为有社会主义觉悟的、有文化的劳动者。"1985 年，邓小平提出了"有理想、有道德、有文化、有纪律"的"四有"要求。这是一个具有时代气息、全面概括人才特征的表述。1998 年 5 月，江泽民在北京大学建校 100 周年的庆祝大会上，对青年学生提出四点希望，即：坚持学习科学文化与加强思想道德修养的统一；坚持学习书本知识与投身社会实践的统一；坚持实现自身价值与全国人民利益的统一；坚持树立远大理想与进行艰苦奋斗的统一。这"四个统一"为青年学生成才指明了方向。2001 年 4 月，在清华大学建校 90 周年校庆大会上，江泽民进一步就学生树立什么样的理想、学到什么样的知识、具备什么样的能力等，作了深刻的说明，为我国大学培养人才提出了新的标准和要求："把学生培养成为理想远大、热爱祖国的人；把学生培养成为视野开阔、胸怀宽广的人；把学生培养成为德才兼备、全面发展的人；把学生培养成为脚踏实地的人。"这"五点希望"是江泽民对我国高等教育的人才培养规格和模式的创新，它是党和人民对大学生的热切希望，是新世纪对大学生综合素质的必然要求，也是每位大学生努力的方向。

胡锦涛同志在 2011 年庆祝清华大学建校 100 周年上的讲话中提出，要"把促进人的全面发展和适应社会需要作为衡量人才培养水平的根本标准，树立多样化人才观念和人人成才观念，树立终身学习和系统培养观念，造就信念执著、品德优良、知识丰富、本领过硬的高素质人才。要注重培养拔尖创新人才，积极营造鼓励独立思考、自由探索、勇于创新的良好环境，使学生创新智慧竞相迸发，努力为培养造就更多新知识的创造者、新技术的发明者、新学科的创建者作出积极贡献"。因此，我们要在大学培养自己勇于探索的创新能力，促进全面发展，服务社会，报效祖国。

【案例 7-1】

钱 学 森

1947 年，刚刚 36 岁的中国科学家钱学森，被美国麻省理工学院聘为终身教授。这是一个很高的荣誉，它预示着钱学森的优厚待遇和远大前程。美国为什么如此器重钱学森呢？因为他是美国研究航空科学最高专家冯·卡门的优秀学生，是美国最早研究火箭组织——加州理工学院火箭研究小组的 5 名成员之一。

然而，当钱学森得知中华人民共和国成立的消息后，这个每时每刻都在想念祖国的科学家，顿时沉浸在极大的喜悦之中。钱学森在美国已经生活了 10 多年，又被誉为是“在美国处于领导地位的第一位火箭专家”，金钱、地位、声誉都有了。可他想：我是中国人，我的根在中国。我可以放弃在美国的一切，但不能放弃祖国。我应该早日回到祖国去，为建设新中国贡献自己的全部力量！他还对中国留学生说：“祖国已经解放了，国家急需建设人才，我们要赶快把学到的知识用到祖国的建设中去。”

钱学森准备返回中国的决定，引起美国有关方面的恐慌。他们认为：钱学森的专业技术如果带回去，中国的科学技术将高速度前进。美国海军的一位领导人曾对美国负责出境的官员说：“我宁可把钱学森枪毙了，也不让他离开美国！”“钱学森至少值 5 个师的兵力。”

钱学森的回国计划受到严重的阻挠。美国官方“文件”通知他，不准离开美国。几天之后，钱学森突然被逮捕，关押在一个海岛的拘留所里，受到无休止的折磨。看守人员每天晚上隔 10 分钟进室内开一次电灯，使他根本无法入睡。钱学森的遭遇，引起加州理工学院中坚持正义的同事和学生的同情，在他们和其他正直人士的强烈抗议下，美国特务机关被迫释放了他。可对钱学森的迫害并没有停止，他们限制他的行动，监视和检查他的信件、电话等。尽管有种种限制，但钱学森没有屈服。他不断地提出严正要求：坚决离开美国，回中国去！

经过不懈的努力，钱学森终于回国了。在苏联突然撤走全部专家的困难条件下，他带领着中国科学家们攻克了一道道难关，于 1960 年 11 月 5 日，成功进行了我国第一枚导弹飞行试验。作为一代伟大的科学家，钱学森的目光总是具有前瞻性。第一枚导弹发射成功后不久，钱学森就组织有关专家就我国地地导弹的发展道路展开讨论，形成《我国地地导弹发展途径的意见》，提出了我国中近程、中程、中远程和洲际导弹的长远发展规划。随后，地空导弹、海防导弹，以及固体发动机、固体导弹、反导系统和运载火箭等项目，也在他的组织和协调下陆续上马。1965 年 1 月，他又向中央提出报告，建议早日制订我国人造卫星的研究计划并列入国家任务。我国第一颗人造卫星的工程代号由此被定为“651 工程”，钱学森担负“星箭地面系统”总的技术协调和组织实施工作。1970 年 4 月 24 日，我国第一颗人造卫星“东方红一号”遨游太空，向世界宣告新中国迎来了航天时代的黎明。

案例分析　当前形势下，大学生如何爱国？钱学森给我们树立了榜样。尽管国外条件优越，他毅然决然回国，把自己的一生奉献给了祖国的航天事业。是什么支撑他这种坚定的信念？爱国主义。因此，我们大学生要有坚定的理想信念，立志成才，报效祖国。

2. 了解自身优势，找准着力点

确立成才目标，要认真审视自己，根据自己的特长和优势，扬长避短，选择最佳的结合点，发展自己。这里要充分考虑以下成才因素：① 兴趣。一个人对确立的目标兴趣越浓，积极性越高，成功的可能性就越大。研究表明，如果一个人对其确立的成才方向抱有浓厚的兴趣，他就能够发挥才能的 80%～90%，不然就只能发挥其全部才能的 20%～30%。由此可见，兴趣在人才成长中有重要的作用。② 才能。所谓人才并非全才，世界上无所不知、无所不会、无所不能、无所不精的全才是不存在的。大学生确立成才目标应立足于自己的才能，客观地评价自己，选择最能发挥自己才能的专业。寻找能发挥自己才能的岗位就业，就能充分发挥自己的专业特长，否则，即使能够取得学业、事业的成功，也往往是事倍功半，不利于自己顺利成才。③ 志向。谚语云：“世上无难事，只怕有心人。”有心之人，即立志之坚者也，志坚则不畏事之不成。所谓“志当存高远”，也就是一个人追求的目标越高，他的才干发展就越快，对社会就越有益。所以，人们确立崇高志向和抱负，就会变劣势为优势，使优势成为强势，起到加速成才的作用。

3. 适应客观环境变化，调整成才的准入点

大学生成才目标的设定必须立足于现实的基础，预测社会的发展趋势，注意把握学科前沿的最新发展动态，善于吸收高科技发展的最新成果，在冷静分析和正确

判断下，敢于标新立异，敢于创新地选择人才成长的新的发展点，以此为突破口，抓住机遇，确立切实可行、富有远见的成才目标。

（三）优化知识结构，在学习中成才

我们每个人在自己掌握知识的过程中，都不可能掌握所有的知识，因此，必须学会优化自己的知识结构，以便能够让知识发挥最大的效用。

1. 知识与知识结构

知识是人类在改造自然和社会的实践活动中所获得的认识和经验的总和，它是人类实践活动和思维成果的结晶，也是人类文明发展延续的基础。大学生知识结构主要包括系统的马克思主义理论知识、宽厚的基础知识、精深的专业知识和广博的相关知识。形成自身的人生观、价值观与知识技能相结合的纵深知识体系，既要打下良好的知识基础，又要形成专业特长，既要能利用专业知识为社会作贡献，又要能把自己与社会相融合，只有这样才能适应当今社会对大学生群体知识结构的要求。

2. 优化知识结构的基本原则

构建合理的知识结构，不仅取决于个人所学知识要素的数量和质量，更重要的还要看其结构是否优化。要建造最佳知识结构，应当遵守以下几项基本原则：

第一，整体原则。这是系统与各要素内在联系的规律所决定的。对于一个人来说，要从整体上把握人类已有的全部知识当然是不可能的，但是完全可以使自己的知识成为整个链条上小小的一环，并自成体系。这就要求我们按照需要精选各个要素，并使各个要素在整体中都能恰当地发挥作用。

第二，核心原则。核心知识通常表现为专业知识的精深性和高效性。有人把它比作合理知识结构的“根据地”，把它的外围层次比作“游击区”。这就要求我们，一方面要注重培养直接对准创造目标的专业知识，铸成高密度、高强度的知识结构核心；另一方面又要有序地涉猎相关知识，建立起围绕核心的广博的外围层次。

第三，层次性原则。大学生知识结构优化必须从低到高，在知识的纵向联系中，分别对待基础层次、中间层次和较高层次。如果没有基础层次，则不能显示出大学生的知识优势。

第四，共性和个性相结合的原则。高等学校应当按照专业大类设置课程体系，这样培养出来的大学生才能达到厚基础、宽口径的要求。但作为每一个学习个体，其应该具有某一方面的特性，因为即使是同专业的学生，也有不同的知识结构，而

不同专业的大学生则更有明显的个性差异。知识结构从表面上分析有太多的共性,但从本质上分析,更多的则是个性。因此,优化大学生的知识结构,应当遵循共性与个性相结合的原则。

第五,动态性原则。事物总是变化发展的,在知识迅速增长的时代,大学生的知识结构也一样,绝对不会处于僵化停滞的状态,必须根据社会的进步、科学知识的发展和时代的要求,不断调整、充实、丰富与更新自己的知识,以适应科技发展的需要;否则,将无法跟上飞速发展的时代步伐。

3. 掌握科学的学习方法

大学生应成为学习的主体,这是当代教育的要求,也是世界高等教育发展的趋势。就大学生本身而言,就是要使学习成为一件愉快的、自己特别愿意做的事情,使学习成为发自内心的需求和日常生活的习惯。同时,大学生学习的自身特点也要求学习方式作一全新的转变,努力掌握科学的方法。法国生物学家贝尔纳说:"良好的方法使我们更好地发挥运用天赋的才能,而拙劣的方法则可能阻碍才能的发挥。因此,科学中难能可贵的创造性才华,由于方法拙劣可能高度削弱甚至被扼杀,而良好的方法则会增长、促进这种才华。"由此可见,科学的方法在成才中有着重要的作用。渴望成才、向往成功、实现自我、追求卓越,是当代大学生的价值取向。知识是青年成长成才的基础,是力量的源泉、能力的基础。能力是知识的转化和升华。而要实现自己的人生目标,首先需要认识自我,准确定位。一旦认清了自己的优势和长处,看准了自己的方向,就要扎扎实实地去做,大而无当、好高骛远的想法一定要排除。社会是丰富多彩的,它需要各行各业的专家和能工巧匠来大显神通,成就一门大学问。古人早就说过:"临渊羡鱼,不如退而结网。"当认识了你自己之后,就立即行动起来,在你未来的道路上一步一个脚印地走下去,成为有特色、有韧性、有战斗力、有建树的强者。太阳每天都是新的,只要开始就不算晚。机不可失,时不我待;形势逼人,不进则退。正确认识自我,科学设计自己,努力学习,善于学习,成才之路其实就在脚下。

第二节　大学生学习中的诚信缺失现象及原因分析

诚信是人的全面发展所必须具备的素质,是中国社会主义建设和经济社会发展的必然要求。大学生作为一个特殊的群体,其诚信的自我要求本应高于其他社会群体,但遗憾的是现今大学生不诚信的现象越来越严重,具体在学习上主要体现在学习的动机功利性太强、学习态度不端正、考试作弊、论文抄袭等。这些现象严重地影响了大学的学风,不利于大学生的成才与发展。

一、大学生学习中诚信缺失的现象

(一)考试作弊,屡禁不止

从目前情况来看,大学生考试诚信的主流是好的,但不容忽视的是大学生考试作弊行为并非只是"个别"现象。据调查,大学生中有过作弊动机的已经过半,有过作弊行为的近30%。笔者在私下问过学生,学生普遍认为,几乎所有学生都有过作弊动机,大学4年里想作弊和作过弊的学生不低于90%[①],这种现象不得不引起我们的重视。这说明当代大学生的诚信现状已不容乐观,越来越多的学生已陷入作弊的泥潭,继而引发从作弊到作出其他不诚信的举动。有一部分学生由于考试不及格或为了获取高分和老师套近乎,拉关系,乞讨考分,这也是一种变相的作弊行为。据许多任课老师反映,每到期末考试结束,就有学生通过各种方式和途径来乞讨考分。调查中问及"考试不及格时,你会怎么办"时,有66.4%的人选择"到时补考",有25.9%的人选择"乞求任课老师加分",有7.7%的人选择"托熟人说情"。由此可见,绝大多数同学对考试不及格能够正确面对,但不能忽视有33.6%的学生错误地认为这种失信行为有助于自身利益的实现。还有一部分学生为了考试能过关,竟不顾学校对于作弊的严厉处罚,铤而走险,如花大价钱请人代考、购买考试答案、采用高科技作弊工具等。更让人担忧的是大学生对待考试作弊的态度。一份调查结果显示,在大学生群体中,对考试作弊持坚决反对态度的占34.6%;认为"可以理解,但不为之"的占57.6%;有5.3%的学生表示"有机会可试试"。真可谓喜忧参半,一方面表明绝大部分学生(前两项相加达92%)在意识上明确应该坚守考试诚信的底线——自己不作弊;另一方面57.6%的学生所持的"可以理解"的态度,实质上就是对考试作弊的宽容态度,而这种大面积的宽容态度则很有可能演变为考试作弊的群体默许和作弊行为的理由,导致考试作弊现象在学生中经常发生。

---

① 董娅、廖小明、刘维:《大学生学习诚信的深度调查与分析》,《西南大学学报》2008年第5期。

值得注意的是:2015 年 8 月 29 日,第十二届全国人民代表大会常务委员会第十六次会议通过了《中华人民共和国刑法修正案(九)》[简称《刑法修正案(九)》]。国家主席习近平签署中华人民共和国第三十号主席令予以公布,自 2015 年 11 月 1 日起施行。《刑法修正案(九)》第二十五条规定:"在法律规定的国家考试中,组织作弊的,处三年以下有期徒刑或者拘役,并处或者单处罚金;情节严重的,处三年以上七年以下有期徒刑,并处罚金。"

"为他人实施前款犯罪提供作弊器材或者其他帮助的,依照前款的规定处罚。"这对今后考试作弊行为的打击,无疑提供了强有力的法律武器。

【案例 7-2】

他后悔莫及

张海通过自己的努力考取了国内某名牌大学的计算机系,家人、朋友都认为他前程似锦,他自己认为考取了名牌大学就有了可以放松的资本。进大学后,每天就知道打游戏,迟到、旷课更是家常便饭,快要期末考试了,他才知道自己的功课几乎都还没复习,考试肯定通不过。张海这时动起了歪脑筋,他利用自己在计算机方面的特长,在考试前,侵入了该校教务处的电脑,盗取了考试的试卷,他满以为神不知鬼不觉,但还是被学校发觉,学校对他进行了开除学籍的处理。老师们都对这个具有天赋的学生深感惋惜,张海自己也后悔莫及。

案例分析 我们从张海的案例中可以看出,大学里仍要把学习当做主要任务,养成良好的学习习惯,只有平时认真学习,考试时才能得心应手。张海不努力学习,采取作弊行为,最终害了自己,被开除学籍,辜负了父母的期望,自己也悔之晚矣。

(二) 抄袭成风

在学生的学术生涯中,与考试同样重要的还有作业、实验报告和学术论文等,这些是一个人上学期间证明自己确实术有专攻的符号。可是,令我们惋惜的是,我们经常听到抄袭作业、伪造实验报告、剽窃论文事件的发生。作弊和抄袭两者联系之紧密，不禁令我们感叹诚信缺失的无孔不入①。根据有关资料显示，在当前的大学生中，对平时作业“完全自己做”的学生只占24.9%，不到1/3；认为“基本上抄”这种严重失信的学生占7.2%，“自己做一些，抄一些”的学生却高达67.9%，占到近2/3。这表明，在对待平时作业上“基本上抄”的学生仍只是少数，而不同程度的“抄”作业的现象确实较为普遍。另外，大学生在论文写作中的失信现象较之完成作业更为普遍和严重。有的学生为了“省时、省心”就剽窃他人成果，撰写论文经常是大段抄别人的文章。当我们在学校图书馆翻阅资料时，总会见到有一些文章旁注着“已用”等字样，并标注日期和专业。更有甚者，某一篇文章会被很多人标注，依次为“已用”“再用”“又用”等。

（三）迟到、早退现象严重，考勤难抓

考勤是学校维护教学秩序、保证大学生准时足量地参与正规学习活动的基本措施和管理制度。但就目前来看，情况并不乐观。现在的大学生课堂就像一块宽阔的牧场，大学生们在里面来去自由，不管上课或下课，讲话的、看小说的、打电话的、睡觉的、吃东西的……根本就没有意识到这是课堂。同时又由于高校年年扩招，学校的规模越来越大，教室里的学生也越来越多。一间教室有时容纳一两百人，而这样的课往往又是公共课，是可上可不上的课，所以不遵守课堂纪律成了司空见惯的现象了。如果老师也跟学生一样，懒得去管，或者是像某些高校让学生为老师测评来决定老师的去留，这样老师为了讨好学生而不去抓纪律，这样就更滋长了这种风气，他们就更不把课堂纪律当作一回事了②。据有关数据显示，在当前的大学生中，竟有高达82.1%的学生有过旷课或逃课的记录，其中偶尔旷课或逃课的学生有74.8%，还有7.3%的学生是经常旷课。甚至在学生中流传着在大学期间不旷课不为真正的大学生的说法，他们更是没有把考勤缺失看作是一种失信行为。

二、大学生学习中诚信缺失的原因分析

（一）大学生自身认知因素的影响

大学生群体本身还处在学习知识的阶段，其世界观、人生观还未稳定，价值判

---

① 马兆明、王希标：《和谐校园视野中的大学生诚信问题研究》，《济南大学学报》2006年第6期。
② 卫静芬、侯学标：《大学生学习诚信缺失状况分析与对策研究》，《当代教育论坛》2010年第11期。

断极易受到社会环境、周围同学的影响。社会多元化不可避免地形成了许多急功近利的心理状态，这种心态决定了许多不诚信的行为的发生。当前大学生群体总体上是积极向上的，但也有部分学生忽视了对自己的道德品质的要求，存在着意志薄弱、自制力不强等现象。有的学生没有人生的目标，得过且过，游戏人生，不注重知识的学习，贪图享乐，考试时不准备，存在侥幸心理，考试作弊；有的学生缺乏正确的价值观，生活浮夸，为人媚俗，缺乏诚信；有的学生急功近利，伪造简历；有的学生毕业就人间蒸发，不还助学贷款。这些不诚信行为的发生，一方面说明我们高等教育育人任务的艰巨；另一方面也说明在当前价值观多元的环境下，大学生的诚信自律要加强。

（二）学校教育体制的影响

首先，大学毫无疑问应该是培养全才的场所，不仅要重视知识的教育，更应该重视大学生在人格、道德塑造方面的培养。但是，目前部分高校却重功利轻理性，重科学轻人文，重社会需要轻个性发展，将德育和智育严重分离，偏重专业教育，忽视大学生健全人格和人文精神的培养。为了应付通达功利的技术性考试，人们忙碌于考试中常见的例外和非正常特例，学校成为制造教育繁荣“泡沫”的大工厂。部分专业教师只教书，不育人，认为诚信教育是辅导员、思想政治课老师的职责，与己无关，因此不注意挖掘专业课中有关诚信教育的内容。其次，在诚信教育方式、方法上重理论轻实践，重灌输轻引导。多数高校的诚信教育仍然停留在传统的说教模式上，缺乏多样性和有效性。诚信教育的主要途径是教师的思想政治课教学。但在许多学校里，教师的教学手段落后、陈旧。现代化的教学传媒和先进的网络平台没有发挥应有的作用，教师的讲课还停留在“一支粉笔、一张嘴”的水平上，简单说教、单纯灌输，不能够充分调动学生的学习积极性和主动性。最后，高校缺乏正确的评价机制。虽然学校有关部门一直坚持要求把德育放在首位，但在实际操作中往往把智育作为最重要的评判标准，衡量学生好坏的依据仍然是学习成绩。这原本无可厚非，但问题在于，教育者和教育机构一旦将成绩作为评价学生优异与否的唯一标准而无视学生的品格、能力等综合素质，那么只要成绩不要品格的观念就会在相当一部分同学的思想中扎根，诚信教育也就成了一纸空文。

（三）社会大环境的影响

新中国成立后的多次政治运动尤其是“十年文革”，使我们几千年流传下来的礼仪、诚信等良好道德遭到严重破坏，使人与人之间缺乏信任感。改革开放后，我国的社会主义市场经济蓬勃发展，但不可否认的是我们的精神文明建设没有同步跟上，这样就使得社会上时常出现大大小小的不诚信事件——假冒伪劣产品到处泛滥、偷税漏税、走私骗汇、以权谋私、权钱交易、贪污受贿、欺上瞒下、耍花架子等失信行为相当严重。从社会到校园甚至到家庭都受到了严重的冲击，自然也就危及到了青年大学生的健康成长，使得一些学生的价值观发生了扭曲，也成为一些自律能力不强的大学生诚信缺失的客观原因。

三、大学生学习中诚信缺失的心理成因分析

虽然大学生失信的心理成因由于个体的差异而各不相同，但还是有着共性的地方。一般而言，大学生失信的心理成因主要有以下几个方面。

（一）从众心理

从众心理是指个体受到外界人群行为的影响，而在自己的知觉、判断、认识上表现出符合于公众舆论或多数人的行为方式的一种心理活动。从众心理是大部分个体普遍具有的心理现象，它可以解除自身与外界之间的冲突，增强安全感，但盲目从众是错误的。大学生失信现象中的从众行为主要表现在：看到不按期归还助学贷款，甚至恶意不还贷的同学并没有受到相应的处罚，于是虽然有能力还贷却能拖就拖，能赖就赖；看到其他同学不上课，找人代替，蒙混过关，于是自己也照着做；看到别的同学考试作弊，于是自己也跟着作弊；等等。

（二）虚荣心理

虚荣心理俗称虚荣心，是一种过于追求自身价值和自我满足，过于渴望得到周围人认可的病态心理。有这种心理的人总是把自身期望拥有，但实际上并不拥有，或不能拥有的某种东西，刻意在言行上表现出似乎拥有的样子。虚荣心理在大学生中并不少见。比如，明明没有异性朋友，却刻意表现出恋爱的样子；明明家庭经济困难，却在日常生活中和同学攀比，表现出阔绰的样子。有虚荣心理的人往往不能正视周围同学表现出的优势，总是想方设法保住自己在学习、评优、拿奖学金等方面的“优势”，从而不惜在考试中作弊，在评选中作假。

（三）投机、侥幸心理

投机心理即投机取巧心理，是一种奢望不依靠自己的努力，而是采用取巧的手段来达到利己目的的心理活动。存有侥幸心理的人总想凭借偶然因素或机遇使自己得到成功。相比较投机心理具有获取利益的主动性，侥幸心理则是期望被动地得到实惠或好处。在大学生中这两种心理往往纠缠在一起，表现在学习上便是平时不刻苦学习，迟到、早退、旷课，把希望寄托在考试作弊上，到考场上想方设法作弊，并以此为捷径，投机取巧，蒙混过关；表现在求职中便是因为缺乏良好的专业水平，成绩不理想，从而弄虚作假，伪造求职简历和各种荣誉证书。大学生中存在投机、侥幸心理很大一部分原因在于失信成本偏低。考试作弊不一定会被发现，从而获得了本不该获得的成绩或利益。这种作弊侥幸心理会随着作弊成功的经验而增强，并且会传染给其他同学，即使作弊被发现了，某些监考教师也不一定会上报，即便上报了，惩罚也不会太严厉，不会因此付出相应的失信成本。求职过程中的弄虚作假也是这样，抱着不被发现的侥幸心理伪造简历和证书，而且认为，即便被用人单位发现了，大不了再去寻找别的就业机会。

（四）吃亏心理

吃亏心理是一种害怕自己该得的利益没有得到，或者看到不该得到利益的人得到了利益而感到失落、不公的心理活动。由于社会现实中存在着讲诚信的人吃了亏，不讲诚信的人得了利的现象，因此在大学生中产生了老实人“吃亏”的思想。校园中存在的平时不学习的学生依靠考试作弊考了高分，拿了奖学金；家庭条件可以的学生依靠虚构家庭情况，拿到了丰厚的助学金，办理了助学贷款；在激烈的求职竞争中，弄虚作假的学生反而顺利就业等现象更是强化了大学生的吃亏心理，弱化了大学生的诚信意识。

（五）功利心理

功利心理是一种把效益、功效作为行为准则和动机的心理倾向，这种心理注重行为的有用性。我们不能一概地排斥功利心理，追求个体合理利益是毋庸置疑的，但这种心理一旦发展到为了达到个人目标而不择手段，不惜损害他人利益，不惜践踏伦理道德时，不仅不利于个体人格健全发展，而且对整个大学生群体的负面影响是巨大的。大学生考试作弊带有明显的功利目的：学校以考试成绩作为评定奖学金的最主要内容，为了拿到奖学金一些学生不惜铤而走险，考试作弊。英语四、六级证书和其他各类证书是求职时的重要筹码，甚至是必要条件，为了找到理想的工作，大学生想尽办法获取证书或者伪造证书，对个人履历进行伪装。

第三节　大学生学习诚信的培养

当代大学生对改革开放取得的成果是肯定的。在政治倾向方面，他们高度认同邓小平理论和“三个代表”重要思想，充分信赖中国共产党的领导，对全面建设和谐社会的宏伟目标充满信心。同时，他们也发现社会发展进程中存在的问题和不足，能够用发展的眼光评价社会问题，并以理智、积极的态度投身于社会改革。在理想追求方面，他们注重与自己实际利益关系密切的理想目标的实现，尊重和服从国家利益，但他们并不希望以牺牲自己的利益为代价。他们有理想信念，但更看重自我价值的体现。在价值观方面，他们主体上忠于祖国和人民，有献身祖国的责任感和坚强意志，希望祖国强大，希望人民生活安定幸福，具有很强的民族自尊心、自豪感，但也存在知与行相分离、有极强的权利意识、自我意识和个性化的倾向，尤其是以个人需要为中心，以实用有效为价值目标的自我设计和功利主义倾向较为明显。基于当代大学生的如上特点，树立中国特色社会主义共同理想，理所当然地应该成为大学生价值追求目标的理性选择。

一、树立理想和目标

（一）树立共产主义的远大理想和实现中华民族伟大复兴的共同理想

当代大学生是我国构建和谐社会的生力军，是建设中国特色社会主义的重要力量。当今大学生思想活跃，容易接受新事物，同时也易受腐朽思想的侵蚀和影响。特别是在经济全球化的快速发展以及信息社会出现的多种文化相互渗透背景下，价值观念多元化既是社会的一种趋势，同时也已成为一种现实。为此，党和政府要求对大学生进行“以理想信念为核心的世界观、人生观、价值观教育，使大学生确立在中国共产党领导下走中国特色社会主义道路，实现中华民族伟大复兴的共同理想和坚定信念，使他们中的先进分子树立共产主义远大理想，确立马克思主义坚定信念”(《关于进一步加强和改进大学生思想政治教育的意见》中发〔2004〕16

号)。这充分表明教育引导当代大学生树立共同理想,是现实的需要和时代的要求,也是大学生自身成长成才之所需。

(二) 个人理想与共同理想的有机结合

社会和人民呼唤当代大学生树立共同理想。当代大学生在校几年后,都将走向社会,走向工作岗位。事实表明,大学生价值观的主流是积极的,但也普遍存在功利实用倾向,一些人只关心个人理想的实现,缺乏社会责任感,这与建设中国特色社会主义宏伟事业的要求有很大差距。因此,社会和人民也要求当代大学生必须树立共同理想,把个人理想建立在实现共同理想的基础上,做到个人理想与共同理想的有机结合;同时要有更高的价值追求,把目标定位于打造自身的人生品牌上,将来为祖国的社会主义现代化建设服务,为实现共同理想奉献才华。社会的呼唤、人民的要求,再次表明当代大学生树立共同理想是其价值追求目标的理性选择。

(三) 在报效祖国、服务人民中实现大学生自身价值

当代大学生的自我意识在日益激烈的竞争中逐渐清晰起来,他们开始独立面对困难,独立面对快乐,独立面对社会,在各种矛盾的碰撞中,在与各种复杂问题的交战中,他们开始走向成熟稳健。在社会深化改革加快发展时期,他们也开始全面重新审视自我价值,意识到实现自我价值,离不开社会,离不开群体。他们在注重与自己实际利益密切的理想目标实现的同时,也关注社会理想。特别是作为"最有希望的一代""走在新世纪改革前列的一代",他们必然要树立与社会、与时代同步的理想。因此,他们中的大多数人乐意接受共同理想的教育和熏陶,乐意为共同理想而奋斗。在中国社会不断发展进步的宏观背景下,树立共同理想,也就成了当代大学生价值观的最理性选择。

二、端正学习态度,树立终身学习理念

从社会学和经济学观点看,人类社会发展必须以人为本。因为社会生产方式的进步必须依靠人。人是社会生产力和生产关系变化的核心和本源。人是社会发展的原动力,而高等院校是培育和塑造创新人才的平台。知识经济的发展对人才的素质与创新能力要求更高,人才需要具有更宽阔的知识、能力、技术水平和素质

基础，有更强的创造性、责任感和事业心，能最大限度地开发自己的潜能。一个人在大学阶段只能获取一生10％～25％的知识，其余更多的知识需要在工作中不断实践，不断学习，因而一个人应树立"活到老、学到老"的终身学习观。有了终身学习观，还要有坚定的个人奋斗目标，有终身学习的动力和动机，才能促使个人成长。

(一) 个人学习目标定向分析

个人学习目标定向直接决定一个人个性化的学习内容和形式，决定学习的动机和动力，以及对学习意图、学习期望、学习态度和学习价值的认识。其关键是"学习取向"。以上内容随"学习取向"而不同。学位证书取向者为获学位而学习，职称取向者为获职称而学习，职务取向者为获高一级职务而学习，企业家取向者为合法营业盈利而学习，兴趣取向者为感兴趣的内容而学习，我们提倡高等教育应教育学生成为"成就取向"者，"成就取向"者学习目的是获取高水平的理论、知识、技能，旨在获取高水平的工作成就。有成就动机的学生会通过学习积极探究和发现知识的内涵，会主动对知识进行深层加工提炼，对成就目标有浓厚的兴趣。学习兴趣是驱使一个人学习的动力。学生要制定出一定的学习策略，提升摄取知识的能力和技能。要适时捕捉灵感顿悟的思想火花，涵养自己的创造能力。讲究阅读策略，要突出主线，由博返约，以问题作导向，合理采用全读、分读、精读、泛读、朗读和默读等获取知识的方式。大学教师要教学生在学习中注重本学科发展的内核，通过学习、继承、批判，发展有价值的理念，剔除糟粕和谬误，吸纳各学科的新成就，并对各学科进行结合、交叉和应用。由此可见，个人学习目标定向对学习能力的提升具有重要的意义。

(二) 树立终身学习观的现实需求性

早在1994年11月意大利罗马召开的"首届世界终身学习会议"上就提出很重要、值得人们深思的理念：终身学习是21世纪人们生存的概念，认为21世纪将是学习社会，只有不断学习才能适应社会竞争和技术革命的需要，人才能生存。人类的知识总量在19世纪是每50年增加1倍，而到20世纪70年代是每5年增加1倍，目前是每3年增加1倍。大学只学到人一生10％～25％的知识，而75％～90％知识要在毕业后获得。现在全球科技论文发表数量每隔1年半就增加1倍。全球每1年刊登的化学论文，足够一个专业化学家阅读几年。而电子技术知识的半衰期是3年。也就是说，一个电子技术工作者，如果3年不继续学习，知识就会过时，6年不学习，他几乎成了电子技术的门外汉。这表明高等院校今天的教育应为明天的学习做准备。单靠大学里教授的知识是不能满足时代要求的，教师要教学生“学会学习”，培养学生的学习能力，靠学生自己去获取新知识和新技能。因此，大学教育重视提升学生的学习能力有极为重要的意义。每个人树立“活到老、学到老”的终身学习观至关重要。如果一个人“充电”能力低下，走上工作岗位后就很难适应新的工作。因此，高等院校的应试教育应与素质教育相结合，提高素质教育的比重。大学教师除传授知识外，要培养学生的学习能力，要教给学生学习方法，达到“授人以鱼”和“授人以渔”的最高境界。

三、学会学习，掌握大学学习的规律与方法

很多大学生都遇到过这样的情况，高中时学习成绩很优秀，进入大学后，成绩却一落千丈，可就是找不到成绩下滑的原因。这是因为他们没有完成从高中生到大学生的过渡，也没有分清楚高中生和大学生两个不同角色的区别到底在哪，仍然沿用高中时的学习方法，显然是行不通的。高中的学习目的非常明确，为了高考，为了高分，虽然国家一再提倡素质教育，但很多学校为了升学率，为了知名度，还是一味地追求分数，而教师也为了奖金和名誉还有学校给予的压力，不得不严格要求学生，要求学生做大量习题，采用“题海战术”，所以学生都习惯了盲目地做教师布置的各种习题，希望以此提高自己的成绩。而且现在的高中全天都是在上课，包括晚上还有晚自习，所有的时间都有教师在指导，也就是他们的学习过程都有教师全程指导。在这种模式下学习的高中生，进入大学后会很不适应，因此学习成绩会快速下滑。那么在大学里大学生应该如何学习，如何培养自学能力呢？我们认为，应该从以下几方面着手。

（一）完成角色转换，认识自我

首先，高中生和大学生有本质的区别，刚刚步入大学的大学生经常不能清楚地意识到这一点。如果说初中高中是为了学生打下良好的基础，那么大学就是把这些基础知识具体化，学习更深的专业知识，为以后步入社会打下良好的基础。所以，大学生的责任重大，一方面是为了个人的长远发展，另一方面是为国家作贡献，这就要求大学生在大学期间必须学好自己的专业知识，以后才能有所作为。

其次，高中和大学的学习环境完全不同，高中的学习时间排得很满，全天都在

上课，双休日也不休息，白天在学校有老师管着，晚上回家有望子成龙、望女成凤的家长督促着，想不学都不行，时刻都有人提醒他们应该学习，如何学习，或者是帮助他们学习。而到了大学，每天除了必修的几节课外，有很多的自由时间，没有人约束，教师上完课就走，自习课没有教师讲课，也不会有教师来告诉他们该学什么，该做什么。自制力差的学生往往到了大学，就整天不学习，成绩一落千丈。据统计，大学第一学期成绩往往是大学期间不及格最多的一个学期。所以，大学生一定要认清自己，要有自制力，分清高中和大学的差别，完成角色转换。

（二）掌握学习规律

学习是大学生的主要任务，是大学生的主业，也是大学生的责任和义务。大学阶段是一个人成为专业人才的关键阶段，这一阶段学习的最明显特点是专业性强。中学所学的是科学文化基础知识和基本常识，在此基础上，大学阶段的学习不仅分出了文、理科，而且进一步分出具体的学科或专业，也使得中学的那种以记忆为主的学习方法不再适用。因此，对大学生来说，一个特别重要的问题就是，如何对待大学学习？如何进行大学学习？应该怎样掌握学习规律？解决好这个问题，不仅能使大学生在大学学习中获益匪浅，有效圆满地完成大学学业，而且能使大学生在自我学习和科学研究中终身受益，为人生的发展创造有利条件。

1. 学习动力来自学习动机

有了明确的学习动机才能有好的学习动力。从心理学观点看，人的一切活动都是由一定的动机引起的。学生的学习活动，也总是受学习动机支配的。学习动机即学习目的，是一种学习需求的反映。学生学习动机的产生，是受社会、家庭、学校教育等影响，在学生头脑里的客观反映。它表现为学习的意向、愿望或兴趣等，对学习起着支配的作用，所以树立正确的学习动机是很重要的。

2. 重视基础课，学好基础课

大学生要先学基础课，再学专业课，只有学好基础课，才能学好专业课。大学学习阶段必须把基础打扎实，尤其是前几年，更要以打基础为主，切实加强基础理论、基本原理和基本技能的学习和训练。而有些学生片面地认为，上大学就是掌握专业知识的，因此在一年级、二年级的时候就花了很多时间去看未开设的专业书，放松了基础学习，好高骛远，急于求成，结果是基础课没学好，专业书也看不懂，事倍功半，得不偿失；有的人觉得基础课比较简单而不重视，前面不抓紧，后面跟不上；还有些学生认为基础课与自己专业关系不大。这些情况都反映出学生对基础课的重要性认识不足。

3. 掌握好学习过程的四个环节

预习、听课、复习、作业是学习必不可少的四个环节，也可以说是学习活动的规律。认真对待、正确处理好四个环节之间的关系，对搞好学习十分重要。一般来说，大学新生第一学期考试会有很多不及格的学生，主要是没有掌握好学习过程的四个环节，忽视了大学学习也要遵循循序渐进的原则，没有做好预习、复习等基础性的学习准备。也有学生不做老师布置的作业或者抄作业，上课不认真听讲，导致期末考试搞临时突击，学习成绩不理想。因此，大学仍要坚持“预习、听课、复习、作业”学习四环节，学好每门功课。

4. 合理安排时间，提高学习效率

一要有严格的时间观念，加强学习计划性。一段时间内有个长计划、短安排。长计划是指一个月、一学期，甚至一年的计划。短安排是指一天、一周的学习计划。对订出的计划无特殊情况应严格执行。二要掌握大脑活动规律。学习是一种艰苦的脑力劳动，要掌握学习规律，必须掌握大脑的活动规律。三要注意劳逸结合，科学安排学习时间。科学安排学习时间比单纯延长学习时间效果好得多。学习效果是效率与时间的乘积。这里的效率是指大脑吸收知识的能力。因此，如果效率系数接近于零，时间系数再大，乘积也趋于零。

5. 正确对待考试，不要受分数的约束

考试是教与学的重要环节之一，是教师了解学生学习情况的一种方式，它可以促使学生通过认真复习，将已学知识系统化，达到巩固的目的。考试也可以使教师知道学生对哪些知识掌握得较好，哪些知识掌握得不够好，找出薄弱环节，改进教学。要正确对待分数，学习的目的不是为了分数，而是为了掌握知识。所以不能把眼睛盯在分数上，应该在学知识上下工夫。

6. 在学习知识的同时，要培养和发展自己的能力

在学习知识的同时要培养和发展自己的能力。知识和能力是两个不同的概念，但在学习知识的过程中，可以培养和发展自己的学习能力，如理解能力、分析能力、记忆能力，尤其是自学能力。在实践教学中培养和发展自己的能力，实践环节是教学内容的重要组成部分，是巩固理论知识、汲取新的知识、发展智能的重要途径。

(三) 培养自学能力

自学能力是大学生在大学期间培养起来的一种非常重要的能力。在知识经济

时代,学习能力尤其是自学能力越来越受到人们的重视,被看做是一种必要的能力。这是因为学生走上工作岗位以后,经常要用到很多学校里学不到的知识。工作中要求学生必须在最短的时间内,独立地学会或者掌握工作中要用到的新知识、新学问。所以,自学能力是大学期间必须掌握的一种能力。这种能力不仅仅能在学校期间帮助他们取得良好的成绩,更为他们以后走向社会提供一个有力的保障。那么如何来培养自学能力,我们可以从下面几个方面来阐述。

1. 培养学习的兴趣

兴趣是一切动力的来源,有了兴趣,学习不再是一种负担,而是一种乐趣。培养自学能力一定要先让自己有学习的兴趣,这样才会事半功倍。古今中外,凡有成绩者无不对自己所从事的事业有着浓厚的兴趣,兴趣推动着他们孜孜不倦地追求而取得成功。科学家丁肇中用 6 年时间读完了别人 10 年的课程,最后终于发现了"J 粒子",是第一位获得诺贝尔奖学金的华人。记者问他:"你如此刻苦读书,不觉得很苦很累吗?"他回答:"一点儿也不,没有任何人强迫我这样做,正相反,我觉得很快活。因为有兴趣,我急于要探索物质世界的奥秘。比如搞物理实验,因为有兴趣,我可以两天两夜,甚至三天三夜待在实验室里,守在仪器旁。我急切地希望发现我要探索的东西。"我们只有对学习感兴趣,才能把心理活动指向集中在学习的对象上,使感知觉活跃,观察敏锐,记忆持久而准确,思维敏锐而丰富,激发和强化学习的内在动力,从而调动学习的积极性。

2. 培养独立思考的习惯

思考与狭义的思维是同义词,思维以感知为基础,又超越感知的界限,它探索与发展事物内部的本质联系与规律性,是认识过程的高级阶段。思考有敏捷与迟钝、深刻与肤浅、灵活与笨拙、简洁与繁琐、依赖性与独立性之分。所谓独立性,就是通常说的批判性,其特征是反对人云亦云,"不唯书,不唯上,只唯实";在学习中常常不满足于释疑,而是不断进行质疑,于无疑之处生疑。独立思考能力是构成自学能力的核心内容。问题启发,使自学者思考具有方向性;强调用心读书,克服思维的惰性;精心小结,培养思维的概括性与严谨性;注意思维技巧训练,培养思维的敏捷性与灵活性,即抽象概括,一题多解,多题一解等。

3. 培养自我控制力

自我控制能力是指一个人对自身进行调节、控制的意志能力。自学能力的情意要素的优化与自学能力的智能要素的优化是相辅相成的。一个人只有克服自身的盲目冲动,克服外界不良因素的诱惑,才能全身心地进行学习,全面发展。大量数据表明，自学习惯较好，学习计划性强，持续时间较长，不仅提高了智商指数，而且情商指数也有提高，促进了综合素质的全面提高。

4. 培养概括分析的能力

对典型事例及有关知识进行分析、比较、抽象等心智操作，找出共同的本质特征并得出结论的能力为概括能力。概括能力的形成，关键在于"加速"两字。概括分析能力在学习中有非常重要的作用，无论是考试中的论述分析答题还是从事论文写作，都离不开一定的概括分析能力，同时也是大学生从事科研工作要具备的基本功之一。

5. 发展创新思维能力

所谓创新思维能力，就是创造思维能力。创造性思维是以解决科学或艺术研究中所提出的疑难问题为前提，用独特新颖的思维方法，创造出有社会价值的新观点、新理论、新知识、新方法等心理过程。其特征是：积极的求异性、洞察的敏锐性、灵感的活跃性。在创新思维中，想象具有特殊的作用。想象是创造的源泉，没有想象，就没有创造。创造性的想象，是不断改变旧表象，创造新表象，赋予思维以独特的形式。

6. 培养自觉探索的能力

这一能力是自学能力的纵深发展，即自学者遇到问题，能自觉思考，自觉寻找答案，自觉寻找参考资料，一直到问题的解决。要求学生增强自学信心，养成良好的学习习惯，能及时复习与巩固所学知识，能主动预习将学内容，能自学有关资料，读参考书，扩大知识量，并且对学习中遇到的难题，能废寝忘食，寻找解决方法。当然，培养学生自学能力还有很多方面，也希望学生在学习过程中，不断摸索，找出更多、更好的方法。以上所说的方法都是经过反复实践摸索而总结出来的经验。只要大学生在大学期间，坚持不懈地努力，就能够掌握自学规律，提高学习能力，为今后走向社会，做好充分的准备，打下扎实的基础。

四、加强诚信自律，培养诚信学风

（一）诚信意识在学风建设中的作用

1. 诚信对学生的学习考试具有道德约束性

诚信品质由诚信认知、诚信内化与诚信行为构成。人们是在学习认知诚信的概念、意义与作用的基础上，将诚信内化为自身的价值观，并在实践中表现为诚实守信的行为。诚信不仅是对一个人为人处世的基本要求，在法律上还是一种强制规范。要顺利地达到考风学风建设目标，只有应用各种实际手段强化学生诚信意识，从而内化为学生的道德品质，诚信对学生学习活动的道德约束性就体现于此。

2. 诚信意识对学生学习活动具有定向和引导功能

这种定向和引导功能表现在选择活动目标和活动途径上。在学习活动中不存在没有目的的动机，也不存在没有对象的兴趣、没有目标的理想、没有倾向的情感。只有确立了远大的志向，奋斗才会有明确的目标和方向。达到目标的途径方法因人而异。在整个学习过程中，诚信意识可以引导学生选择正确的途径，向确立的方向前行。

3. 诚信意识对良好学习习惯的养成具有重要作用

学习的过程就是对知识的逐步认知和理解的过程。在攀登知识高峰的过程中，需要具有坚持追求真理、求真务实的学习态度。诚实守信，重在实践，贵在养成。

诚信不是自然而然产生的，也不可能一蹴而就，要靠长期的坚持和实践养成。通过大学阶段的各种理论教学和各个培养环节的实践活动，引导学生主动把诚信理念变为诚信行为，端正学习态度和目的，不断改变错误观念，制止与诚信行为不相符合的愿望和行动。

4. 诚信意识是保证人才培养质量的前提

学校发展的好坏与其培养出的人才是密不可分的，学校只有培养出具有诚实守信的优良品质的学生，才能保证学校的可持续发展。由于诚信文化发展的步伐滞后于现代社会的变迁、旧有的一些风俗习惯制约了社会的诚信建设、市场经济体制与其具体制度建设滞后的结构性矛盾、物的世界的增值与人的世界的贬值的根本性矛盾以及能力强势与道德弱势之间的矛盾等现实问题的存在，导致诚信缺失成了一个相当普遍的现象，如恶意拖欠学费、用虚假材料骗取助学金、考试舞弊、剽窃论文、伪造个人简历、随意毁约等。这些行为给学生个人、学校乃至全社会带来了巨大的负面影响，也使学校如何保证较高水平的培养质量成为当前社会发展阶段所面临的一个新的课题。学校只有从制度和措施上保证诚信意识的教育，才能达到其自身的发展目标。

（二）学风建设中诚信意识的培养

培养学生的诚信意识，是加强学风建设、促使学生德育能力不断提高的关键。目前，我国在校大学生有 2 000 多万人，他们的诚信意识、诚信品质、诚信行为，关系到良好的社会风尚的培育，关系到社会主义和谐社会的构建，在一定意义上关系到中华民族的未来。大学生诚信建设是一个系统工程，必须在道德的主动性基础之上下工夫。

1. 提高自我诚信认知水平

如果诚信被忽视或不被认为是一种自我修养，那么讲诚信是不可能的。要想在实践中能自觉地践行诚信，自我诚信的认知是首个要素，但是，诚信认知水平的提高，在当今社会是不易的，这主要表现为大学生的认知能力还不成熟，更重要的方面是对环境的影响和利益的诱惑还不能自觉抵御。形成这种情况的原因是大学生的道德信念还不坚定，这一方面，需要大学生通过相关课程的学习以及与同学的讨论，自觉地接受诚信教育，提高诚信意识；另一方面，又需要大学生树立坚定的理想信念，提高抵御各种诱惑的能力。

2. 提升自我人生价值追求

一个人诚信观念、诚信行为的形成与他的人生观、价值观息息相关，大学生诚信缺失的背后往往与其错误的人生观、价值观有着直接联系。因而，要树立正确的诚信观念，培养良好的诚信素质，大学生必须转变自我人生价值追求。大学生要树立正确的人生观。人生观是对人生目的和意义的根本看法和根本态度，进而会影响一个人全方位的素质提升，尤其表现在诚信等核心价值观上。诚信价值观的内在支撑点就是人生价值追求，大学生诚信教育不仅需要重视社会价值，还要重视个人价值。

3. 养成自我教育管理意识

大学是学生进入社会前在校学习的最后阶段，因此，此阶段就对大学生的自我管理能力有了更高的要求。这种自我能力不仅体现在生活、学习的方方面面，而且还表现在诚信意识的自我管理方面，这就需要大学生能自觉地把外在的诚信准则内化为自身所遵循的理念，自觉地把认知转化为自觉行动，从而能更好地塑造和维护自己的诚信形象，要不断地向榜样看齐，及时地发现自己的诚信问题，善于开展自我批评，及时地给予纠正。

4. 塑造健康心理品格

近年来，随着竞争机制不断被引入社会生活的各个领域，来自经济、生活学习、就业等方面的压力增大。这种压力迫使高校大学生不同程度地存在着心理困扰和迷茫，其心理平衡与否已经成为影响大学生健康成长的重要因素。当前普遍存在于高校大学生群体的诚信失范现象，就是大学生的人格失衡的一种表现。因此，大学生要积极发挥自己的主观能动性，积极进行自我心理调节，做到心理健康。

思考题

1. 学习的特点是什么？
2. 怎样掌握学习规律？
3. 大学生学习诚信缺失的原因有哪些？
4. 如何培养学习诚信？
5. 作为当代大学生，怎样立志成才？

课外实践

组织一次大学生学习诚信主题班会，收集国外大学生学习诚信的相关资料，进行中外大学生学习诚信状况比较。讨论分析影响我国大学生学习不诚信的因素及如何从自身做起，恪守学习诚信和学术诚信。

第八章　大学生的经济诚信

中华民族素有崇尚诚信之传统，在古老的诚信道德思想学说的传播和熏陶下，理应形成一种诚实守信的价值观念和道德标准。在西方，诚信的基本含义是尊重事实和信守诺言。现代西方社会更是把信用视为社会正常运行的必要条件和前提，视诚信为生命，其信用管理相对完善。一个诚信缺失的人在社会中绝无立足之地，他的工作和生活都会面临危机。大学生作为国家的建设者和接班人，更应该以诚信为本，真实无妄，信守承诺。

【案例 8 - 1】

七个背囊

有这样一则故事：一个年轻人，在漫漫人生路上经历过长途跋涉，到达一个渡口的时候，他身上已经有了七个背囊：美貌、金钱、荣誉、诚信、机敏、健康、才学。渡船开出的时候风平浪静，过了不知多久，风起浪涌，上下颠簸，险象环生。老艄公对年轻人说："船小，负载重，客官你必须丢掉一个背囊，才可安全到达彼岸。"看年轻人不肯丢掉任何一个，老艄公又说："有弃有取，有失有得。"年轻人想了想，把"诚信"丢到水里。

"诚信"被年轻人丢到水里以后，拼命地游着，最后来到一个小岛上。"诚信"就躺在沙滩上休息，心里计划着等待哪位路过的朋友允许它搭船，救它一命。

突然，"诚信"听到远处传来一阵阵欢乐、轻松的音乐，于是马上站起来，向着音乐传来的方向望去。它看见一只小船正向这边驶来,船上有面小旗,上面写着“快乐”两字,原来是“快乐”的小船。“诚信”忙喊道:“快乐快乐,我是诚信,你拉我上岸可以吗?”“快乐”一听,笑着对“诚信”说:“不行不行,我一有了诚信就不快乐了。你看这社会上有多少人因为说实话而不快乐!对不起,我无能为力。”说罢,“快乐”走了。过了一会儿,“地位”来了。“诚信”忙道:“地位地位,我是诚信。我想搭你的船回家可以么?”“地位”忙把船划走了,回头对“诚信”说:“不行不行,你诚信可不能搭我的船,我的地位来之不易。有了你这个诚信我岂不倒霉,并且连地位也难保住啊!”“诚信”很失望地看着“地位”的背影,眼睛里充满了不解和疑惑,它又接着等。

随着一片有节奏的并不和谐的声音传来,“竞争”们乘着小船来了。“诚信”喊道:“竞争竞争,我能不能搭你们的小船一程?”“竞争”们问道:“你是谁?你能给我们多少好处?”“诚信”不想说,怕说了又没人理,但“诚信”毕竟是诚信,它说:“我是诚信……”“你是诚信啊,你这不是成心给我们添麻烦吗?如今竞争这么激烈,我们怎么敢要你?”言罢,扬长而去。

正当“诚信”感到近乎绝望的时候,一个慈祥的声音从远处传来:“孩子,上船吧!”一个白发苍苍的老者在船上撑着舵道,“我是时间老人。”“那您为什么要救我呢?”老人微笑着说道:“只有时间才知道诚信有多么重要!”

在回去的路上,时间老人指着因翻船而落水的“快乐”“地位”“竞争”们意味深长地说:“没有诚信,快乐不长久,地位是虚假的,竞争是失败的。”

(本案例资料来自陈云涛:《大学生诚信文化理论与实践》,浙江科学技术出版社 2008 年版。)

案例分析 从这篇“诚信”漂流记中我们可以看到,很多人都在纷扰的凡世、充满诱惑的利益面前丢弃了诚信。但事实上,诚信并不是前进的绊脚石,时间证明,诚信会帮助他们走得更稳、更远。

第一节 大学生经济行为概述

一、经济行为概述

从狭义而言,经济行为是指能够直接观察到的一个国家的经济活动,如消费、投资、税收、进出口等；从广义而言，经济行为不仅指这个国家外在的可见的经济活动，而且还包括与外在经济活动相应的制度、体制、政策、民族风俗习惯、传统文化等内在的政治、文化和社会心理活动。

就个体而言，经济行为是指人在资源配置之间进行决策和选择，以达到满意利用的决策行为与选择行为。由于个体之间存在人格差异、心理差异和认知偏差，所以不同的个体表现出来的经济行为也是不同的。从一般意义上讲，经济行为是一种“选择”行为。选择是在得与失之间进行权衡，是在若干个方案中进行决策。从经济学意义上讲，选择是在“难以兼得”的“鱼和熊掌”当中寻找“替代”关系。经济行为的选择或“替代”目标是均衡，是在现实的非均衡状态中不断地追求理想中的均衡。当“利等于弊”“得等于失”，人们停止选择时，经济学称之为“均衡”或“最大化”，是经济行为的一种理性状态，也是一种和谐的政治、文化和社会状态[①]。

凡是市场主体，都有着自身独立的利益目标，并总是为着自己的利益目标而行动。英国哲学家曼德维尔认为，个人的自利行为将导致国家的繁荣和人民的富足。云南财经大学朱翠萍等人的研究指出[②]，传统经济学通常将“经济人”理解为一种工具主义意义上的理性者，他们具有有序偏好，完备信息和无懈可击的计算能力，会选择最能满足自己偏好的行为。在市场经济条件下，经济行为产生的动因是人们内在的基本需要。由于人的需要的多元化，产生了经济行为的多元目标，但其根本目的只能是利己。这样，利他主义行为仅仅是为了生产“个人社会价值”这种“产品”而采取的行动，并非出于利他主义偏好的行为。因为自利这一生物本性像一根带子束缚着人们的行为，使人的行为不可能摆脱它的束缚而达到完美的利他主义境界。因此，利他与利己共为人性的基础属性，把利己、利他收敛于基于乐观的“利己一致性”人性说，可以使“经济人”的概念得以进一步完善。

二、大学生经济行为特点

大学生是未来社会的中坚力量，当代大学生的经济行为，有其独立的特点，进

① 孙德峰：《论经济行为与和谐社会》，《理论界》2009 年第 6 期。
② 朱翠萍、汪戎：《个人经济行为研究综述》，《生产力研究》2009 年第 7 期。

而影响一代青年的行为趋向。随着社会经济的发展，大学生的需求也随之发生变化，在现代社会的生活方式和流行时尚的影响下，其心理和行为相互影响，并形成特有的群体特征。

（一）渴望独立和自由

大学生在进入大学以后，所处的环境发生了巨大的变化，大学生的社会角色较过去也有所差异。伴随着外界环境和心理因素的转变，大学生的学习方式、生活方式和行为方式等诸多方面也发生着变化。

大学生活是独立生活的开端，使学生的独立意识得到充分发挥。中学阶段，父母都在身边，学生的大部分时间和精力都放在学习上，学习之外的一切事情皆有家人帮忙处理，从洗衣、烧饭到着装、外形等。进入大学后，没有了父母长辈的悉心照顾，日常的衣食住行都由自己安排，同时还要兼顾学习，这对大学生来说也算是一种挑战，而独立生活的一个重要方面就是对钱财的管理。大学生的钱财主要来自家长，如学费、生活费等，因此，大学生具备了独立生活的条件，独立意识增强，向往自由空间。他们认为自己上了大学就能够独立了，已经不满足于所有的事情都由父母包办，不愿受家长约束，需要独立计划支配自己的钱财。可以说，大学生活的丰富多彩，给了大学生更多的选择和更多的自由空间。

（二）推崇实际和自我

从总体上看，在经济全球化、科技信息化和市场经济化的背景下，当代大学生的经济行为呈现出积极、健康的态势，市场经济带来的自由、竞争、公平、效率等时代意识明显增强，以实际效益为评价标准，懂得积极地适应社会，这是时代和社会发展的需要，是一种进步的表现。但与此同时，社会主义市场经济使整个社会的功利意识加强，成长在物质丰富条件下的大学生普遍认为，价值标准首要的应该是功利，奉献与索取应该平衡，讲求实际和实惠。从求学的角度讲，大学生具备较高的文化知识，能够很快地把握最新科学知识和科学的发展动态，同时他们渴望回报，他们普遍倾向于将学习知识作为将来获得经济收益的直接手段。

另外，由于现今社会处于信息飞速发展和膨胀的时期，社会生活日益丰富，当代大学生极力宣扬个性化，从言谈、举止和着装上都可以看出其很强的独立自主意识和突出自我的表现力。他们更注重自我满足、精神上的愉悦和心理上的认同，选择极具个性的方式来满足自己。

（三）盲目从众和攀比

大学生每天都和同学、朋友进行密切接触，因此他们的行为具有高度的一致性，他们希望与群体保持一致，并以此获得群体的认同。由于社会阅历和生活经验的欠缺，大学生理性经济行为意识尚未完全成形。周围人的经济行为，会影响单个个体的经济行为。当某一现象在一个群体逐渐成为一种趋势或时尚时，必然会同时加快这种趋势的蔓延。这种从众心理、缺乏计划性的盲目消费直接造成经济浪费和支出不合理。例如，有的学生为了拥有一款手机或者电脑，情愿牺牲自己的其他必要开支；有的学生为了一双名牌鞋子或者名牌服饰，不顾昂贵的价格也要满足自己的欲望；甚至有个别贫困家庭的学生也在追求物质上的高档次。这些都源于大学生相互之间的攀比心理。西方国家提倡培养学生的经济独立能力和理财意识，这是我国教育所欠缺的，使得我们的大学生自小就无法真切体会到赚钱的不易，进而造成轻率消费。

（四）追求时尚和刺激

大学生站在时代的前沿，敢于尝试新鲜事物，追新求异，触觉敏锐。他们热情、奔放、富于想象，希望用新异的形象来展示自己的青春活力与激情，是新商品、新消费方式的追求者、体验者和推广者。他们喜欢拥有独特风格的商品，引领时尚潮流，无论是电子设备、服装、发型，还是生活用品，都追求最新款式。在文化生活和经济活动中，他们希望得到刺激的感官体验和快速的收获回报。

三、大学生经济诚信内涵与要求

（一）经济诚信内涵

所谓经济诚信，是指社会人或者社会团体之间、国家、政府以及国与国之间在产生各种经济行为，发生与经济相关的各种关系的过程中，经济关系中所包含的各主体在其行为过程中坚持诚实守信的原则，在经济行为中无欺诈，无弄虚作假，无出尔反尔等失信行为出现。

经济活动是公共生活领域的重要方面，是在生产者和消费者、卖者和买者的关系中进行的，经济活动反映了存在于经济领域中的诚信关系和现象。双方能否建立诚信关系，对于社会的经济发展有着至关重要的影响。经济活动中的商品交换是以社会分工为基础的劳动产品交换，其基本原则为等价交换，交换方式都必须以信用作为守约条件，构成互相信任的经济关系，假如有一方不守信用，等价交换关系就会遭到破坏。所以，经济诚信实质上是一种借贷经济关系。随着交换关系的复杂变化，日益扩展的市场关系便逐步构建起彼此相连、互为制约的信用关系链条，从而维系着错综复杂的市场交换关系和正常有序的市场经济秩序。中国古代虽有“无商不奸”的说法，但历代不乏讲求诚信、买卖公平、货真价实、童叟无欺的“儒商”。“儒商”以诚信为经商的原则，以义求利，大都能够立于不败之地，取得日益丰厚的利润。而那些以次充好、缺斤少两、坑蒙拐骗、巧取豪夺的奸商，虽能暴发于一时，但都难以持久，大都最终落个人财两空的命运。可见，从最初的物物交换到扩大了的市场关系，都是以诚信为基本准则的。没有诚信，就没有经济秩序；没有诚信，就没有交换、没有市场，经济活动就难以健康发展。

马克思曾经指出，利益是道德的基础。学者马红霞的研究认为①，从本体论的角度讲，利益的内在合理性，即人与人、人与物的合理关系是经济诚信的实在基础；从认识论的角度讲，经济诚信的基础是关于利益的真理性观念，是本体论与认识论统一基础上的一个整体性。经济诚信的客观基础是合理的利益关系，主观基础是理性。也就是说，一方面，利益关系不是随心所欲的，而是客观经济活动的产物；另一方面，必须以正确理解的利益，即具有合理性的利益原则作为经济诚信评价的标准。由此可见，人们归根到底是从自己所处的经济关系中汲取自己的道德观念，任何一种观念都具有社会历史性，并为特定的社会利益服务。经济诚信根植于社会的经济关系中，并由社会经济关系的性质所决定。那么，市场经济作为人们经济关系的社会存在方式，它属于经济基础的层面，而经济诚信作为社会意识形态，它必然由市场经济决定并为市场经济服务。因此，市场经济是经济诚信的实践源泉和载体，是经济诚信得以存在的深厚土壤。同时，生产力的发展和生产关系的变革，为道德进步提供了客观要求和客观条件。因此，从另一个方面讲，经济诚信又必须适应市场经济的要求，随着市场经济的发展而发展。

同样，经济诚信也体现了经济利益和道德规范的统一。一方面，经济主体在经济活动中追求自身的最大利益，这一过程体现了经济活动的目的；另一方面，经济主体为了实现这一目的，就必须遵循道德。在市场经济条件下，经济诚信鲜明地体现了经济利益和道德规范的统一。同时，经济诚信也体现了个人道德和社会道德

---

① 马红霞：《经济诚信浅析》，《魅力中国》2009 年第 22 期。

的双重要求。在经济交往中，经济主体对于自己所提供的产品和服务必须遵循市场经济所要求的适用性，还要以诚信的态度来对待自己的产品和服务，并要恪守社会发展形成的“为人”的道德规范，只有这样，它们的产品和服务才可能交换出去，它们的利益才可能实现。在市场经济条件下，市场经济活动的动力机制，决定经济主体的本质要注重经济价值，使人具有“经济人”的属性。这就决定了经济主体把对自身利益的追求和满足看做是人们从事经济活动的原始驱动力。在经济活动中，生产者为社会提供各种商品，并不是出于某种仁慈的考虑，而是为了追求自身利益最大化。所以，追求最大限度的利润是经济活动的唯一目的。但是为了实现自身最大限度的利润，又不得不考虑他人的利益，否则就无法实现自身的最大利益。因而，经济诚信也体现了个人道德和社会道德的双重要求。

（二）大学生经济诚信内涵

大学生的经济诚信就是指在大学生的经济活动和经济关系中诚实守约、讲究信用的一种行为规范，包括大学生在参与经济活动时遵循法律规范和商品交换规则的诚信行为[①]。

经济诚信是一种经济道德规范。在社会主义市场经济中，政府、企业、个人都成为经济主体。大学生作为社会人，也是经济主体。经济主体在经济活动中作为利益主体，其行为必然带有功利性。因为市场经济的目标是实现经济利益最大化，利益就成为影响经济主体的经济行为和资源流向的主要因素。大学生虽然还不能直接进行物质财富的生产，与社会和他人形成直接的物质关系，但其在学校的生存和发展却必须与家人、同学、老师、学校、社会以及国家发生各种各样的经济联系和关系，比如与父母形成的供养关系，与某些老师、同学形成暂时性的私人借贷关系，成为公共场所、企业、商场的消费者等。大学生在这些经济关系中的诚信表现超越了传统的道德范畴，上升到关乎社会经济的大问题。

（三）大学生经济诚信的要求

经济诚信一方面要求经济主体在经济活动中以诚为本，另一方面要求经济主体在经济活动中讲求信用。如果歪曲了对经济利益最大化的理解，则在利益的追求上就会出现偏差，资源就会流向那些能够获取暴利的非法领域，比如制假贩假

---

① 董娅：《当代大学生诚信状态研究报告》，中央文献出版社 2009 年版。

等，这样利益的分配就体现不出效率优先、兼顾公平的原则，而经济信用可避免经济主体类似偏激经济行为的发生。经济主体的功利诉求不能损害国家利益和社会利益，应正确处理好局部与整体、个体与社会之间的关系，用正当的方式获取合法利益，使资源实现真正的优化配置，体现市场经济的“效率优先、兼顾公平”的原则。经济主体在经济活动中互相之间要诚信，反对一切失信和欺骗行为，保证市场经济的持续、健康、快速发展。因此，经济领域的诚信是市场经济运行的内在要求。

根据大学生经济生活和经济关系的内容以及经济诚信的含义的规定，大学生经济诚信的具体要求如下。

1. 在日常经济行为中坚持诚信原则

在商品交换活动中坚持商品的所有权属性，不妄取，不偷盗，不违背商品交易的基本诚信原则。具体包括：购买学习及生活用具时足额支付货币；销售商品时按时按质按量进行所有权的转移；不以没钱为借口，故意拖欠学校学费；不在可能的情况下逃火车票或电影票；不在新华书店和公共图书馆偷走自己所需的书；不利用大学生身份向同学、熟人和其他消费者推销假冒产品等。

2. 信贷领域不随意违约

在以信用作为支撑的信贷领域，信守合同，不随意违约，敢于直面违约责任。具体包括：向老师和同学借钱按约定归还；根据国家社会助学贷款的政策规定，通过提供实事求是的家庭和个人信息获得相应资助或贷款，按照贷款的支出要求使用，并按照约定准时、足量地偿还；按照信用约定进行消费，不在信用卡和手机卡欠费之后销毁和丢弃等。

辩证唯物主义认为，物质决定意识，意识对物质具有反作用。市场经济发展的历史充分说明：在经济运行发展的背后，存在着某种精神力量的作用，这种精神和价值观念在一定程度上决定着这种经济模式的成败兴衰。大学生虽然身处精神象牙塔，但其经济行为同样受到法律法规和道德规范的约束，并对社会经济造成影响。大学生经济诚信既是制度规范，也是道德规范。经济诚信透过大学生的经济行为对经济发生作用，它对经济产生影响的作用过程，本质上是一个文化过程。因此，经济诚信作为一种主体意识，对经济的发展起着相当重要的作用，体现了主体的一种人文精神。这种主体意识在形成深化的过程中，一方面反映了大学生的能动作用，另一方面对大学生的个人素质提出了更高的要求，促使大学生主观上积极进取，不断完善自身，从而在更高的层次和水平上实现人的自我价值。

第二节　大学生经济行为中的诚信缺失现象及原因分析

大学生是中国特色社会主义伟大事业的建设者和接班人，是构建社会主义和谐社会的生力军。诚信，则是大学生应该具备的必要素质。在当代大学生中，绝大多数都具备诚信的道德品质，对诚信道德有着较高的认知水平和较强的认同感，能够遵照法律法规和道德行为准则履行经济行为。但我们也应当认识到，我国正处于经济体制转型期，社会各个领域都在经历前所未有的改革，改革中出现了某些与诚信相背离的误区和盲区。由于不同市场主体在经济交往中存在追求利益最大化的倾向，为了追求各自利益最大化，市场主体自觉、不自觉地违背某些道德规范和行为准则，并且缺乏有效的解决办法，因此在经济活动和经济交往中，产生失信、违约等现象。经济上的急功近利，导致道德上的唯利是图，而转型期间制度的不完善又姑息了这种误区。这使得部分大学生在观念上产生碰撞和冲突，在有限的经济行为中也存在着不诚信现象，不诚信问题是客观存在的。

一、大学生经济信用意识淡薄

《现代汉语词典》中对“信用”的定义是：① 能够履行跟别人约定的事情而取得的信任。② 不需要提供物质保证，可以按时偿付的。③ 指银行借贷或商业上的赊销、赊购。④（书面）信任并任用。经济学家吴敬琏指出：“所谓信用，是指一种建立在授信人对受信人偿付承诺的信任的基础上，使后者无须付现即可获取商品、服务或货币的能力。由于现代市场经济中的大部分交易都是以信用为中介的交易，因此信用是现代市场交易的一个必备的要素。”[①]作为经济意义上的信用，是从商品交换活动中产生的，“以到期偿还和支付利息为条件的特殊形式的价值让渡”[②]，或曰“以收回为条件的付出和以归还为义务的取得”[③]，是商品交换活动和货币流

---

① 吴敬琏：《信用担保与国民信用体系建设》，http://finance.sina.com.cn/g/20011113/129142.html，2001-11-13。

②③ 黄达：《货币银行学》，中国人民大学出版社2000年版。

通得以实现的必要条件。经济信用意识则是指对于信用是一种既有价又无价资本的认识。所谓有价，是指在经济价值的转移方面是有偿的，而无价是指通过对信用的运营和使用所带来的无法计量的价值。德国著名社会学家马克斯·韦伯在其《新教伦理与资本主义精神》中，就揭示了诚实守信对于市场交易行为的重要意义，他无数次强调的一个信条就是“信用就是金钱”。

大学生对于信用有多种不同的理解，对信用的思考呈现多元化趋势，而不只局限于信用品德的范畴，但同时对于信用的理解既不全面也不深刻。有超过40%的人不认为信用是一种财富，对于经济信用意识的认识几乎为零。同时很少有人想到把信用与行为相联系，因此在未能全面理解信用的状况下，部分大学生经济信用意识淡薄。例如，大部分大学生并没有清楚地认识到信用卡是如何使用的，对信用卡使用中应该注意的事项就了解得更少。现阶段的大学生只是把信用卡作为一般的银行卡看待，并没有充分发挥信用卡的优越性。这些也都充分显示了大家对信用理解的贫乏，仅仅把信用卡当做储值卡来使用，使得“信用”两字变得毫无意义。

二、大学生经济行为中的失信表现

（一）拖欠学费

高等教育体制改革后，大学生实行缴费上学，但随之而来的恶意拖欠学费现象在许多高校普遍存在。从各高校实际情况来看，大学生拖欠学费问题日趋严重，所欠金额每年都在递增。这其中尽管有学生确实由于家庭经济困难而无力缴纳学费，无奈拖欠学费。但还有些学生是恶意拖欠学费，利用学校与家庭之间信息沟通不畅通，把家长给的学费无度挥霍。

大学生恶意欠费现象，其表现之一是将学费挪作他用。有的学生将应缴纳的学费没有上缴学校，而是擅自用于消费，其用途有的是购置电脑、手机、MP3，购买名牌服饰，外出旅游、访友等；有的是用于谈恋爱、买礼物、请客吃饭等；有的是用于炒股、买彩票等；有的是用于找工作，如为了给招聘单位留下好印象，获得更多的就业机会，不惜重金包装自己，男生购买名牌西装、领带、皮鞋，女生美容、买化妆品和高档饰物等。表现之二是故意缓缴学费。有的学生觉得学费肯定要缴，可周围也有没有缴费的同学，学校似乎也没采取任何措施，故而观望拖延；还有一些学生将几年的学费用定期的形式存入银行以获利息。这些学生对学校缺乏诚信，严重影响了学校教学的正常运转和持续发展，损害了大学生的形象。

（二）申请贷款、助学金中的不诚信

按照国家规定，高等教育实行缴费上学，但是又强调不能因为贫困而使学生失学。1999 年，教育部提出口号——“不让一个贫困生失学”；同时出台国家助学贷款，为经济困难学生提供助学贷款和助学金，以帮助经济困难学生顺利完成学业。国家助学贷款是借助国家信用向贫困学生提供的一种无担保信用放款，它是以学生能如期还款、信守诺言为前提的。自助学贷款实施以来，不仅为贫困学生解决了经济问题，而且还有助于培养学生自强自立、讲究信誉的良好品质。然而，一些缺乏诚信的学生既损害大学生群体形象，又影响助学贷款之路。学校面对大量的农村学生和家庭经济状况恶劣的学生，很难区分谁是最困难、最需要帮助的。尽管在申请助学贷款和助学金时需提供家庭困难证明，且该证明需加盖家庭所在地民政部门公章，但是，现在学生开具家庭困难证明并非难事，这就给区分困难家庭学生造成困扰，产生学生在申请、报批助学贷款、助学金，以及还贷的过程中出现不诚信问题。

由于我国还未建立完善的个人信用系统，所以未来的还款主要还是建立在大学生诚信道德基础上的。助学贷款政策执行的最初几年运行并不顺畅，许多银行不愿意向高校继续贷款的重要原因就是一部分大学生贷款后不按时付息还款，使银行部门对大学生这一群体的诚信道德水平产生了怀疑和不信任的态度。四川理工学院杜鑫在《大学生诚信危机及其教育初探》中引述的材料表明①，据 2001 年部分地方调查数据显示：成都农业银行某分行大学生拖欠贷款比例达 5%，中国工商银行北京分行大学生拖欠贷款比例达 10%；长沙中南大学大学生拖欠贷款比例达 35.3%。另据杭州《今日早报》记者在追踪察访浙江省 24 名违约学生的过程中发现：有部分学生诚信意识缺乏，在填写资料时就伪造了个人信息，他们认为自己毕业后原借款银行根本无法追查，因此就采取能拖则拖、能逃则逃的办法，恶意拖欠银行贷款②，这严重影响了后面学生的贷款。对银行来说，助学贷款发放笔数多，金额小，一旦发生坏账，收贷成本远大于贷款本金。助学贷款作为纯信用贷款，其保证就是学生的诚信，而学生诚信的缺失，无疑会让银行承担一

① 杜鑫：《大学生诚信危机及其教育初探》，《四川理工学院学报》2006 年第 4 期。

② 陈云涛：《大学生诚信文化理论与实践》，浙江科学技术出版社 2008 年版。

定的风险，将大大牵制银行继续放贷的积极性，让学校和银行处于两难境地。2003年8月，中国人民银行推出“双20标准”，即违约率达到20%且违约人数达到20%的高校，经办银行可以停发贷款[①]。同年，助学贷款开始进入首批还贷高峰，据说全国借贷学生平均违约率接近20%，各经办银行因此暂停了不少高校的贷款业务。这些违约的学生中固然有工作未稳定而无力偿还贷款，但也不排除有意拖欠国家助学贷款的行为。在助学贷款的归还问题上，还有一小部分学生存在“能不还就不还”的侥幸心理，认为今后就业单位不固定，又无具体担保人，并且对于不按时还款或不还款的行为又没有有效的监督、约束和惩罚机制，银行很难找到自己，拖一天算一天，况且钱是国家的，不还也没关系[②]。他们的失信行为为高校助学贷款政策蒙上了一层阴影，使更多需要帮助的贫困学生得不到应有的帮助。

【案例8-2】

失信的后果

2002年，一名中国青年在哈佛大学攻读工商管理博士。他不相信美国的信用制度，想亲自实践一下。于是他到一家银行申请了3个月期限的1 000美元贷款，到期那天他故意未去还款，而是贷款到期的次日去还了1 000美元，这种失信行为对他有什么影响呢？同学们可能没有想到，就因为这次失信行为，他在哈佛大学毕业后，美国没有一家企业和机构要他，连找一个洗碗的工作都找不到，在美国就业的机会因此而破灭。

（本案例资料来自史瑞杰、魏胤亭：《诚信导论》，经济科学出版社2009年版。）

案例分析　一个世界顶尖大学的博士在美国竟然找不到工作，不是他没有能力，也不是他长得丑陋，而是因为他不守信用，未按时偿还银行贷款！这个博士的境遇值得同情吗？值得可怜吗？但更值得我们深思！

① 刘溜：《国家助学贷款为何大面积停贷》，《中国新闻周刊》2004年第17期。
② 梅国英：《大学生诚信问题的心理归因及重建》，《深圳信息职业技术学院学报》2005年第3期。

（三）申请奖学金中的不诚信

奖学金是由国家、地方政府、学校和社会其他人士为鼓励学生立志成才，促进学生专业知识和专业技能水平的提高，使学生在德、智、体、美、劳等方面全面发展，从而对品学兼优的学生所给予的经济奖励的助学方式。我国高等教育非常重视奖励优秀学生，从中央政府到地方政府，再到各高校，均有出资设立的综合奖学金和单项奖学金，专门资助全日制本专科学生中特别优秀的学生，其中由中央政府出资设立的国家奖学金奖励标准为每人每年 8 000 元。

不论是国家奖学金还是高校自设奖学金，都有一定的申请要求。在校大学生，凡符合条件者，均可申请。然而有学生在没有达到申请条件的情况下，为了得到奖学金，以各种形式向任课老师及监考、改卷人员赠送礼品、礼金或其他物品，索要分数，弄虚作假，瞒报申请资料。某些学生为了提高自己的学业成绩，对专业课教师“死缠烂打”，要求老师为其给出理想分数，通过“捷径”获取奖学金；某些学生干部为了提高自己的德育成绩，对自己的违规、违纪行为不予登记扣分，由此引来了学生对奖学金评定活动的怨声载道，在某些高校的校园论坛或其他网络媒介上，不时出现学生所谓“揭露奖学金评定黑幕”等言论，造成极其恶劣的影响。

（四）透支信用卡

随着社会经济的飞速发展，“刷卡”消费在大学生中已经成为一种时尚。尽管大学生还没有稳定的经济收入，但却具有惊人的消费能力。各金融机构把目光盯在大学生身上，不仅免费办理信用卡，还通过办卡赠礼等促销手段吸引大学生，使大学生轻易办到较高授信额度的信用卡。然而，信用卡并非免费的午餐，是需要按期归还的。对大学生来说，信用卡的使用颇受争议，它容易助长消费，甚至是不良消费习惯。受还款能力限制，信用卡的债务一旦无法偿还，对学习生活一定会有所影响，甚至造成学生家长的财务压力。有的学生在校期间办理信用卡，透支卡内金额，不按时还款一走了之；有的学生刷卡消费之后，无法按期还款，要么求助于家长、同学，要么铤而走险，通过非法手段，利用信用卡“套现”，拆东墙补西墙，于是就出现了大学生因信用卡欠款不还而被银行对簿公堂的案例。这无疑给这些大学生的未来罩上了一层阴影。不能量入为出，恶意透支信用卡，其付出的代价就是无法挽回的信用。

【案例 8-3】

透支的信用卡

刘女士的儿子小陈，大学四年级学生，因还未参加工作，经济上不能独立，还要依赖父母，每月会问母亲拿零花钱 1 000 元。但是用他的话来说，就是“一个月 1 000元，现在根本不够用”。

小陈问母亲要钱的日子，从去年 10 月份终止。他的这一“转变”，惹得母亲一阵欣喜：“儿子终于懂事了。”

元旦前夕，刘女士接到一个陌生电话，说是银行的，找小陈。刘女士被告知，儿子信用卡透支，还款期已过，来找担保人了。

银行账单寄到家中，刘女士打开一看，顿时傻眼——两张信用卡，一共透支 1 万多元钱，几乎是夫妻俩年收入的一半。

当晚，小陈回到家，刘女士立即责问，儿子只好老实交代，自己偷偷办了两张信用卡，担保人是父母。刘女士每月给小陈的零用钱，小陈都用来上网，而信用卡则用来泡吧时“喜刷刷”。

一听这话，刘女士欲哭无泪：“我和老公结婚 20 年，还从来没去过酒吧。儿子一去就花了 1 万多元。”

儿子无钱还贷，刘女士只好拿出家中仅有的 5 000 元积蓄，为儿子还了一半贷款。剩余的一半，让小陈想办法自己还。“只有这样，他才会有愧疚感、责任感。”刘女士喃喃地说……

案例分析 如今的大学生追赶潮流，喜欢办信用卡享受提前消费，而不考虑后期的还款压力，不思量花了钱轻松消费后，很快“债台高筑”，事后将账单抛给父母，造成了恶劣后果。大学生在办信用卡透支消费时，应该先设身处地想一想自己是否有还款能力，家庭经济条件是否宽裕，别在潇洒刷卡消费后，用一纸账单换来父母的两行热泪。

（五）互联网诈骗

互联网作为新时代的信息传播媒介，对大学生的学习、生活等各方面都产生着广泛而深刻的影响。当代大学生所从事的网络经济活动主要包括信息发布、查阅资料、互联网交易、互联网金融投资、网络借贷等。

伴随着互联网的日益发达，电子商务产业也不断壮大。网上购物和销售商品已经成为大学校园里的一种流行趋势，这种快捷、便利的网上交易方式深受大学生的喜爱。但是，有些大学生在网络经济活动中，为谋取商业利益，利用互联网传播的便利性和广泛性，任意编造和发布虚假信息，甚至进行诈骗犯罪的交易活动。有的大学生作为买家在网上购物时，谎报个人真实信息和银行账号，收到商品后不及时付款或退货，拖欠或逃避付款，甚至有人盗用他人账号进行网上购物；而有些作为卖家的大学生在网上销售商品时，商品质量不能保证，所售实物与网上广告不符，或者收到货款不及时发货，骗取他人钱财，没有良好的售后服务；另有一些学生在网上免费下载使用盗版软件，不遵守学术道德，剽窃抄袭他人学术成果或作品，侵犯他人知识产权；还有一些学生参与互联网金融投资，购买互联网金融理财产品或参与网络借贷，但又缺乏识别能力，受到部分非法的互联网金融公司和非法网贷平台的欺骗，最终背负财产损失，深受其害，这些都是网络经济活动中的失信行为。

一些网贷公司为拓展业务，风险把控不严，贷款审核形同虚设，致使普通学生能贷款几十万，最终却陷入无法偿还的绝境。此外，部分网贷平台甚至恶意放贷，编织出“服务费”“逾期费”“催收费”等陷阱，通过各种方式催收本金利息，谋取暴利，以至于很多学生陷入网贷泥沼。

很多网贷平台在工商经营范围内，不允许经营金融业务及金融贷款，但这些网贷公司的官方网站上，都明确写明可办理金融业务，可办贷款。一些网贷平台过分宣传和夸大分期产品，诸如低门槛、零首付、零利息、免担保，但是收取变相的高额服务费，其金额是超过利息的。有的网贷公司甚至涉嫌合同欺诈，未履行告知义务，故意让学生逾期，以收取高额逾期费。甚至有学生的贷款合同，并非本人签字。

据了解，2015 年 12 月 28 日，中国银监会发布《网络借贷信息中介机构业务活动管理暂行办法(征求意见稿)》，这是中国官方第一次对网络借贷行业释放具体的监管思路。

该办法界定了网络金融是网络借贷信息中介业务活动，明确了监管方，国务院银行业监督管理机构开展监管工作；同时，遵循“谁审批、谁监管”的原则，由地方金融办负责风险防范与处置。

值得注意的是，2016 年全国两会发布的政府工作报告中，将“规范发展互联网金融”列入“2016 年重点工作部分”，互联网金融行业进入“监管时代”。

【案例 8-4】

网上散布虚假信息

上海市大学生蔡某在易趣网上散布虚假手机信息,在 40 余天内共诈骗了网友 20 余次,收到来自全国各地的汇款共 5 万余元。令人奇怪的是,在这起网络诈骗案中,20 余人都没有向网站投诉或者报警,以致蔡某连连诈骗成功。为了实施诈骗活动,蔡某事先进行了长达 2 个月的准备工作。2004 年 9 月底,他借机骗走同学丁某的身份证,随后用这张身份证分别在两家银行开设了账户。10 月底,蔡某又偷偷记下了同学黄某的身份证号码,并用该号码在易趣网上注册了 10 余个不同的用户名。准备工作就绪后,蔡某在 11 月初正式"出手"。他在易趣网上接连发布"全国联保全新诺基亚 8210 型手机只卖 400 元""全新原装全国联保索爱 T618 只卖人民币 1 088 元,包邮递,款到发货"等信息,静待网友上钩。

3 天后,上海的王先生看到了蔡某发布的信息,马上将 1 088 元钱转到蔡某的账户,但直到 11 月 11 日,王先生才收到了蔡某的电子邮件,称没收到其汇款。第二天,王先生又去银行查询,得知 11 月 6 日转账成功无误,且 11 月 7 日卖家已取走钱款。

被蔡某蒙骗的不但有本市买家,还有外省市买家。但是无一例外,他们都没有报案,也没有去易趣网客户服务中心投诉举报。直到 2004 年 12 月 23 日,警方才接到了家住本市浦东六里地区的张先生报案,在本市某高校将蔡某抓获。

2005 年 8 月,浦东新区法院就这起大学生网络诈骗案作出一审判决,蔡某因诈骗罪,判处拘役 4 个月,罚金 1 000 元。

(本案例资料来自毛懿:《网上散布虚假手机售卖信息,5 万余元各地涌来》,http://news.eastday.com/eastday/node80807/node80828/node84715/userobject1ai1417439.html,2005-09-06。)

案例分析 种种事例表明,信用危机已开始入侵校园,千万不要将其仅当作大学生"美丽的谎言"。大学生诚信问题也成为当前社会问题的焦点之一,人们纷纷把目光投注到象牙塔内,并呼吁尽快加强大学生诚信道德的建设。

(六) 其他社会经济活动中的不诚信行为

1. 盲目消费

大学生追求高品质生活，讲究物质生活水平，攀比消费心理已经成为大学校园不争之事实，大学生作为一个特殊的消费群体，正越来越受到商家的青睐。然而大学生没有经济来源，经济独立性差，消费没有基础。经济的非独立性决定了大学生自主消费的经验较少，不能理性地对消费价值与成本进行衡量。大学生还未形成完整、稳定的消费观念，自控能力较差，多数消费都是受媒体宣传诱导或是身边同学影响而产生的随机消费、冲动消费，他们追新求异，敏锐地把握时尚，唯恐落后于潮流。一些大学生一味虚荣好胜，追求享乐，追逐潮流。家境富裕的学生，早已养成花钱大手大脚的习惯；家境贫困的学生，其开支远远高出家庭经济承受能力，不惜骗取父母的钱，满足自己的虚荣享乐，而虚荣满足的背后，是父母沉重的经济负担。有的大学生说，每个月的钱总是那么稀里糊涂花的，花没了才知道这个月还没过完，至于下个月，要么厚着脸皮向家里要，要么就先借着。某高校的方同学，本学期带了 3 500 元的生活费。到了学校后，租房子一次性付了 1 400 元。他和女友一起逛街，并给女友买了一套衣服，自己买了一双运动鞋，晚上吃了一顿西餐，花了 700 多元，等于这天就花了他 1 个月的生活费，现在，离学期结束还有近 2 个月，口袋里没什么钱了[①]。

以上例子是在校大学生盲目消费的典型，他们也因此而常常感到苦恼。其实如果能根据实际需要，把握消费的“度”，就不会出现上面所讲述的那种狼狈和尴尬了。

2. 有借无还

在我们的校园生活中存在这样的现象：有的学生为了满足自己的生活开支，经常利用谎言，向老师、同学借钱，借后不还，厚着脸皮一拖再拖，到最后不了了之；有的学生搬挪教室桌椅板凳，用后不归还至原处，为己所用；有的学生在校期间借阅书报杂志逾期不还，甚至离校后仍拖欠学校图书。有记录说，在新加坡机场看见过同胞拿着机票没有登上飞机，因为有证据表明，他借阅的图书还没有归还图书馆。那些曾经在新加坡有过劣迹的，只要他还用的是真名，他就别想再踏上那片国土，因为他以前的行径都已经记录在案，有关部门随时都可以查到[②]。一个成熟的

---

① 张凤林主编：《大学生理财》，江苏大学出版社 2011 年版。
② 陈云涛：《大学生诚信文化理论与实践》，浙江科学技术出版社 2008 年版。

社会，要为社会上的每个个体建立能够证明一个人可信度的信用档案。一个人可信度高，信誉好，别人才可以借钱给他，才能与其合作。如果不讲信誉、借钱不还、偷税漏税、说谎骗人，就会在信用记录上留有案底，从而失去很多机会，难以在社会上立足。

3. 拖账欠费

随着社会的发展，人们生活的社会化服务日趋完善。在日常生活中享受便利服务，必然要与各种服务部门来往，如房管部门、电信部门、煤气公司、自来水公司、物业管理部门等。享受服务，实现便利生活，就应该支付相应的费用，这是缴费信用。缴费信用要求人们按照时间节点和支付数额缴纳房、水、电、煤、电话、手机、上网、取暖、交通等各种费用，不可逾期不交，或者赖账逃账。但是由于监督和惩罚力度不完善，大学生中常有拖欠各种生活费用的现象。有的学生一边学习一边经营，开设店铺，当经营出现亏损后，就不缴付房租、水电费，卷起铺盖更换联系方式一走了之；有的学生在学校周围的超市、饭馆赊账消费，毕业后一走了之；还有的学生拖欠电话费、上网费等都是大学生在经济活动中的不诚信表现。

据报道，某移动公司 2 300 多张手机欠费单上的 40 多万元话费催缴无门，欠费的机主都是某市高校 2005 届毕业生，已经毕业离校。某市大学生用户在移动和联通两大通信公司拖欠的话费总额数达百万元之巨①。大学生手机欠费有下面几种情况：一是利用停机前允许透支话费狂欠费。由于购买有的手机卡，不需要任何身份证明和资料登记，话费结算有一个滞延时间，停机前允许用户透支一定金额。一些分销商为了增加业务量免掉了登记手续，并自行推出一些优惠活动，也为学生恶意欠费提供了可乘之机。二是利用促销优惠的漏洞欠费。很多通信公司面向高校推出了诸如“零元赠机”“一折购机”“三折购机”等促销活动，学生只要签约承诺在 18 个月或 24 个月内每月至少打足一定数额的话费，就可以凭证件免费领取或低价购买手机，话费也有诸多优惠。然而就是这种“先打电话后缴费”的信用消费形式，给通信商带来了意外的窘境。某移动公司办理此类信用消费“校园卡”30 多万张，有 13 所高校的 3 万多名学生欠费，总金额达 380 多万元。现在因办理通讯业务手续方便，有的业务只需学生证、身份证等有效证件登记即可签一份协议。某学生欠费几百元仍可使用手机的消息不胫而走，一时间校园里假身份证、学生证之风盛行，更有甚者拿室友、朋友的身份证办理手续，当话费拖欠到一定数额后就将

① 姚玉洁、王骏勇：《恶意欠费拷问大学生诚信》，《中国教育报》，2004 年 1 月 4 日。

原号废弃，用假身份证再办新号码，屡试屡得。手机欠费清单，拷问着大学生的诚信。我国的一个留学生在德国留学时，每天都要乘地铁，慢慢地他发现德国的地铁没有检票口，他在一次乘车时没有买票，结果没有任何人找他麻烦，他暗自庆幸。于是在后来的日子里，又有几次没有买票，毕业后他以各科全 A 的成绩去德国各大公司求职均被拒绝，他只好降低自己的求职条件，可是仍不被聘用。在一次求职失败后，他愤怒地质问拒聘自己的人事主管自己成绩优异而不被录用的原因，在他一再的质问下，对方只好说出：非常遗憾，由于您的社会信用上记录着您曾乘地铁没有买票，因此我们不能聘用您①。

由此可见，自以为无人发现的失信行为，却成为日后发展的巨大障碍。背负了失信的不良记录，就给自己的人格烙下了深刻的污点烙印，我们要以此为警醒，恪守诚信。

4. 贪污行为

在深化改革、扩大开放、经济持续高速发展的过程中，市场经济和文化多样性对大学校园带来的负面影响，不容忽视。大学毕业生通常涉世不深，经历肤浅，思想活跃，更容易受到诱惑。加之攀比心理作祟，利用职务之便贪污公共或他人财物的现象屡有发生，出现了贪污低龄化现象。甚至有些大学学生干部利用工作之便开假发票，虚报发票收取活动好处费、回扣等。我们必须清醒地认识到，作为当代大学生，未来社会之栋梁，我们要从自身做起，遏制消极腐败现象的滋生，深刻分析和把握反腐斗争形势，保持高度警觉，保持清醒的头脑，提高自身修养，维护校园一片净土；要不断增强政治意识、大局意识、责任意识和忧患意识，始终把廉政和反腐放在突出位置。

【案例 8－5】

挡不住的诱惑

一名大学毕业生到温州市区某银行正式上班才 10 来天，便冒领储户存款 12 万元，最终落得个身陷囹圄的下场。日前，王某被温州鹿城区人民检察院以职务侵

① 史瑞杰、魏胤亭：《诚信导论》，经济科学出版社 2009 年版。

占罪提起诉讼。

王某今年23岁，从浙江某学院毕业后，于2004年12月10日被正式录用为温州市区某银行代理合同工。王某正式工作后才10天，一位储户拿着存折取款，王某发现这个存折尚未配置银行卡，骗取密码后私自将其账户配置银行卡并取出12万元。

案例分析 刚刚步入社会的大学生，应当抵御社会不良风气的影响，抵制物质利益的诱惑，靠自己的知识和技能，获取属于自己的财富；反之，通过职业便利，窃取他人财物，必将走向末路。

当代大学生自我意识较强，部分学生还未意识到诚信这一传统美德对自身的成长和今后的发展具有非常重要的意义。有的学生认为拖欠助学贷款无所谓，反正助学贷款不付利息；有的学生认为信用卡透支是一种时尚，办理信用卡就是用来透支的；有的学生认为拖欠学费只是一件小事，即使拖欠学费也不会被学校开除。由此说明了这些学生自身道德修养不够，法律法规观念淡漠，诚信意识弱化，他们在经济活动中表现出诚信缺失。殊不知，待他们走出校园，步入社会，参与到更加纷繁复杂的市场经济活动中时，诚信待人、诚信处事、遵规守法会让他们受益无穷。

三、大学生经济行为中的失信原因分析

大学生经济信用意识淡薄、经济行为不诚信，是市场经济诚信文化缺失在高校的延伸。造成大学生经济行为不诚信的原因是多方面的，主要受到大学生自身价值观、诚信观的影响，受到学校教育、家庭教育的影响，更是受到社会政治、经济、文化、道德规范的影响。

第一，由于种种社会环境因素和趋利意愿的影响，诚信目前只是作为一种内隐于大学生意识深处的道德情感或道德体验需要。与大学生对成绩、成就、权力、恋爱、交往、工作机会、就业岗位等的需要相比较，显然其利益相关程度要小一些，在内心引起的紧张程度、不平衡程度和内驱力程度要小一些。因而在大学生有关需要的排序中，对诚信的需要就成为一种间接需要和非主导需要，信用意识则必然次之。当这些需要相冲突时，大学生显然会选择那些能给他们带来直接利益和近期利益的需要，而放弃对诚信的需要，从而产生不顾诚信、牺牲诚信的动机，导致不诚信行为发生。

第二，由于目前我国信用服务体系的制度建设尚处于起步阶段，还缺乏有效的社会信用体系，失信行为还不能够得到及时、全面的监督和应有的惩罚，使很多人有了可乘之机，出现了许多违背诚信道德而又能从中受益的现象。在校大学生由于社会阅历浅，人生观、价值观还未完全定型，如果没有正确的引导，很容易受到不良影响。

第三，由于学校和家庭教育缺乏对信用意识的普及，诚信教育的弱化使学生自小就没有培养信用意识的外界环境。在进行诚信教育时，也只是把德育的内容简单照搬，并没有对信用制度及相关的法规知识进行系统的解释和完整的说明，教育内容空洞，缺乏说服力，削弱了教育的效果，更没有实践体验的机会。

第三节　大学生经济诚信的培养

中共中央、国务院下发的《关于进一步加强和改进大学生思想政治教育的意见》中明确指出："以基本道德规范为基础，深入进行公民道德教育，引导大学生自觉遵守爱国守法、明礼诚信、团结友善、勤俭自强、敬业奉献的基本道德规范，养成良好的道德品质和文明行为。"①诚信既是大学生的"道德名片"，又是大学生走向社会的"通行证"。诚信教育越来越受到社会和高校的重视。信用既是市场经济准则，又是个人道德水平的一个标志。大学生今后步入社会，是参与经济活动的重要个体，必须树立诚信理念和信用意识，这是当代大学生必须具备的最基本的道德素质，也是其步入社会后以德立身的基本要求。经济诚信是我们学习做人的关键，经济上的不诚信，就如同人生防洪堤上的小裂纹，会延伸扩展，如不及时修补、加固，就会造成溃堤的恶果。一个人没有信用，是不受欢迎也不会有所发展的。一个没有良好诚信品德的人，是不可能有科学的理想信念的，更不可能为崇高理想而牺牲个人利益。

一、树立经济诚信理念

（一）培养经济诚信道德的心理机制

现代市场经济是信用经济，是以良好的信用文化作支撑。在社会主义市场经

① 中共中央、国务院：《关于进一步加强和改进大学生思想政治教育的意见》，《人民日报》，2004 年 10 月 15 日。

济运行中，诚信仍然是经济活动中最具价值的经营理念。现代社会，诚信文化更能体现以“市场公平、社会公正、权利义务”等为标志的现代社会道德诉求。

社会诚信成于内而形于外，个人内在诚实是其社会经济行为能够信守诺言、遵守契约的心理基础[①]。经济诚信作为一种道德规范，一旦被主体内化，即成为经济主体的精神气质和人格品质。经济诚信这种道德规范需要经济主体的自律来完成。一个人要做到诚信，个人的道德自律是第一道保障，这种道德的约束力量主要来自内在的精神信仰，这种精神信仰不是先天的，而是个人在成长过程中通过接受各种教育以及个人的社会生活实践而逐步形成的。树立经济诚信理念，要在市场经济大潮中大力推进社会主义思想道德体系的建设，广泛开展具有时代特色的、符合大学生心理需求的精神文明创建活动。在诚信教育中倡导“诚信光荣”的理念，培养诚信道德的心理发生机制，形成诚信心理需求与道德实践“知行合一”的自我教育环境。

对于社会人这样的经济个体而言，诚信是立足之本。大学生作为社会人，在参与社会经济活动的过程中，应当以诚信为本，具有重承诺、守信用、讲信誉等良好品德。

【案例 8-6】

黄斌的第一桶金

1993年，黄斌（原爱必得创始人、现北京大学天正集团总裁）在中关村与人合租了一个小门面攒电脑，那时他们的资金只有3 000元，但也雄心勃勃。有个经销商来北京攒机子，问到黄斌的报价，发现价格比同类产品低得多，难以置信！他马上签了20万元的合同单，满意离开。谁知签完单子，黄斌才发现自己把报价报错了。这意味着假如他继续做这笔买卖，他将赔进去1万多元钱，从商人变成不折不扣的债户。他很犹豫，不知道走哪条路。第一条是守信誉，讲诚信，继续做生意，哪怕赔掉脑袋！第二条是和对方讲明原因，请他把差价补上。第三条是把这笔单子推出去，就说不做了。经过几天的思考权衡，他对自己作出承诺：坚持走第一条

---

① 史瑞杰、魏胤亭：《诚信导论》，经济科学出版社2009年版。

路。真是塞翁失马，焉知非福，经销商得知实情，非常感动，立刻又把100万元的单子按市场报价给了他。不久，中关村电脑配件价格集体下调，可想而知，黄斌用自己的诚信赢得了什么，岂止是几十万元！他正是用这笔资金打开了市场，终于成了IT行业的精英人物。后来有人和他开玩笑，问他淘到的第一桶金赚了多少钱？他总是说，我没有赚钱，而是赔了1万多元，但是，我却淘到了一桶成色十足的金子，那就是诚信。

（本案例资料来自史瑞杰、魏胤亭：《诚信导论》，经济科学出版社2009年版。）

案例分析　这是一则一位初入商海的大学毕业生诚信从商的故事。故事的主人公在经济利益损失和信誉损失的博弈中最终选择了前者，并由此获得了新的商机。掩卷深思，面对当前社会生活中的种种诚信缺失的现象，你是否感到了一种责任？

（二）注重个人品德修养

当代大学生思想活跃，处在世界观、人生观、价值观、道德观等走向成熟的阶段，各种观念尚未定型。大学生人际交往的对象及周围环境的变化等因素，都会影响其经济交往中诚信行为的发生和诚信品质的形成与变化。然而这种可变性又使他们具有较强的可塑性，我们可以通过日常的规范和约束使其形成严于律己的自觉意识，达到教育、引导其养成正确的经济诚信行为，并逐步上升为习惯、修养的目的。在日常的经济生活中，使他们形成拾金不昧、见义勇为、廉洁奉公的良好品质，摒弃见利忘义、贪图私利的恶劣行径。诚实守信，重在实践，贵在积累。大学生只有把诚信理论渗透到自身文明修身和社会实践活动中，才能真正形成自己的诚信品格。

【案例8-7】

注重诚信的大学生"修车匠"

如果他不是大学生，老刘不一定把自己的自行车交给他修。老刘的自行车几乎是九成新，骑在路上突然没气了，估计是扎着什么钉子之类的东西，刺破了内胎。正好路边有个修补自行车的摊子，就推着车走过去。

修车人是个长得白白净净的小伙子，他正忙着给一位女士修车。老刘同那位女士商量，因有急事，能不能先补？那女士说很抱歉，她也有急事。

小伙子让老刘把车留在那儿，先去办事，过会儿回来取车就行了。见老刘有些犹豫，旁边那位女士说，尽管放心，小伙子是在校大学生，每个星期都在这儿修车。

老刘问，真的吗？

小伙子一边干一边回答，已经在这儿做了1年多了，感觉比打工强。这条路上骑自行车的人多，市场大的不得了。老刘看了看他给女士修车的态度和动作，直觉告诉老刘，这个修车人可信，而且有过硬的修车本事。

这时老刘的手机响了，朋友在催老刘赶快过去。老刘就把自行车包括钥匙交给小伙子，并约定，大约1小时来取自行车。小伙子再三叮嘱："你一定要来，明天我有其他的事，你可能找不到我。"

事情办得很不顺利，老刘至少过了2个小时才赶回大学生摆摊修车的地方，已经看不到人影，连修车的工具都一起失踪了。

第二天，老刘专门去了那儿，还是没有见到那个大学生。结果事情如他估计的一样，这个"大学生修车匠"像是从人间蒸发了一般，依然不见人。

老刘不想再去了，因为那地方与他上班不同方向，去一趟很麻烦。老刘想：一辆自行车而已，就当是被小偷儿偷了吧。

这件事过了大约2个月，有一天，老刘偶然路过那里。一个小伙子大声喊着向他追来，老刘停下脚步回过头。"你还认得我吗？"小伙子气喘吁吁地说，"过来取回您的自行车吧，都放了2个月了。"

小伙子告诉老刘，给他修车的第二天，就去一家公司应聘，通过笔试、面试被录用了。公司对新员工的培训安排在周末2天，所以就没法来修车。

"我每个星期下了班，都推着车子来等你，2个多月了。连做梦都梦见你好几回呢！"小伙子如释重负地说道。

老刘接过自行车，发现车子被他擦得十分干净，轮胎也没有丝毫的磨损。一看就知道，他没有当成自己的车使用。老刘心生感激，要多付钱给他。小伙子坚持只收2元钱，他说："说好2元就2元！"

老刘说："你多次来这里等我，就算我付给你的劳务费吧。"

小伙子坚持不收。他说："没什么。如果我再修自行车的话，您老多照顾我的生意就行了。"说完，转身跑了……

（本案例资料来自秦阳、肖峰：《诚信的力量》，海潮出版社2002年版。）

案例分析 大学生应本着诚信待人、诚信处事的原则，自食其力。案例中的大学生有着良好的诚信素养，不贪图便宜，凭借自己的能力创造经济价值，得到了他人的尊重和社会的认可。

二、加强经济法律、法规的学习

经济诚信与经济法律法规是相互补充、相互支持的，健全的法制体系是诚信规范的基本保障，相关的法律法规对社会诚信和经济信用体系具有强有力的保障和支撑作用。邓小平指出："制度好可以使坏人无法任意横行，制度不好可以使好人无法充分做好事，甚至会走向反面。"[①]欧美发达国家诚信度较高，它们的现代经济是建立在高度诚信的基础上的。它们建立了完善的信用法律制度和健全的信用管理体系，社会监督系统也随处可见。显然，良好社会风貌的形成与法制健全、制度严密不可分割。健全的法制消除了人们产生不守信用可能不会被发现、不会受惩罚，反而还可能因此获利的侥幸心理。法律面前人人平等，依法办事，就会避免那些合德不合法或者合法不合德的违规行为，就能够实现经济行为和道德行为的和谐、自律和他律的统一。因此，我们要加强相关制度的建设，加强经济法律法规的学习。例如，在对待缴纳学费和国家助学贷款的问题上，大学生要认识到，缴纳学费、住宿费等有关费用是在校学习期间应尽的法律责任和道德义务。国家助学贷款是一种契约，而不能简单地将其视为一种困难资助。既然是契约，就要依照约定，按时偿还贷款，做到诚信还贷，知恩图报。1998 年 8 月 29 日，由全国人民代表大会常务委员会颁布的《中华人民共和国高等教育法》第五十四条规定："高等学校的学生应当按照国家规定缴纳学费。家庭经济困难的学生，可以申请补助或者减免学费。"2005 年 4 月 1 日，由教育部公布的《普通高等学校学生管理规定》第六条指出："学生在校期间依法履行下列义务：（四）按规定缴纳学费及有关费用，履行获得贷学金及助学金的相应义务。"作为天之骄子，大学生要从自我做起，加强对经济法律法规的学习，从理性上判断经济行为的合理性。只有宏观的法治环境使诚实信用成为全社会公民自觉的、理性的选择，大学生中不诚信的问题才能得到有效解决。

---

① 邓小平：《邓小平文选》第 2 卷，人民出版社 1994 年版。

三、加强信用知识的学习

当代大学生信用意识不强，某些信用污点不仅严重影响了大学生树立正确的价值观，更为和谐社会的建设留下隐患。因此，加强大学生信用知识的学习和大学生的个人信用建设，树立良好的信用意识，优化大学生信用行为有着极为重要的现实意义。

(一) 加强信用经济知识的教育普及

专业化的信用教育是围绕信用管理的专业知识进行的系统化教育，培养的是信用管理行业的专门人才，但目前这个具有时代特征的专业在我国高等教育中还属新兴专业，尚处于起步阶段，相关内容的教育在国内长期处于薄弱环节，加之我国传统的诚信文化中较为缺乏此方面内容，人们交易信用的意识较为薄弱，因此特别需要加强这方面的系统教育，为大学生信用意识的建立和巩固提供系统的理论支撑。倘若高校不对大学生进行信用管理等专业知识的教育，势必会影响信用管理人力资源的开发和使用，进而影响我国的信用管理水平。为此，教育部门应加快信用管理专业的发展和信用人才的培养。

(二) 加强个人信用报告和相关法规知识的普及

个人信用报告是记录用户过去信用信息的文件，是用户的“经济身份证”。2006 年，央行组建了全国统一的企业和个人信用信息基础数据库。只要是在银行办过卡、贷过款，都会自动在该系统中生成一份属于自己的“个人信用报告”。商业银行等金融机构是个人信用信息的主要提供者和使用者，也是查询个人信用报告最多的机构。然而在当代大学生中，信用报告并没有引起广泛关注。相关调查显示①，在 3 000 余份调查问卷中随即抽取 1 264 份调查问卷，其中了解个人信用报告采集信息的人数为 295 人，占到抽样总数的 23.33%；有 83.22%的同学从未查过自己的个人信用报告。而很多政府部门、金融机构在招聘过程中，都要求个人提交一份个人信用报告作参考。各商业银行在贷款审核中，均将个人信用报告作为一项重要的参考依据。因此，在大学生中普及信用报告知识，使学生了解信用知识和

① 牛聪：《关于当代大学生信用意识调查及提高信用意识方法的调研报告》，《知识经济》2010 年第 7 期。

相关法律法规、政策、常识是大学生思想道德教育的重要内容。

（三）加强大学生经济诚信的教育和管理

信用制度的建立需要社会诚信大环境的支持，在校园里更要加强信用教育，加强舆论监督、树立榜样，倡导诚信文化，建立个人信用档案，规范个人行为；加强大学生对所面临的与学校、银行的经济信用关系的了解；不编造和利用虚假的证明材料申请助学贷款和各项资助；不恶意拖欠学费、国家助学贷款等费用，积极履行贷款合同，按时偿还助学贷款；加强大学期间应该艰苦奋斗、摒弃攀比享乐的经济生活观，不恶意透支信用卡；不偷窃、诈骗他人财物；加强经济失信之后可能带来的多方面危害的预防和警示教育，使大学生意识到失信的严重危害，认识到失信的恶劣后果，从而使高校信用教育收到良好效果。

四、培养正确的理财观

由于种种原因，许多人普遍缺乏理财意识，已经远远落后于市场经济发展的需要。很多人认为，理财就是生财、发财，是一种投资增值，大学生尚无经济基础，不具备理财条件。其实这是一种狭隘的理财观念，生财并不是理财的最终目的。理财包括开支节流和收入开源两个基本的方面，它是一种对自己人生的长期规划，目的在于学会使用钱财，使个人与家庭的财务处于最佳的运行状态。所以，作为市场经济中的个体，不论富裕与否，都应该学习理财。大学生作为未来国家建设的中坚力量，面临或者将要面临各种社会现实问题，应该首先接受理财教育，具备必要的理财知识。

大学生是一个特殊群体，他们没有稳定的经济来源，却又有一笔稳定的“收入”。这笔“收入”或是由家长支付，或是由国家助学贷款提供。因此，与中小学生相比，大学生可以自由支配大量现金。但是这笔“收入”如何科学、合理地支配，对于大学生来说似乎是一个深奥难解的问题，特别是当代大学生普遍存在消费问题，如消费无计划、消费结构不合理、相互攀比、奢侈浪费等，都会将这笔“收入”化为华而不实的幻影。那么应该如何解决这个问题呢？科学理财便是很重要的一个方面。

现代教育研究表明，公民的基本素质除包括我们已经熟知的智商（IQ）、情商（EQ）外，还包括并未引起我国重视的财商（financial quotient，FQ）。所谓财商，是指一个人认识金钱和驾驭金钱的能力，是一个人的理财智慧。财商、智商与情商是现代人应具备的三大基本素质。可以这样理解，智商反映人作为一般生物的生存能力，智商越高，人越聪明；情商反映人作为社会生物的生存能力，情商越高，人的社交能力越强；财商是人作为经济人在经济社会中的生存能力，财商越高，人管理金钱的能力越强[①]。

对大学生而言，学会消费和理财跟掌握科学文化知识同样重要，树立正确的消费观，培养正确的理财意识，懂得怎样的消费是科学的、合理的，理应成为将来社会生存的必备技能。

从实际情况来看，大学生理财有三个重要环节：攒钱、生钱和护钱。

其一，攒钱，即“节流”，是理财之起点。

收入和支出相权衡，往往最终决定财富的是支出，而不是收入。大学生没有稳定的经济来源，面对持有的学费和生活费，要养成量入为出的良好习惯，要培养吃苦耐劳、勤俭节约的优秀品质。从年轻开始，培养理性消费意识，做到不该花的钱不乱花，不该浪费的钱不浪费，积少成多，就会有自己的储蓄。储蓄是最传统、最基础的理财方式，只有持之以恒地坚持每月储蓄，才能保证你的个人理财计划顺利进行。储蓄，是理财道路的第一步。理财，一定要从攒钱开始。如果每月都做“月光族”，吃干净、花干净，就无所谓攒钱，更无所谓理财了。

其二，生钱，即“开源”，是理财之重点。

仅仅依靠攒钱，还不足以说明学会理财，也难以应对诸多需要，还应该利用业余时间做兼职，开展勤工助学活动；或者利用手中的一部分钱做投资，自主创业，以获取额外收入。

现在大学生做兼职的机会很多，渠道也是多种多样。学校有勤工助学机构，为在校生提供勤工助学信息或者岗位；网络招聘和社会上的中介机构也提供很多相关服务。利用假期及课余时间，大学生可以结合自己的学业做家教或翻译，也可以利用自己的特长做文员或者推销。但是做兼职要适度，学生的第一要务还是学习，而不是赚钱，不能因为兼职耽误了学业。另外，还要加强自我保护的法律意识，谨慎筛选社会上的中介机构所提供的兼职信息，以防上当受骗。

除了兼职，在能力之内，还可以用省下来的部分资金做投资，比如购买股票、基金或者其他理财产品。当然，投资是有风险的，为了规避风险，要通过学习和掌握金融、财务方面的专业知识，根据个人自身能力，积累经验，谨慎参与，且以诚信为本。

---

① 张风林：《大学生理财》，江苏大学出版社 2011 年版。

其三，护钱，即“保险”，是理财之保障。

仅仅靠攒钱和生钱还是不够，因为还有可能发生意外。如果发生类似重大疾病等意外事故，那我们辛苦攒下来、生出来的钱还是有可能付诸东流。因此，还应该通过买保险为我们的钱财增加一个“保险箱”，以便保护好我们的钱财。保险的作用就是当突然遇到意外事故的时候，会提供补偿性的资金，帮你处理意外事故造成的财务危机，保障财物安全。

综上所述，在市场经济和商品社会中，理财能力直接关系到一个人的事业成功和家庭幸福。如果我们能够在大学或者更早的时候就树立理财意识，积极学习科学的理财观念，培养良好的理财习惯，将有助于我们树立正确的消费观、人生观和荣辱观，进而对我们一生都会有帮助。

【案例 8-8】

大学生合理理财，1 年节约 7 000 元人民币

广州大学生小龙刚刚读完了大一，回首 1 年的费用，居然超过了 3 万元，父母批评不说，自己也觉得对不住收入并不高的父母。他请教理财专家，如何节省开支，能将下一年的开支控制在 2 万元以内。具体分析建议如下。

1. 消费分析

大一学生消费比较随意。小龙目前的开支主要由硬性消费和软性消费组成，大学第一年的总消费金额为 30 100 元，从大学生群体的普遍消费情况来看，属于高消费水平。小龙的困惑很具有代表性，作为大一新生，在生活上刚刚拥有了自主权，绝大多数新生都未尝试过“当家”的经历，对金钱也没有太多的概念，花起钱来大手大脚，消费随意而盲目。在开支总额不超过 2 万元的情况下，一个大学生的总伙食费用一般以占到开支额中的 30%～45%为宜，着装费用应该在 5%上下，而其余日用品不超过总支出的 10%。我们知道 8 000 元左右的学杂费、住宿费是目前大城市中普遍的读大学费用，是刚性支出，无法节制，如果其余项目的支出超过了总支出的 50%，势必无法将总支出控制在 2 万元以内。

2. 开支建议

强制修正消费行为。小龙要有意识地、科学地规划好自己的生活，对自己的消费能力做到“心中有数”，甚至是强制性修正自己的消费行为，这样才能少花钱。学杂费、宿舍费、管理费等都是固定消费，这里不予考虑。小龙最主要的问题是节约伙食费用，原来基本伙食费用和聚餐加餐费用合计是9 300元，这一伙食开支明显过高。按照广州目前的消费水平，一个20岁左右的小伙子再能吃，在学校吃食堂每月也就需要500元上下，建议保证基本伙食费用，注意营养和卫生，减少聚餐加餐的机会。以广州目前的消费水平，伙食费降低为7 000元应该没有问题。

小龙的衣着费也明显过高，穿着方面大方得体就行，不要相互攀比，不提倡铺张浪费，3 000元的着装费相应调整为1 000元。

作为在校大学生，1 500元的电话费开销有点奢侈，建议与经常联系的同学签约集群网，也可利用网络发送免费的信息，每月的花费限制在100元以内。

生活日用品的采购方面，可联合同学一起批发购买，也可挑选打折季节统一购买。这样价格至少有10%的优惠空间，这部分费用应该控制在1 500元以内。

（本案例资料来自张凤林：《大学生理财》，江苏大学出版社2011年版。）

案例分析 通过以上规划，消费开支调整到23 200元，降低了23%，可有效节省近7 000元。大学生消费关键是严格要求自己，养成习惯，持之以恒。

思考题

1. 大学生经济行为有何特点？
2. 举例说明大学生经济行为中的不诚信现象，并分析原因。
3. 谈谈大学生在社会经济活动中应如何恪守诚信。
4. 大学生应如何培养理财意识？
5. 结合自身实际情况谈谈大学生理财的可行性措施。

课外实践

举办一次大学生理财大赛，分享理财方面的相关知识，养成勤俭节约的好习惯。

第九章　大学生的择业诚信

诚信不仅是中华民族的传统美德，是人类道德的重要品质，更是大学生良好品德的重要组成部分。《论语·为政》中说：人而无信，不知其可也。教育家陶行知也说过："千教万教，教人求真；千学万学，学做真人。"然而，在市场经济日益发展的今天，大学生就业失信行为却愈演愈烈，伪造成绩、简历注水、毁约违约诸如此类现象频频发生。

大学生的择业诚信缺失跟整个社会经济体制的变革有很大关联。在经济迅速增长的同时，就业环境和就业模式也发生了重大变化。就业体制从计划经济下的"包分配"转化为市场机制下的"自力更生"，这无疑给大学生的求职心理以沉重打击。大学生就业失信行为是心智发展不成熟的表现之一。因此，研究大学生择业诚信这一课题对规范大学生就业市场、提升大学生综合素质就显得尤为重要。

第一节　大学生择业与择业诚信

一、大学生择业与择业观

(一) 大学生择业

所谓择业，是指择业者根据自己的职业理想和能力，从社会上各种职业中选择其中一种作为自己从事的职业过程。任何已具备劳动能力的人，都要进入社会职业领域选择特定的职业。在职业选择过程中，择业者不仅要考虑个人的需要、兴趣、能力等因素，还要考虑社会发展的需要。

大学生择业是指大学生根据自己的职业理想和能力，寻找职业工作岗位、谋求职业劳动单位和组织的活动。它以大学生和用人单位的双向选择为基础，以制作简历、面试、签订并履行就业协议为基本活动。随着社会主义市场经济体制的逐步建立、完善以及高等教育大众化趋势的不断发展，我国高校从20世纪90年代中期就开始实行大学毕业生与用人单位双向选择的制度。在就业过程中，毕业生和用人单位在市场中处于平等的主体地位，并依据市场规律和相关法律政策规定进行双向选择，在双向选择的过程中，必然需要一个客观的行为标准，这个标准对于毕业生来说便是择业诚信。而择业诚信不仅仅是一个行为规范问题，更涉及大学生的择业观取向问题。

（二）大学生的择业观

在给出大学生择业观的基本内涵之前，我们需要对一般意义上的择业观的内涵进行梳理。有学者认为，择业观是择业者在选择职业时赖以形成基本价值判断、权衡利弊的原则、决定取舍的标准。择业观一旦形成，就会深刻地影响、制约择业者的具体择业行为。也有专家认为，择业观是择业主体对选择某种社会职业的认识、评价、态度、方法和心理倾向等，它既是择业者职业理想的直接体现，也是择业者世界观、人生观、价值观的最直接表达。择业观属于择业过程的心理层面，社会的需要程度、职位的地位、经济收入、地理环境、单位性质、工作条件等都是择业者选择职业时要考虑的因素。恩格斯说过："在社会历史领域内进行活动的，全是具有意识的、经过思考或凭激情进行的、追求某种目的的人；任何事情的发生都不是没有自觉的意图，没有预期的目的的。"[①]这就是说，人们的社会行为都是受思想观念直接支配、引导的。择业者的择业行为主要是受择业观支配的。面临职业选择的人都有其特定的择业观。

择业者在择业行为中最主要的活动就是要面对各种社会职业，通过各种价值判断进行选择。比如，他们要从自己的价值追求、利益、要求、志向、兴趣出发，根据各种职业的种类、性质、报酬情况、社会声誉、发展前景等因素，进行综合价值判断或评价，然后对自己所要从事的职业作具体选择。从表面上看起来，择业者的择业行为往往表现为在择业时对上述种种具体问题进行的价值判断和选择，然而实际

---

① 马克思、恩格斯：《马克思恩格斯选集》第4卷，人民出版社1995年版。

上,这些具体的价值判断和选择都要服从其思想意识中起支配作用的价值观,即择业观。因此,一旦择业者形成了自己的择业观,就会有相应的择业行为。总之,择业观是人们在择业过程中最根本的观点,择业观受世界观的制约,是人们的内心世界在择业过程中的折射与反映。

1. 大学生择业观的内涵

大学生择业观是其对择业目的和意义比较稳定的根本看法和态度,它与大学生自身利益和日常生活最为密切,是大学生价值观体系中的重要组成部分。

大学生择业观一般包含以下内容:第一,大学生择业观的主体是在校大学生,其对象是全日制在校本专科学生,不包括成人、自考等社会大学生,也不包括硕士学位以上研究生。在校大学生,不仅指毕业班的学生,还包括所有非毕业班的大学生。第二,大学生择业观的形成是一个长期、复杂的过程,是大学生在读书学习、社会实践、接受教育等活动中逐渐形成并逐渐成熟起来的。第三,大学生择业观的内涵包括择业理想、择业动机、择业标准、择业意义等稳定的根本看法和态度。第四,大学生择业观对大学生择业起到指导作用。

2. 大学生择业观的特征

(1) 大学生择业观具有时代性。大学生择业观的形成和发展,与时代的变化是紧密相连的。不同发展时期的社会有着不同的阶段目标,不同时代的大学生就有不同的择业目标。可以说大学生择业观的变化是时代变化的"晴雨表",在不同时期呈现出不同的特点。20 世纪 70 年代末的大学生择业意识初醒,但毕业时必须服从国家分配,他们在就业时最看重的是"社会地位",追求的理想职业是"科学家"和"工程师"。20 世纪 80 年代的大学生择业更看重社会地位和社会价值实现。到了 90 年代初,大学生就业时追求"第一职业求稳定,第二职业求发财"这样的职业理想。20 世纪 90 年代中期以后,曾流行的"待遇决定职位选择"的模式已基本过时,"能否发挥专长"又成为大学生择业的首要标准,许多大学生认为要在个人和社会两个价值之间找寻最佳结合点。由此可见,大学生择业观表现出强烈的时代气息。

此外,从择业方式的变化也可发现时代性这一特征,呈现从"统包统分"到"自主择业",并开始出现"自主创业"的转变特点。从择业首选标准看,呈现出从"看重社会价值"到"看重经济价值"再到"看重未来前景"的嬗变特点。从职业的选择来看,呈现从首选全民所有制单位向首选"三资企业"到理性看待单位性质的特点。从对薪金的期望来看,呈现由"不看重报酬"到"过分追求高薪"再到"注重个人发展”的特点。从地域选择的去向来看，呈现从“服从祖国需要”到“首选东南沿海”再到选择更趋理性的嬗变特点。

（2）大学生择业观具有主体性。从横向比较来看，大学生择业群体有自己鲜明的特征。有学者研究认为，大学生具有“五高峰、四最、三敢、两缺乏、一中心”的特点，即：体力高峰、智力高峰、社会需求高峰、特殊行为高峰、成就高峰；最积极、最富有生气、最肯学习、最少保守思想；敢说、敢想、敢干；缺乏社会生活经验、缺乏政治斗争经验；常常以崇尚自我为中心。大学生择业群体的这些主导特征，构成了大学生择业群体的总体特征，并制约着他们的择业观。具体体现在职业选择过程中，他们崇尚自我，以个人为中心，注重个人奋斗，强调自我价值的体现；在职业活动中只愿当主角，不愿当配角，总担心自己被埋没、被大材小用等。

（3）大学生择业观具有差异性。大学生择业观因大学生分布的地域不同、学历层次不同、所学专业不同、男女性别不同、需求重点不同而呈现出明显的差异性。从地域分布来看，大学生就业去向有东部与西部、沿海与内地、本地与外地等差异；从学科专业来看，大学生学习有文、理、工、农、医、经、管、艺等众多领域的差异。这些差异性主要体现在两个方面：一是升学与职业的选择上；二是选择职业的出发点上。比如，大学生在设计自己的成才之路时是多角度、全方位的：或考研专攻学业，或考“托福”以向外谋求发展空间，或考公务员以争取社会声望和社会地位，或经商以充实经济基础，或积极响应国家号召支援西部、报考大学生村官、到村任职等，为国为民奉献热血青春等。

3. 大学生择业观的作用

随着大学生专业学习及社会实践的不断深入，世界观、人生观、价值观的逐步确立，其择业观也日渐明确与稳定。此时，他们不单纯希望从事某一职业，更重要的在于明确了选择某一职业的价值和社会意义，形成了自己特有的择业动机，并从这种动机出发选择职业。同时在自我与职业目标之间架起了桥梁，找到了职业选择的基本途径，这标志着大学生择业观的全面性与深刻性。择业观日渐成熟，对大学生的择业活动起着重大的指导作用。

（1）大学生择业观对其择业行为起指导作用。大学生的择业行为总要指向一定的职业目标。考察大学生的择业过程可以看到，不同的大学生个体，其职业选择目标是不相同的。择业目标的确定，受制于众多的主客观原因，而择业观的指导作用占有重要地位。从其功能看，它除了具有唤起行为、维持这种行为达到目标的作用外，还有引导主体向着某一方向行动的作用。择业观中的择业动机和职业定向直接影响着大学生职业目标选择。只有在正确的择业观指导下，大学生才能根据社会发展对人才的需要及自身的理想、特长，确立既有利于社会又有利于个人的择业目标。

(2) 大学生择业观对其择业行为起导向作用。现代社会对大学生知识结构和综合素质能力提出了新的更高的要求。面临时代的严峻挑战和压力，大学生建立合理知识结构、提高综合素质，不论是对求职择业，还是对在校学习乃至将来的成才、发展等都是至关重要的。只有知识结构、能力结构合理，才能更好地发挥个人的作用。因此，大学生应该在入学时就逐步确定今后的择业和就业方向，自觉地把大学学习同今后的择业就业紧密联系起来，建立合理的知识结构，培养和提高创业与实践能力，以适应将来职业岗位的需要。

(3) 大学生择业观对其择业行为起过滤作用。择业观使大学生个体的择业行为带有一定的选择性和指向性，这种选择性和指向性体现在人们对不同职业的认知与对不同职业种类的筛选活动中。它既是判断职业的性质，确定个人在职业活动中的责任、态度及行为方向的"定向器"，又是选择职业行为方式并进行制动的"调节器"。人们只有感觉到某一职业信息，然后才能在有关职业信息的基础上进行判断和选择。而对这一信息加以注意和知觉的过程，无疑受到了择业观的影响。根据现代认知心理学的研究，知觉有赖于两种不同形式的信息来源，即来自环境的信息和来自知觉者自身的信息，为了确定这一信息所包含的意义，人们需要把环境和已有的知识经验结合起来。而择业观是大学生知识经验中的重要组成部分，正是择业观的存在，使大学生只选择那些看起来对自己有价值的职业信息。

(4) 大学生择业观对其择业行为起推动作用。择业并不是悠然自得的休闲活动，要达到理想的选择目标，需要付出艰苦的劳动，甚至要经历种种曲折。在当前自主择业、双向选择的情况下，大学生要以自己的努力大胆地去"推销自己"：到处参加招聘会、投递简历、写求职信、参加面试，以希望谋得中意的职业。这其中的艰辛是自不待言的，他们之所以能够克服各种难以想象的困难，为谋得一份自己舒心的工作而努力奔走，就在于他们有明确的择业观，是择业观提供给他们源源不断的行为动力。心理学认为，动机就是推动人去从事某种活动的力量，是个体行为的直接原因和内部刺激，它能唤起、激励、维持和推动个体活动达到特定的目的。择业观中的择业动机越强，就越能使择业者以饱满的热情去追求理想的职业目标；相反，择业观中的择业动机微弱，它对择业行为产生的内驱力的能量就小，并且一遇到障碍，择业动机的强度会更低，如果行为连续受挫，就可能取消特定的择业行为。

(5) 大学生择业观对其择业行为起规范作用。谁都希望找到一个理想的职业，面对着倏然而逝的求职机遇，面对着纷至沓来的竞争对手，面对着复杂多变的市场经济环境，拥有正确的择业观将对大学生择业行为、求职道德起着规范和约束作用。当代大学生在择业过程中遇到的道德规范问题，一是来自大学生自身，二是来自用人单位的虚假信息和误导。大学生择业观对择业道德的规范作用主要表现在两个方面：① 约束着大学生的择业行为，保障择业工作的有序进行。② 调节择业活动中的各种社会关系，维护社会的稳定。择业观在潜移默化中规范着择业道德。

二、大学生的择业诚信

择业观不仅影响着大学生的职业理想、职业目标及实践等，更是对大学生在择业过程中是否遵守诚信选择、信守承诺等起着关键性的指导作用。关于大学生择业诚信的内涵，国内外学者给出不同的观点。一般认为，大学生择业诚信是指大学生求职过程中，能够本着诚实守信原则、主动向用人单位展现个人真实的学习成绩、奖惩情况以及个人实际能力等，同时能够严格履行合约，践行诺言。大学生择业诚信内涵涵盖伦理学、社会学、教育学、经济学等多个维度，具体分析如下。

(一) 伦理学视角

从伦理学角度进行的研究主要从道德视角出发，探讨大学生择业诚信缺失现象以及如何从伦理道德上加以解决。中国传统诚信观在历史发展的过程中，形成了重视和要求实事求是的精神，重视和要求对诚信的不懈追求，寻求诚信的积极意义等特点。这些特点使它在现代社会生活中仍然具有重要的继承和借鉴意义。

(二) 社会学视角

社会学注重择业诚信现象与社会环境的联系与相互作用。社会学视角的研究主要从影响大学生择业诚信的各种社会因素入手，分析大学生择业诚信缺失的原因及对策。

(三) 教育学视角

教育学视角的研究主要关注大学生择业诚信缺失问题的解决对策。从这一角度出发进行的研究认为，解决当前社会择业诚信缺失这一问题，必须从学校教育入手，大学生择业诚信问题越来越受到社会各界的普遍关注。通过对大学生就业中失信现象的列举、失信原因的分析以及对大学生失信危害性的论述，就高等学校如何扎实有效地开展大学生择业诚信教育进行了探讨和思考，并就大学生择业诚信教育机制的构建进行了探讨，提出重构大学生择业诚信教育机制的一系列原则要求和措施。

（四）经济学视角

经济学角度侧重研究市场经济条件下诚信的重要性，并从经济成本角度对择业诚信缺失问题进行了探讨。我国“入世后”对大学生在道德建设上的基础要求是信用。这种信用不仅包括人的品格和情操，更为基本的是对人的责任能力的确认。诚信道德是现代市场经济条件下对大学生人格前提的基本要求。大学生诚信道德状况将直接关系市场经济条件下的道德秩序，以人为本，构建大学生择业诚信道德建设体系十分必要。

总之，大学生的择业诚信涵盖伦理学、社会学、教育学、经济学等多个维度，大学生择业诚信既是一个道德领域的问题，又是一种社会现象，既是高校予以关注的教育课题，又具有重要的经济学意义。

三、大学生择业诚信的必要性

研究大学生择业诚信这一课题，不仅对于规范就业市场秩序、提升大学生职业发展、增强职业成熟度、加强校园文化建设等方面具有现实促进意义，更对高校思政教育工作具有理论支撑与促进作用。同时，可以通过大学生择业诚信这个窗口对社会诚信建设起到促进、示范作用，最终实现社会诚信。

（一）大学生择业诚信是规范就业市场秩序的内在要求

诚信不仅是一种道德规范，更是人们之间的一种理性选择。随着我国改革开放不断深入和社会主义市场经济体制的建立与发展，以及高等教育大众化时代的到来，高校大学毕业生的就业制度逐步实现了与社会主义市场经济接轨，确立了以“市场导向、政府调控、学校推荐、大学生与用人单位双向选择”为基本形式的就业机制。大学生以求职主体的姿态投身社会、选择理想职业的过程，其实就是参与市场的过程。把人才推向市场,由市场来调节人才流动,引导人才去向。市场有市场的“游戏规则”,它要求参与其中的大学生严格遵守该规则。

在大学生就业市场中,毕业生的一些不诚信行为给就业市场带来了负面效应。假学历、假证书、假经历等的泛滥,使得不少用人单位需要通过打电话、上门求证毕业生的在校表现,这无形中拖延了招聘的时间、增加了招聘的成本。毁约违约行为的发生,导致用人单位不能如期招聘到合适的人才,毕业生在市场上跳来跳去进进出出,进而导致单位招不到人、毕业生找不到工作这样的信息不对称局面。再加上毕业生非诚信行为造成的各种劳动合同纠纷更是扰乱了正常的就业市场秩序。只有毕业生和用人单位都遵守诚实守信的原则,诚信招聘、诚信求职,才能建设公平健康有序和谐的就业秩序,才能真正维护双方的利益。

(二) 大学生择业诚信是提升大学生职业发展力的主观要求

诚实守信不仅是毕业生应该遵守的基本道德品质,同时也是大学生进入职场的通行证和敲门砖。大学生在就业过程中之所以会出现种种不诚信的现象,究其主观原因主要是大学生职业成熟度不高、缺乏系统的职业规划所致。大学生的职业发展力的提升立足于个人需求和社会需求两个出发点,用人单位和毕业生在诚实守信的双向选择基础上,一方面可以根据个人兴趣、职业倾向、能力素质等选择适合自我发展的职业,另一方面用人单位根据岗位需求、招聘数量、未来发展等招聘适合本单位需求的毕业生。大学生在求职的各环节中诚实守信,真实展示自身的能力和素质,能够使用人单位充分了解自己,实现毕业生和用人单位需求的真实结合,达到双赢的效果。同时,毕业生这种真实的展示更利于其长远的职业发展。只有诚实守信,才能了解自己的所长所短,找到真正适合自己能力的职业,也才能真正做到人尽其才。进入职场后,诚实守信更能赢得用人单位和同事的信任,为自己找到施展才能的平台,并得到可持续的发展。相反,不诚信行为非但不能谋得一份职业,即使找到,不诚信行为也会影响大学生在职场中的发展、晋升等。通过择业过程中的诚信实践,大学生要进一步树立诚实守信的价值观和人生观,从而实现自我价值和社会价值的结合。

著名经济学家吴敬琏曾说过“市场经济是信用经济”,他一语道出了信用在市场经济建设中的地位和作用。市场经济从某种意义上讲是信用经济。求职市场也不例外,要确保求职市场高效运作,就需要市场主体的诚实守信,没有诚信的保证,求职市场就不能顺畅,其结果必然是低效的,甚至会使求职市场陷入混乱。大学生求职过程是大学生步入社会的必经之路，也是关键的一步。在这个过程中，大学生更要树立正确的求职理念，自觉地做到做老实人、说老实话、办老实事，通过诚实守信获得就业机会。大学生如果求职不诚信、弄虚作假，一旦被用人单位发现，就很难保住就业岗位。因此，必须加强大学生择业诚信教育，培育正确的求职理念，规范求职市场。

（三）大学生择业诚信是树立良好社会形象的必然要求

大学生作为社会文明的传播者、创造者，作为思想道德和文明行为的示范者与引导者，无疑是社会主义精神文明建设的中坚力量。大学生形象是社会对大学生在校期间的行为所形成的总体评价和大学生所在院校形象附着在学生本人身上的形象的总和。大学生形象由内在形象和外在形象构成。内在形象不能直接表现出来，而是通过自身的气质、性格、意志、情感、能力间接表现出来，如明礼诚信、自立、自强、自信、开拓创新、实事求是、合作、应变能力、心理健康等。外在形象可以直接表现出来，体现为大学生外在的精神风貌特征和具体的可视证件，如形体特征、身体健康状况、学历、学位证件、各种资格证书、社会实践证明、各种荣誉证书等。外在形象和内在形象是一对相辅相成的范畴。内在形象是外在形象的支柱和根据，它决定了外在形象的价值取向，比较含蓄。外在形象是内在形象的直接表现。

大学生的形象历来备受媒体及社会的关注。大学生的形象问题一直是能够引起社会分歧、争论的热点话题之一。大学生代表的不仅仅是自己，而是整个大学生群体、大学生背后的母校。当前大学生不诚信现象虽说只是少部分、是个别行为，但由这一个别不诚信行为所引起的负面影响恰恰是对整个大学生群体的否定，甚至是对该校非毕业生群体的全部否定。这种否定不仅影响着下一届学生的求职成功率，更影响着该校在社会中的名声和荣誉。所以，大学生应始终如一地践行诚信信念，减少自我在社会中的信用危机，只有这样才能为重新塑造大学生良好社会形象尽绵薄之力。

第二节　大学生择业过程中的诚信缺失现象及原因分析

在当前的就业市场中，绝大部分毕业生都能够做到诚信择业，还有部分学生在择业过程中存在多种诚信缺失现象，如虚假成绩、简历作假以及违约毁约等，这种不诚信现象既扰乱了就业市场秩序，又不利于毕业生自身的长远发展。

一、大学生择业过程中的诚信缺失现象

（一）求职材料泛而不真、多而不实

在种种择业诚信现象中，求职材料不诚信最普遍，主要表现为求职准备材料不诚信。具体表现为：① 制作虚假简历。在各种诚信缺失现象中，简历作假越来越显著。据了解，某招聘单位在收到的学生个人简历中，在“任职”一栏里填写同一学校学生会主席、副主席或一个班的班长、副班长竟高达10余人；在“政治面貌”一栏里一个班竟有50%以上的人填写“中共党员”；在“受过何等奖励”一栏里竟把“三好学生”“优秀团干部”“优秀毕业生”“获得国家奖学金”等名目繁多的荣誉称号都写进自己的履历中；在“曾参加过什么社会实践”一栏里更是填写得不知所云；还有的毕业生甚至把简历的前言写成一部“苦大仇深”的“血泪史”，以博取招聘单位的同情。② 制作虚假成绩：一些毕业生为满足用人单位对学习成绩的要求，随意修改自己的成绩单，如把不及格的修改成及格，把成绩一般的修改成优秀的，把毕业论文成绩修改成优秀的或修改成用人单位所需要的题目，把别人发表过的论文、科研成果改头换面变成自己的成绩。

【案例9-1】

小林为什么落选了

2007届毕业生小林，通过参加招聘会找到了一家比较心仪的公司，初试已通过，复试环节表现也不错，已经到了最后的材料审核阶段，如果材料审核通过，小林这个求职就基本成功了，能够顺利找到一份心仪的工作，小林非常开心。可是就是最后一个阶段，小林落选了。什么原因呢？公司HR在对材料审核时，发现小林简历中所写内容与面试中描述不相符，差别很大，简历中小林称自己做过一学年的班长，为了核实清楚，公司HR拨通了小林辅导员的电话，向辅导员求证了小林是否担任班长的经历，结果小林露馅了。原来小林的室友曾担任过班长，他自己并没有

这段经历，而是把别人的经历写到了自己的简历中。结果求职失败。

案例分析　从以上小林的案例可以看出，诚信品质事关求职的成败。其实，小林能通过初试和复试，说明该同学的综合能力和专业能力都比较符合用人单位的要求，如果能够实事求是地向用人单位展现自己，不在简历中作假，便可以谋得一份较好的工作。

(二) 求职面试繁而不信、频而不诚

面试是大学生向招聘单位展示自己个人能力从而使用人单位全面了解自己各项素质和能力的关键环节。面试中大学生应为招聘人员真实地展现自己的个人素质和综合能力，但在现实中，多数情况却恰恰相反，很多大学生面试时出现迟到、无故缺席、不如实回答招聘人员提出的问题等；在面试中，许多大学生为了获得用人单位的好感，不仅过分夸大自己的能力，而且还夸大自己的优点和长处，还有的求职者面试中阐述的各项经历与个人简历中所描述的大相径庭，给招聘人员留下非常不好的印象，对其诚信品质大打折扣。

【案例 9-2】

小莫求职失败的启示

2008 届毕业生小莫，为了找工作，跑了多场招聘会，网投了几百份简历，参加了一场又一场面试，可还是未找到一份工作。为此，辅导员阅读了她的简历，发现了许多问题，比如简历中她称自己做过外联部的部长，组织并策划了多项活动等，可据辅导员所知，该同学并没有这段经历，只做过外联部的干事。辅导员询问她当 HR 询问她这段外联部部长经历时她如何应答，她说就把网上找来的东西应付，每场面试她都这么回答，因为她没有外联部部长的经历，答案更是没有说服力，在阅人无数的 HR 面前，更是暴露无遗。

案例分析　小莫的例子告诉我们，用人单位需要有能力的求职者，更需要真诚的求职者。小莫虽然没有做过外联部部长，但是做过干事，如果小莫能把自己做外联部干事期间的工作内容、能力锻炼向 HR 表达清楚，那是远远胜于向 HR 夸大自

己能力的这种做法，这种夸大非但不能帮助自己求得一份好工作，而且使自己失去了一个极好的就业机会。

（三）求职过程缺承诺，违约毁约时有发生

在大学生求职过程中，往往进入到后期阶段也会出现不诚信现象，即求职方与用人单位已建立劳动关系，并被法律承认，即已签订三方协议或劳动合同，此时求职方却擅自违约或毁约。一般存在以下两种情况：一是为不落空先随意签订一份协议，待有好单位后再行毁约；二是已经签订一份比较满意的协议，但有更好的单位时也毁约。这种做法不仅不顾个人诚信，更是将学校名誉及用人单位利益置之度外，这使得在就业艰难形势下的招聘单位招了人却没人用，造成了人才资源和就业资源的极大浪费，使得招聘单位对大学生的职业道德产生不满和怀疑。同时，这样的不诚信行为可能会使用人单位对该校的毕业生产生负面评价和不诚信的印象，给往后的毕业生就业带来困难。此外，大学生的择业期望也存在不切实际的情况，毕业生与用人单位实际需求产生矛盾，具体为：一是表现为毕业生对就业工资期望太高；二是表现为毕业生眼高手低，对职位要求太高；三是表现为毕业生对择业去向要求太高。寒窗十余载，想找到一份好工作的心情是可以理解的，但将个人诚信抛于脑后，制造虚假简历，伪装自己，不仅扰乱了就业市场，也失去了大学生的人格。

二、大学生择业诚信缺失的原因分析

为什么求职不诚信现象愈演愈烈？择业诚信缺失不仅仅是一个校园现象，更是一种社会行为。究其原因，主要有社会大环境的影响、高校诚信教育体制不健全、用人单位招聘方式不科学以及大学生诚信意识淡薄等。

（一）社会大环境下各行各业的诚信缺失影响大学生择业诚信

随着我国市场经济的发展，社会上各行各业出现了许多不诚信现象，如经济领域的假冒产品、短斤缺两、银行坏账、企业间的三角债，政治领域的知法犯法、贪污、腐败，教育领域的学术造假、考试作弊、文凭造假等，这些不正之风严重影响着世界观、人生观不稳定的大学生。作为社会中的一员，市场经济的负面影响直接导致了

大学生为了追求自身利益而忽视了道德观念，而且，社会上的不诚信行为不仅通过传媒间接影响大学生，而且也通过家庭教育、友伴关系等方式直接对大学生产生不良影响。

德育教育中存在“5＋2＝0”的现象。即：在校进行了5天学校教育，回到家里生活了2天，最后，学生的思想教育结果等于0。这当然是玩笑，但夸张的描述背后有其现实的根据。现在的大学生早已不是象牙塔里的宠儿，也不是两耳不闻窗外事的书生。他们会上门户网站获取新闻，通过开心网、人人网交换信息，在淘宝网、卓越网上购物。如果说现代社会是信息的海洋，那么年轻的大学生就是这海洋中的弄潮儿。所以，社会上的不诚信现象对大学生的思想影响是不可忽视的。

从高校层面讲，现行教育评价机制单一化，尽管我国一直努力致力于发展素质教育，但是应试教育依然对现今高校有深刻的影响。放眼望去，各高校的评奖评优，从奖学金的评定、单项荣誉称号评定到重要学生干部的选拔、推优、优秀毕业生的评定等，无一不离开对学习成绩的要求，这在一定程度上助长了学生为达私人目的而铤而走险的动机。此外，许多考试课程以死记硬背为主，这也为考试作弊提供了钻空子的机会。同时，高校学术造假现象也频频出现，教师不诚信破坏了学校的好风气，更为学生树立了不诚信的榜样。

（二）学校就业制度管理不规范给毕业生留下了钻空子的机会

目前，高校的诚信教育仍是以道德说教、理论说服为主，缺乏系统的诚信评价及监督机制。在就业面前，不仅毕业生感到压力大，高校更是将就业好坏视为自己的生存所在。这种压力一方面来自上级部门的考核，另一方面来自社会、家长以及舆论媒体的评价。于是，在来自各方的巨大压力下，部分高校片面追求签约率和就业率，对于毕业生的一些虚假不诚信行为采取了默许甚至是纵容的态度。高校的这种做法无疑是对学校信誉的亵渎，这种漠视和从容非但不能从根本上解决问题，而且最终受害的还是高校和毕业生自己。此外，高校的诚信档案机制还不健全，对于就业诚信的教育还以道德说教为主，缺乏系统的诚信预防和评价机制。而对于不诚信者的处理，仍是以道德评价、指责、行政处罚为主要方式，且处罚也是时有时无，具有偶然性，缺少了后续的、有针对性以及细致的教育和引导。

（三）用人单位招聘方式不科学导致毕业生过度“包装”自己

用人单位招聘毕业生的方式不科学成为毕业生择业诚信缺失的客观原因。目前，单位招聘人才存在这样一种误区：一是学历要高，本来专科能适应的岗位，一定要本科生或者研究生；二是光环要亮，最好是党员、学生干部、三好学生等；三是工作经验要丰富，对应聘人员的性别、相貌等也提出一些过分的要求。在用人单位列出的诸如此类的条条框框面前，大学生为了尽可能满足用人单位的要求，不得不在这些条件上动歪脑筋，于是就出现了简历注水、夸大能力、荣誉证书作假、成绩作假等现象。此外，有些用人单位招聘人才缺乏计划性和系统性，招聘时间仓促，对毕业生的了解往往仅限于学生个人提供的材料及自我介绍。

（四）大学生职业发展意识薄弱成为择业诚信缺失的主观原因

大学生在求职中出现各种不诚信行为，究其本质则是大学生对自我职业发展不确定、不自信行为。简历注水也好、伪造成绩也罢，一方面反映了大学生的个人能力不足，另一方面说明了大学生对自我认识不清，不能发现自己的优点和缺点，对自己的职业发展比较迷茫、困惑、无助。因此，大学生应将提升自己的职业发展力作为大学四年的主要任务，通过阅读书籍、参加竞赛、志愿者、学术调研、社会实践等多种途径发现自己身上的闪光点与不足之处，为充分认知自我做准备，通过实习、兼职，体验不同职业、不同岗位带来的直观感受，为毕业之后寻找一份与自己学识、能力相匹配的工作做好准备。

第三节　大学生择业诚信的培养

大学生诚信精神的养成需要社会、家庭、高校等多方面的力量，既需要就业市场的规范有序，又需要家庭教育长期的耳濡目染，还需要高校采取系统有效的职业发展教育，更需要大学生道德水平的提高、择业诚信意识的增强。本节主要从大学生自身方面探讨如何培养自身的择业诚信精神。

一、加强诚信道德修养，树立科学合理的择业观

（一）大学生要明礼诚信，备好成功就业的通行证和敲门砖

“明礼诚信”是一项基本道德规范，它要求大学生以“礼、诚、信”待人，既要懂礼貌、知礼节，又要待人真诚、讲信用。具体来讲，大学生要做到“信以立志，信以守

身，信以处事，信以待人”，只有这样，才能成为有理想有作为的新时代青年，也才能在岗位中实现个人价值和社会价值的完美结合。大学生可以通过阅读理解明礼诚信的内涵，通过易班等大学生媒体感受新时期道德规范对自己职业发展的影响，通过参加社会实践、主题班会、志愿者等活动感受并体悟诚信在实践中的力量。

大学生要如实向用人单位展示自我，利人利己，以求双赢。大学生择业诚信的规范要求，主要依据大学生就业活动的特点、传统的诚信要求以及国家颁布的高等学校学生管理和行为准则来制定。我国《高等学校学生行为准则》明确要求学生要“诚实守信，严于律己，履约践诺，知行统一”。毕业生就业活动是一个包括简历制作、面试、签订履行就业协议等一系列连续活动的过程，由此可以将当代大学生就业的规范要求概括为以下几方面。

1. 个人简历制作实事求是

简历是毕业生向用人单位提供自荐材料，让用人单位充分了解毕业生的基本素质和能力的主要载体，简历制作的好坏最终决定着用人单位是否给予毕业生面试机会。因此，大学生择业诚信首先要求大学生提供给用人单位的个人简历是实事求是的。具体要求就是在简历中客观真实地介绍自己的年龄、学习成绩、取得的各种资格证书、获奖情况、参加社会实践活动情况和任职经历等各种信息。这是大学生择业诚信最基本的规范要求。

2. 面试过程不妄言，更不说假话和谎话

面试环节是毕业生就业活动的中间环节，也是毕业生面对面地向用人单位展示自身能力和素质以及用人单位全方位了解毕业生能力和素质的环节，是决定毕业生择业成功与否的最关键环节。在面试过程中，大学生应做到不妄言，更不能说假话和谎话，这是面试环节的基本要求。虽然各用人单位的面试方式、面试程序和面试环节各不相同，但实事求是地回答面试官的问题，不自我吹嘘，不夸大自己的能力和优点，更不为取悦用人单位或为符合用人单位招聘条件说假话和谎话，这都应是面试过程中的基本诚信规范。

3. 不盲目签订就业协议，不随意毁约

签订并履行就业协议是毕业生就业活动的最后环节，是毕业生和用人单位基于对对方的充分了解和认同，在双向选择的基础上达成共识，确定录用与被录用关系的环节。这一环节是就业活动中最为严肃的环节，一旦签订协议就具有法律效力。因此，在这个环节中的诚信要求不仅是道德的，更是法律的，大学生在这个环节中必须严格要求自己，慎重签约，遵守和履行协议，不能随意毁约。

(二) 大学生要树立科学合理的择业观,为职业发展奠定坚实基础

大学生应树立科学合理的择业观,为此应注意遵循如下几个原则:第一,遵循社会需要的原则。把社会需要作为出发点和归宿,以社会对自己的需要为准绳去认识择业问题,进而决定自己的岗位。随着社会经济的飞速发展,新的行业不断产生,旧的职业不断转化职能或细化,即使同一职业,也存在不同层级的岗位。就职业的地域分布而言,有的在沿海,有的在内陆,有的在边疆,有的在城市,有的在农村;就自然环境来看,有的富饶,有的恶劣;就职业性质来讲,有国企,有外企,有私企等。对大学生来说,选择的范围更大了,具有复杂性和多样性,同时也更容易迷茫和困惑。第二,遵循能够发挥所长的原则。由于不同岗位对人才的要求不同,不同毕业生的专业、气质、性格等都各不相同,因此在择业时,应遵循发挥个人优势所长的原则。对应届毕业生来说,若选择的职业与自己的能力、兴趣、专业等方面比较匹配,能够发挥自己的专业优势和能力特长,这种选择为最佳,也最符合人才发展的规律。但现实中往往并非如此,个人在选择职业的自由是相对的,当个人兴趣与社会需求有所矛盾之时,应遵循社会需要的原则,调整自己原来的兴趣,改善已有的能力结构,从而将精力倾注到工作岗位上,才能有更长远的职业发展。

此外,以往大学生择业中出现许多不良表现,如盲目追求热门职业、喜欢去沿海发达城市、不愿到基层工作等。对此,要求大学生改变以往浮躁、功利的择业观,转变为以社会需求和个人需求为导向的择业观。例如,由于我国沿海地区经济发展迅速、竞争激烈,人才相对过剩,而欠发达地区人才缺乏、求才若渴。此时,大学生更应该看到欠发达地区的社会需求以及更能够发挥个人所长的岗位,而选择到欠发达地区去、到基层去不失为一种明智之举。

(三) 大学生要增强法律意识,降低就业风险和成本

择业诚信不仅仅是道德问题而且是法律问题,道德的要求是软性的,而法律的要求是刚性的,违反了法律就要受到制裁和惩罚。部分学生之所以在就业过程中肆无忌惮地作出不诚信行为,正是因为将就业问题仅仅看成一个道德问题,而并非法律问题。因此,大学生本人应通过互联网、书籍、报纸、讲座等多种渠道了解在法律方面对大学生的诚信要求。

我国已出台多项相关法律制约用人单位和毕业生在就业市场上的各项行为。例如,《中华人民共和国合同法》中制定了有关违约处罚的规定,还制定了对招聘单

位违约赔偿责任的有关规定。《中华人民共和国合同法》虽不是一部专门规范毕业生择业诚信的法律，但在该法中有对不诚信行为进行处罚的规定。例如，该法第一百零七条规定："当事人一方不履行合同义务或者履行合同义务不符合约定的，应当承担继续履行、采取补救措施或者赔偿损失等违约责任。"这些规定对大学生也同样适用，因为大学生也是国家公民的一员，他们理应遵守相关法律条款。此外，教育部在《高等学校学生行为准则》中对大学生择业诚信行为也作了规定，该准则第五条规定："大学生应诚实守信、严于律己。"教育部还在《普通高等学校毕业生就业工作暂行规定》中对大学生不诚信的就业行为有所规定。如该文件第五十条规定："经供需见面和双向选择之后，毕业生、用人单位和高等学校应签署毕业生就业协议，作为制订计划和派遣的依据。未经学校同意，毕业生擅自签订的协议无效。"可见，毕业生诚信择业，不仅仅是道德问题，更是法律问题，不只是毕业生个人的事情，更涉及国家、学校的未来发展。

二、加强职业道德教育，增强大学生诚信职业道德修养

广义的职业道德是指从业人员在职业活动中应该遵守的行为准则，涵盖了从业人员与服务对象、职业与职工、职业与职业之间的关系。狭义的职业道德是指在一定职业活动中应遵守的、体现一定职业特征的、调整一定职业关系的职业行为准则和规范。近年来，大学生就业市场中出现的种种诚信缺失现象既说明了当前毕业生缺乏科学合理的择业观，又说明了大学生的职业道德意识淡薄、职业道德水平不高。因此，应从职业道德角度加强大学生的自身建设，设立良好的职业道德标准。

（一）明确职业道德内容，加强在校期间的诚信职业道德学习

一般意义上的职业道德内容包括爱岗敬业、诚实守信、办事公道、服务群众、服务社会等，但不同职业有不一样的职业道德内容。例如，有教师的职业道德、医生的职业道德、律师的职业道德、编辑的职业道德、会计师的职业道德等。我们以会计师的职业道德为例，具体说明如下：1933 年，潘序伦先生在为《立信会计季刊》撰稿《中国之会计师职业》一文中从多方面论述了会计师的职业道德："夫学识经验及才能，在会计师固无一项可缺，然根本上究不若道德之重要性。""然会计师之为职业，实为工商企业保障信用而设，苟有不道德行为，而自丧其信用，则此项职业，即

失去根本存在之理由，违背国家社会期望之愿意，可不慎哉。”并集中归纳为四条：“一曰公正，二曰诚信，三曰廉洁，四曰勤奋。”由此可见，待人、处世、做事，应坚守信用，会计师更应提倡做老实人、办老实事、讲老实话，始终坚持真理，实事求是。此外，根据财政部《会计基础工作规范》的规定，会计人员职业道德的内容主要包括以下几个方面：① 敬业爱岗。会计人员应当热爱本职工作，努力钻研业务技术，使自己的知识和技能适应工作的要求。因此，敬业爱岗是会计人员应具备的最基本的职业道德。② 熟悉法规。会计人员应当熟悉财经法律法规和国家统一的会计制度，做到在处理各项经济业务时知法依法、知章循章，把关守口，同时结合会计工作进行广泛宣传，提高公众对会计工作的认识和理解。③ 依法办事。会计人员必须依法办事，保证会计信息合法、真实、准确、及时、完整。树立职业形象和人格尊严，敢于抵制歪风邪气，同一切违法乱纪的行为作斗争。④ 客观公正。做好会计工作，不仅要有过硬的技术本领，同时需要实事求是的精神和客观公正的态度。⑤ 搞好服务。由于会计工作的特点，决定了会计人员应当熟悉本单位的生产经营和业务管理情况。所以，会计人员应当积极运用所掌握的会计信息和会计方法，为改善单位的内部管理、提高经济效益而服务。⑥ 保守秘密。会计人员应当保守本单位的商业秘密，除法律规定和单位负责人同意外，不能私自向外界提供或者泄露本单位的会计信息。

大学生应根据自己所学专业及所选职业，提前学习该职业的职业道德、明确工作要求、熟知岗位须知等。大学生可通过在校期间的课堂学习、社会实践、科研竞赛等多种途径学习职业道德相关内容，为进入职场做好准备。

（二）加强诚信自律，在实习中提升职业道德水平

随着市场经济的发展和经济全球化进程的加快，社会对从业人员的知识和技能要求也越来越高，从业人员想要生存和发展就要不断学习，使自己的知识不断更新，技能不断提高，才能在职场及社会立于不败之地。

我们以财会人员为例，作为一名会计师，要遵守会计师职业道德，熟悉和掌握相关的法律法规，同时需要不断学习，才能提高会计职业技能和专业胜任能力。除此之外，会计人员还应控制好自己的思想和行为，不断提高自律能力。美国学者考尔伯格曾将个体的道德发展分为三个阶段：① 放纵，即仅关心眼前利益，力求获得外部奖赏而不受惩罚。② 顺从，即承认并遵从社会或有影响的团体所界定的品行标准。③ 开悟，即自觉按照高水准的道德规范选择自己的行为。例如，立志于做

会计师的应届毕业生，应充分利用每次实习、兼职和实践增强自我的道德感悟，以会计职业良心为核心，不为眼前利益所诱导，遵从会计行业相关道德标准，并能通过实习增强认知，形成自己高标准的职业道义、责任感以及善恶判断能力，最终以职业道德标准规范自己的行为。

参加实习是通往职场的必经之路。实习中会遇到一些问题，如不义之财的诱惑、责任心的考验、能力的检验等。因此，我们要以认真的态度对待每一份实习工作，培养自己的责任心、诚信素养、团队意识，树立良好的职业道德观，为将来求职打下良好的基础。

三、充分认清就业形势与社会需求，规范就业行为

（一）整体把握就业形势和社会需求

我国目前正处于农业社会向工业社会转型、工业社会向信息社会转型的阶段，现有的经济结构和经济增长方式不可能创造出越来越多适合大学毕业生就业的岗位，就业困难将长期存在。同时，产业结构的转变和升级又为大学毕业生提供了更广阔的空间。我国潜在的经济需求是极大的，尤其是通过30多年的改革开放，这些需求已经被激发，首先在大中、沿海城市，然后是沿海小城市与农村郊区，随之而来的是广阔的中西部地区。

当前面向应届毕业生的就业渠道和方向主要有国有大中型企业、外企，或升学继续深造，考公务员和选调生等，今后则会向中小企业、民营企业、少部分自主创业趋势演变。

（二）仔细甄别用人单位各项信息

大学毕业生在求职时要对用人单位的各项信息加以甄别，判断用人单位的真实性和可靠性。正像是市场上存在着不少假冒伪劣产品一样，就业市场上也夹杂着不少五花八门的求职骗局，对此，毕业生要有足够的警惕，切莫上当。通过网络、报纸、熟人等多种方式验证用人单位的真伪，在时间上要注意动态性，注意掌握用人单位的变化和趋势，在空间上要讲究全面性，在内容上要注意广泛性。对于来自各方面的求职信息，毕业生必须有目的、有针对性地进行排列、整理和分析，使其具有准确性、时效性和全面性，使之更好地为自己服务。毕业生在验证用人单位信息时要善于对比，识别真伪，刨根问底，全面掌握，不要盲目草率地作决定。

（三）正确处理与用人单位的契约关系

就业市场上用人单位和毕业生之间的双向选择，不仅激活了高校的人才培养机制，为大学生提供了公平竞争的机会和施展自己才华的舞台，也有利于用人单位选择到符合本单位需求的优秀毕业生。毕业生和用人单位之间以契约的形式确定双方的权利和义务。既然是以契约合同的形式确定就业关系，就要求大学生本人要有良好的信用意识和合同意识。大学生要充分利用自身的优越条件，借助双向选择的优势，经过慎重考量选择自己满意的单位，再与用人单位签订就业协议。即使找到更理想的就业单位，也要在学校就业指导中心的协调指导下处理已签约单位的协议，给用人单位留下良好的诚信形象。

（四）理性对待专业与社会需求的结构性矛盾

近年来，就业市场上暴露出大学生自身所学与实际工作相差甚远、专业不对口的问题。同时，高校为了适应市场的需求而不断设置新的热门专业，但由于连年的扩招，以及学校在师资、硬件等方面的紧缺，新专业设置非常仓促，所教授的知识和技能并不能满足社会需求，从而导致大学毕业生与用人单位产生供需矛盾。例如，近年来随着产业结构的调整，钢铁、化工、传统制造业等行业日益衰落，使高校难以及时作出专业调整而适应市场需求，致使某些专业毕业生不能顺利就业。对此，毕业生应防患于未然，在进入大学前，就应该通过各种专业途径了解个人所长、高校的专业设置及未来的岗位发展，以避免毕业求职时的尴尬。

四、做好大学职业规划，增强职业发展力

求职问题是大学生发展问题的综合反映。从表层看，这是大学生如何适应社会、实现与社会的良性对接问题；从深层看，这是学校和社会在人才培养问题上的综合反映。诚信形于外而源于内，即表现形式虽然是外露的，但根源在于内在的素质。因此，为避免发生大学生诚信缺失，就要提高大学生的职业发展力。

（一）以职业发展教育课程为载体，分阶段、有步骤地设计自己的职业生涯

如今，为了提升大学生职业发展力，许多高校都开设了“大学生职业生涯”这门课程。该课程属于公共必修课，旨在通过第一课堂、案例分析、情景模拟、实践拓展

等方式增强大学生对自我和职业世界的认知。大学生应充分利用该课堂分阶段、有步骤地设计自己的职业生涯。比如，大一阶段，旨在适应大学、培养职业兴趣。大学生应通过各种网络、媒体以及前辈等各种教育资源尽快适应大学生活，从以往高中时期的被动式学习转化为主动式学习，从而尽早制定自己的职业目标。大二阶段，旨在进行职业认知及职业探索。大学生通过参加各类主题活动、科创竞赛等加强自己对自我性格、气质、兴趣等方面的了解，通过参加讲座、论坛进一步理解职业世界，从而制定职业生涯规划，为实现职业目标做好知识上和时间上的准备。大三阶段，旨在进行更深入、更具体的职业探索。比如，大学生利用节假日进行实习和兼职，通过实习和兼职感受职业世界中自我的优势和劣势，进而对职业目标进行调整和更新。大四阶段，旨在为求职做现实的准备。如参加宣讲会和招聘会、制作简历、参加面试、进行实习等。此外，大学生还应该多了解关于就业的各项法律法规，从而降低择业成本和风险。同时，应对用人单位诚实守信，树立良好的大学生自我形象。

在职业生涯规划设计的不同阶段，大学生要加强自身与市场经济相关联的、与大学生就业制度改革实际紧密联系的诚信伦理道德以及“诚”与“信”的人生价值观教育，加强对就业相关政策的认知，把握最新的就业动态，正确认识就业形势，树立正确的就业观，调整就业期望值和目标；在遵守就业协议、劳动合同的基础上加强自我对就业技巧的应用，增强就业的信心，从而树立牢固的诚实守信、脚踏实地的观念。大学生从大一到大四全过程的职业生涯教育和实践，有助于帮助自己了解自我、了解社会，树立正确的职业观，成为一个全面发展的人，从而实现自己的职业生涯目标。大学生只有在大学期间为职业做好了充分规划和准备，才有信心和资本做到诚信就业。

(二) 积极参与学校各项活动和社会实践，锻炼能力，为进入职场做准备

校园文化是指高校长期积淀下来的办学理念、学校精神、校风等多种元素的整合。各高校会根据自己校园文化的特点开展丰富多彩、形式多样的文化活动，如文娱活动、语言类比赛、学术竞赛、征文活动、社会实践、志愿者活动等。大学生应根据自己兴趣爱好积极参加各项活动。通过参加文娱类活动，不仅能够发挥所长，陶冶情趣、为别人带去欢乐，更能增强自己的人格魅力，而这种长期积累下来的艺术素养将来必定会为你的职业增添色彩；通过参加语言类比赛，比如主持人大赛、辩论赛等，语言表达能力能够得到锻炼，而良好的语言表达能力则是进入职场世界的

重要技能；通过参加学术竞赛、征文活动等，可以练就自己的文字驾驭能力、逻辑思维能力以及解决问题的能力；通过参加社会实践、志愿者活动，能够开阔眼界、拓展视野，在服务社会的过程中提升自我。

【案例9-3】

小翔的迷茫

2011级新生小翔，初入大学，不适应大学老师的授课方式，不适应大学的人际交往，不知道该如何打理忽然多出来的空余时间，更不知道自己将来的职业如何发展，应确立怎样的职业目标，制定什么样的职业规划，因此感到非常迷茫。

案例分析 小翔的例子是许多大一新生都会碰到的问题，即由大学适应不良引起的职业困惑问题。通常，大一阶段，应尽快通过各种途径了解大学、适应大学，而最有效的方法是向学姐学长了解自己所在的学校、所读的专业的情况，从而制订提升自己综合能力的发展计划，在实践中不断认识自我、认识职业世界。

结合当前社会的人才需求标准，大学生重点锻炼以下几项能力：一是沟通能力。良好的沟通能力是现代人的一项基本素质之一。它不仅是用人单位的重要招聘标准，而且是形成完善人格的基础。大学生在校期间，可通过多种方式锻炼这方面的能力，充分利用学联、团委这样的平台提升自己，如通过承担学生干部的责任、体验角色来增加自己与其他同学、老师的交流，若能成功拉一场赞助、做一次宣传，语言表达能力会得到锻炼。在大学中，若有幸成为一个社团的社长或一个部门的部长，在与其他干事、社员的一次次交流中，在与辅导员的协调合作下，在与学校其他行政部门的接触中，你的沟通能力会逐步增强。现在的大学生大都在独生子女家庭教育模式下长大，往往比较自我，不懂得关注别人需求，所以很多同学在担任班级干部、院系干部和社团干部的初期会遇到很多沟通不畅的挫折，对于这种情况学生干部要放下自己，认真去倾听，想方设法让同学说出自己的想法。一旦倾听产生了效果，沟通的效果也会有很好的提高。二是表达能力。这包括口头表达能力、文字表达能力。以口头表达能力“说”为例，“说”在当今时代是人生的一种技能，同时也是一门伟大的艺术。政治家需要用“说”来把选民说服，把不同党派和政界的议员说服。商人需要用"说"来谈判达成协议。对于学生来说也要用"说"来表达自己的观点,沟通感情。我国学生因为教育体制的关系,往往不善于利用"说"来展现自己,导致在求职期间不会很好地向用人单位"兜售"自己,展示自己的才干和个性。很多学生在面对面试官时不敢正视,回答问题吞吞吐吐、前言不搭后语,面红耳赤,青筋突起,这样的状态不要说应聘销售、客服、秘书等主要靠"说"的职位,就是应聘会计、审计等细致工作岗位时也一样要被淘汰。鉴于此,各高校组织了各种诸如"辩论赛""演讲比赛""主持人大赛"等主题活动,以此来帮助学生增强自身的沟通能力。三是创新能力。创新能力是高校培养人才的重要内容,也是社会评价高校人才是否合格的主要衡量标准。大学生创业是提升大学生创新能力的主要途径,也是近年政府缓解就业困境、增强大学生创新意识的重要举措。为鼓励高校毕业生自主创业,以创业带动就业,财政部、国家税务总局发出《关于支持和促进就业有关税收政策的通知》,明确毕业生从毕业年度起3年内自主创业可享受税收减免的优惠政策。其中,高校毕业生在校期间创业的,可向所在高校申领《高校毕业生自主创业证》;离校后创业的,可凭毕业证书直接向创业地县以上人社部门申请核发《就业失业登记证》,作为享受政策的凭证。在创业资金方面,除贷款享受优惠利息外,还可以向青年创业引领计划公益扶持基金等机构申请3万～30万元的创业启动金。2015年1月7日,为促进大学生创业,中青办〔2015〕2号文件颁发,即《关于高校共青团积极促进大学生创业工作的实施意见》,各高校可通过举办系列创业讲堂、推动普遍开设创业课程、培育各类创业社团、完善创业竞赛体系、组建创业导师团队、联合打造创业基地、争取创业资金支持、构建政策服务平台、寻访选树创业典型等途径为大学生创业搭建平台,提升创新创业能力。各高校还可通过"挑战杯"全国大学生课外学术科技作品竞赛、大学生创业大赛等活动吸引同学参与其中。这些活动从前期的资料搜集、筛选,到确定题目、调研实践,再到最后的撰写报告,无不锻炼了参与者的信息搜索能力、语言表达能力、实践调查能力以及创新能力。四是逻辑思维能力。用人单位在面试过程中,很多问题都是围绕考核一个人的逻辑思维能力而展开的,如"能否谈谈自己最成功的事情""请你介绍一下自己""你的优点、缺点是什么"。在面试者回答每一个问题时,面试官不仅仅关心答案本身,更关注每个面试者的逻辑思维是否清晰、有条理。在大学中,有很多活动可以锻炼自己的逻辑思维能力,如辩论赛、案例分析大赛等。通过参加此类活动,有助于梳理自己对学术、对某一问题的思路,从而增强逻辑思维能力。

思考题

1. 简述大学生择业诚信的内涵。
2. 阐述大学生择业诚信的必要性。
3. 大学生如何提升自身的择业诚信修养?
4. 大学生择业不诚信有哪些危害?
5. 大学生如何做好职业规划,增强职业发展力?

课外实践

进行企业调研,了解企业对毕业生有哪些需求,完善自我,做好职业生涯规划,为走向社会做好思想上、行动上、能力上的准备。

第十章　潘序伦与诚信教育

潘序伦先生是中国近现代颇负盛名的会计学家和教育家，被誉为“中国现代会计之父”。1921 年，潘序伦从上海圣约翰大学毕业后，赴美留学，先后获得哈佛大学企业管理硕士、哥伦比亚大学经济学博士学位，他在留学时就选定会计专业为终身职业。1924 年，他怀揣着“教育救国”的愿望，学成回国。1927 年开始，潘序伦先生创办会计师事务所。他借用“论语”中“民无信不立”之意，以公正服务、建立信用为宗旨，将事务所定名为“立信会计师事务所”。从 1928 年开始，他先后创办了立信会计补习学校、函授学校、专科学校和高级职业学校、立信会计图书用品社。

潘序伦毕生以“诚信”作为自己的价值信念和行为准则，他将“立信”作为立信会计学校的校训，而后又具体阐述为“信以立志，信以守身，信以处事，信以待人，毋忘‘立信’，当必有成”的诚信解读。在长达 60 年的办学过程中，为国家和社会培养了数以万计的会计人才。在此过程中，也逐步形成了潘老先生富有时代特色的诚信教育思想。他从严治校、诚信办学，坚决保障教学质量，要求青年学生将诚信作为提高人格素养的根本，不断提高职业道德。潘老先生的诚信教育思想产生于特定历史条件下，距今虽已久远，但是潘老对诚信的恪守和倡导在今天依然有重要的理论意义与实践意义。

第一节　“中国现代会计之父”——潘序伦

潘序伦（1893—1985 年），江苏宜兴丁蜀镇人。天资聪颖过人，出身书香门第，其曾祖父和伯父都是清代举人。因兄弟辈中排行第四，故又名秩四。他14岁时，父亲去世，得长兄伯彦（古文学家）的教益很多。12岁前读私塾，后入蜀山小学；毕业后，考进上海浦东中学，功课极好，经常考第一名。当他15岁将要毕业前夕，卷入了“因抗议某教师对学生的课业批分较严而举行的交白卷风潮”[①]，被开除学籍。之后，转入常州府中学堂。毕业后，当时正值辛亥革命时期，民主共和之风盛行，社会需要政法人才，“我一时为做官的虚荣心所冲动，也就进了南京民国政法大学”[②]。不到两年，学校因不合当时政府创办大学的规定，被勒令停办，潘序伦随即失学。当时正巧南京海军军官学校招考无线电收发班学生，考虑到学校费用全免，还可以得到津贴，他就去报考。在1 000多名考生中，只录取21名，潘序伦考了第一名。在毕业考试中，五门功课潘序伦门门满分。毕业后被分派到当时中国最大吨位的海军巡洋舰“海圻”号舰上任准尉级无线电收发报员。后来，潘序伦感觉军舰枯燥乏味的生活并不适合自己，于是费了很大的周折，才退出军籍。后来潘序伦回顾这段职业生涯颇有感慨，“这都是因为当时要想拾些小便宜，胡乱进了这个学校，以致蹉跎了我正式职业的训练。回想前尘，实在是很可惜的”[③]。后来，托一个亲戚的关系，他曾到南京造币厂当过翻译员，不久失业。他又到镇江中学做过教员，也很快又失业，后回到家乡，闲着无事，“逐步陷入赌博、放浪的泥淖中”[④]。

一个偶然的机会，潘序伦得知一个小学同学想赴法留学，对他触动很大。激发了他想再次求学立志成大事的雄心。当年26岁的潘序伦又一次来到上海，踏上了艰辛的求学之路。在上海，潘序伦得到黄炎培的帮助，把他推荐到上海圣约翰大学，进入大三做试读生，从此潘序伦发愤苦读。由于在试读期间功课良好，潘序伦终于得到了转为正式生的机会。圣约翰大学同意把潘序伦在海军学校、政法学校所读功课充作圣约翰大学前3年的学分。到了大四毕业，潘序伦各科成绩已名列全班第一。在全校英文政治论文比赛中也得到了第一名。毕业后，当时正值南洋兄弟烟草公司招考公派留学生，潘序伦被推荐应试，考取第一名，于是潘序伦得到了前往美国留学的机会。

1921年，潘序伦进入美国哈佛大学商业管理学院学习，他选学了会计学科，因而奠定了一生从事会计学研究的基础。他在哈佛大学，勤奋苦读，放弃了假日休息

---

①② 潘序伦：《潘序伦文集》，立信会计出版社2008年版。

③ 潘序伦：《求学经过的自述》，载自《潘序伦文集》，立信会计出版社2008年版。

④ 潘序伦：《一个会计学家的自述》，载自《潘序伦文集》，立信会计出版社2008年版。

与游览娱乐,经常是一个面包一杯开水充饥,争分夺秒地把全部时间用于学习,从宿舍到教室、到图书馆,终日只是与书为伴,终于在1923年,获得哈佛大学企业管理硕士学位,翌年,又获得哥伦比亚大学经济学博士学位。

回顾求学生涯,晚年潘序伦在《求学经过的自述》中告诫学生们:“(一)求学最忌毫无计划,多换学校……年轻时代的黄金光阴,白白地胡乱混了过去,好不可惜。(二)求业必须有相当的专业技能,方才能够持久。倘若仅靠了亲戚同乡的帮忙,终究是不中用的。(三)求学求业,必先立志。倘若没有坚强的意志,则一遭磨折,一受刺激,随时可以有中辍的危险。(四)求学总要能艰苦耐劳。(五)一生学业事业的成就,倒不关年龄的迟早。”

1924年,潘序伦学成回国,任上海商科大学教务主任兼会计主任等职。1927年,创办了潘序伦会计师事务所,并编译出版会计丛书和创办会计学校。他从实践中深深地感到开展会计师业务,首先要取信于社会,因之取《论语》中“民无信不立”之句,将潘序伦会计师事务所改名为立信会计师事务所。为了培养合格的会计人才,满足社会需要,自1927年始,潘序伦开始了办学之路。他先举办簿记训练班,因学生人数大增,为适应需要,后又创办了立信会计补习学校、立信会计专科学校和立信高级会计职业学校。抗日战争时期,他离开上海到了重庆,在重庆又设立了立信会计师事务所和多种教学形式的立信会计学校。为了解决会计教材的供应,1941年秋,潘序伦与生活书店合作,创设立信会计图书用品社,专门出版立信会计丛书和印制发行会计账册报表。《立信会计丛书》到1956年为止,共编译出版200余种图书,后又编写了《苏联会计述要》《国营会计概要》等著作。

抗战胜利后,潘序伦克服一个又一个困难,在重庆市区建造了立信大楼,分别办了两所专科学校。不仅如此,他还鼓励和支持外地的立信同仁和校友在桂林、北京、天津、南京、广州、衡阳和香港等地都办起了各类不同形式的立信会计学校。由重庆返回上海后,由于一时迁校没有地方,潘序伦捐出私宅五开间、三层楼房一幢,作为校舍。不久,潘序伦又捐出美金万元,为学校建造了体育馆。可见,同近现代其他著名的兴教办学的教育家一样,潘序伦一生心系教育,对捐助办学与发展会计事业可谓不遗余力。为了国家的教育事业,潘序伦日常生活非常简朴,斗室中一床一几一柜,一桌四椅,别无他物,唯书成堆,此习惯一直至晚年未改。他经受了“反右”的灾难,也遭到“文革”的迫害和冲击,在平反之前,对人侃侃而谈的不是感慨,他唯一惦念和关怀的是如何迅速培养出为国家经济建设服务的会计人才。

中共十一届三中全会以后,随着社会主义经济建设的需要,培养大批会计人才成为当务之急。1979年，在潘序伦的关心支持下，全国第一家会计学会在上海成立。1980年，潘序伦参加了“人才问题”的讨论，提出了开展“会计人才”的研究。为适应改革开放新形势，经过潘老先生等人的倡议，1980年10月，上海市人民政府批准立信复校，恢复立信会计专科学校，潘序伦任名誉校长，同时任上海会计师事务所董事长、中国会计学会顾问。立信会计师事务所、立信会计图书用品社（现更名为立信会计出版社）也相继得到了恢复。在潘老的关心与推动下，立信会计事业在新时期又呈现出一派勃勃生机。

1985年11月8日，潘序伦病逝。他的遗愿是：一切从简，不发讣告，不收骨灰，不开追悼会，不收任何形式的奠礼。“我一生最喜欢节约一切物力、财力，为建设新中国服务。”

为了永远纪念潘老先生，1987年在立信校园（徐汇校区）建起了潘序伦青铜雕像。1993年秋天，潘老先生的骨灰也移存于立信校园。潘老先生为中国会计教育事业作出的突出贡献，永远激励着后人努力前行。

一、开创现代会计先河

（一）推广复式簿记 建立新式会计

20世纪20年代，我国的民族工商业蓬勃发展，用毛笔楷书直写的上收下付、项目简略的中式簿记难以适应日益繁复的财务活动，越来越成为中国民族工商业发展壮大的障碍之一。在民主与科学的旗帜引领下，当时的知识界希望通过改良和改革中国的文字、文学、医学等改变中国的落后现状，会计革新的提出正是这一思潮在会计界的具体表现。

与当时其他革新运动一样，会计革新运动中也因对所谓“中式簿记”的不同态度而存在一场论争，潘序伦1934年元月发表的《为讨论“改良中式簿记”致徐永祚君书》一文对徐永祚《改良中式簿记概说》标举中西之别，保留直写、现款收付记账法和四柱结算法等观点进行商榷，认为“风俗习惯固有所谓中西之分，而科学上之原理原则，则不应有中西之别”。他指出簿记理论无所谓中西之别，而是是否符合科学原理之别，这一观点能跳脱当时普遍存在的中西文化、西化和复古之争的泥淖，站在科学的立场审视不同的簿记方法，主张无论中西，会计理论和实践都经历了一个从粗疏到精密、从单式到复式的演进过程。潘序伦不抱残守缺，也不崇洋媚外，对于英国式资产负债表负债列左而资产列右的独异做法也持批评态度，这种通达科学的态度和国际化的视野充分显示了潘序伦学贯中西的深厚学养。

在论辩过程中，潘序伦始终坚信“学术原理必待论辩而益明”，以谦虚的态度充分肯定徐永祚“服务社会、改良会计之热忱”。因此在论争结束后，潘序伦收集各位会计学者的论辩文字，辑为《改良中式簿记之讨论》，由商务印书馆出版，以期推进会计理论的研究。

虽然潘序伦并非引进复式簿记第一人，也非中国第一位执业会计师，但他与立信同仁对会计革新运动的倡导和对复式簿记的推广无疑促进了中国会计事业的现代化，正如著名会计史专家郭道扬所言：“借贷复式簿记是近代社会经济发展的产物，它具有先进的理论和科学的方法，在本质上它要优越于中式簿记，故中国会计之改良必须以引进借贷复式簿记的理论与方法为前提。……所以，从这一点出发，应当肯定改革派所持的立场。”因此，作为改革派代表人物的潘序伦无愧于“中国现代会计之父”的美誉。

（二）编译会计教材　规范会计名词

潘序伦早在归国初期就出版了英文版《公司理财》和《簿记与会计》，引进了一些西方新式会计科学知识，后来他又逐渐感到国内会计教材以外文为主、译著缺乏高深之作，因而组织人员编译出版了包括簿记、会计、审计等内容的《立信会计丛书》。丛书中由潘序伦主编的《高级商业簿记教科书》注重由浅入深、循序渐进、反复演习，因此为各商业企业和会计学校广泛采用。又如 1935 年出版的《会计学》（1～4 册）集各门会计之大成，不仅阐述了普通会计学原理，还涉及了公司会计、成本会计、解散及破产会计、遗产及信托会计等，对预算控制、财产估价、决算报表分析、统计报表应用等均有较深入的研究。这些著作的出版，为学习会计者提供理论实务相结合的现代会计教科书，对复式簿记的普遍推行起到了至关重要的作用。

潘序伦对于引进国外会计理论与技术十分重视，如由他主持翻译的《劳氏成本会计》曾先后 3 次根据原书修订本翻译出版，使国内会计人员得以及时接触最新的成本会计理论。其他译著如《斐氏高等会计学》《陀氏成本会计》《苏联会计述要》等都为读者了解国外具有代表性的会计著作提供了极大的方便。潘序伦还在《立信会计季刊》上及时翻译国外会计新文献，介绍国内行业会计制度和政府财会法令规章，推动了中国会计的国际接轨和学术研究。

在编译会计著作的过程中，潘序伦鉴于当时会计名词极不统一，给编译工作、读者和实务工作者都带来不少困难，因此组织同仁编写了《会计名词汇译》一书，共收录会计名词2 400余条，罗列国内会计书刊旧有译名，从中挑选合适者或暂拟统一译名。这一工具书的出版，大大推动了当时会计名词的统一，对会计知识的传播与创新起到十分关键的规范作用。

（三）梳理会计学史　创新会计理论

作为中国会计学界的泰斗，潘序伦在会计理论和会计史的研究方面也有许多精深的观点。早在1933年，潘序伦即发表《会计学发达史》一文，探讨会计学如何从意大利自由都市之账簿发展而来，又分述英国、美国、德国的会计学发展史。他认为“会计学之发达其来有自”，实“因社会经济生活之发达而递相演进”。对于会计师职业在中国的创始、现状、任职资格、职业道德等，潘序伦则有《中国之会计师职业》一文加以详述，突出强调了会计师“独立自由之地位”，明白解答了社会上对于“何为会计师?”“会计师所为何事?”等的疑问。

潘序伦对于会计性质的认识随着研究的深入而有所变化，从注重技术应用的一面转变为越来越强调会计的管理效能。早在建国之初，潘序伦已译介过西方的管理会计，限于历史条件未能引起重视。改革开放以来，潘序伦又在信息论、系统论、控制论等新兴理论的影响下指出，会计在企业管理当局制定决策所需借助的信息系统中占有极其重要的作用，会计人员是经营管理的“参谋长”。

潘序伦对于人才培养过程中存在的种种浪费现象十分痛心。早在1934年，潘序伦在一次演讲中就提出了学校成本会计的详细方案，指出学校虽不是营业机关，但其工作的效率也应引起十分的注意。教育救国不是空谈，学校培养人才应对国家社会有与教育经费相当的贡献。改革开放以后，潘序伦又提出开展“人才会计”研究，运用会计手段促进人才的培养和使用，以使人尽其才，如地尽其力、货尽其流一样。

潘序伦的学术贡献是多方面的。他对复式簿记的推广，促进了中国会计和企业管理的现代化；他主持编著的会计教材，注重理论实务相结合，大大推动了会计人才的培养；他对国外会计理论的编译介绍加快了中国会计学术的规范化和国际化；他在会计史、会计理论方面的独到研究，极大地丰富了中国会计学的理论基础。

二、践行实业救国与教育救国

（一）实践教育救国　培育会计人才

在民族工业繁荣的20世纪20年代，新式会计的采用逐渐普及，然而熟习新式簿记的会计人才却十分缺乏，潘序伦以改良我国旧式会计、建立新式会计为己任，于 1927 年 1 月设立了潘序伦会计师事务所(第二年改名为“立信”)，专门为工商企业担任会计制度的设计工作，由于委托单位要求代为训练其旧式账房，事务所开始设立会计补习班，因报名人数日渐增多，于是独立为会计补习学校。会计补习学校虽始于事务所附属单位，但诚如潘序伦自述：“居常以为会计事务所之业务，对于社会各界，虽有其重大之价值，然提倡学术，培育人才，则为百年树人之计，其意义更为远大。唯有优越之会计人才，庶政府与企业之会计能日臻于完善，间接足以促进国家社会之进步，收效迅速而宏大。”我们今天读到这些掷地有声的话语，仍然为潘序伦教育家的胸怀和眼光所折服。

其后，会计补习学校逐渐发展壮大，在重庆、桂林、广州、南京、兰州、天津、北京、香港等地先后办起了分校；此后，潘序伦又决定成立立信会计专科学校，培养高等会计人才。至此，潘序伦的会计教育事业已形成了包括补习夜校、函授学校、晨校、星期日校、日校、专科学校、高级职业学校的多层次会计教育体系。为保证教学质量，潘序伦邀请黄炎培、马寅初、黎照寰、黄逸峰、章乃器等著名学者给学生授课，并专门聘请助教批改学生作业，严格要求、精心培育学生的实干能力。潘序伦还特别重视学生的全面发展，立信校园内经常有著名作家、诗人来作讲演，立信同学还自编《立信文艺》《火炬报》等刊物；潘序伦关心学生身心的健康成长，特地筹款为学校建造体育场馆，对于作息时间和体育锻炼，潘序伦均有十分严格的要求，经常亲自带领学生做早操。

中共十一届三中全会以来，为适应经济发展的需要，在潘序伦的奔走倡议下，立信会计专科学校得以复办。据统计，立信至今已为社会培养 20 多万财会人才。

(二) 首倡会计诚信　弘扬立信精神

潘序伦以为信用乃会计之本，“会计师之为职业，实为工商企业保障信用而设，苟有不道德行为，而自丧其信用，则此项职业即失其根本存在之理由”。因此在创办潘序伦会计师事务所的第二年(1928)，即取《论语》“民无信不立”之意将事务所改名为“立信”，以期取信于社会，后来于 1937 年又引申为“信以立志，信以守身，信以处事，信以待人，毋忘立信，当必有成”24 字，作为立信的校训。

潘序伦在开学典礼、毕业典礼以及其他全校性的集会场合，总是不遗余力地弘扬“立信”精神，利用一切机会进行诚信教育。在给毕业同学纪念刊的题词中，他以“信苟不立，虽良法美意，必基石稳固而后可以尽其功能；此虽常言，实为先圣之所昭示，昭并日月，愿与请同学拳拳服膺而信守也”与同学共勉。在《敬告国内有志于会计职业之青年》一文中，他对于会计员德性上应有之修养首重一个“信”字，以为“信”即诚实不欺、言行如一、有诺必践。

潘序伦的诚信教育理念既来自儒家传统的涵养，又来自现代信用制度的要求。由于家学渊源，潘序伦早年接受过较为系统的儒家教育，自然熟稔于孔子“人而无信，不知其可也”“言必信、行必果”等教诲；于哈佛大学、哥伦比亚大学攻读学位期间，潘序伦又恰逢美国各州相继颁行会计师法，逐步建立以资产负债表审计为主的现代信用制度，因此自然受到西方信用文化的深深浸染。潘序伦引经据典、取譬设喻以宣讲“立信”意涵时也注意博采中西。潘序伦常以儒家圣人之言教导学生立身处事要以“信”为本；又举西方谚语“诚信为最善之方策（Honesty is the best policy）”来说明诚信“实为各业所依赖”。

（三）构建三位一体格局　探索产学研一体化

潘序伦最初意在建立新式会计，因而从暨南大学辞去一切职务并设立会计师事务所，决心以会计师为终身职业，进而又在黄炎培等人提倡的职业教育思想影响下开展会计职业教育，期望在保障青年就业的同时能对国家社会有所贡献。

在开展会计教育的过程中，潘序伦有感于国内会计读物的缺乏和外文书籍的不切实用，于是在事务所内设立编辑科，开始编译簿记、会计、审计等书籍，出版《立信会计丛书》。这一丛书多经学校试用并不断修改，能做到切合实际、文字通俗、译文统一，其由商务印书馆出版后即获好评，为学习会计者广泛采用。抗日战争期间，事务所和学校迁至重庆，商务印书馆因总部在香港而无法大量出版《立信会计丛书》，潘序伦又多次与商务印书馆交涉取回版权与纸型，于1941年6月成立立信会计图书用品社自行出版《立信会计丛书》，印制账册、表单等。

至图书用品社正式成立，潘序伦所开创的事务所、学校、图书用品社三位一体的立信事业日臻完善。事务所可以为学校提供师资；图书社可以为学校提供教材和补助部分办校经费；学校培养出来的会计人才，参加工作以后，又回过来协助事务所和图书社发展业务。这一相互配合、相互支持、相互促进的立信会计事业与如今大力提倡的“产学研”一体化可谓名异实同，潘序伦超前的办学理念和卓越的组织领导才能令人感佩。

潘序伦将实业救国与教育救国的理想结合起来，以会计教育为终身志业，为国家社会培养了数以十万计的会计人才，从而为民族振兴和国家富强奠定了坚实的人才基础;潘序伦首倡诚信教育,继承传统诚信文化,融合现代信用制度,树立了会计职业道德教育的典范;潘序伦将事务所、学校、图书用品社的发展整合为三位一体的立信会计事业,为“产学研”一体化的办学模式作出了极富启发与借鉴意义的探索。

三、毕生心血投身立信

(一) 坚守公正独立　崇尚民主进步

潘序伦认为会计师应具有“独立自由之地位,高尚诚信之道德”,因此无论是在事务所业务、学校教育还是出版事务中,他始终保持独立不倚之精神。抗战时期,潘序伦曾担任中国银行查账会计师,在香港总行查核该行发行准备基金时发现违规现象,顶住“破坏抗战”的压力坚决不予签字证明。

1940 年 12 月,马寅初、潘序伦因抨击“四大家族”大发国难财被国民党当局扣押,1942 年 8 月获释后又被禁止讲学,此时潘序伦毅然延聘马寅初到立信任教,并严词拒绝国民党命令解聘的无理要求,“立信者,立信于人也。既已下聘书,就不能无故解聘”。马寅初因此曾对人说:“潘序伦对开拓中国新式会计有功,不要说来教书,就是要我替他倒夜壶,我也愿意。”

40 年代的大后方纸张十分缺乏,当时在重庆出版发行的《新华日报》又常常在各方面受到国民党的限制和刁难。因此,《新华日报》通过生活书店的褚度凝与潘序伦达成协议,由立信会计图书用品社提供证明文件,与生活书店共同在四川广安设立纸厂,同时为图书用品社和《新华日报》提供纸张,纸厂的一切事宜均交由褚度凝处理,潘序伦指示立信方面的蒋春牧不必过问,从而确保了《新华日报》纸源的充足与安全。

(二) 饮水思源助学　不拘一格擢英才

潘序伦早年求学经历颇为坎坷,在黄炎培、简照南诸位的帮助下才得以相继进入上海圣约翰大学、哈佛大学、哥伦比亚大学学习。他在求学期间焚膏继晷、夙夜匪懈,从而在短短 3 年中获得哈佛大学企业管理硕士和哥伦比亚大学政治经济学博士学位。回国之后,潘序伦在上海商科大学和暨南大学任教期间即取“饮水思源”之意,为简照南设立“思源助学基金”,资助家况贫寒而又品学优秀的青年完成学业。

潘序伦深知年轻人求学就业之不易，因此对有才华的学生特别重视，大胆提拔他们担任关键岗位，从而推动立信事业的蓬勃发展。其中最著名的是顾准，自1927年进入事务所当练习生，至1940年离职参加新四军，顾准在立信度过了13年，他也从一个稚气未脱的孩童成长为独当一面的编辑科副主任。在这13年中，潘序伦多次打破常规，成就了顾准16岁登台讲课，19岁出版《银行会计》并兼任之江大学、沪江大学教授的传奇经历；潘序伦对于顾准和立信同学会积极参加反帝爱国运动、宣传民主进步等活动也给予了支持和保护。蔡经济、李鸿寿、管锦康等立信元老也在潘序伦的关心和帮助下逐步成长为中国会计事业的中坚力量。

（三）一生勤俭淡泊　数度倾囊兴学

潘序伦一生克勤克俭，不慕荣利，多次将自己的收入捐献出来用于学校建设。1937年夏，潘序伦将自己多年执业会计师事务所积聚的6万银元捐作立信会计专科学校基金；1948年，潘序伦又将私人美金外汇1万元捐出，加上社会募捐为学校建立了一座体育馆；20世纪80年代立信复校后，潘序伦又将“文革”抄家发还的8万元分别捐赠给上海市会计学会作为事业费和复校后的立信会计专科学校设立潘序伦奖学金。

立信复校以后，上海市政府曾先后4次为潘序伦安排位于市中心的住房，他执意推辞说：“目前国家尚有困难，我的住房虽然偏小一点，但还可以克服，还是请政府把房子让给更困难的同志为好”，“专校（指立信会计专科学校）校舍未落实，绝不为个人安适作打算！”一时之间，“潘序伦四让住房风格高”成为沪上一段佳话。

潘序伦个人生活十分简朴，斗室中一床一几一柜、一桌四椅以外别无他物；学生蔡经济托人带来一件纯羊毛的衣服，潘序伦则转送给一位熟识的医生；90华诞时学生赠送新服一套，他藏在箱底，仍然穿着那件老式的对襟衣衫和平底布鞋；冬天，学校送去取暖器，他即转赠家有百岁老父的老教师……类似的生活细节在回忆潘序伦的文章中俯拾皆是。

潘序伦不畏强权淫威，敢于坚持独立不倚之精神，充分体现了作为一个爱国知识分子的气节和风骨；潘序伦热心帮助贫寒子弟，慧眼识才、拔擢青年才俊的大家风范赢得了后生先进的一致推许；潘序伦处于箪瓢陋室的境况，却有毁家兴学的义举，高山景行之风堪为今人楷模！

潘序伦是后人缅怀追慕的一代宗师。作为一位会计学家，潘序伦以融汇中西的国际视野，推动了中国会计的现代化和会计学术的规范化。作为一位教育家，潘序伦以三位一体的办学模式，培养了大量接受系统专业教育和诚信教育的会计人才。作为一位知识分子，潘序伦以会计救国的博大胸怀和淡泊名利的高尚品格，树立了一座立信丰碑。

第二节　潘序伦诚信教育思想内涵

潘序伦在求学和办学实践中始终以诚信作为毕生的思想追求和行为准则，逐步形成了具有鲜明时代特色的诚信教育思想。这些思想的提出对于提升立信学生以及会计行业人员素质、推动会计行业发展具有重大意义。

一、诚信是成就事业的基础

潘序伦具有较深厚的国学功底。他 12 岁以前受到的是严格的私塾教育，熟读《四书》《五经》，在小学读书时经常考第一名。因此他后来在从事会计行业实践中，总能得心应手地从中国传统文化中得到启发和灵感，赋予深厚的道德基础。潘序伦以“立信”为会计学校校名，就来自《论语》“民无信不立”之意。1937 年，潘序伦将“立信”的内涵进一步拓展，为立信会计专科学校题写了“信以立志，信以守身，信以处事，信以待人，毋忘‘立信’，当必有成”的 24 字校训，这是潘序伦诚信教育思想的进一步延伸和细化。这 24 字校训可以看出潘序伦朴素的人生诚信价值观：诚信是做人的重要准则。他认为，一个人要“信以立志，信以守身，信以处事，信以待人”。只要恪守诚信，就能成就一番大事业。

（一）信以立志

潘序伦认为一个人要成就大事，必须确立志向，确立了志向就要诚信践行。潘序伦经常用自己的实际行动告诫立信学子要诚信立志。潘序伦天资聪颖，成绩优异，但由于缺少规划，求学生涯并不顺利，以至于求职也颇费周折，尝试了多个差事而无所成。最终，潘序伦确立了出国留学做一番大事业的志向，通过努力进了上海圣约翰大学做试读生，才使得以后的求学、求职一帆风顺。

潘序伦确立了志向后，开始发奋读书，当时 26 岁的潘序伦在上海圣约翰大学做试读生面临着很多的困难，外语跟不上，年龄比同学大很多，经常受到学生们的嘲讽,家中经济捉襟见肘,住在条件最差的宿舍。但他以坚强的毅力克服许多的困难。除了一日三餐外,全部时间都用于读书。老师们被他的勤奋所感动,许诺他如果大三期末考全部及格就可以进入大四学习做正式生。他更加努力学习,结果大三8门功课考试中,除了心理学差几分未及格,其余课程都及格了。校长、主任慧眼识才,破例同意他做大四正式生。潘序伦果然没有辜负老师们的期望,到了大四毕业时,每门功课都在90分以上,名列班级第一。他最初成绩最差的英语,经过刻苦学习,到了大四毕业时已经名列班级前茅,并在全校的英语政治论文比赛中获得第一名!这些成绩的取得除了有聪明的头脑外还要有坚强的毅力和远大的志向支撑。在美国求学期间,潘序伦也是几乎把时间都用在了学习上。在美国留学的3年,他取得了哈佛大学硕士学位和哥伦比亚大学博士学位。他日夜只知道读书,租住的寓所书桌后面是煤气炉。3年中没看过一场电影,也没时间参加各种聚会,放弃了一切娱乐,经常是一杯开水、一个面包度日。他在哈佛大学商业管理学院的学习期间,会计学、审计学、成本会计学、会计制度学、统计学分数均为特优。在哥伦比亚大学读书期间,他天天在图书馆学习,每天从早上开馆到晚上闭馆,广泛阅读英、美、德、奥各学派的经济书籍,知识面得以不断拓宽。博士答辩时,他对答如流,最终以优异的成绩获得经济学博士学位。

从以上潘序伦求学生涯中我们可以看出,一个人一旦确立了远大的志向,将会激发出无穷的力量,成为一种勇往直前的坚强斗志,最终取得成功。回顾求学历程,潘序伦在《求学经过的自述》中总结道:“求学求业,必先立志。倘若没有坚强的意志,则一遭磨折,一受刺激,随时可以有中辍的危险。”

因此,他在校训中首先告诫立信学子,要“信以立志”。一个人只有确立了远大的志向,才能以此为动力,刻苦攻读,发奋读书,为实现远大的目标而不懈努力。

(二)信以守身

我国传统道德中非常注重诚信操守,强调自律、“慎独”。潘序伦幼时饱读四书、五经等经典史籍,认为会计行业诚信操守尤为重要。为此,他把诚信确立为会计行业的职业道德。作为职业会计师,潘序伦自身也非常注重诚信操守。

潘序伦在工作中严格要求自己。当时立信会计师事务所上班设有签到簿,他每天签到总是前3名。有时工作忙了需要加班,他和大家一起加班。

《潘序伦回忆录》中讲述了这样两件事:1937年全面抗战爆发,中国银行总行迁往香港,发行法币钞票,发行钞票规定要求有黄金、白银和外汇做准备金。潘序伦担任了中国银行准备基金会计师检查员职务，每年都要亲自进入金库，严格检查盘点实物，核对账目，然后出具证明登报公示。一次他前去香港核查时，发现该银行金银准备不足，而是以其他银行的本票来抵补，不符合规定，因此拒绝出具证明。该银行特派某副经理跟踪到上海，威胁以“破坏抗战”的大帽子相压，潘序伦不为所动，不想失信于民，于是坚决辞去中国银行准备基金会计师检查员职务，表现了不畏强权、捍卫诚信职业道德品格的风骨。

（三）信以处事

潘序伦把诚信作为会计师的职业道德，自己在生活中也是恪守诚信。他在对立信师生教导中经常告诫，不能接受各方面的馈赠或贿赂，只有这样，会计师才能取信于民。

他曾说过一个“信以处事”的故事。有一次，潘序伦负责审核一家纺织厂工资舞弊案件。当时是星期天，他在办公室加班，来了一个熟人带着该案件的当事人，并硬要送给他一包东西(估计是钞票)，潘序伦当即严词拒绝，并在事后向负责的总会计师作了汇报。他对工作严格、恪守诚信的言行赢得了大家的信赖。

潘序伦在《中国之会计师职业》中记载了这样两个关于“信以处事”的故事。一次，潘序伦和另外两个会计师合办一个案子，案中查出委托人遗漏的很多资金，委托人并不知道。在这种情况下，办案的人如果将资金分了，也没有人知道。但这种做法在道德上是不正当的行为。最终那两个人取走了他们分得的一份。潘序伦则将自己应得的拿走，其余多的退还给委托人。委托人了解情况后很感动，因此非常信任他，以后凡是他们公司的所有业务都委托给潘序伦做，他以后所得的正当报酬比那两个人所得的不义之财要多数倍。这个例子说明了会计师以诚待人道德品行的重要性。还有一次，有一委托人把账目给潘序伦审核，但又悄悄告诉潘序伦，希望他对账内的详情不要细查，只在证明书上签字即可。他便把薪金送上。潘序伦认为，会计师执行职务，绝不可敷衍塞责，如果不是检查的真实结果绝不可以签字。因为苟且签字违背了会计诚信职业道德，对于公司未来业务也没有好处，因此他断然拒绝。委托人对潘序伦品格非常钦佩。时隔半年，这个委托人又把业务托给潘序伦做，并叮嘱要认真办理，给他的报酬比前一次多了 10 余倍。在工作中，潘序伦就是这样讲究诚信，因此取得社会的认可和人们的信赖，使“立信”逐渐成为一块金字招牌。

在生活中，潘序伦也秉承“信以处事”的原则。1924 年回国后，短短 2 年，潘序伦就积攒了2万多元的银行存款，当时他想到自己出国留学时曾受南洋兄弟烟草公司简照南先生捐赠银币1万元，于是饮水思源，他以1万元为简先生设立“思源助学基金”，专为帮助学习成绩优良而生计贫寒的学生。

(四) 信以待人

中国传统道德中强调要诚信待人。曾子曰：“吾日三省吾身：为人谋而不忠乎？与朋友交而不信乎？传不习乎？”(《论语》)潘序伦在实践中非常注重信以待人，并将其作为立信师生为人处世的基础。

潘序伦生活中宽宏大度，谦虚和善，对于学生的要求总是尽量满足，深受学生爱戴。有的学生请他在毕业册上签字，有的学生结婚请他参加做证婚人，有的学生就业有困难也找他。他总是热心对待，帮助学生解决生活上、工作上的困难。因此，在当时，立信的凝聚力很强，尽管立信学生毕业了，但他们在海内外都建立了校友会，大家互帮互助，为母校的发展出力，在立信的几次复校建校中都积极捐赠，作出了突出的贡献。立信校友会成为凝聚立信学子的大本营，而其中的核心是潘序伦的人格魅力。

有位立信校友赖有忠在回忆录中写道：“潘师待人诚心诚意，即使有人批评他，他还是诚心诚意对待别人。我记得，在潘师事务所内，一位名叫唐××的职员，时时批评潘师查账手续上有很多不甚高明之处，潘师从善如流，以诚相待。”

在长期的办学过程中，潘序伦不仅以身作则、践行诚信理念，而且要求学生以诚信为标尺和处事法则，不断提高人格素养。在潘序伦写给立信学生的一段话中足以看出他对学生们坚持诚信原则的期待与要求：“若孔圣有言：去食去衣，无信不立，则因以立信为建国之首务矣。若退而言会计，则立信为尤要。信苟不立，虽良法美意：必基石稳固而后可以尽其功能；此虽常言，实为先圣之所昭示，昭并日月，愿与请同学拳拳服膺而信守也。”

在24字校训中，潘序伦将诚信作为一个人为人处世的根本。众所周知，他认为广大学生在成长成才阶段，只有将诚信作为人格修养的基础，坚持提高个人素质，才能为将来成就一番事业打好基础。潘序伦对诚信的强调在当时社会条件下，特别是对会计行业的从业人员和学生而言，无疑是超前和有先见之明的，正如立信一些知名校友的回忆：“从效果来看，立信会计学校很多毕业生，在当时失业严重的旧社会，比较容易获得就业机会；立信会计师事务所查账、顾问业务与日俱增，在一定程度上反映了社会上对‘立信’的信任，也反映了‘建立信用’与否和事业成败休戚相关。”

不仅如此，潘序伦还要求学生将诚信落实到日常学习生活中，自觉养成讲诚信、守信用的习惯，践行诚信理念，将诚信作为规范自己行为的内心法则。当时，立信会计学校毕业的学生们大都就职于会计行业，诚信更是他们从业资格的基本要求。

二、诚信是会计职业道德的重要内容

潘序伦认为会计职业对于国家发展来说是非常重要的，而会计人员的职业道德则更加重要。对此，他曾经引用王安石的话来阐述其重要性。“合天下之众者，财；理天下之财者，法；守天下之法者，吏也。”他认为，品行诚信、公正无私的会计人员对于国家财务管理非常重要；为国家守好财关键是要有一套好的法律法规，能把好的制度法规实施，关键靠人的品性。因此，诚信操守是会计从业人员的第一要务。他认为会计师的“德”非常重要。

潘序伦在赴美留学期间，选择会计作为自己终身从事的职业。何为会计师呢？1933年他在《中国之会计师职业》中写道：“会计师者，应具有独立自由之地位，高尚诚信之道德，以及经济上、财政上、商业上、会计上专门之学识与丰富之经验，以承各方面之委托，而为之办理会计财务、商事等一切事物，或备各方面之顾问，而为之解答会计上、商事上、财务上一切问题，藉以建立一般社会之信用，保障其利益，而辅导整个工商业之发达，改良健全为目的者也。”可见，在何为会计师的定义中，潘序伦把“高尚诚信”作为其必备的职业道德，把“建立一般社会之信用”作为会计师的工作目标之一，都体现了诚信的道德内涵。他认为，作为会计师要有“高尚之道德”。那么何为会计师的“高尚之道德”呢？在上文中，潘序伦认为，“所得高尚之道德者，统括言之，约有四端。一曰公正，二曰诚信，三曰廉洁，四曰勤奋”。关于会计诚信道德的阐述，他认为，“我国古圣常言，人而无信，不知其可也。又曰，民无信不立。西哲亦云，诚信为最善之方策(Honesty is the best policy)是以诚信一端，实为各业所依赖，岂独会计师职业为然哉。虽然，会计师职业之发展，其有赖于诚信之一端，实较其他百业为尤要。盖会计师之所以成为一业者，其唯一之目的，即为建立社会各界财政上之信用。盖本身不能以绝对诚信自期，更焉能为他人之信用做证明耶？故‘诚信’两字，实为会计师职业成功失败之所系，证以笔者个人之经验，亦深信之而不疑。”从以上论述中可见，诚信对于会计师职业成功失败的重要性可见一斑。

1940年，潘序伦在《敬告国内有志于会计职业之青年》文章中指出：“担任会计职务者之责任，较之其他职员，远为重大。此项情形，不待言而自明。因会计员之工作，直接与金钱财产发生关系，发生损害。轻之应负赔偿之责，其数或达巨万。重之应负刑罚之责，而受侵占背信之名。故担任会计职务者，对事物之处理，常应小心翼翼，如临深渊，如履薄冰，不可稍有疏忽焉。”对于会计人员的诚信操守，潘序伦在1946年《迁沪复校后训育概述》一文中提出：“凡会计人员之养，除训练各种学术外，对于其品格的陶镕亦不可忽视。盖会计人员自有其独特的性质，必须在学校时有充分之准备与训练，譬如：(1) 须有精细清楚之头脑；(2) 诚实不欺之人格；(3) 耐苦耐劳之精神。故本校之训育除增厚学生国家观念及民族意识之训练，及辅助教学完成学生之成就外，又基于以上三个目标。”以上潘序伦概括出会计从业人员德行操守应“诚实、负责、耐劳”。

抗战时期，国家经济疲敝。潘序伦认为：“基督教圣经中说，耶稣是世界的盐，我们也可说会计界人员是全面抗战中的盐……抗战工作人们都认为七分靠经济，三分靠军事。我们的会计工作在经济工作讲起来，实在和食品中的盐同一重要。”他呼吁全体会计人员，要“尽能激起天良，严守岗位，对各机关的账目，绝对抱着不做假账，不隐蔽舞弊的态度”。可见，潘序伦认为会计行业“不做假账”是重要的职业道德。

如何阐述“信”？潘序伦在《敬告国内有志于会计职业之青年》一文中提出：“信之一字，所包甚广。简言之，即诚实不欺，言行如一，有诺必践之谓也。孔子云，民无信不立。可见信为吾人立身之要件，尤为吾会计从业员之要件，此因吾辈会计员受重人托，担任金钱财产之记录、保管及管理工作，设稍于信字有亏，则不仅本人名裂，亦将贻害社会。故凡会计员必先养成其会计的人格，所谓会计的人格，即可以信之一字概括之。”也就是说，有志于从事会计工作的青年学子，在踏上职业之前就必须建立自己的诚信人格。在回忆录中，潘先生有一段发人深省的肺腑之言：“我认为会计师的信誉很要紧，可以说是会计师业务的生命力，所以我把我的事务所改名为‘立信’，就是要取得社会的信誉。但是，资本家委托会计师办事，总希望对他们有利。这样，有个别会计师就以造假账或出具不真实的证明书以迎合某些委托人的要求，而取得会计师业务。但是，这种业务我所是绝对不接受的，我宁可放弃这种委托，这样，当时看起来似乎是吃亏了，但日子一久，就会给社会人士产生一种印象，认为‘立信’是信得过的，是可靠的，反而会引来大批的业务。”1942年，潘序伦又将会计师职业道德归纳为6个字“公、信、廉、密、勤、敏”。

1983年，在上海会计学会年会上，他深有体会地指出，会计人员必须树立职业道德。他认为，会计人员的职业道德应该包括品德、责任和业务技术三个方面的内容。他说，品德方面应该做到：守纪守法，以身作则；坚持原则，廉洁奉公；忠诚老实，毋忘立信。责任方面是指会计工作要按政策办事、按计划办事、按原则办事、按制度办事。业务技术方面要求是记账、算账、报账都做到百分之百的正确。后来，这篇演讲发表在同年《财务与会计》杂志第 4 期上，引起很大反响。后来，他又在《武汉财会》杂志上撰文，充实了这一内容。由此可见，潘序伦是中国现代会计之父，对于会计职业道德，潘序伦亦可称为鼻祖。他确立的以诚信为核心的会计职业道德为以后我国会计职业道德内涵的完善奠定了基础。

2001 年 4 月 16 日，朱镕基在视察上海国家会计学院时，为该校题写的校训是："不做假账"。同年 10 月 29 日，朱镕基视察北京国家会计学院后，题字是"诚信为本，操守为重，遵循准则，不做假账"。同年，朱镕基在厦门国家会计学院也以此内容题词。当前我国会计职业道德规范内容为：爱岗敬业、诚实守信、廉洁自律、客观公正、坚持准则、提高技能、参与管理、强化服务。可以看出，这是对潘序伦会计职业道德观的继承和发展。

三、办学治校诚信为本

潘序伦不仅在个人修养范畴强调建立诚信人格的重要性，也始终以诚信作为治校办学的理念和基础，将诚信凝练为立信办学的"大学精神"。潘序伦坚持诚信办学、从严治校，通过加强师资队伍建设、创新课程、编写教材等多方面不断提高会计教育教学质量，切实保障学生学到真本领。

潘序伦认为，会计是非常精细的行业，需要从业者有扎实的专业技能和知识素养；青年学生会计各项技能的养成，必须要有一支高素质的教师队伍，保证教学质量。对此，在潘老的带领下，立信会计学校建立了一支数量可观、质量可靠的专兼职师资队伍。这支教师队伍不仅包括会计师事务所具有丰富工作经验的会计师、立信学校的历届优秀毕业生，还包括学校从其他高校以及社会上聘请的有关专家学者，一大批优秀教师都是毕业于国内外著名学府。

由于当时研究会计学科的人不多，会计教材大都采用外文原版，译著也只有几本簿记，潘序伦在事务所内附设编译科，领导组织同仁大力研究国外会计新理论，并且结合中国国情和会计实务，编译出版《立信会计丛书》。丛书编写时，要求做到内容切合实际、说理不厌详明、文笔力求流畅。据不完全统计，1930—1953 年期间，编译科共汇编各种会计、审计、簿记、教材 213 种，是当时国内唯一一套会计系列丛书，被不少大专院校作为教材使用，成为会计专业的经典教材。潘序伦晚年在其回忆录中说过："如果说我对我国会计学术有所贡献的话，当以编辑出版《立信会计丛书》为最。"

在课程设置方面，潘序伦非常重视学生的全面发展，特别强调学生要加强体育锻炼。他认为，一个合格的会计人才，不仅要专业知识扎实，而且要体魄强健。对此，他不断调整课程设置，增加体育课时，以保证学生每周有足够的锻炼时间。当时，立信会计学院没有体育场地，潘序伦千方百计借用公园、体育馆，甚至利用灵堂作为体育场地，使学生有条件开展体育活动。全校师生每天都要进行早操，实行点名制度，若缺 3 次，就扣掉 1 个学分。在潘序伦的重视下，立信学生在上海专科以上学校联合举行运动会时，多次获得田径、球类等项目的冠亚军。

潘先生常说，作为会计人员，得 99 分也不算合格，只有 100 分才算合格，原因在于财务会计账目容不得半点差错和缺点。当一个人真正相信诚实是一种美德时，做了诚实的事，就会觉得内心的愉快和满足；凡是做了虚伪的事，就会感到极大的痛苦和不安。

潘序伦在求学过程中，态度严谨，刻苦勤奋，学习知识不欺人也不自欺。在他开办立信会计学校后，也将这种诚信求学的态度带入办学过程中。潘序伦在《迁沪复校后训育概述》一文中指出："本校以栽植各种会计人员为宗旨……盖会计人员，除训练各种会计学术外，须有精细清楚之头脑，诚实不欺之人格，耐苦耐劳之精神。"潘序伦认为，会计比其他任何职业都事务繁琐、责任重大，会计从业者在技术上必须精益求精，既要有扎实的基本功，又要勤奋学习新的知识。会计人员要在记账、算账、报账等方面都做到百分之百的正确，没有丝毫差错，就必须勤学苦练，精通专业。对此，潘序伦要求教师认真备课，认真批改作业；学生考试成绩至少要达到 70 分，不允许作弊。

从立信综合档案室可以查到大量的潘序伦要求学生严谨求学、诚信治学的记载。例如，1942 年 10 月 3 日第六次校务会议记载："潘校长报告：……学生未能尽遵作息时间，用膳费时，睡眠无定……更有一二学生随意旷课，浪游街市。"第七次校务会议（1942 年 10 月 17 日）记载："会议审议通过了学生缺课旷课处理办法；通过了学生考试时迟到或缺考的处理办法，学生退学、休学办法。"第十五次校务会议（1942 年 12 月 15 日）记载："针对部分学生随意不参加课间操、自修课及珠算练习缺课，宿舍夜间熄灯后仍有燃蜡等散漫行为，会议重申要按校规严格管理。"从中我们不难看出潘序伦对学生的严格要求。

此外，学校为激发学生学习的兴趣，潘序伦还鼓励学生组建学术社团，举办《会计季刊》《会计学报》等学术刊物，经常邀请社会名流、学者举行学术讲座或时事报告，组织学生到工厂参观学习，举行珠算、书法比赛等，培养学生旺盛的求知欲和刻苦钻研的精神，培养他们严谨、好学的学风。立信的学生们无论在理论学习还是实践能力方面都取得了长足的进步，在当时政府以及银行关于会计人员的招考中，被录取的人员中大部分是立信学生，这与潘序伦提倡的诚信求学态度不无关系。

他主张建立诚信的校园文化。他要求教师们要经常向学生讲诚信，要求同仁们也要互相监督讲诚信。对学生的学风要求非常严格，如规定考试以 70 分为及格，考试作弊予以开除等。他规定学生宿舍的床单都要印有立信校徽，使学生铭记校训。学校组织文化活动也积极宣传诚信理念，使“立信”观念深入人心。

潘序伦办学不仅仅是关注学生在校内的培养，还关注学生走向社会以后的发展和社会影响。他主张立信要向社会提供一流的服务。他创办的立信会计师事务所秉承诚信原则，不做假账，获得了社会同仁及业界的赞誉。他还创办了立信职业咨询所和立信校友会，为社会青年提供就业机会和职业指导。

校友端木和在纪念潘序伦的文章《亲切教诲，终生难忘》中写道：“我感受最深的是潘老校长为立信制定的校训……其次是潘老校长严谨的治学态度和学以致用的教学方法。学校不仅要求学生在听课、复习时严肃认真，一丝不苟，而且写小楷字、练习珠算也成为每天课余的‘必修课’。这使我们得以在不长的时间里基本上掌握了会计理论基础和实务，记得在毕业前，学校举行过一场有全校 300 多位学生参加的簿记会考，从会计记录、记账、过账、算账、结账到编制报表，要求在规定时间内一气完成，做到答案正确，卷面整洁，数字清楚。这是一次理论联系实际的模拟考试，同学们都完成得很好。”

潘序伦在管理会计师事务所时也秉承诚信原则，会计公开，全所收支均由会计列表报告，年终结算有多少盈余从不保密，年终盈余分配，一部分做普通分红，人人有得，一部分作为执行会计师的特别分红，余下部分再作为他主任会计师的分红。他主动提出逐年减少主任会计师分红所占比例，以增加第一和第二部分分红。他认为会计公开可以使人不猜疑，是一种诚信、公开的管理之道。正是潘序伦治校治学的严谨和诚信为本，使立信的毕业生很受社会欢迎。

第三节　潘序伦诚信教育思想的传承与发展

潘序伦先生是中国近现代在会计界及学校教育中最早倡导诚信思想、大规模开展诚信教育的先驱,深刻挖掘潘老先生会计诚信思想的精髓对我国诚信现状的改善具有重大指导意义。当代中国正处在最深刻的社会变革与转型期,诚信缺失现象屡屡发生,诚信危机成为最突出的社会问题之一。高校作为育人高地,对大学生进行诚信教育,既是为社会培养合格人才的需要,也是促进全社会精神文明建设的需要。

多年来,立信始终秉承24字校训,进一步深化诚信教育体系内涵,构建课堂内与课堂外相结合、理论与实践相结合、硬件建设与文化氛围营造相结合、有形与无形相结合、传统与现实相结合的立体框架,形成"六环节　六目标"模式(见图10-1),将诚信教育贯穿于人才培养的始终。

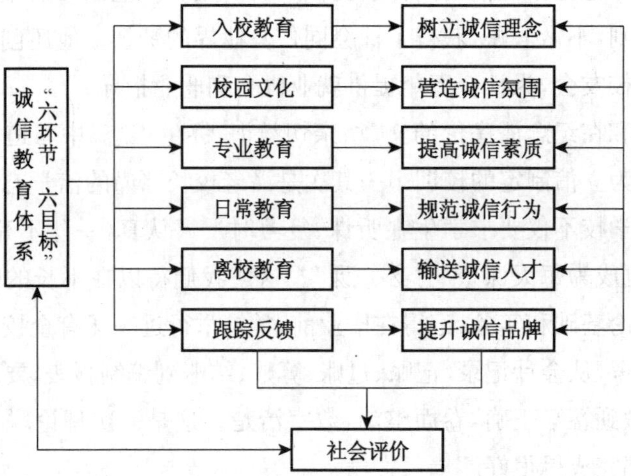

图10-1　"六环节　六目标"诚信教育体系图

一、"六环节　六目标"大学生诚信教育模式

(一) 入学教育,树立诚信理念

新生入学教育,是引导和帮助新生树立远大目标,以良好的精神风貌投入大学

生活的第一课，直接影响学生在校期间的行为和发展。在每年的新生入学教育中，立信都会组织新生观看校史纪录片，瞻仰潘老校长铜像，参观校史陈列馆，了解老一辈立信人诚信为先、艰苦奋斗的事迹。引入“诚信誓言”机制，增强荣辱意识，各学院围绕“诚信”这一主题穿插进行主题班会，组织诚信宣言、诚信签名等各具特色的入学教育活动。立信还组织新生去提篮桥监狱参观，充分利用反面事例的警示作用把诚信教育引向深入。这些活动使刚跨入校门的新生充分了解立信的优良传统，思想上认同“诚信”，深刻地体会到“诚信”不仅是立身之本，而且是成业之基；不仅是外在的道德规范，也是内在的道德信念。

同时，对学生进行“大学生与诚信”专题讲座、诚信校训讲解等教育。一入校就让学生知道学校“信以立志、信以守身、信以处事、信以待人、毋忘‘立信’、当必有成”的校训，“诚信、实用、开放”的办学理念和“诚信教育、学验并重”的办学特色，诠释诚信对于学校存在和发展的意义，使学生把诚信与学校和自我紧密联系起来，把诚信作为身为立信人最重要的品质，深刻认识到诚信是人生之本、发展之基。

（二）校园文化，营造诚信氛围

校园文化具有教育、导向、凝聚、陶冶、创造、辐射、激励等功能。校园文化对大学生的思想观念、价值取向和行为方式有着潜移默化的影响，悄无声息地熏陶、感染每一个个体，使个体的言行举止都染上它的痕迹，从而形成某种趋向和定势。和谐的校园文化环境可以在知、情、意、行各方面综合塑造人的品德，丰富多彩的校园文化活动是学生最易于接受的德育方式。

立信多层面、多角度、多渠道建设以诚信为核心内容的校园文化，建立了诚信广场、诚信柱、诚信墙、潘序伦著作展示室等富有立信特色的校园景观和人文景点，在教学楼、学生公寓楼张贴诚信诗词、诚信箴言。通过校园路、楼、桥、河等建筑物及景观征集命名活动，进一步挖掘校史、校训、校情中的诚信教育内涵，不断增强学生“爱国荣校”的情感。

开展形式多样、内容活泼的系列诚信主题活动。“诚信靠自律还是靠他律”已经成为立信每届新生辩论赛的必辩主题；举办“大学生诚信教育论坛”，丰富校园诚信文化。为弘扬主旋律搭建舞台，以“知荣辱、明礼节”，诚信读书、诚信考试等为讨论主题，引导学生树立正确的荣辱观；各学院也结合自身特点开展了模拟法庭、辩论赛、征文、演讲、诚信诗词硬笔书法大赛等丰富多彩的社会主义荣辱观学习活动，进一步帮助学生深刻认识和理解诚信在现代社会生活中的重要价值；学校还先后与上海市百老德育讲师团、解放军佘山防化营、陈云故居、龙华烈士陵园达成德育共建协议,建立德育教育基地,充分发挥社会资源在大学生思想政治教育中的重要作用。

(三)专业教学,提高诚信素质

美国注册会计师协会(AICPA)制定的《职业行为准则》认为,诚信是职业获得认可的基本特征,是检验所有决策的标准;国际会计师联合会(IFAC)制定的《职业会计师伦理准则指南》强调,会计人员在所有的职业和商业关系中应保持正直和诚实;中国注册会计师协会(CICPA)制定的《中国注册会计师职业道德守则》也要求会计人员保持正直和诚实守信。可见,诚信准则是行业道德规范尤其是会计职业准则中极其重要的基本原则,而提高从业人员的职业道德素养则需要发挥学校教育的核心作用。

立信始终把加强对学生以"诚信"为核心的职业道德教育作为教育教学工作的重要内容。教师在传授专业知识的同时,充分挖掘教材的潜力,对涉及职业道德方面的知识及时运用生动典型的案例加以讲解,以增强学生的诚信观念;组织学生针对现实中的典型会计造假案例进行专题讨论,让学生思考回答究竟是会计人员职业判断失误还是违背会计职业道德作假,在讨论中进一步引导学生树立职业道德观念,提高诚信素质,学会如何拒绝各种经济利益的诱惑而坚守职业道德标准;教师在教学中还注重不断加强有关财经方面的法制教育,指导学生运用有关法律法规,学习《会计法》《企业会计准则》等,把自觉遵纪守法、诚信守则的意识纳入教学的各个环节;充分利用立信长江会计师事务所的教育资源,聘请会计专业人员和注册会计师,用亲身经历对学生进行职业道德教育和职业判断教育。

(四)日常教育,规范诚信行为

教师的修养影响着学生品格的形成。立信要求全体教职员工做到在教书中育人,在管理中育人,在服务中育人。通过抓好"为人、为师、为学"活动,以及师德标兵评选、师德论坛等活动,大力倡导敬业爱生的奉献精神。制定了师德规范,倡导教师"严谨治学,诚信为人",言教和身教一致,恪守教学道德和学术道德。

开展诚信教育,从制度和机制入手,探索大学生诚信教育的长效机制,真正做到诚信教育经常化、长期化、具体化、终身化。在日常行为规范教育中,把诚信教育与学风建设相结合,构建了以学生思想品德考核和诚信记录为抓手的诚信教育评价体系。每学年对大学生进行思想品德考核，并将学生诚信状况作为考核的一项重要内容加以评价。对学生在学习生活中各种不诚信的行为进行记录，严重的失信行为，如考试作弊，将进入学生档案。学校坚持“扬善”与“处罚”相结合，在学生评优条例中以“诚信”作为一项基本要求。在学籍管理制度和教学管理制度方面，严格考纪考规，并制定相应措施。学校还在学生公寓区推出诚信超市，受到学生欢迎。近年来，学校搭建易班诚信育人新平台，开展了“诚信伴我行”诚信格言易班征集活动，得到了上海市高校学生的纷纷响应；组织了“大学生诚信教育易班特色项目评选”活动，开展了“立信诚信墙，我们在一起”易班网上签名活动，使诚信教育与大学生思想政治教育借助新的网络平台发挥出更大作用。

（五）毕业教育，输出诚信人才

本着对毕业生负责、对社会负责的态度，立信结合就业指导工作，在毕业教育中，广泛深入地开展以诚信为主题的系列教育活动，举办“诚信就业系列讲座”，邀请成功校友返校做诚信事迹报告，提倡诚信履历，举行隆重的毕业生“诚信宣誓”等活动，以客观、公正、真实的自我推荐和严肃、认真的签约态度为重点，强化学生的诚信教育，规范他们的择业行为。

学校高度重视对获得国家助学贷款的大学生进行信用教育。每学期学生工作部门都组织贷款大学生学习金融、信用知识，并邀请银行专业人员前来辅导，让学生们了解国家助学贷款有关政策规定，以及借、还款的要求、流程，并组织毕业生与银行签订还款确认书，明确还款的时间、金额，进一步强化毕业生的信用意识。每年学生助学贷款还款率达到100%，《中国教育报》曾报道立信连续创下多个“零纪录”，银行统计显示“零风险”，让大学生们深刻领悟到，诚信是为人处世之道，更是财会类学生职业道德中不可缺失的“金字招牌”。

（六）跟踪反馈，提升诚信品牌

建立诚信的关键是在人和制度之间建立一套良性的互动机制。立信就业指导中心不断加强与用人单位的沟通联系，共同监督立信毕业生的言行，设计“毕业生面试情况反馈表”，建立“毕业生跟踪机制”，每年开展“走访百家用人单位”活动等，以详细了解立信毕业生在工作中的诚信状况，根据社会反馈的信息，进一步完善诚信教育体系，充实诚信教育内容，取得了良好的社会效果。

“六环节　六目标”大学生诚信教育体系是在立信继承以“信”为核心的传统教

育理念基础之上，经过几代人，不断发展、完善、创新而形成的一种学生德育工作机制。这一体系以诚信为魂，以育人为本，在实践中不断发展，形成大学生诚信教育全过程覆盖的教育体系，将“诚信”精神深深植入每个立信人的心中。在上海学生事务中心委托第三方所开展的评估中，立信毕业生的职业忠诚度、实践动手能力以及综合素质都得到了用人单位的普遍认可。

80多年来，诚信始终是立信文化的灵魂和精髓。新时期，立信按照上海市教育规划纲要提出的“为了每一个学生的终身发展”的核心理念，进一步凝练“诚信、实用、开放”的办学理念，营造“守诚信、重规范、负责任、讲包容、顾大局、促和谐”的校园文化氛围，努力培养知识丰富、情趣高尚和有能力作出道德选择的高素质财经人才，取得了良好的育人效果。

二、毋忘“立信”　当必有成

建校80多年来，立信始终秉承“信以立志、信以守身、信以处事、信以待人、毋忘‘立信’、当必有成”的校训，确立“诚信、实用、开放”的办学理念，逐步凝练“诚信教育、学验并重”的办学特色，为国家培养了数十万适应社会需要的财经管理人才。

（一）诚信文化　薪火相传

在潘序伦先生诚信办学思想指引下，立信诚信文化薪火相传，成为师生共同遵循的行为道德准则。

在专业教师的教学科研中，倡导诚信“三进”：一是进科研，教师的科研诚信直接影响学生学习考试的诚信。学校制定《科研工作道德行为规范》，要求教师保持学术自律，遵守学术道德，恪守学术规范，“严谨治学，诚信为人”，以教风带学风。对于违反科研道德行为的人员通报批评，取消其相关科研成果的科研工作量，暂缓或取消其申报相关类别课题项目的申报资格等。二是进课堂，要求教师把诚信职业道德教育摆在重要位置，贯穿于教学全过程。每位教师在专业教学过程中都要开展诚信职业道德教育，同时学校专门开设财务舞弊案例剖析、舞弊审计、职业道德与操守等课程，通过诚信正反面案例教学，让学生思考究竟是会计人员职业判断失误还是违背会计职业道德作假，在讨论中进一步引导学生树立职业道德观念，提高职业判断能力和诚信素质，学会如何拒绝各种经济利益的诱惑而坚守职业道德标准。三是进实践环节，开展诚信主题社会实践活动。无论是暑期社会实践还是学生专业学习实践，把诚信作为重要主题贯穿其中。组织师生赴周边省市，利用所学，向社会普及财经金融、财政法规知识，为企事业单位及普通民众就规范经济行为、规避信用诈骗等有关知识提供服务。学校还定期组织学生到立信长江会计师事务所开展学习实践活动，事务所的会计专业人员和注册会计师，用亲身经历对学生进行职业道德教育和职业判断教育。

2006年起，立信部分学院的班级主动提出期末考试免监考，效果很好。之后，每年申请免监考的班级范围不断扩大，诚信考风在学校不断强化，现已拓展至全校所有二级学院。教育部社政司思想理论教育处的领导对学生考试"免监考"做法给予了充分的肯定。2015—2016学年第一学期学校开展了诚信考试承诺活动，授予117个申报班级"诚信考试班级"荣誉称号，以奖励申报班级零作弊。

（二）立信学子恪守诚信，服务社会，报效祖国

在诚信教育思想的感召下，大学生积极进行服务社会、报效祖国的实践行动。立信涌现出中华骨髓库献髓第一人孙伟、勇救落水女生的上海十大"感动校园"人物宋真等先进典型。每年大学生都积极报名应征入伍、义务献血；每年学生助学贷款还款率均达到100%。世博会期间，1 826名世博会志愿者热情周到的服务得到了游客们的好评，《新民晚报》等媒体进行了报道。

立信为社会培养出20多万职业操守良好的各类财会人才。立信毕业生职业操守良好、专业知识面较广、业务适应性强，受到社会的普遍欢迎。立信经常调研用人单位对学生的综合评价，不断维护和提升诚信教育品牌，赢得了"要会计，找立信"的美誉。用人单位尤其提到，立信学生讲诚信，能够遵守财经纪律，恪守职业道德。麦可思公布的2009年度中国大学就业能力排行榜，在全国非211本科院校毕业生就业能力排名中，立信位居第一。学校荣膺2011—2012年度"全国毕业生就业工作典型经验高校50强"。

立信的诚信教育体系得到了中央领导的充分肯定。原国务院总理朱镕基曾说"立信培养的学生不做假账"。2006年2月，教育部副部长李卫红莅临学校调研，特别强调了诚信教育给其留下深刻印象。大学生诚信教育"六环节　六目标——诚信教育体系"项目及相关课题获得多项科研奖励。获得的奖项还有：2007年获得教育部高校校园文化建设优秀成果奖、2008年获得上海市高校精神文明创建优秀项目奖、2010年获得上海大学生思想政治教育工作创新成果奖。

学校的诚信教育实践探索也受到媒体的广泛关注，中国教育电视台、上海教育

电视台、《光明日报》、《文汇报》、《青年报》等都给予宣传报道，在社会上产生良好反响。

思考题

1. 简述潘序伦诚信教育思想的内涵。
2. 从潘序伦求学、求职生涯中，我们可以得到哪些启示？

课外实践

以“信以立志，信以守身，信以处事，信以待人”为主题举办征文比赛，谈谈大学生如何在实践中做到诚信。

附录一　诚信语录集萃

言必信，行必果。（《论语·子路》）

人而无信，不知其可也。（《论语·为政》）

自古皆有死，民无信不立。（《论语·颜渊》）

真者，精诚之至也。不精不诚，不能动人。（《庄子·渔父》）

至诚而不动者，未之有也；不诚，未有能动者也。（《孟子·离娄上》）

诚者，天之道也；思诚者，人之道也。（《孟子·离娄上》）

欲正其心者，先诚其意，意诚而后心正。（《礼记·大学》）

轻诺必寡信，多易必多难。（《老子》）

言不信者，行不果。（《墨子·修身》）

诚信者，天下之结也。（《墨子》）

养心莫善于诚。（《荀子·不苟》）

小信诚则大信立。（《韩非子·外出说左上》）

巧诈不如拙诚。（《韩非子·说林》）

精诚所至，金石为开。（《论衡·感虚篇》）

才者，德之资也；德者，才之帅也。（《资治通鉴·周纪一》）

祸莫大于无信。（《傅子·义信》）

推人以诚，则不言而信矣。（《文中子·周公》）

人之所助者，信也。（《周易》）

不宝金玉，而忠信以为宝。（《礼记》）

马先驯而后求良，人先信而后求能。（《淮南子》）

丈夫一言许人，千金不易。（《资治通鉴》）

信而不美，美言不信。（《老子》）

死生契阔，与子成说。执子之手，与子偕老。（《诗·邶风·击鼓》）

义无二信，信无二命。（《左传·宣公十五年》）

失信不立。（《左传·襄公二十二年》）

国之所以治者三：一曰法，二曰信，三曰权。……信者，君臣之所共立也……民信其赏，则事功成；信其刑，则奸无端。惟明主爱权重信，而不以私害法。（《商君书·修权》）

曾子曰：吾日三省吾身：为人谋而不忠乎？与朋友交而不信乎？传不习乎？（《论语·学而》）

子曰：人而无信，不知其可也。大车无輗，小车无軏，其何以行之哉？（《论语·为政》）

子贡问政。子曰：足食、足兵，民信之矣。子贡曰：必不得已而去，于斯三者何先？曰：去兵。子贡曰：必不得已而去，于斯两者何先？曰：去食。自古皆有死，民无信不立。（《论语·颜渊》）

荀子曰：君子养心莫善于诚，至诚则无它事矣。（《荀子·不苟》）

忠臣不信，一患也；信臣不忠，二患也；君臣异心，三患也。（《晏子春秋·内篇问上》）

颜回将西游，问于孔子曰：何以为身？孔子曰：恭敬忠信，可以为身。恭则免于众，敬则人爱之，忠则人与之，信则人恃之。人所爱，人所与，人所恃，必免于患矣；可以临国家，何况于身乎？（《说苑·敬慎》）

学者不可以不诚，不诚无以为善，不诚无以为君子。修学不以诚，则学杂；为事不以诚，则事败；自谋不以诚，则是欺其心而自弃其忠；与人不以诚，则是丧其德而增人之恶。（《二程集·遗书》）

夫信者，人君之大宝也。国保于民，民保于信；非信无以使民，非民无以守国。是故古之王者不欺四海，霸者不欺四邻，善为国者不欺其民，善为家者不欺其亲。不善者反之，欺其邻国，欺其百姓，甚者欺其兄弟，欺其父子。上不信下，下不信上，上下离心，以至于败。（《资治通鉴》）

忠者不饰行以侥荣，信者不食言以从利。（《辞同修起居注状》）

诚，实也；意者，心之所发也。实其心之所发，欲其必自慊而无自欺也。（《四书章句集注·大学》）

忠者何，不欺之谓也；信者何，不妄之谓也。人而不欺，何往而非忠；人而不妄，何往而非信。(《陆九渊集·语录上》)

夫既以闻见道理为心矣，则所言者皆闻见道理之言，非童心自出之言也。言虽工，于我何与？岂非以假人言假言而事假事、文假文乎！盖其人既假，则无所不假矣。(《李氏焚书·卷三》)

耻之于人大矣。不耻恶衣恶食，而耻匹夫匹妇不被其泽，故曰："万物皆备于我矣，反身而诚乐莫大矣。"呜呼！士而不先耻，则为无本之人，非好古而多闻，则为空虚之学。(《亭林诗文集·卷三》)

不贪财，不失信，不自是。有此三者，自然鬼服神钦，到处人皆敬重。(《曾文正公全集·家书》)

附录二　上海市社会信用条例

（2017年6月23日上海市第十四届人民代表大会常务委员会第三十八次会议通过）

第一章　总　则

第一条　为了完善社会主义市场经济体制，创新社会治理机制，提高社会信用水平，增强诚信意识，根据有关法律、行政法规，结合本市实际，制定本条例。

第二条　本条例所称社会信用，是指具有完全民事行为能力的自然人、法人和非法人组织（以下统称信息主体），在社会和经济活动中遵守法定义务或者履行约定义务的状态。

本条例所称社会信用信息，是指可用以识别、分析、判断信息主体守法、履约状况的客观数据和资料。

第三条　本市行政区域内社会信用信息的归集、采集、共享和使用，信用激励与约束，信息主体权益保护，信用服务行业规范与发展等活动，适用本条例。

法律、行政法规另有规定的，从其规定。

第四条　市和区人民政府应当设立社会信用体系建设议事协调机构，将社会信用体系建设纳入国民经济和社会发展规划，统筹推进本行政区域社会信用体系建设工作。

市和区社会信用管理部门负责社会信用工作的综合协调和监督管理，组织拟订各项政策措施并负责协调实施。市和区人民政府其他部门应当在职权范围内，协同做好社会信用工作。

第五条　本市鼓励社会各方共同参与社会信用建设，提高诚实守信意识，加强合作，共同推动信用联合奖惩，弘扬守信光荣、失信可耻的社会风气。

第六条　社会信用信息的归集、采集、共享和使用等活动，应当遵循合法、客观、必要的原则，确保信息安全，不得侵犯国家秘密、商业秘密、个人隐私和其他个人信息。

任何组织和个人不得非法收集、使用、加工、传输自然人的社会信用信息，不得非法买卖、提供或者公开自然人的社会信用信息。

第七条　本市应当根据国家总体部署，完善社会信用体系建设运行机制和地方信用信息系统信息归集功能，开展各项社会信用建设工作。

本市应当配合国家有关部门做好信用信息互联互通和信息共享工作；建立区域信用合作机制，推动与其他省（自治区、直辖市）的信用信息共享和信用评价结果互认，加强重点领域跨区域联合激励和惩戒。

第二章　社会信用信息

第八条　条例所称社会信用信息分为公共信用信息和市场信用信息。

公共信用信息是指行政机关、司法机关、公共企业事业单位等公共信用信息提供单位，在履行职责、提供服务过程中产生或者获取的社会信用信息。

市场信用信息是指信用服务机构及其他企业事业单位等市场信用信息提供单位，在生产经营活动中产生、采集或者获取的社会信用信息。

第九条　市社会信用管理部门应当遵循合法、审慎、必要的原则，组织编制本市公共信用信息目录。

列入目录的失信信息包括下列事项：

（一）欠缴依法应当缴纳的税款、社会保险费、行政事业性收费、政府性基金的；

（二）提供虚假材料、隐瞒真实情况，侵害社会管理秩序和社会公共利益的；

（三）拒不执行生效法律文书的；

（四）适用一般程序作出的行政处罚信息，但违法行为轻微或者主动消除、减轻违法行为危害后果的除外；

（五）被监管部门处以市场禁入或者行业禁入的；

（六）法律、法规和国家规定的其他事项。

法律、法规对违法事项纳入目录已作出规定的，该法律、法规规定的其他违法事项不得纳入。

第十条　有关单位提出将相关事项纳入本市公共信用信息目录的，应当说明理由，拟纳入的事项存在较大分歧意见或者可能造成较大社会影响的，该单位还应当会同市社会信用管理部门组织评估，听取相关群体代表、专家等方面的意见。

市社会信用管理部门汇总有关单位提出的拟纳入目录的事项后，形成本市公共信用信息目录草案，并将目录草案向社会公开征求意见，报经议事协调机构审议通过后及时公布。

第十一条　市公共信用信息服务中心负责建设、运行和维护市公共信用信息服务平台。公共信用信息提供单位应当按照本市公共信用信息目录要求及时、准确、完整地提供公共信用信息，并提供该单位认定信息主体遵守法定义务、履行约定义务情况的判决书、裁定书、行政处罚决定书等生效法律文书。未纳入目录的公共信用信息不得向市公共信用信息服务平台归集。

公共信用信息的具体归集程序、标准和实施办法，由市社会信用管理部门会同有关部门共同制定，并向社会公布。

第十二条　市公共信用信息服务平台是本市社会信用体系建设的基础平台，承担信用信息互联互通的枢纽作用，对接国家信用信息共享平台和其他省（自治区、直辖市）信用信息平台，做好公共信用信息共享、发布和服务工作。

第十三条　企业事业单位、行业协会等可以依法记录自身业务活动中产生的社会信用信息，或者根据管理和服务需要依法记录其会员、入驻经营者等的社会信用信息。

鼓励信息主体以声明、自主申报、社会承诺等形式，向市公共信用信息服务平台、信用服务机构、行业协会等提供自身社会信用信息，并保证社会信用信息的合法、真实、完整。

采集市场信用信息，应当按照真实、客观、必要的原则依法进行，涉及征信业务的，还应当遵守征信管理等相关法律、法规的规定。

第十四条　采集市场信用信息，涉及个人信息的，应当经信息主体本人同意，但是依照法律、行政法规规定公开的信息除外。

不得采集自然人的收入、存款、有价证券、商业保险、不动产的信息和纳税数额信息，但是明确告知信息主体提供该信息可能产生的不利后果并取得其书面同意的除外。

禁止采集自然人的宗教信仰、基因、指纹、血型、疾病和病史信息以及法律、行政法规规定禁止采集的其他个人信息。

第十五条　行政机关应当依照国家和本市规定及时公示企业的有关信息。企业应当按照法律、法规的要求通过企业信用信息公示系统主动公示自身信息。企业信用信息公示系统公示的信息向社会公开，任何组织和个人可以查询、使用。法律、法规另有规定的除外。

公共信用信息属于主动公开的政府信息的，各级行政机关应当依照国家和本市规定，通过政府公报、新闻发布会、互联网及报刊、广播和电视等方式发布；属于依申请公开的，应当依法通过提供复制件、安排查阅相关资料等适当形式提供。

第十六条　市社会信用管理部门应当与司法机关、中央驻沪单位等加强沟通与协作，推动市公共信用信息服务平台与金融信用信息基础数据库等相关信用信息系统的开放合作，与本市网上政务大厅、事中事后综合监管平台、企业信用信息公示系统等信息系统的互通共享，满足社会应用需求。

本市建立公共信用信息和市场信用信息的互通、共享机制，鼓励各级行政机关与企业事业单位等开展信息合作，实现公共信用信息和市场信用信息的共同应用。

第十七条　信息主体享有查询自身社会信用信息的权利。

行政机关、司法机关可以依法查询社会信用信息。行政机关查询社会信用信息应当遵循合理行政的原则，根据行政管理的需要确定关联的社会信用信息查询事项，并向社会公布。

未经本人书面授权，不得查询信息主体非公开的社会信用信息。法律、行政法规另有规定的除外。

第十八条　市公共信用信息服务中心应当制定并公布服务规范，合理设置公共信用信息查询窗口，向社会提供便捷的查询服务。

市公共信用信息服务平台、企业信用信息公示系统等应当通过互联网、手机软件等向社会提供便捷的查询服务。

市社会信用管理部门应当与有关部门加强合作，推动设置综合查询窗口，向社会提供公共信用信息和金融信用信息基础数据库信息等信用信息便捷的查询服务。

第十九条　行政机关、市公共信用信息服务中心和其他企业事业单位等应当履行以下信息安全管理职责：

（一）建立信息安全管理机制，确定责任人员；

（二）建立信息查询制度规范，明确本单位工作人员的查询权限和查询程序；

（三）建立信息管理保密审查制度；

（四）遵守国家和本市有关信息安全的其他规定。

第二十条　行政机关、市公共信用信息服务中心和其他企业事业单位及其工作人员不得实施以下行为：

（一）越权查询公共信用信息；

（二）篡改、虚构、违规删除公共信用信息；

（三）泄露未经授权公开的公共信用信息；

（四）泄露涉及国家秘密、商业秘密、个人信息的公共信用信息；

（五）法律、法规禁止的其他行为。

第三章　信用激励与约束

第二十一条　本市建立行政机关、司法机关、市场主体共同参与的跨部门、跨领域、跨地区的社会信用联合激励和惩戒机制，形成守信受益、失信受限的诚信氛围。

第二十二条　市社会信用管理部门应当依照法律法规和国家有关规定，编制应用清单，列明联合激励惩戒的具体事项、实施对象、实施手段、实施主体、实施依据等内容，并向社会公布。

第二十三条　本市鼓励各级行政机关、企业事业单位等，通过查询社会信用信息或者购买信用服务，识别、分析、判断信息主体信用状况，开展信用分类管理。

第二十四条　市人民政府及其部门可以根据履行市场监管、社会治理和公共服务等职责的需要，按照规定的程序确定严重失信行为的认定标准，并应当征求社会公众意见。国家有关部门对严重失信行为标准有规定的，从其规定。

第二十五条　行政机关根据信息主体严重失信行为的情况，可以建立严重失信主体名单。

信息主体有以下行为之一的，应当将其列入严重失信主体名单：

（一）严重损害自然人身体健康和生命安全的行为；

（二）严重破坏市场公平竞争秩序和社会正常秩序的行为；

（三）有履行能力但拒不履行、逃避执行法定义务，情节严重的行为；

（四）拒不履行国防义务，危害国防利益，破坏国防设施的行为。

行政机关公布严重失信主体名单的，应当同时公开名单的列入、移出条件和救济途径。信息主体对行政机关将其列入严重失信主体名单有权申请救济。

第二十六条　鼓励市场主体在进行生产经营、交易谈判等经济活动中参考使用信用信息、信用评分和信用评价结果。

鼓励市场主体根据信息主体的信用状况，对守信主体采取优惠便利、增加交易机会等降低市场交易成本的措施；对失信主体采取取消优惠、提高保证金等增加交易成本的措施。

鼓励金融机构对守信主体在融资授信、利率费率、还款方式等方面给予优惠或者便利；鼓励金融机构按照风险定价方法，对失信主体提高贷款利率和财产保险费率，或者限制向其提供贷款、保荐、承销、保险等服务。

第二十七条　本市各行业协会应当加强行业信用管理建设，鼓励行业协会与信用服务机构合作，开展信用等级分类和信用评价，依据协会章程对守信主体采取重点推荐、提升会员级别等激励措施，对失信主体采取业内警告、通报批评、降低会员级别、取消会员资格等惩戒措施。

第二十八条　各级行政机关根据履行职责的需要，在以下工作中查询信用信息和购买信用服务：

（一）实施行政许可、行政检查、监督抽验和大额行政处罚裁量；

（二）政府采购、招标投标、资金和项目支持、国有土地使用权出让、科研管理等；

（三）居住证管理、落户管理和居民身份证异地受理；

（四）国家工作人员招录、职务任用、职务晋升；

（五）表彰奖励；

（六）其他日常管理工作。

其他国家机关、法律法规授权具有管理公共事务职能的组织等，参照前款规定查询信用信息和购买信用服务。

第二十九条　对遵守法定义务和约定义务的守信主体，行政机关在法定权限范围内可以采取以下激励措施：

（一）在实施行政许可中，根据实际情况给予优先办理、简化程序等便利服务措施；

（二）在财政性资金和项目支持中，在同等条件下列为优先选择对象；

（三）在公共资源交易中，给予信用加分、提升信用等次；

（四）在日常监管中，对于符合一定条件的守信主体，优化检查频次；

（五）国家和本市规定可以采取的其他措施。

第三十条　对违反法定义务和约定义务的失信主体，行政机关在法定权限范围内就相关联的事项可以采取以下惩戒措施：

（一）在实施行政许可等工作中，列为重点审查对象，不适用告知承诺等简化程序；

（二）在财政资金资助等政策扶持中，作相应限制；

（三）在行政管理中，限制享受相关便利化措施；

（四）在公共资源交易中，给予信用减分、降低信用等次；

（五）在日常监管中，列为重点监管对象，增加监管频次，加强现场检查；

（六）国家和本市规定的其他措施。

第三十一条　对严重失信主体，行政机关应当严格依照法律、行政法规的规定，就相关联的事项采取以下惩戒措施：

（一）限制进入相关市场；

（二）限制进入相关行业；

（三）限制相关任职资格；

（四）限制开展相关金融业务；

（五）限制享受相关公共政策；

（六）限制获得相关荣誉称号；

（七）法律、行政法规规定的其他措施。

第三十二条　行政机关对信息主体实施信用惩戒措施的，应当与信息主体违法、违约行为的性质、情节和社会危害程度相适应，不得超越法定的许可条件、处罚种类和幅度，并告知实施的依据和理由。

未经公布的信用惩戒措施，不得实施。

第三十三条　严重失信主体是法人、非法人组织的，在记录该单位严重失信信息时，应当标明对该严重失信行为负有责任的法定代表人、主要负责人和其他直接责任人的信息。有关部门可以依法对该单位的法定代表人、主要负责人和其他直接责任人作出相应的联合惩戒措施。

第四章　信息主体权益保护

第三十四条　信息主体有权知晓与其本人社会信用信息相关的采集、使用等情况，以及本人信用报告载明的信息来源和变动理由。

自然人有权每年从归集、采集其社会信用信息的机构各免费获取两次本人的信用报告。提供个人信用报告应当注明信用信息的使用、查询情况，法律、法规另有规定的除外。

向信息主体提供相关服务的，不得将该服务与个人社会信用信息采集相捆绑，强迫或者变相强迫信息主体接受。

第三十五条 向市公共信用信息服务中心、信用服务机构等申请查询信息主体失信信息的期限为五年，法律、法规和国家另有规定的除外。

前款规定的期限自失信行为或者事件终止之日起计算，失信信息查询期限届满的，市公共信用信息服务中心、信用服务机构等不得提供查询。

第三十六条 信息主体认为社会信用信息的归集、采集、保存或者提供存在错误、遗漏等情形或者侵犯其商业秘密、个人隐私和其他个人信息等合法权益的，可以向市公共信用信息服务中心、信用服务机构等提出异议。

信息主体向市公共信用信息服务中心提出异议的，市公共信用信息服务中心应当在收到异议材料之日起的一个工作日内作出异议标注，并作出以下处理：

（一）属于市公共信用信息服务中心更正范围的，应当在收到异议材料之日起的五个工作日内作出是否更正的决定；

（二）属于信用信息提供单位更正范围的，应当在收到异议材料之日起的二个工作日内转交信用信息提供单位办理，信用信息提供单位应当在收到转交的异议材料之日起的五个工作日内作出是否更正的决定并告知市公共信用信息服务中心，市公共信用信息服务中心应当及时将处理结果告知异议提出人。

信息主体向信用服务机构提出异议的，信用服务机构应当在收到异议材料之日起的一个工作日内作出异议标注，并在七个工作日内作出是否更正的决定，并及时将处理结果和信息来源书面告知异议提出人；作出不予更正决定的，应当说明理由。

第三十七条 信息主体的公共信用信息向市公共信用信息服务平台归集后，据以认定其失信状态的具体行政行为被行政机关撤销或者被复议机关决定撤销、人民法院判决撤销的，原失信信息提供单位应当及时书面告知市公共信用信息服务中心，市公共信用信息服务中心应当在收到该书面告知之日起的三个工作日内在数据库中删除该信息。

第三十八条 在失信信息查询期限内，信息主体通过主动履行义务、申请延期、自主解释等方式减少失信损失，消除不利影响的，原失信信息提供单位可以向市公共信用信息服务中心出具信用修复记录的书面证明，市公共信用信息服务平台应当在收到该书面证明之日起的三个工作日内在平台查询界面上删除该失信信息。

第五章　规范和促进信用服务行业发展

第三十九条　市人民政府有关部门应当制定相关政策,规范和支持信用服务机构发展,支持信用服务机构积极参与国际合作,增强信用服务机构的国际影响力。

信用服务机构在境内采集的信用信息的整理、保存和加工,应当在境内进行;向境外组织或者个人提供信用信息,应当遵守法律、行政法规的规定。

本市设立的社会信用体系建设专项资金,应当支持信用服务行业发展。

第四十条　信用服务机构收集、处理社会信用信息、提供信用产品,应当遵循客观、公正和审慎的原则,依法接受监管。

信用服务机构对在业务过程中知悉的国家秘密、商业秘密、个人隐私和其他个人信息负有保密义务,不得妨碍国家安全、公共安全和公共利益,不得损害信息主体的合法权益。

第四十一条　各级行政机关在政府采购、招标投标、资金支持、人事管理、项目管理等环节使用信用报告的,相关费用不得由申报主体承担。

本市鼓励在重点行业管理中引入信用服务机构参与信用监管,为行业信用档案建设、备案、资质准入提供基础社会信用信息查询和核查服务,提供行业信用状况监测报告。

第四十二条　本市支持信用服务机构利用大数据等技术开发具有自主知识产权的信用产品,开拓用信领域,满足社会应用和行政应用需求。

本市鼓励创新示范园区、产业园区引入信用服务机构,为园区管理、入驻企业提供定制化信用产品和服务。

第四十三条　信用行业协会应当加强行业自律管理,组织制定并推行行业规范,编制行业统计报告,开展宣传培训、政策建议以及行业信息发布等,提升行业服务能力和公信力。

第四十四条　本市支持大专院校开设信用管理专业,培养信用服务专业人才;支持信用服务机构引进国内外高层次信用服务人才。

第六章　社会信用环境建设

第四十五条　本市各级国家机关应当健全权力运行制约和监督体系,加强自身信用建设和对本单位工作人员的守信教育，建立国家机关工作人员信用档案制度。本市国家工作人员应当依法办事、诚实守信，在社会信用建设中做好示范。

第四十六条　本市各级行政机关应当完善决策机制和程序，提高决策透明度；依法兑现政策承诺，履行合同义务。国民经济和社会发展规划、政府工作报告中承诺事项的履行情况应当作为评价政府诚信水平的重要内容。

本市建立健全政务诚信记录，准确记录各级行政机关诚信履职情况。市和区人民政府定期对下级人民政府和派出机关等进行政务诚信监督检查，实施政务诚信考核评价，考评结果作为绩效考核的重要参考。

本市各级司法机关应当提高司法工作的科学化、制度化和规范化水平，推进司法公开，严格公正司法，维护公平正义。

第四十七条　本市应当制定诚信教育规划，开展社会公德、职业道德、家庭美德和个人品德教育。

教育部门应当结合对学生的思想教育课程，组织编写适合不同年龄学生特点的诚信教育教材，对学生开展诚信教育。

第四十八条　本市有关部门应当结合精神文明、道德模范的评选和各行业的诚信创建活动，树立诚信典范，弘扬诚实守信的传统文化和现代契约精神。

鼓励各类媒体宣传诚实守信的典型，报道、披露各种失信行为和事件。

本市报纸、广播、电视等媒体应当在公益广告中增加诚实守信内容的宣传。

第七章　法律责任

第四十九条　违反本条例规定的行为，法律、行政法规已有处理规定的，从其规定。

第五十条　行政机关、法律法规授权的具有管理公共事务职能的企业事业单位的工作人员，在社会信用信息归集、使用以及实施信用激励和约束措施等过程中违反本条例规定，滥用职权、玩忽职守、徇私舞弊的，由处分机关根据情节轻重依法给予行政处分；构成犯罪的，依法追究刑事责任。

行政机关及其工作人员，未履行本条例第九条、第十条、第十一条、第十七条规定的职责的，由其上级主管部门或者市社会信用管理部门依照管理权限进行约谈，根据情节轻重给予责令改正、警告、通报批评。

第五十一条　市公共信用信息服务中心违反本条例第十七条规定，未尽审核义务、违规对外查询的，由市社会信用管理部门处一万元以上十万元以下罚款。

行政机关、市公共信用信息服务中心和其他企业事业单位等违反本条例第十九条规定的，由信息安全相关主管部门责令其限期改正，并依照相关管理规定予以处罚。

市公共信用信息服务中心、信用服务机构违反本条例第三十六条、第三十七条、第三十八条规定的，由市社会信用管理部门责令其限期改正，拒不改正的，可处一万元以上五万元以下罚款。

法律、行政法规对处罚主体和处罚方式另有规定的，从其规定。

第五十二条　市公共信用信息服务中心、企业事业单位等在社会信用信息采集、归集、使用等过程中侵犯信息主体合法权益的，应当依法承担相应的民事责任。

第五十三条　违反国家规定，非法获取、窃取、提供、出售个人社会信用信息，构成违反治安管理行为的，依法给予治安管理处罚；构成犯罪的，依法追究刑事责任。

第八章　附　则

第五十四条　本条例所称信用服务机构，是指依法设立，向社会提供信用产品、从事信用咨询、信用风险控制等相关经营活动的专业服务机构。

第五十五条　市人民政府可以根据本条例有关规定制定具体实施办法。

第五十六条　本条例自 2017 年 10 月 1 日起施行。

参 考 文 献

[1] 马克思,恩格斯. 马克思恩格斯选集:第 1-4 卷[M]. 北京:人民出版社,1995.
[2] 邓小平. 邓小平文选:第 2 卷[M]. 北京:人民出版社,1994.
[3] 中共中央,国务院. 关于进一步加强和改进大学思想政治教育的意见[N]. 人民日报,2004-10-15.
[4] 潘序伦. 潘序伦文集[M]. 上海:立信会计出版社,2008.
[5] 张耀灿,郑永廷. 现代思想政治教育学[M]. 北京:人民出版社,2006.
[6] 张体勤,穆思伦. 大学生诚信修养概论[M]. 济南:山东人民出版社,2011.
[7] 史瑞杰,魏胤亭. 诚信导论[M]. 北京:经济科学出版社,2009.
[8] 李逸凡. 高等职业院校诚信教育引论[M]. 杭州:浙江大学出版社,2009.
[9] 董娅. 当代大学生诚信状态研究报告[M]. 北京:中央文献出版社,2009.
[10] 张国镛. 当代大学生诚信制度实施研究[M]. 北京:中央文献出版社,2009.
[11] 林庭芳. 当代大学生诚信制度建设现状研究报告[M]. 北京:中央文献出版社,2009.
[12] 张新民. 当代大学生诚信制度体系研究[M]. 北京:中央文献出版社,2009.
[13] 张多来,等. 和谐社会视野中大学生诚信建设研究[M]. 合肥:安徽人民出版社,2010.
[14] 胡发贵. 中华传统美德丛书:诚信卷[M]. 南京:南京大学出版社,2009.
[15] 廖进,赵东荣. 诚信与社会发展[M]. 成都:西南财经大学出版社,2004.
[16] 侯申华. 诚信恐慌[M]. 北京:中华工商联合出版社,2004.

[17] 秦阳,肖峰.诚信的力量[M].北京:海潮出版社,2002.
[18] 郭彩.市场经济学新论纲[M].北京:中国社会科学出版社,2004.
[19] 韩凤荣,薛薇,郭亚莉.市场经济条件下社会诚信与青年诚信的构建[M].长春:吉林大学出版社,2010.
[20] 李春秋,贾淑斌,王保江.诚信助你成功——大学生诚信道德建设读本[M].广州:华南理工大学出版社,2005.
[21] 苏盾.中国传统诚信观与当代市场经济[M].北京:中国社会科学出版社,2006.
[22] 陈云涛.大学生诚信文化理论与实践[M].杭州:浙江科学技术出版社,2008.

后　　记

《大学生诚信教育概论》作为上海市本科院校“十二五”内涵建设工程(085工程)建设项目、上海市教委创新项目(重点项目)——《基于诚信文化的道德基础与经济范式研究》(09ZS206)、上海市教育科学研究市级项目《基于国际化背景下大学生诚信教育体系研究》(B12058)的重要成果之一，在编写过程中得到了中共上海市教育卫生工作委员会书记、上海市教育委员会主任薛明扬教授的悉心指导。他在百忙之中为本书作序，既是对我们工作的肯定，也是对我们的鼓励和鞭策。在此，感谢薛明扬书记的关心和支持！

古往今来，诚信一直是人们普遍认同的价值观。在我国社会转型时期，诚信建设尤为重要。学校是进行大学生诚信教育的主要阵地，潘序伦先生开拓了我国学校诚信教育的先河。新时期，我们仍要秉承诚信育人的优良传统，以诚立信，立德树人，不断加强大学生诚信教育课程化、制度化建设，为社会培养更多具有诚信品质的优秀人才。

本书的出版得到了各级领导的高度重视和具体指导，同时也得到了立信会计出版社的大力支持，徐小霞副编审对本书的出版付出了辛勤劳动，在此一并表示感谢！

本书由朱坚强、张颖香主编，并负责全书的框架设计、统稿、定稿。

本书具体分工为：第一章，张颖香；第二章，房华强；第三章，张嘉薇；第四章，吴剑飞；第五章，赵建芬；第六章，李政；第七章，徐利民；第八章，王洁；第九章，兰丽丽；第十章，朱坚强。

在本书写作过程中，我们借鉴了兄弟院校的有关经验和资料，深表谢意。限于编者的经验和水平，本书疏漏之处在所难免，敬请专家、读者提出宝贵意见。

编　　者

2012年11月